21世纪高等开放教育系列教材

营销策划原理与案例

（第二版）

主　编　张　海
副主编　张爱玲

中国人民大学出版社
·北京·

出版说明

1999年教育部颁布了《面向21世纪教育振兴行动计划》，明确提出了实施“现代远程教育工程”。全国教育系统迅速行动起来，在短短的几年时间里，就初步形成了我国开放式的教育网络，搭建了远程教育平台，在构建终身学习体系方面做出了重要的贡献。

随着我国教育改革的不断深入，教育技术的不断更新，社会各界对远程开放教育的认识也在不断加深。开放教育、远程教育，涉及办学的开放、专业的开放、课程的开放、教育教学手段与方式的变革。高等远程开放教育对振兴我国教育、普及我国高等教育产生了极其深远的影响。

开展高等远程开放教育，涉及的教育教学改革与建设是多方面的，其中高等远程开放教育的教材建设是其重要环节之一。高等远程开放教育的教材建设要能充分体现现代远程教育的特点，充分考虑远程学习者的实际情况，满足现代开放教育的需求。为了促进远程开放教育的发展，满足开放教育学习者的需要和教学需要，我们编辑出版了21世纪高等开放教育系列教材。该系列教材主要是针对经济类专业课程的教材进行了一体化的设计，在突出课程教材的应用性、实践性、普及性和可操作性上下工夫，在体现远程开放教育环境下对学习者应用能力的培养上下工夫。

该系列教材具有以下特点：

（1）充分体现当前经济类学科的最新研究成果；

（2）充分体现远程开放教育的特点，有利于学习者的自学；

（3）充分体现与经济类各专业基础课、专业课的衔接性、配套性；

（4）在教材编写过程中尽量以案例分析阐述理论，便于学习者理论联系实际；

（5）教材建设中配备了PPT讲稿或CAI课件、操作练习光盘等，便于教师讲课

和学员自学。

该系列教材的建设是远程开放教育教学改革中的初步尝试，是一株破土而出的幼苗，需要呵护和培养，也需要不断修正和完善，希望其在远程开放教育的教学改革中发挥出应有的作用。

第二版前言

21 世纪是市场营销策划发展史上具有划时代意义的时期，新的营销策划理论、方法、技术不断涌现，特别是 Internet 技术在企业营销策划领域的应用将我们带入了知识经济的新时代。在这个时代，消费者把人类从古至今的消费需求和购买行为与新兴网络结合在一起，这种消费者的行为混合了传统的和数字的、理性的和感性的、虚拟的和现实的因素。消费者行为的新变化，对企业营销策划提出了新挑战。近年来，全球经济增速放缓，在这种大环境下，企业要想突破困境，走出低谷，既抓住市场机会，又避免经营中的风险，必然要更加重视市场营销策划。本着培养我国企业营销策划所需人才的目的，结合高等开放教育的特点，我们修订了这本教材。本教材具有以下特色：

1. 策划理论的通俗阐述

营销策划是在市场营销学的基础上发展起来的一门应用性学科，主要研究企业如何在市场竞争中运筹帷幄、决胜于千里之外。本书根据营销策划科学性与实践性相结合的特点，在借鉴国内外营销理论的最新研究成果的基础上，结合企业营销策划的实际案例，系统、通俗地阐述了现代营销策划的基本概念、原理和方法。

2. 鲜活案例的全面展示

本书的案例编排不拘泥形式，不仅在每一章的开头就引入案例，还在理论的阐述中随时插入案例，而且尽量选近三年的案例，突出时效性。全书共选编了 100 个案例，文字通俗易懂，表述清新活泼，增强了趣味性和可读性。

3. 多种媒体的一体化设计

本书既包含有文字主教材，又设计了 CAI 课件。课件内容丰富，包括电子教案、案例分析、自测自练、模拟考核、作业与讲评和专业英语词汇等，方便学生自学、复习和教师开展教学活动。

本书可以作为成人高等开放教育和继续教育的本科教材，也可作为行业培训教材，同

时也适合其他有兴趣的一般读者阅读。

本教材由北京电大财经教学部主任张海副教授担任主编，并撰写第一章和第二章。山西电大张爱玲教授担任副主编，并撰写第四章和第十章。山西电大黄东升教授撰写第三章和第七章。北京石景山电大郝晓燕讲师撰写第九章。北京海淀电大张琦讲师撰写第六章。北京电大讲师李星、雷聪、刘怡娟分别撰写第五章、第八章、第十一章。

本书在编写过程中参阅了大量文献、资料，得到北京电大开放学院院长蒋泽生副教授和中国人民大学出版社的大力支持，在此一并表示衷心的感谢！书中难免有不当之处，恳请广大读者批评指正。

目 录

第一章

营销策划导论

本章要点提示

- 掌握营销策划的含义、特点。
- 理解营销策划的作用、原则。
- 了解营销策划的分类、发展。

引导案例

“穿越天门洞”隐藏策划“天机”

2006年，俄罗斯空军飞机穿越湖南张家界天门洞的计划在舆论的反对声中被取消，当主流舆论洋洋得意于自己的“参与成就”时，却没有想到，自己的得意早已落入策划者设计的“圈套”之中。“穿越天门洞”虽然没能成功实施，但是企业策划的目标得以完美实现。

张家界景区和天门洞赢得了极大的舆论关注。从另一个意义上说，取消穿越天门洞的计划甚至比实施穿越更为巧妙，因为此举一方面达到了保护生态环境的目的，另一方面也最大限度地体现出对民意的尊重，使得整个活动处于良好的舆论氛围之中，在赢得知名度的同时也一并收获了美誉度。

俄罗斯空军在张家界天门山进行特技飞行表演本身就是一个值得称道的公关策划，整个过程包含着造势、运势和借势等“做局”手段。首先，使俄罗斯空军特技飞行表演这一带有国际性的事件和张家界景区发生关系，不仅吸引了国内各界的关注，更吸引了整个世界的目光，使得这一事件的传播更具穿透力，从而为新闻媒体的大肆宣传创造条件，此为造势。更加奇妙的是，策划者选择“天门洞”这一张家界代表性景观进一步与飞行表演联

系起来，从而制造出“飞机将穿越天门洞”的看点，在更大程度上拨动了舆论关注的心弦，关注度进一步增强，此为运势。看似出乎策划者预料而实则却在其意料之中的是，舆论对“飞机穿越天门洞”的举动表现出极大的担心。根据人民网的一项调查，出于欣赏飞行技艺考虑而赞成的只占8.3%，而担心对生态环境产生负面影响从而反对的人数占86.8%，持无所谓态度的仅占4.9%。可见，反对“飞机穿越天门洞”的意见在民意中占据主流。针对舆论的这一反应，策划者顺水推舟、顺应民意，通过俄罗斯军方向媒体宣布取消飞机穿越天门洞的表演计划，在满足和迎合舆论意愿的同时，也赢得了民意的认可。

资料来源：http://www.em-en.com/ArticleI200704/152300.html。

案例启示

飞机“穿越天门洞”这个企业策划活动虽然没能实现俄空军飞机穿越天门洞，却使张家界及其天门洞深入人心，成为一个人皆向往的旅游胜境，极大地提高了张家界旅游景区的知名度。因此，这一企业营销策划活动仍然取得了成功。同时也说明，企业市场营销策划的作用是不可轻视的。本章从明确营销策划的含义、特点入手，论证了营销策划的作用和原则，阐述了营销策划的分类和发展。

第一节　营销策划的含义和特点

一、策划的含义和要素

营销策划是策划的一个重要分支，要明确营销策划的含义，应首先明确策划的含义。

策划是指社会组织和个人对未来活动的谋划、构思、设计并将策划方案贯彻实施的全过程。

菲利普·科特勒对策划这样解释：策划是一种程序，在本质上是一种运用脑力的理性行为。

策划由明确的主题目标、新颖的构思创意、可操作的策划方案三大要素组成。

（一）明确的主题目标

策划的主题目标是指策划人所期望达到的预期结果，是策划人把策划的意图具体化后形成的行为目标。它既是策划的出发点和归宿，也是衡量和评价策划效果的标准。任何策划都必须具有鲜明的目的性。没有目标的策划是一种空想、一种幻想，没有成功可言，更不用说解决问题了。只有明确的主题目标，才能使策划具有较强的方向性和目的性。

（二）新颖的构思创意

创意是与众不同的、新奇而又富于魅力的构思和设想。策划的关键是创意，创意是策划的核心和灵魂，是策划成功的重要因素。策划的内容和手段要做到新颖、奇特、扣人心弦。做到这些一是靠策划人经验的积累；二是要充分发挥策划人员的想象力和创造力，开

阔思路；三是要打破常规思维习惯，突破思维定式，倡导和培养独特的思维方式。

（三）可操作的策划方案

策划不仅要有明确的主题目标、新颖的构思创意，还要有可操作的策划方案，即在现有的人力、物力和财力及技术条件下能够实施、易于实施。任何策划活动都必须在充分考虑和合理运用企业现有资源的条件下得以实施才有意义，否则就是空谈。具体就要落实到策划方案。策划方案是策划人在策划目标的指导下，利用策划资源实施策划的具体行动方案。倘若没有可操作的策划方案，策划不过是“过眼浮云”。

根据不同的依据和标准，可把策划分为不同的类型。例如，按照策划的主体不同可分为国家策划、行业策划、部门策划、组织策划、团队策划、个人策划等。按照策划的领域不同可分为政治策划、外交策划、军事策划、经济策划等。营销策划属于企业经济活动方面的策划，是策划的重要组成部分。

二、营销策划的含义

营销策划是企业为了实现某一营销目标或解决营销活动中的某一难题而出谋划策并贯彻实施的活动过程。

案例链接

“钞票雨”促销

印度尼西亚一名拥有数百万资产的富翁在 2008 年 6 月的一个周日，为了促销他的新书，采取了一种别出心裁的促销方式。在这个人均月收入不超过 20 美元的国家，这个名叫松·德森·瓦林因的 42 岁富翁希望用“从天而降”的方式将他的部分财富与人分享。他乘坐私人直升机飞行至位于首都雅加达西部 60 公里处的西冷市的郊外上空，向这一地区抛撒了价值 7 000 欧元的当地小额纸币。每张纸币上都附有他新书的广告。关于这次撒钱行动的传言早在几天前就开始在公众中流传，人们闻讯蜂拥而至，等待“免费的午餐”。松·德森·瓦林因承认自己的这个想法有一点“疯狂”，不过他的这场“钞票雨”计划最终还是变成了现实。

资料来源：http://www.cankaoa.com，2008-06-03。

三、营销策划的特点

（一）超前性

策划是对未来环境的判断和对未来行为的安排，是一种超前行为。即对其可能带来的经济效益做出比较准确的评估，对营销方案执行过程中可能遇到的障碍和难点有所预测并事先考虑好应变的对策和措施。

（二）主观性

营销策划自始至终都是由人来完成的，是客体作用于主体之后形成的主观产物。无论

营销策划依据的信息多么客观，只要经过人的思维操作，就必然打上主观的烙印。这一点表现在：不同个体对同一信息的认识总带有个体差异。所以，对同一营销信息，不同的策划人可以提出不同的营销策划方案。同一个体对同一信息的认识，在不同时空、心境下也会产生差异，其处理的结果自然也就不同。

（三）系统性

营销策划是一项涉及方方面面的系统工程。一个成功的策划方案的制定，需要策划人员全面考虑影响目标实现的因素，并对各种因素加以合理整合。这就需要策划人员掌握翔实的信息和多方面的知识。策划人员必须将多学科知识综合运用和融会贯通，并与实际策划工作灵活结合。此外，营销策划工作还需要必要的物力和财力的投入。

（四）应用性

营销策划本质上是运用理性和心智激发创意的过程，不是空洞和抽象的，必须围绕某一具体目标或某一具体问题进行。具体的目标又是通过别出心裁的策略实现的，同时应该有可执行的具体操作方案。营销策划方案如果是不能实施的方案，或者不具有可操作性，无论创意多么巧妙，目标多么具体，对于企业来说，也没有任何实际价值，只能是资源的浪费。因此企业营销策划具有应用性的特点。

第二节　营销策划的作用和原则

一、营销策划的作用

（一）营销策划有利于企业明确市场定位

营销观念发展到今天，已进入大营销时代。在今天，企业要想占据较多的市场份额，首先要做的就是要找好细分市场，确定自己在市场中的位置，做好市场定位，然后才能借助各种营销手段去占领市场。在这个过程中，企业需要营销策划。营销策划的基本任务就是找到市场的空白点，为企业确立一个生存和发展的空间，并根据这样的市场定位开展营销活动，提高企业的市场地位和市场占有率。

（二）营销策划有利于企业保持竞争优势

市场瞬息万变，企业在市场营销活动中时刻都会面临各种危险和挑战，要使自己在竞争中处于有利地位，就需要完整、系统的营销策划，以使企业充分利用现有资源，发挥优势，让自己处于优势地位。

（三）营销策划有利于企业增强营销活动的计划性

营销策划有很强的计划性，其中包含严格的操作性极强的计划方案。只有确定了未来营销活动的策划方案，企业的营销活动才能井然有序、有条不紊地开展。

（四）营销策划有利于企业降低营销费用

任何营销活动都需要投入相应的营销费用。开展营销策划活动，能够对费用支出做最优化的组合安排，从而避免盲目活动所造成的巨额浪费。据美国布朗市场调查事务所的统计资料显示，有系统营销策划的企业比无系统营销策划的企业可节省大量营销费用。

案例链接

三九制药的特殊事件策划

2000 年 11 月，中国国家食品药品监督管理局发布了《关于暂停使用和销售含苯丙醇胺的药品制剂的通知》。苯丙醇胺即 PPA。在 15 种被暂停使用和销售的含 PPA 的药品中，包含了占据感冒药市场半壁江山的市场老大——中美天津史克制药有限公司生产的康泰克和康得两种产品。消息经各大媒体发布后，顿时引起社会的极大关注，消费者的心理恐慌使感冒类非处方药品顿时处于水深火热之中。此时如果不能及时纠正舆论误导，很多企业很可能会因此事件而遭受“误伤”。

PPA 被禁给整个感冒药市场造成空缺。三九制药第一时间出击，展开大规模的新闻战，配合广告攻势，以新闻发布的形式，通过媒体的权威报道，快速在全国产生影响。由于反应及时，在危机发生的第二天，三九健康网就刊登了《感冒了，康泰克不能吃，吃什么?》、《关爱自己，拒绝 PPA》，同时在新浪、网易、上海热线等知名网站进行链接。《999 感冒灵不含 PPA》和《三九决心抢占感冒药市场》等报道出现在中央及各地方新闻媒体上。999 感冒灵的广告是第一个在中央电视台播出的“不含 PPA”的广告。999 感冒灵搭乘这次 PPA 事件的顺风车，顺势而为，由原来排名感冒药市场的第十位一跃成为在感冒药市场占有率极高的领导品牌，使企业迅速建立了品牌知名度。没用多少费用投入，针对一个特殊事件的营销策划，成就了 999 感冒灵。

资料来源：http://bbs.eyney.cn/vienthread。

二、营销策划的原则

营销策划一般是从战略的高度对企业营销目标、营销手段进行事先的规划和设计，营销策划方案一旦完成，将成为企业在较长时间内的营销指南。也就是说，企业整个营销工作必须以此方案进行。因此，在进行企业营销策划时，必须站在企业营销战略的高度去审视它，务求认真细致、周密完善。

为了提高企业营销策划的准确性和科学性，一般需要遵循以下基本原则。

（一）及时性原则

再好的策划，如果错过了时机，也没有任何意义。因此，及时性原则是企业营销策划人员必须遵循的首要原则。而占有准确的市场信息是营销策划及时完成并获得成功的保证。没有这些信息，将导致营销策划的滞后性和盲目性。及时获得信息，根据最新的信息及时进行创意、设计、谋划、实施并最终实现，是市场营销策划追求的目标。

案例链接

欧米茄手表与阿波罗登月计划

在美国即将实施“阿波罗登月计划”时，瑞士欧米茄手表公司打听到三位宇航员中有一位戴的是欧米茄手表。厂家认为这是一次绝好的促销机会。欧米茄公司立即派人去美国商谈有关赞助条件，要求买断手表指定权。

美国宇航局获得了这笔当初没有想到的赞助费，同意指定欧米茄为太空人手表，让另两位宇航员也戴上了欧米茄手表。在登月的当天，报上刊出了“世界第一只登月手表欧米茄，谨向美国太阳神登月英雄致敬”的整版广告，并说明宇航员戴的欧米茄手表在太空严重失重、气压变化巨大、震动剧烈的条件下仍能正常工作。伴随着登月计划的完成，欧米茄手表的销量也立即大增。由此可见，准确的信息加上及时的反应是成功策划的关键。

资料来源：张昊明编著：《营销策划》，北京，电子工业出版社，2005。

（二）效益性原则

企业营销策划追求的是整体效益最佳。这个原则是由营销策划的系统性决定的。营销策划的系统性具体表现为两点：一是营销策划工作是企业全部经营活动的一部分，营销策划工作的完成有赖于企业其他部门的支持和合作，并非一个营销部门所能解决。如产品质量、产品款式、贷款收回等就分别需要生产部门、设计部门、财务部门的配合。二是进行营销策划时要系统地分析诸多因素的影响，如宏观环境因素、竞争情况、消费需求、本企业产品及市场情况等，将这些因素中的有利一面最有效地综合利用起来，进行优化组合，以使企业营销策划的整体效益达到最大。

案例链接

央视整体改革策划

面对许多地方台和其他媒体的挑战，央视在 2004 年对黄金段位的广告时间整体规划，进行了大刀阔斧的改革：

（1）央视节目大调整，收视率最高的一套节目汇集了 40 个名牌栏目中的 29 个，其他几套节目则走专业频道的路线。

（2）采取栏目末位淘汰制，将众多曾经的名牌栏目淘汰。这一制度推行后，央视的频道、栏目的整体收视率普遍上升。

（3）开播新闻频道，将央视的频道数量调整到 14 个。

（4）提升新闻联播内容的含金量，使新闻数量增加，质量提高，收视率明显上扬。

（5）打造名牌主持人，加快精品栏目的建设，如通过重奖“十佳”主持人来促成主持

人的品牌化。

2004 年，央视黄金段位的广告招标总额达 44.115 7 亿元，创下 10 年广告招标历史的新高，比 2003 年的 33.146 5 亿元增长 10.969 2 亿元，增长幅度达到 33.1%。

资料来源：张昊明编著：《营销策划》，北京，电子工业出版社，2005。

（三）应变性原则

市场就是战场，竞争犹如战争。现代市场经济演绎着一场场没有硝烟的激烈战争，所以在策划中遵从应变性原则依然是不可或缺的。实践表明，在策划的设计和实施过程中，有可能遇上一些对策划产生巨大影响的突发事件和风险因素，如政策因素、经济因素、竞争对手因素等，如无应对措施，就可能导致策划的流产。所以，在制定营销策划方案时，应尽量对各种可能的意外情况和风险因素进行预测分析，制定相应的对策，以增强营销策划的灵活性和应变性。

案例链接

柯达公司的应变策略

1963 年，柯达公司发明并上市了新相机——傻瓜机。就在傻瓜机大为走俏的时候，柯达公司出人意料地宣布："我们不要独占傻瓜机专利，其专利全部都可以提供给世界上每个制造商。"这正是该公司策划应变性原则的体现。原来，随着柯达傻瓜机的问世，柯达公司当年营业额超过 20 亿美元，纯利润 3 亿多美元，600 万美元的开发成本带来了巨额利润。与此同时，世界上相机拥有量已有数千万只，而且其他一些公司也已模仿研制出同类产品。相机可以重复使用，而胶卷软片是一次性使用的，其市场需求越来越大。公布的结果是使其他公司的模仿开发变得一钱不值，而没有投入研制成本的公司不费吹灰之力就拥有了柯达提供的技术。最重要的是，其他公司傻瓜机生产得越多，胶卷软片的需求就越大，柯达这时集中全力生产高质量的胶卷软片提供给市场，公司照样财源滚滚。

资料来源：杨明刚编著：《营销策划》，北京，高等教育出版社，2002。

（四）创新性原则

营销策划的创新是指营销策划必须运用创新思维，提出解决市场问题、实现营销目标的新创意、新方法，甚至创造新的生活方式和消费观念，唤起消费者的购买欲望，把潜在消费者转化为现实消费者。不能创新出奇就缺乏生机、缺乏魅力。新颖的创意是营销策划的核心内容。策划过程就是创造性思维发挥的过程。创造性思维是策划生命力的源泉，它贯穿策划活动的所有方面和策划过程的始终。一个营销策划要具有鲜明特色，要想在公众心目中留下深刻印象，就必须有出奇制胜的创造性的技巧。

案例链接

西铁城“空降兵”

在澳大利亚一家发行量颇大的报纸上，某日刊出一则引人注目的广告，意思是说某广场空投手表，捡到者等于免费赠送。这一下子引起了澳大利亚民众的广泛关注。空投那天，直升机如期而至，数千只手表从高空天女散花般纷纷落下，等候多时的来自四面八方的人们沸腾了，那些捡到了从几百米高空扔下的手表的幸运者发现手表依然完好无损、走时准确时兴奋不已，奔走相告。西城铁的这一伟大创举成为各新闻媒体报道的一大热点。从此，西城铁手表尽人皆知，西铁城手表的质量更令人叹服。

资料来源：杨明刚编著：《营销策划》，北京，高等教育出版社，2002。

第三节　营销策划的分类和发展

一、营销策划的分类

市场营销策划适合整个经济领域的活动，在市场经济条件下，哪里有生产经营活动，哪里就有市场营销活动；有市场营销活动就有市场营销策划，其内容丰富，覆盖的领域广泛。从不同角度，可把市场营销策划分为不同的类型。

（一）按照市场营销要素的不同，可以分为产品营销策划、价格营销策划、渠道营销策划和促销营销策划

产品营销策划是企业为了实现本企业的产品或产品组合适应消费者或客户的需求而出谋划策的活动过程，包括新产品的开发策划、品牌策划、包装策划等。

价格营销策划是企业为了使本企业的产品价格能够被消费者或客户接受，进而扩大销售、增加盈利而出谋划策的活动过程，包括新产品价格策划、定价方法策划、定价策略策划等。

渠道营销策划是企业为了消费者或客户能够方便地买到企业的产品，加快产品的流通，节省流通费用而出谋划策的活动过程，包括渠道宽度策划、渠道长度策划、渠道组合策划等。

促销营销策划是企业向消费者或客户传递本企业商品信息，增加他们的兴趣、好感与信任，进而引发购买行为而出谋划策的活动过程，包括广告策划、公共关系策划、人员推销策划和营业推广策划等。

（二）按照市场营销策划主体的不同，可以分为企业内部自主型策划和企业外部参与型策划

企业内部自主型策划是指企业内部专职营销策划部门（例如策划部、企划部、营销

部、市场部、公关部或销售部等）从事的市场营销策划活动，也有企业把营销策划的职能划归总经理办公室综合管理。企业内部自主型策划的特点是熟悉企业内部的资源状况和条件，可操作性强，但方案的创意和理念设计受企业文化或管理体制的约束，否定意识差或不敢否定。因而大多数企业内部自主型策划缺乏开拓创新精神，市场冲击效果差。

企业外部参与型策划是委托企业以外专门从事营销策划的企业（例如营销策划公司、管理咨询公司、市场研究公司、广告公司或公关公司等）开展的市场营销策划活动，有的企业也委托高等院校、科研院所或个体的专家、教授参与企业的市场营销策划。企业外部参与型策划的特点是显性投入高，隐性投入少，起点高，视角不同，创意新奇，理念设计战略指导性强，方案制定逻辑系统性强，但可操作性不强，特别是没有严格的商业契约约束的策划方案，可行性较差。

（三）按照市场营销策划的影响时间长短和重要程度的不同，可以分为营销战略策划和营销策略策划

营销战略策划是指企业市场营销部门根据企业战略规划，在综合考虑外部市场机会及内部资源状况等因素的基础上，确定目标市场，选择相应的市场营销策略组合，并予以有效实施和控制的过程。营销策略策划是指企业为了实现市场营销战略，依据企业外部环境因素和企业内部条件做出具体谋划和对策的活动过程。如按照市场营销要素划分的策划，就属于营销策略策划。

（四）按照企业经营地区范围的不同，可以分为国内营销策划和国际营销策划

国内营销策划是指企业在一个国家的范围内进行的营销谋划活动过程。

国际营销策划是指企业在世界范围内进行的营销谋划活动过程。

对市场营销策划进行分类研究，有利于认识市场营销策划的本质和各个不同的侧面，并根据企业的实际需要和策划人员的条件，委托或接受不同的市场营销策划任务。

二、营销策划的发展

市场营销活动起源于16世纪60年代。到了20世纪50年代，随着市场营销活动的广泛开展，营销策划逐渐产生和发展起来。

最初，营销策划作为市场营销的一个职能依附于市场营销，在企业内部设置专人或职能部门，兼职或专职进行市场营销策划。随着生产力的发展，市场竞争日趋激烈，企业对市场开拓的营销战略和策略逐渐重视，营销策划作为一种重要的营销职能或市场营销分工独立出来，于是独立策划人、企划部、咨询策划公司、广告策划公司、公关策划公司、市场研究公司、营销策划公司等应市场营销发展的需要出现了。营销策划是市场竞争日趋激烈的产物，同时又服务于市场竞争。营销策划向市场营销注入更多的知识资源含量，优化市场营销资源配置，引导市场竞争向良性循环的方向发展。

营销策划作为独立的市场营销分工，最早源于美国。20世纪五六十年代，美国经济在经历了第二次世界大战后十多年的繁荣之后，市场形势发生了巨大的变化，市场有效需求不足，商品销售困难，市场竞争加剧，促使市场营销策划机构应运而生。早期的营销策划主要是营销广告策划和营销公关策划。20世纪六七十年代，日本经济在“十年倍增计划”的实施和贸易经济政策导向下高速增长，出于开拓新的国内外市场、为企业的发展铺

设“高速公路”的需要，营销策划在日本逐渐成长起来，许多兼职或专职的市场营销策划机构和经营组织涌现出来，为日本企业的发展开拓了广阔的国内外市场。

1949年，中华人民共和国成立，在相当长的一段时间内，实行的是计划经济体制，没有重视也不可能重视营销策划。直到20世纪80年代，随着改革开放的步伐不断加快，广大企业家越来越重视市场营销和营销策划。营销策划最初的表现形式主要是营销“点子”、营销“创意”、广告策划和公关策划等。进入90年代中期，随着中国经济体制改革的不断深入和市场经济制度的逐步完善，中国经济高速发展，人民生活水平迅速提高，新的市场经济体制大大刺激了生产力的发展，物质较丰富。市场由短缺经济条件下供不应求的卖方市场，变成普遍供大于求的买方市场。随着市场竞争的日益激烈，市场营销的成功与否直接影响着企业的生存和发展。于是，营销策划的研究从介绍国外营销策划的理论、方法、策略和案例，逐步过渡到结合中国的具体实际，开始探索中国营销策划的特点、方法和策略，并指导企业的市场营销实践活动。相应的，市场营销策划的实践，也由“点子”、“创意”等进化为一个个的整体营销策划案、营销策略策划案、新产品开发策划案、营销广告或公关策划案等商品形式，市场营销策划的主体也由企业职员、部门经理、兼职者、企业的“客卿”等迅速转化为专业性的广告公司、公关公司、文化传播公司、形象设计公司、市场研究公司、咨询公司、顾问公司、营销策划公司等法人实体。营销策划的实践在经济发达地区广泛地为各种形式和不同所有制的企业所接受，并把企业的市场营销活动引向消费者满意、企业盈利和社会发展的良性循环中。

营销策划的实践不断地丰富着市场营销策划理论，而营销策划理论的逐步完善，又指导着营销策划和市场营销活动不断地取得成功。营销策划作为一门学科还不完善，作为经营哲学和方法论正日益丰富而没有定型，作为营销艺术之花正植根于中国市场经济发展的沃土中。通过企业家、市场营销学专家和策划人共同努力，营销策划一定能够发展成为一门逻辑严谨和实践性强的系统学科、一种内容丰富的经营哲学、一朵绚丽的经营管理艺术的奇葩。营销策划的发展趋势主要表现在以下两个方面：

（1）营销策划逐步由分散的点子、创意案例和经验上升为系统的策划理论，并不断揭示市场营销策划的内在本质和探索市场营销的规律性问题。

（2）营销策划由个体策划人独立完成向知识高度密集的智囊策划和法人组织策划转变。现代市场经济、现代生产方式日益复杂，经济、科技、社会、文化等各方面的交叉、联系日益密切，个人无法完成全面的整体市场营销策划。科学技术的进步、知识经济的来临等所引起的知识膨胀和信息爆炸，使得个别专家无法对信息进行全面掌握、分析并进行有效处理。因此，市场营销策划正利用现代科技成果，如电脑、信息高速公路、互联网等高新技术手段向专业智能群体策划发展。

从专业性咨询策划业崛起的规模和速度来看，首推以美国为首的西方国家。美国从20世纪50年代开始便有了专门从事创意、咨询策划的机构和专业人士。以“智库”为基础的咨询策划机构遍及美国，咨询策划活动涉及美国社会的各个领域。大至国家政策的产生、组织或集体的社会活动，小至个人的日常生活，都纳入了创意策划。根据有关组织统计，美国从事咨询策划业的各类公司、机构已超过5 000家，从业人员已超过20万人，年营业收入在45亿美元左右，而且还出现了像兰德公司那样重量级的咨询策

划机构。

我国策划业起步虽晚，但发展势头十分迅猛，涌现出一大批策划人才。2000 年由《人民日报》牵头，评选出了“中国十大策划专家”及部分最佳策划人，第一次在人民大会堂举行了策划人的颁奖仪式，由全国人民代表大会常务委员会副委员长程思远为获奖的策划人颁奖。同年，文化部举办了“首届中国策划艺术成果博览会”，全国人民代表大会常务委员会委员长李鹏为这届博览会题词“促进策划事业发展，努力做好人才的培养工作”。此后，又于 2002 年、2004 年评选出“中国十大策划风云人物”，进一步推动了我国策划事业的发展。

据我国有关部门资料统计，截至 2000 年年底，从事企业咨询的公司机构已有 1 800 多家，从业人员近 10 万人。最近几年策划业发展特别迅速。据估计，我国从事各类策划的人员已达 100 万以上，并且还呈增长趋势。

总之，这个世界离不开策划，策划给社会带来了生机和活力，我国企业的营销策划在未来的社会经济活动中也将起到越来越大的作用。

本章小结

策划是指对社会组织和个人对未来活动的谋划、构思、设计并将策划方案贯彻实施的全过程。策划的三要素是：明确的主题目标、新颖的构思创意和可操作的策划方案。

营销策划是企业为了实现某一营销目标或解决营销活动中的某一难题而出谋划策并贯彻实施的活动过程。

营销策划的特点是：超前性、主观性、系统性、应用性。

营销策划的作用主要表现在以下几个方面：营销策划有利于企业明确市场定位；有利于企业保持竞争优势；有利于企业增强营销活动的计划性；有利于企业降低营销费用。

营销策划的原则是：及时性、效益性、应变性、创新性。

营销策划按照不同的分类标准，可以有不同的分类：按照市场营销要素的不同，可以分为产品营销策划、价格营销策划、渠道营销策划和促销营销策划；按照市场营销策划主体的不同，可以分为企业内部自主型策划和企业外部参与型策划；按照市场营销策划的影响时间长短和重要程度的不同，可以分为营销战略策划和营销策略策划；按照企业经营地区范围的不同，可以分为国内营销策划和国际营销策划。

市场营销活动起源于 16 世纪 60 年代。到了 20 世纪 50 年代，随着市场营销活动的广泛开展，营销策划逐渐产生和发展起来。我国的策划业虽然起步较晚，但是发展迅速。我国企业的营销策划在未来的社会经济活动中也将起到越来越大的作用。

关键概念

策划　　营销策划　　产品营销策划　　价格营销策划　　渠道营销策划　　促销营销策划　　营销战略策划　　营销策略策划

讨论及思考题

1. 策划的含义和要素是什么？
2. 营销策划有什么特点？
3. 如何理解营销策划的作用？
4. 企业在营销策划过程中应遵循哪些原则？
5. 营销策略策划和营销战略策划有什么联系和区别？

参考文献

[1] 杨明刚．营销策划．北京：高等教育出版社，2002.
[2] http://bbs. eyney. cn/vienthread,php? tid=16962.
[3] 张昊明．营销策划．北京：电子工业出版社，2005.
[4] 任天飞．中外经典营销案例评析．长沙：中南工业大学出版社，2000.
[5] 陈文刚，费清．市场营销策划．武汉：武汉大学出版社，2008.
[6] http://www. em-en. com/ArticleI200704/152300.

习题

一、判断题

1. 策划是指对社会组织和个人对未来活动的谋划、构思、设计并将策划方案贯彻实施的全过程。（　　）

2. 营销策划是企业为了实现某一营销目标或解决营销活动中的某一难题而出谋划策并贯彻实施的活动过程。（　　）

3. 策划的主题目标是指策划人所期望达到的预期结果，是策划人把策划的意图具体化后形成的行为目标。（　　）

4. 按市场营销策划主体的不同，可以把市场营销策划划分企业内部自主型策划和企业外部参与型策划。（　　）

5. 在现代社会，市场营销策略体现了企业的主观意志，其存在具有客观必然性。（　　）

二、单项选择题

1. 以下哪一项是按市场营销要素划分的营销策划？（　　）

A. 企业内部自主型策划　　B. 渠道营销策划

C. 营销战略策划　　D. 国际营销策划

2. 以下哪一项是按营销策划的主体划分的营销策划？（　　）

A. 企业内部自主型策划　　B. 产品营销策划

C. 营销策略策划　　D. 国内营销策划

三、多项选择题

1. 策划的三要素是（　　）。

A. 明确的主题目标
B. 准确的市场预测
C. 新颖的构思创意
D. 严谨的组织体系
E. 可操作的策划方案

2. 营销策划的原则是（　　）。

A. 超前性
B. 及时性
C. 效益性
D. 应变性
E. 创新性

3. 按照市场营销策划主体的不同，可以把市场营销策划划分为（　　）。

A. 企业内部自主型策划
B. 营销战略策划
C. 渠道营销策划
D. 企业外部参与型策划
E. 营销策略策划

第二章

营销策划的条件

本章要点提示

- 掌握营销策划理念的种类和发展趋势。
- 理解营销策划创意的含义和特点。
- 了解营销策划的组织设置和经费预算。

引导案例

“指南针地毯”的成功之举

比利时的地毯商范德维格准备把其生产的地毯销往海湾地区，但总是不得其法。后来他对海湾地区进行了广泛的市场调查分析，发现该地区的大多数人都信奉伊斯兰教，而且每天祈祷五次。无论是居家、旅行还是工作在外，均准时面朝圣地麦加祈祷。全世界有十几亿伊斯兰教徒。于是，范德维格灵机一动，将扁平的指南针嵌入地毯，取名叫“祈祷地毯”。这种特殊指南针不是指向正南正北，而是指向圣城麦加。这样，伊斯兰教徒不管走到哪里，只要把地毯往地上一铺，立刻就能准确辨别麦加的方位，不用再担心搞错方位。该地毯一上市即成为抢手商品，几个月内，范德维格在中东和非洲就卖掉 25 000 块祈祷地毯。

资料来源：徐育斐、孙玮琳：《市场营销策划》，大连，东北财经大学出版社，2006。

案例启示

以上案例说明，企业经营的成功，既要有为顾客着想的营销策划理念，又要有新奇的营销策划创意。这些营销策划的基本条件，是进行成功策划的保证。本章在重点阐述营销

策划理念和营销策划创意的基础上，还阐述了营销策划的组织和经费等问题。

第一节　营销策划的理念

一、传统营销理念

传统营销理念主要包括生产理念、产品理念和销售理念。

（一）生产理念

生产理念又叫生产观念，是以生产为中心的企业经营思想，重点考虑“能生产什么”，把生产作为企业经营活动的中心。这一观念在美国 19 世纪 80 年代至 20 世纪 20 年代的企业中表现最为典型。持生产观念的企业经营者，一般来说，只考虑自己生产什么和怎样生产，产品一经开发即投入批量生产。产品生产出来之后，企业通过批发商、代理商、零售商等中间环节把商品“分配”到消费者那里，生产什么就卖什么，不愁没销路。

（二）产品理念

产品理念又叫产品观念，是指企业以消费者在同样的价格水平下会选择质量高的产品为前提，把企业营销活动的重点放在产品质量的提高上，坚信只要企业能提高产品的质量，增加产品的功能，便会顾客盈门。

（三）销售理念

销售理念又叫销售观念，是以销售为中心的企业经营指导思想，重点考虑如何能卖出去，把销售作为企业活动的核心。随着市场的发展，许多企业的生产理念逐渐为销售理念所代替。

在生产理念和产品理念阶段，消费者的需求往往是被动的。在销售理念阶段，随着竞争的加剧，企业急于将制成的产品卖出去，以强化或高压推销的手段来销售积压的产品。为了争夺顾客，有些企业甚至采用欺骗的手段，招致了消费者的不满和反感。

二、现代营销理念

现代营销理念包括市场营销理念、社会市场营销理念和知识营销理念。

从现代市场营销学的角度来看，不少企业的销售理念仍然建立在生产什么就卖什么的基础上，其仍属旧理念。潜在顾客在大量的广告和推销人员的包围下，把营销误认为是高压推销。事实上，销售只不过是市场营销这座巨大的“冰山”的一角。不以市场营销整体做基础，单纯地强化推销力度，必然为企业埋下巨大的隐患。

（一）市场营销理念

市场营销理念又叫市场营销观念，是以消费者需求为中心的企业经营指导思想，重点考虑消费者的需求是什么，把发现和满足消费者需求作为企业经营活动的核心。20 世纪五六十年代，市场商品供过于求，市场竞争越来越激烈。与此同时，消费需求的变化也越来越快，人们有了更多的选择商品和服务的机会。对于企业来说，其面临的市场问题更为

严峻。市场营销观念就是在这种买方市场条件下产生的。有人形容，企业“是在险恶形势的逼迫下接受”市场营销观念的。1957 年，美国通用电气公司的约翰·麦克金特利克首先提出了“市场营销观念”这一概念，并称它是提高公司效率和保持长期获利的关键。他指出，当一个组织脚踏实地地发现顾客的需要，然后给予适当的产品和服务直至使顾客得到满足时，它便以最佳方式实现了自身的目标。约翰的见解立即得到了企业界的赞同。企业家们认识到，消费者的需要是推动企业活动的核心。只有了解消费者现在需要什么，将来需要什么，并且想方设法去满足这些需要，企业才有出路。同时，不论企业界还是理论界都认识到市场消费者应该是企业整个营销活动的起点，而不是企业活动的终点。

市场营销观念产生后，企业的市场营销过程和职能也发生了相应的变化：企业首先要进行市场调查和分析，发现、判断消费者的需求和愿望，把得到的市场信息传到生产部门，以进行产品设计；产品设计出来后，先进行小批量生产，经过市场检验，为消费者接受以后，再进行批量生产；最后，运用各种适当的促销方式和分销渠道把商品送到消费者手中。

市场营销观念的产生是新旧市场观念的分水岭。它的出现，在市场学研究中被视为企业经营思想的大变革，被称作“营销革命”。有学者甚至把这一重要观念的出现与资本主义的工业革命相提并论。

案例链接

宜家沙发的营销策略

顾客在购买宜家沙发时，首先可以看商品介绍：

宜家沙发特点如下：

1. 可拆换沙发套（为了一个崭新的面貌）。
2. 便于清洗。
3. 可以延长沙发的寿命。
4. 孩子们可以在周围尽情地玩耍。
5. 表面经过防污渍处理。
6. 经过褪色测试（当然，还是应该避免阳光直射）。

此外，宜家沙发的框架结实，都经过耐磨度测试，而且无论是两座沙发、三座沙发，还是沙发床，均有多种尺寸可供选择，因此适合各种体型。

跟某些家具店动辄在沙发上标出“样品勿坐”的警告相反，宜家沙发可以随便坐。周末客流量大的时候，宜家沙发区的长沙发上几乎坐满了人。有一次，由于购物疲劳，一个外国人甚至坐在沙发上睡着了。宜家出售“桑德伯”沙发的地方，还设立了专门的提示牌，上面写着：“请坐上去！感觉一下它是多么舒适！”

在沙发区，一架沙发测试器正不停地向被测试的沙发施加压力，以测试沙发承受压力的次数。计数器上的数字显示：这只沙发已承受过 882 449 次压力。

看了以上的介绍，再坐上去亲身感受一番，顾客还会担心自己上当吗？可能顾客仍不

放心，那也不要紧。宜家的《商场指南》里写着："请放心，您有 14 天的时间可以考虑是否退换。"即 14 天以内，如果你对已购货品不满意，可以到宜家办理更换或退款手续。

资料来源：《市场营销学案例精选》，见北京电大在线学习平台（www. scool. btvu. org），2008。

（二）社会市场营销理念

社会市场营销理念又叫社会市场营销观念，是 20 世纪 70 年代出现的。它强调企业向市场提供的商品和服务不仅要满足消费者个别的、眼前的需要，而且要符合消费者总体和整个社会的长远利益。20 世纪 70 年代，由于相当一部分企业为了牟取最大量的利润，不惜以假充真、以次顶好、缺斤短两，甚至用那些损害消费者健康和威胁消费者安全的商品欺骗消费者，为了维护消费者的利益，许多国家成立了消费者保护协会，消费者主义兴起。这时，学者们认为许多企业没有真正奉行"市场营销观念"。美国管理学家彼得·德鲁克说："市场营销漂亮话讲了二十多年之后，消费者主义居然变成了一个强大的、流行的运动，这本身证明没有多少企业真正奉行市场营销观念。消费者主义是市场营销的耻辱。"另一些人认为，市场营销观念存在一些疑问，如把满足消费者表现出的需要作为唯一的企业营销标准有不妥之处，有时，消费者认为对自己有益的商品并不一定真正有益，如香烟对吸烟者就是如此。另外，还有许多商品能满足消费者的眼前利益，但损害了消费者及整个社会的长期利益。例如，大量的一次性包装物满足了消费者求便捷、求卫生的眼前需要，但造成了惊人的社会性浪费，由此产生的过量的垃圾又污染了人类的生存环境。针对这一情况，人们认为单纯的市场营销观念解决不了满足消费者个别需求与消费者总体需求、消费者目前需要与社会长远利益的矛盾。于是，人们提出了各种各样的新观念，如"人道营销观念"、"绿色营销观念"和"生态营销观念"等。凡此种种，菲利普·科特勒和杰拉尔德·蔡尔曼称之为"社会市场营销观念"。这一观念在澳大利亚、加拿大和若干发展中国家传播很快，并得到一些国际组织如世界卫生组织和世界银行等的赞许。

案例链接

绿色鸡蛋，创出品牌

大连韩伟集团用于鸡蛋等产品的"咯咯哒"商标是国家工商总局认定的驰名商标。在难以计数的商品中，很少有产品像鸡蛋一样对老百姓的生活起着如此重要的作用，但是鸡蛋的商标被认定为驰名商标还是很少见的。这标志着，在中国，鸡蛋等初加工的农产品已经进入了品牌时代。

"咯咯哒"为消费者和专家认可，并不是靠铺天盖地的广告，而是靠让消费者放心的产品和服务，靠的是真正的绿色食品和先进的科学技术与管理。经过 20 多年的奋斗，韩伟集团已经发展为年产鲜蛋 5 800 万千克的全国知名鸡蛋生产企业，是我国重要的世界蛋品协会国家级成员。

韩伟集团最为人称道的还是其无药物、无激素、无抗生素、无重金属残留的绿色鸡

蛋。为保证鸡群外部环境的绝对安全，防止鸡生病，韩伟集团投资 1 000 多万元，买断了鸡场所在的五个山头，对鸡场实行严密的封闭。进出鸡场的车辆轮胎要进行严格消毒，运输鸡粪的车辆都是封闭式的。韩伟集团请国内外著名的专家定期对鸡进行诊断，但是绝不对鸡用药，这就从根本上保证了鸡蛋不会有药物和抗生素残留。

人们一般认为，有一层硬壳的鸡蛋天然是清洁卫生的，实际上这是一种误解。由于环境和饲料等方面的原因，鸡蛋同样成了一种有安全和健康风险的食品。鸡蛋内的有害病菌、激素、药物，特别是抗生素和重金属等有害物质的残留，尤其值得重视。而禽流感带来的恐慌更使大家感受到了吃鸡蛋的风险。严峻的现实使消费者不得不在吃鸡蛋时也追求绿色、健康和安全。这种情况给生产企业提供了巨大的商机，同时也带来了挑战。许多商家敏锐地把握住了这一点，于是我们就在市场上看到了各种各样的绿色鸡蛋和口味、营养不同寻常的鸡蛋。

吃够了没滋没味的大鸡蛋，人们怀念起农家土鸡下的小鸡蛋的美味，于是市场上就出现了众多的迎合这一消费需求的土鸡蛋、柴鸡蛋、笨鸡蛋、散养鸡蛋、走地鸡蛋。但是，对于商家的热情，消费者似乎并不怎么买账，因为被假冒伪劣产品坑苦了的消费者十分清楚，往普通鸡蛋上贴标签比生产出真正的优质鸡蛋要容易得多。市场上的鸡蛋虽然贴着各种各样的标签，但能使消费者很容易地认牌购货的商标极少。

绿色食品产业的发展对于消费者、企业乃至国家都是大好事，但是消费者和商家之间的信任成了绿色食品产业发展的“瓶颈”。而商标则是构建这种信任的重要渠道。中国鸡蛋进入品牌时代是市场经济发展的必然后果。让消费者很容易地认牌购货对于我国绿色食品产业的发展具有不容忽视的积极意义，现已有不少企业认识到了这一点，我们也将会在市场上看到越来越多具有品牌知名度的鸡蛋，“咯咯哒”就是一个好的开端。

资料来源：陶国峰：《绿色鸡蛋，创出品牌》，载《经济日报》，2005-01-14。

（三）知识营销理念

知识营销理念是在知识经济条件下，企业进行市场营销策划活动的指导思想和经营观念。知识经济也称智能经济，是指建立在知识和信息的生产、分配和使用基础上的经济。它是和农业经济、工业经济相对应的一个概念。信息是知识经济的燃料和动力。创新是知识经济的灵魂。知识是主导资本，是经济发展最重要的生产力。知识经济理论形成于 20 世纪 80 年代初期。1983 年，美国加州大学教授保罗·罗默提出了“新经济增长理论”，认为知识是一个重要的生产要素，它可以提高投资的收益。“新经济增长理论”的提出，标志着知识经济在理论上的初步形成。知识经济是以知识为主导，以信息技术为基础，强调产品和服务的数字化、网络化和智能化，主张敏捷制造和规模生产个性化商品，并能够按用户需求进行有效生产和服务的经济。知识经济是更人性化的经济，是更能体现价值规律的经济。

知识营销的具体表现是通过有效的知识传播方法和途径，将企业所拥有的对用户有价值的知识（包括产品知识、专业研究成果、经营理念、管理思想，以及优秀的企业文化等）传递给潜在用户，并使其逐渐形成对企业品牌和产品的认知，将潜在用户最终转化为现实用户的过程和各种营销行为。

世界银行副行长瑞斯查德曾说，在知识经济时代，知识是比原材料、资本、劳动力、汇率更重要的经济因素。知识经济改变和超越了以技术为驱动，片面追求生产规模极大化，追求产品技术极致的发展模式，而转向把知识作为驱动的主要力量，这对现代企业管理提出了更高的要求。企业所采取的营销战略、战术和方法都是在其营销理念指导下进行的，而营销理念都有一定的社会经济基础，并不断随其发展而变化。现代科学技术的发展，尤其是现代电子信息技术的发展，对市场营销策划理念产生了巨大影响，也为营销策划方法的创新和发展提供了技术手段和基础。

与传统的营销方式相比，知识营销具有以下特征：

1. 营销环境发生明显变化

知识经济时代的企业营销环境发生了巨大变化。首先是竞争日益激烈。随着信息网络技术的飞速发展及世界经济一体化的不断演进，“国内市场国际化，国际竞争国内化”已成为现实，竞争愈演愈烈。其次，竞争的方式也发生了变化。大家共享信息技术和知识资源，共同开发市场，在合作中竞争，在竞争中合作，形成良性循环的竞争环境。知识的全球化使市场规模和容量达到前所未有的水平，企业面临来自国内和国外竞争的双重压力，竞争焦点也由产品竞争转向知识竞争；知识的共享性使企业间的关系、竞争或联合的方式发生了变化，原来单纯的对抗性竞争转向了求“双赢”的合作竞争；不断更新的知识、信息和网络手段，也改变着供需双方关系以及交易的方式和渠道。

2. 营销产品发生明显变化

传统营销产品逐步被知识型产品所替代。所谓知识型产品是企业应用知识和创造知识的结果，它以高科技为支持，具有很高的知识含量，即高科技产品的升级，产品科技含量高，如数字化彩电、数码相机、纳米材料等。对于这些知识型产品的营销必须要求营销者具有高素质，不仅要深谙营销技巧，同时也要掌握产品的知识内容，并能够把这些知识介绍给消费者。如果营销者对产品本身的技术含量、使用功能、维修知识一知半解，对消费者的询问含糊其辞，产品售出发生故障时也不能迅捷提供售后服务，那么消费者将疑虑重重，营销也就很难成功。知识型产品的出现，也改变了人们的消费方式，如人们利用互联网开展购物、订票、娱乐、学习等多种活动。营销人员必须具备相应的专业知识才能胜任本职工作。营销人员应当提高自身素质和知识创新能力，同时也让消费者对产品的知识含量和使用功能有所了解，创造顾客需求。

3. 营销方式发生明显变化

如今，互联网已将世界联为一体。与此同时，国际互联网使得营销信息系统更加完善与高效。传统的营销方式是靠媒体、广告等向消费者传达产品信息的。这种传递是单向的，往往是营销者比较主动而消费者比较被动，信息反馈速度慢且有限，而且成本较高，因而往往不能制定适宜的营销战略。而在知识经济时代，网络化的实现使营销渠道四通八达，不仅营销部门可通过网络将产品信息迅速传达给消费者，大大减少营销环节，降低成本；而且消费者还可通过网络与营销部门进行对话，提出自己的愿望与要求，促使厂家生产出更适合市场需求的产品。

4. 营销策略发生明显变化

从目标市场来看，企业原有的市场结构被打破，面对的是一个更广阔、更具选择性的

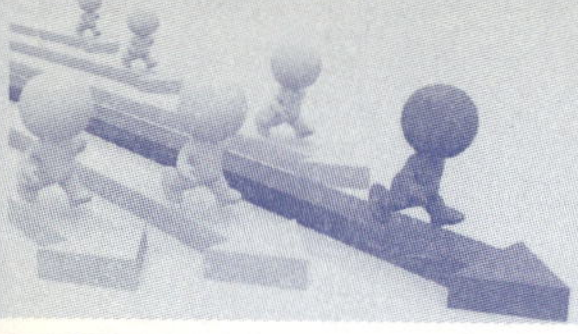

潜在市场；从市场调研来看，互联网不仅为厂商提供了一个崭新的高效率、低成本的市场调研途径，而且为企业建立日常的与顾客双向沟通的机制奠定了基础；从产品策略来看，由于信息高速公路的连接，企业与顾客距离更近了，产品创新特别是知识创新成为企业竞争的主流；从价格策略来看，由于各方面成本的节约，更加弹性、多样化、组合的价格策略被采用，电子货币的出现也加速了资金周转速度；从销售渠道来看，企业更多地采用直销方式；从促销方式来看，广告发布大量地转向互联网，网络广告和营业推广手段的结合，大大提高了促销效率。

案例链接

方便面与互联网

面对中国互联网的迅猛发展，越来越多传统企业的决策者在考虑着如何凭借这一新经济的浪潮再创辉煌。因此，就有了方便面与互联网的完美结合。

“华龙面，天天见”，这句广告语可以说是老幼皆知。推出这一品牌的是河北华龙集团。该集团是以生产方便面为主要业务的国有大型企业，是极具活力和发展潜力的民族方便面食品工业主力军。

集团董事长兼总裁范现国着力思考的一个问题是：如何借助互联网的优势提升企业形象，增强集团竞争力，进一步拓展市场？集团 1999 年 9 月成功注册了华龙集团的国际域名和国内域名，并于 1999 年 9 月开始筹建华龙集团网站，制作了中英文两个版本，共计 70 多个网页。经过 3 个多月的筹建，华龙集团网站于 2000 年 1 月正式开通，进入试运行阶段。随后，集团开展了大力度的宣传推广工作。

（1）向 30 多个重要的中文搜索引擎（搜狐、中文雅虎等）和 300 多个英文搜索引擎进行了注册登记，以便让访问者更加方便快捷地检索到网站的信息。

（2）在相关的知名网站，如中国食品流通网、燕赵信息港、中国商品交易市场等做了大量宣传。

（3）与传统媒体宣传配合，在电视广告、名片等传统媒体策划中加入了企业网址宣传，多方面宣传企业网站，提高企业网站的知名度。

（4）与中国食品流通网、食品商情网、河北之窗、邢台信息港等网站交换友情链接，提高网站访问量。

通过传统媒体与新兴互联网媒体的互补式宣传，华龙集团成功地树立了企业网站形象，让更多的人特别是国外的访问者了解了华龙集团及华龙的产品。

网站开通不久，便有菲律宾、马来西亚等国的客商发来电邮咨询方便面的订购事宜。

国内商家对方便面的咨询及订单更是纷至沓来。而电子邮件的广泛使用，不仅大幅降低了国际贸易的成本，也使沟通的时间降到了最低，效率大大提高。网站开通后，来自各方的建议、咨询、投诉也是连续不断。

互联网成为华龙直接与消费者及商家对话的桥梁。由此，华龙得以快速完善、提高。另外，网站的开通还为华龙集团增添新鲜血液开辟了蹊径。网站的成功架设，增加了外界

了解企业的窗口，让更多的人在企业网站中熟悉华龙集团、了解华龙精神及华龙的企业文化。因而在短短几个月时间里，就有上百名应聘者希望加入华龙的事业。

华龙借助互联网，成功开辟了全新的销售模式，网络经营成为企业经济效益增长的一个突破口。华龙也因而成为传统企业利用互联网发展的又一典范。

资料来源：http://www.9jl.com/html/websell/183658262.htm。

三、现代营销理念的发展趋势

进入21世纪，新的营销理论、方法、技术不断涌现，特别是Internet技术在市场营销领域的应用将我们带入了一个全新的时代——新经济时代。在这个时代，消费者的行为跨越了多个渠道：他们把人类从古至今的需求和行为与新兴网络行为结合在一起，这种行为混合了传统的和数字的、理性的和感性的、虚拟的和现实的因素。同时，企业间的竞争不断升级，随着新经济时代的到来，大公司不一定能打败小公司，但信息传递快的公司很可能打败信息传递慢的公司。聪明的商家已认识到在市场营销领域悄然发生的这场变革，这就要求他们的营销理念必须不断更新，才能在市场竞争中获胜。

（一）从关注营利性交易向关注顾客终身价值转变

近百年来，尽管企业经营理念经历了由生产观念向社会市场营销观念的演变，但大多数的公司通常关注的是从每笔交易中能获得多少利润。这种观念极易导致企业发生短期行为，不利于企业的长期发展，而且顾客的忠诚度也不高，很容易丧失顾客。在新经济时代，企业关注的不仅仅是所能获得的利润，同时也要关注每个顾客的终身价值，通过设计产品和价格以期在顾客的终身消费中获利。

顾客终身价值是基于顾客生命价值预期的由未来利润产生的价值，是一个非常重要的衡量营销活动成功与否的指标。一般用以下两个比率来衡量顾客的终身价值：

（1）顾客保留率。顾客保留率＝隔年的顾客数/某年的顾客数。顾客保留率越高，表明顾客对企业的评价越好。

（2）顾客权益。它是企业所有顾客生命价值的贴现总计。很明显，顾客越忠诚，顾客权益越高。公司可以从预期收入中减去用来吸引和服务顾客以及销售所花费的预期成本。这个指标与营销策略及成本比较，可以预测对某一顾客群的营销是否会成功，如果成功，利润大约是多少；反之，如果失败，就应取消对这些顾客的营销。因为这对营销的成败有着决定性的影响。

（二）从以企业价值最大化为目标向以顾客满意为目标转变

尽管大多数企业已树立现代市场营销理念，但它们的最终目标是使企业价值最大化，而不是通过满足顾客的需求达到顾客满意。在新经济时代，企业所寻求的应是尽可能使顾客满意，最终实现包括利润在内的企业目标。企业在通往成功的路上不仅要考虑股东的利益，同时还必须保证顾客、员工、供应商、分销商的利益。企业必须遵循这样一个理念：在总资源一定的限度内，企业必须在保证其他利益方至少能接受的满意水平下，尽力提高顾客满意度。只有让顾客满意了才能够留住顾客，才能提高顾客的忠诚度。留住旧客户比开发新客户更重要。一般来说，开发一位新客户所花费的成本要比保

有一个现有客户的成本高出5倍之多。如果企业能将客户流失率降低5%，利润将会有100%的增长。

著名的“二八定律”指出：一家企业80%的收益是20%的客户带来的。如何找到企业中那20%的客户，提供完备的客户服务，进而增加交易次数，从而增加企业的利润，这对企业来说是一件非常重要的事情。现在很多企业采用客户关系管理系统（CRM）来寻找对企业最有价值的客户。

西奥多·莱维特在《市场营销近视症》中曾指出，每一个行业一度都是增长性的行业，之后虽然一些行业还处于增长的热潮中，但在很大程度上已被衰退的阴影笼罩。他指出：很多企业只重视产品本身的质量、价格、性能，却忽略了产品的最终使用者与消费者——“顾客”的需求特性，产品成了企业营销的目的，这必然使得大部分企业陷入销售下降、库存积压的困境。

菲利普·科特勒不止一次指出：必须取悦自己的顾客。但同时还必须明白也不能对这些顾客过于百依百顺，过于百依百顺就会患上市场营销狂热症。

企业在营销过程中，要严格区分完全满意的顾客和其他顾客。完全满意的顾客可以视为企业的忠实顾客，与他们保持活跃、长期的客户关系，可以通过他们的重购不断获得利润。要定期听取他们的反馈意见，不断改进自己的产品和服务，以保持这一部分顾客的完全满意。同时，抓住满意但仍不稳定的那一部分顾客，通过各种调查形式，了解他们真正的需求，合理地应用到企业的运作中，争取开辟出更大的市场。但值得指出的是，不要盲目迎合顾客的需要，去修改自己的产品和营销方式，以致耗费资金和精力，最终成为市场的附属品。

（三）从传统的依靠单一营销向整合营销转变

激烈的市场竞争如大浪淘沙，迫使企业不断地审视自己的企业与所面临的市场营销环境，据此不断地调整企业的营销策略与战略，或者确立新的营销理念，或者修正原有的营销方式。整合营销理念正是在企业兼顾企业内外整条价值链上的所有“星座”的目标指引下，逐渐演变和发展起来的一种更适合现代市场竞争的营销理念。

整合营销就是“根据目标设计（企业的）战略，支配（企业各种）资源以达到企业目标”。菲利普·科特勒指出：整合营销包括两个层次的内容，一是不同营销功能——销售、广告、产品管理、售后服务、市场调研等必须协调；二是营销部门与企业其他部门，如生产部门、研究开发部门等职能部门之间的协调。整合营销实质是谋求供应商—生产商—分销商—顾客整条价值链的最优化。可以把整合营销视为是对价值链的整合，整合可以保证提供产品或服务的各个环节的质量，以实现顾客价值的最大化；整合可以更有效地管理各种相关资源，以发挥高效的经济效益。因此说，整合既有利于顾客，又有利于企业，可以实现双赢。

在新经济时代，创造市场也许比适应现存市场更加重要，创造市场比细分市场和确定目标市场更为生动。而整合营销要求企业主动迎接多变的市场挑战，更加清楚地认识市场与企业间的互动关系。不仅要分析现有的市场，研究如何尽量扩大市场份额，更应未雨绸缪，研究消费者的新需求，发掘潜在的市场，从而开创新市场。整合营销推崇企业用动态的观念看待市场，一个企业市场优势地位的确定与稳固，在于企业能否深刻地领悟市场发

展的方向，以及是否有能力根据市场变化及时调整企业战略、充分利用自身以及“外脑”来适应变化了的市场。在复杂动态的营销环境下，一个企业只有成为市场营销的开拓者，开创新的市场并不断地保持领先地位，企业才有可能拥有持久的生命力、成长能力和核心竞争力。

（四）从提供标准化服务向提供定制化服务转变

20世纪80年代以前是大规模生产时代，消费者接受标准产品。消费者的认同扩大了经济规模，从而推动了市场的扩展和价格的降低。但是，“每一个顾客都是独一无二的”，这个一度为大规模生产所掩饰的真理逐渐凸显，并日益为营销界所重视。20世纪50年代“市场细分”概念的提出，80年代对“市场定位——创造新的差异以赢得市场”的强调，都是这种趋势的反映。然而这种细分针对的仍是较大的群体，并假设属于一个细分市场的消费者群体有相同的需求和欲望。但事实上，这些消费者并非同一人，某些细分市场消费者希望增加不包括提供物在内的附加性能和利益，而另一些消费者却希望放弃他们不想要的那一部分内容。因此，无论是市场细分还是市场定位，对市场的细分都不可能精确到每一个人。

随着人们生活水平的提高，人们的需求不断向多样化和个性化方向发展。进入20世纪90年代以后，随着将市场“细分到个人”的呼声日益强烈，以及柔性生产系统（FMS）和互联网的出现和快速发展，“面向客户的个性化需求进行生产，同时不放弃效率、效力和低成本”成为可能。正是在这种背景下，定制营销卷土重来，但它与手工定做不同，它采用了“大规模定制”的新形式，并逐渐成为企业竞争的新前沿。

定制营销是指在大规模生产的基础上，将市场细分到极限程度——把每一位顾客视为一个潜在的细分市场，并根据每一位顾客的特定要求，单独设计、生产产品并迅捷交货的营销方式。它的核心目标是以顾客愿意支付的价格和能获得一定利润的成本为基础高效率地进行产品定制。美国著名营销学者科特勒将定制营销誉为21世纪市场营销最新领域之一。在全新的网络环境下，兴起了一大批像戴尔、亚马逊、宝洁等为客户提供完全定制服务的企业。如宝洁的Reflect.com网站提供一种定制的皮肤护理或头发护理产品以满足顾客的需要。

目前，我国一些企业也已意识到提供定制化服务对扩大市场份额的重要性，如青岛海尔集团实施家电个性化生产战略，提出“您来设计，我来实现”的口号。由消费者提出自己对某种家电的个性化要求，海尔根据客户的要求进行定制生产，满足个性化需求。据有关资料显示，在顾客提出要求之后再制造，比在顾客提出要求之前预先制造，要节省很多费用。但值得指出的是，我国大部分企业实行的仍然是规模生产、大众化营销、标准化服务，绝大多数的企业还没有真正认识到定制化服务对企业发展的重要性，这样在激烈的市场竞争中极易丧失顾客，最终失去市场。

定制营销具有提供标准化服务所不具备的优势，无论是对企业还是顾客都能带来巨大的利益。它能最大限度地满足顾客的需求，为企业赢得更多的订单；它采用大规模定制方式，又具备无差异营销大量生产而成本低的优势；它使企业与顾客的联系更加紧密，不仅防止了大量标准化生产因不适销对路而造成产品库存积压，而且也有利于缩短流通环节、减少流通费用，提高资源的配置效率；它还体现了社会营销的思想。定制营销对提高企业竞争力有着重要的作用。

（五）从营销人员从事营销向公司里人人关注营销转变

在新经济时代，在现代高科技背景下，社会进入“无差别化”时代。尤其是在买方市场下，企业竞争已不是孤立的产品竞争，而升级为企业整体形象的竞争。这就要求企业的营销工作不仅仅是营销人员进行营销，而是整体营销，人人参与营销工作，这样才能真正做到使顾客满意，最终实现企业的目标。戴维·帕卡德曾说过，营销太重要了，不能单单由营销部门承担。营销理念必须让企业中的每一名员工都理解，这样才能有利于企业各项业务的开展。确切地说，市场营销不只是一些专家的责任，企业里的每个成员都必须承担起理解顾客需求的责任，并为发展和传递其创造的价值做出贡献。企业可以通过培训员工、让非营销人员与营销人员增加交流等方式，使企业的每一名员工都意识到营销对企业发展的重要意义。

市场营销应是每个人工作职责的一个组成部分，同时也应成为企业文化的一部分。以顾客为中心的组织文化，可以协调组织中的所有部门为共同的任务和目标而努力。企业中的各个部门领导都给予顾客足够的重视，让顾客得到最大的满意，这样整个企业就能形成以顾客为中心，以顾客满意为最大标准的良好企业氛围，从而留住更多的老顾客，吸引更多的新顾客，形成一个良性循环的态势。

就目前我国企业的营销现状而言，存在一些缺陷：对客户的结构特征缺乏清晰认识；缺乏主动出击、抢占资源的意识；过于看重经济利益，缺乏兼顾利益关系人利益和社会效益的意识；营销部门与其他部门之间缺乏沟通协作。我国已加入 WTO，我国的企业面临严峻的竞争环境，所以我国的企业一定要全方位地与国际接轨，要重视顾客，关注顾客，服务顾客，要在营销理念上有一个彻底的转变。成功的公司将是那些营销理念随市场空间同样迅速变化的公司。要想在激烈的市场竞争中立于不败之地，就必须在营销理念上结合实际进行相应的变革与创新，以适应新经济时代的要求，提高核心竞争力，获得持续的生存和发展能力。

第二节　营销策划的创意

一、营销策划创意的含义

创意是生存之父；创意是历史之母；创意是文明的发端；创意是文化的源泉；创意是科学的动力；创意是命运的契机……可以这样说，文学、绘画、音乐、舞蹈、体育、政治、教育、经济等几乎任何方面，都离不开创意。维克多·雨果说过，世界上再也没有比被时代所接受的创意更具威力的了。

然而，创意到底是什么？众说纷纭，莫衷一是。

创意的核心是创造性思维。没有创造性思维就不可能产生创意。创造性思维是一种辩证思维，即认为事物是运动、变化、发展的，并用逻辑思维去把握、驾驭万事万物的变化，而不是以形式逻辑的静态思维进行推理。

创意的激发来源于灵感。灵感的产生依靠生活的积累。创意的产生要求创意者深入观察生活、积累资料，全面涉猎多学科知识，提高知识素养，处处留心，事事思考，日积月累，厚积薄发。列宾说过，灵感是由于辛勤的劳动而获得的奖赏。

创意是人们主体意象与客体表象的结合。客体表象是感性认识的产物，不具备理性的内容，表象可分为回忆性表象和想象性表象。当表象转化为人们的意象，即被作为意念、情感深深地印在人们的脑海里时就变成意象。这个由表象向意象的转化过程完成后，进一步进行创造性思维，就可以形成创意。这种创意一旦作用于营销策划或其他有关领域，且具有可实现性，就可以形成别具一格的策划方案。

"营销策划创意"是在特定范围内使用的概念。它适用于企业形象设计与策划、广告艺术创作、市场营销技巧以及现代企业各种营销活动。营销策划创意是人们在企业市场营销活动中产生的思想、点子、主意、想象等新的思维成果，是一种创造新事物、新形象的思维方式和行为。

二、营销策划创意的特点

营销策划创意是一种辩证思维，这种辩证思维的产生和表现，与一般的思维有明显不同，这些特点是：

（一）灵机一动

因循守旧、按部就班的思维方式是产生不了创意的。创意是奇思妙想。这种奇思妙想往往来源于灵感。灵感是人们受外界的触动而闪现出的智慧之光。灵感可遇而不可求。灵感受先天遗传和后来努力的影响。有的人天生聪慧，但不努力、不奋斗，这样的人产生不了灵感。有的人虽勤奋有加，但缺乏悟性，也难以产生灵感。

（二）观察入微

人们观察事物的能力差别较大。有的人视若无睹，有的人见微知著。洞察力是以批判的眼光，准确入微、入木三分地观察并认知复杂多变的事物之间相互关系的能力。敏锐、细致的洞察力是创意者提出构想和成功地解决问题的基础。缺乏洞察力就会遗弃和漏掉大量的创意资源。有了敏锐、细致的洞察力就有可能激发创意。

（三）想象力丰富

想象是表象的深化，想象力是人们凭借感知而产生的预见、设想。想象力是探索未知的基础，也是推动创意发展的源泉。想象力包括联想、环想、设想、幻想，它是思维无拘束的自由驰骋，也是智慧的发散和辐射。想象力是奇妙的。只有出奇，才能在"山重水复疑无路"时，"柳暗花明又一村"；只有美妙的想象，才有可能产生奇迹和造就色彩斑斓的世界。

（四）与众不同

创意来源于灵感、观察力和想象力，创意与一般思维表现的差异在于与众不同。创意思维是求异思维。求异性贯穿于整个创意形成的过程之中，表现为对司空见惯的现象和人们已有的认识持怀疑、分析和批判的态度，并在此基础上探索符合实际的客观规律。企业形象策划、广告策划、新产品策划等企业营销活动，既是一种创意活动，也是一种求异活动。只有建立在积极的求异思维基础之上，才能独树一帜，引起公众广泛的关注和支持。

案例链接

防爆啤酒瓶盖

很多人都喜欢喝啤酒，但是，以前生产的啤酒瓶容易爆炸，伤人事故曾不断发生。湖北的制伞工人杨宏新一直在思考“为什么啤酒瓶会爆炸”这个问题，决心攻克这个难关。他找来许多资料，仔细分析，以便从理论上弄懂啤酒的性质。接着他又到啤酒厂学习，了解啤酒的生产流程。随后，他买回一大箱啤酒进行试验。好几次模拟爆炸试验，他都差一点受伤。功夫不负有心人，他终于找到了啤酒瓶爆炸的原因。原来，新的空啤酒瓶内部每平方厘米可承受15千克压力，灌装了啤酒后，每平方厘米就只能承受3.5千克压力了。由于啤酒瓶被多次回收利用，它内部可承受的压力不断下降，再加上气温变化、搬运碰撞等因素，一旦每平方厘米承受的内压超过3.5千克，就容易引起爆炸。怎样解决呢？他经过多次试验，都没有找到好办法。一个星期天，他正在给妻子补自行车的轮胎，补着补着，他突然想到，自行车轮胎在夏天也容易爆炸，为了防止爆炸，人们往往都不给自行车轮胎打足气。如果气太足了，还要有意放点气。那么，我们是不是也可以想一种办法，让啤酒瓶内部压力增大时能自动排气、自动减压呢？想到这里，他立即动手试验。终于，他发明了“减压防爆啤酒瓶盖”，并且获得了国家专利。他在解决啤酒瓶爆炸问题方面成为一个成功者。

资料来源：北京市委编写组：《增强自主创新能力，建设创新型城市》，北京，中国青年出版社，2007。

三、营销策划创意的过程

企业营销策划创意的过程一般分为六个步骤。

（一）明确营销目的

创意者必须弄清委托者的本意、要求，并从中提炼出主题，在有限的时间里把合作者的智慧汇聚其中，避免产生歧义或南辕北辙。

（二）分析营销环境

企业的内外部环境是进行创意的依据，因而要深入分析企业的市场营销环境，以引发合乎环境的优秀创意。企业的市场营销环境分为宏观环境和微观环境。宏观环境主要包括政治环境、经济环境、社会环境、科技环境和文化环境。企业的微观环境包括企业内部环境、竞争者、顾客、渠道企业、供应企业等。

（三）收集营销信息

创意者要对企业提供的二手资料和亲自深入企业各方面所取得的一手资料进行认真分析，从而获取、开发信息。开发信息要借助人脑与电脑的合作，借助电脑对信息的量化分析和人脑对企业状态的感性分析进行整理加工，去粗取精，去伪存真。在反复的调研、探究、切磋的过程中，创意者不仅对情况把握得十分清楚，而且产生了强烈的创意冲动，这时可进入下一步。

（四）产生营销创意

创意既是创意者灵感闪现的过程，也是一种可以组织并需要组织的系统工作。引发创意一般要具备以下 11 个条件：

（1）即刻反应的能力；

（2）卓越的图形感觉；

（3）丰富的情报信息量；

（4）清晰的系统概念和思路；

（5）娴熟的战略构思和控制能力；

（6）高度的抽象化提炼能力；

（7）敏锐的关联性反应能力；

（8）丰富的想象力；

（9）广博的阅历与深入的感性体验；

（10）多角度思考问题的灵活性；

（11）同时进行多种工作的能力。

（五）撰写创意文案

创意文案又称创意报告，可分以下几个部分：

（1）命名。命名要简洁明了、立意新颖、蕴含深远、画龙点睛。如“虎跃计划”、“夺标计划”等。

（2）创意者。说明创意人的单位及主创人简况。注意适度体现创意者的名气与信誉，使人产生信赖感。

（3）创意的目标。突出创意的创新性、适用性，目标概述的用语力求准确、肯定、明朗，避免概念不清和表达模糊。

（4）创意的内容。说明创意者的创意依据，创意的主要内容，创意者赋予的内涵及创意的表现特色。

（5）费用匡算。列支说明创意计划实施所需的各项费用和可能的收益，以及围绕效益进行的可行性分析。

（6）参考资料。列出完成创意的主要参考资料。

（7）备注。说明创意实施要注意的事项。

（六）进行创意总结

创意文案付诸实施后半年或一年要进行总结，对执行文案前后资料进行对比分析，以总结经验、吸取教训。

四、营销策划创意的方法

创意的常用方法由易到难有以下五种：

（一）模仿创造法

模仿创造法是指通过模拟仿制已知事物来构造未知事物的方法。模仿创造法又分为仿生法和仿形法。

仿生法是指模仿某种生物而进行模仿创造的方法。

仿形法是指模仿已知事物的形状而进行模仿创造的方法。

模仿创造法是人类进行创造性思维常用的方法。当人们欲构建未知事物的原理、结构和功能而不知从何入手时，最便捷易行的方法就是通过对已知的类似事物的模仿而进行再创造。几乎所有创意者的行为最初都是从模仿创造入手的。

模仿创造法不是抄袭、照搬，而是因时、因地、因物、因势而采取的最适合的创意，它对已知事物的模仿只是借鉴，通过借鉴在此基础上做出适合未知事物的选择、再造。模仿只是入门的钥匙，紧接着必须致力于创造。齐白石老人曾说过："学我者生，似我者死。"这句话一针见血地说明了模仿创造法不是死搬硬套地依葫芦画瓢，而是要立足于创造。

模仿创造法的应用途径包括：

1. 原理性模仿创造

原理性模仿创造是按照已知事物的运作原理来构建新事物的运作机制。例如，电脑人工智能即是模仿人脑神经元素设计而成的。

2. 形态性模仿创造

形态性模仿创造是对已知事物的形状和物态进行模仿而形成新事物。深圳世界之窗、锦绣中华等微缩景观就是模仿世界各国的标志性建筑修建的；军人的迷彩服则是对大自然色彩的模仿性创造。

3. 结构性模仿创造

结构性模仿创造是从结构上模仿已知事物的结构特点为创造新事物所用。例如，复式住宅来自于对双层公共汽车结构的模仿；决策树方法是对自然界中树干与树枝结构的模仿。

4. 功能性模仿创造

功能性模仿创造是从某一事物的某种功能要求出发模仿类似的已知事物。例如，人们受智能相机的启发，研制出了全智能操作的傻瓜电脑、傻瓜汽车。

5. 仿生性模仿创造

仿生性模仿创造是人们以生物界生物生存、发展的原理、形状、功能为参照，进行创造，包括原理性仿生、技术性仿生、控制性仿生、信息性仿生等。例如，人类模仿鱼的体形造出了船体。

（二）移植掺和法

移植掺和法是指将某一领域的原理、方法、技术或构思移植到另一领域而形成新事物的方法。它是人们思维领域的一种嫁接现象。生物领域的嫁接或杂交可以产生新的物种，科技领域的移植、嫁接可以产生新的科技成果，同样，企业形象策划可通过对不同领域、不同行业的企业的某些方面进行移植、嫁接，从而形成新的企业形象，产生新的创意。

移植掺和法包括如下类型：

1. 原理性移植

原理性移植是把思维原理、科学原理、技术原理、艺术原理移植到某一新领域的方法。例如，把反馈原理应用于电子线路中，形成了系统的控制论；把价值工程应用于市场营销实践，便形成了营销价值分析法；把社会化大生产原理应用于传统零售商业，就创造了连锁经营的企业模式等。

2. 方法性移植

方法性移植是把某一领域的技术方法有意识地移植到另一领域而产生创造性结果的方法。例如，模糊数学的产生便是美国数学家把经典数学统计理论的研究方法移植到对模糊现象的研究之中产生的结果。文艺界中各种戏剧也相互移植。如中国川剧《中国公主图兰朵》就是对意大利歌剧《图兰朵》的移植。

3. 功能性移植

功能性移植是把某一种技术或艺术所具有的独特功能以某种形式移植到另一领域的方法。例如，将电视机的音像功能移植到计算机领域；戏剧舞台常采用电影蒙太奇的组接，立体性地进行时空转换；电影导演设计画面往往移植油画的凝重或国画的写意等。

4. 结构性移植

结构性移植是把某一领域的独特结构移植到另一领域形成具有新结构的事物的方法。例如，蜂窝是一种费料少但强度高的结构，把这一结构用于制砖，做成的蜂窝砖既能减轻墙体的重量，又能保暖、隔音；把诗歌体裁的韵律结构用于组织理念系统，锤炼出来的企业理念更具音韵美。

(三) 联想类比法

联想类比法是指通过对已知事物的认知而联想到未知事物，并从已知事物的属性去推测未知事物也有类似属性的方法。例如，A 与 B 两个事物，A 具有 a、b、c 三个属性，B 具有 a、b 两个属性，通过联想类比，可推断 B 或许也有与 A 类似的属性 c。维纳的《控制论》之所以有副标题“关于在动物和机器中控制和通信的科学”，就是为了揭示动物和机器看似两类相去甚远的事物之间，通过联想类比而存在着彼此联系的规律性东西。

联想类比法包括以下类型：

1. 直接类比

直接类比是简单地在两事物之间直接建立联系的类比方法。例如，鲁班因被野草的边缘割破手指而发明锯子；高尔基的《海燕》，以阴沉的乌云、浓重的天空和高傲的海燕在飞翔，使人联想到十月革命前的俄国沙皇统治下的严峻形势与无产阶级英勇奋斗的情景。

2. 拟人类比

拟人类比是将问题对象同人类的活动进行类比的方法。赋予非生命的具体物件以人的生命及思维和想象。企业形象设计本身就是对企业进行拟人化的设计和策划，赋予人的理念，人的视觉美感和行为方式，使社会公众产生美好印象。

3. 因果类比

因果类比是一种从已知事物的因果关系同未知事物的因果关系的某些相似之处，而寻求了解未知事物的方法。例如，鸟类飞行距离与其翼长有关，信天翁翼长达 4 米，可连续飞行数月，人类由此研制出了适于远距离飞行的 U-2 型飞机；IBM 之所以成为业内巨人，与其重视企业形象设计不无关系，因此，企业形象设计从美国传向世界各地，从 20 世纪 50 年代延伸到 21 世纪。

4. 结构类比

结构类比是由未知事物与已知事物在结构上的某些相似之处而推断未知事物也具有某种属性的方法。如把经济运行结构与城市交通运行结构进行类比，就可以由红绿黄指示灯

对车辆的管理推及国家宏观调控与市场运作的关系。

（四）逆向思维法

逆向思维法是指按常规思维去解决问题而不见效时，即反其道而行之，进行逆向思维以获得意想不到的效果的方法。

逆向思维法改变了人们的固定思维模式和轨迹，提供了全新的思维方式和切入点，这无疑拓宽了创意的渠道。例如，将固定的8小时工作制改为弹性工作制；将到商店购物改为送货上门；传统的汽车都用金属材料制造，而现代有些汽车则采用非金属的塑料制造；电动机是电能转换成机械能的装置，发电机则能将机械能转换成电能，等等。

逆向思维与顺向思维往往交替进行，在交替使用这两种思维方法时，不断地变换解决问题的重点途径，这就要求人们灵活地、变通地思维并寻求最恰当的方法，此路不通，别谋他途，不死钻牛角尖。

（五）组合创造法

组合创造法是指将多种因素通过建立某种关系组合在一起从而形成组合优势的方法。组合创造法是现代生产经营活动中常用的方法。例如，计算机辅助设计系统是把工程绘图技术、几何造型技术、有限元计算方法及仿真技术组合在一起的结果；市场营销学是经营哲学、数学、经济学、行为学、社会学等众多学科元素组合在一起而形成的新型学科；市场营销方案的实施则是产品、定价、分销渠道、促销等可控因素的组合；营销意识下的产品是核心产品、形式产品和延伸产品的组合。

组合的基本前提是各组成要素必须建立某种关系而成为整体。没有规则约束即为堆砌，有了规则约束才会形成新的事物。如企业商号和产品品牌的命名是由词来体现的，词是词素的组合，两个毫无关系的词素组成的词没有意义，只有两个在含义、平仄等方面建立关系的词素组成的词才能表情达意而又朗朗上口，如长虹、海尔、方正、联想、太和、索尼、奔驰等。

组合有原理组合、结构组合、功能组合、材料组合、方法组合等。但不论什么组合，一是要考虑其能否组合，二是要考虑组合的结果是否优化、是否有更佳的效果。

第三节　营销策划的机构

科学技术的进步和发展，创造了一个日新月异的信息时代。所有企业都面临新时代的各种机遇和挑战，力图取得生存和发展。为此，企业要打破旧的、传统封闭式的组织机构，建立适应性强的组织机构，这样才能适应市场营销环境和营销渠道的新变化，不断提高企业市场竞争力，取得良好经济效益。

营销策划机构是企业为了实现营销策划目标，发挥市场营销策划功能，由有关部门和人员协作配合的有机的科学体系。企业的所有市场营销活动都是由组织机构中的人员来完成的，那么，市场营销策划自然离不开特定的组织机构。所谓营销策划机构，是指企业内

部涉及市场营销策划业务活动的相应职位及其结构。要使市场营销机构合理化，确保市场营销策划的实施达到预期目标，必须对营销策划机构进行合理安排。其主要内容有：制定营销策划机构组建的原则；选择营销策划机构的组织形式。

一、营销策划机构组建的原则

营销策划机构组建必须遵循如下原则：

（一）明确营销策划机构指挥系统原则

在营销策划机构设计中，上下级关系必须首先明确并公布和执行，使每一位职员或管理人员只对一个上司负责，强调行动命令统一。明确组织机构指挥系统的过程，实质上是分权的过程。可适当地将职权自上而下逐步转移下去，实行权力分解，从而形成一个有效的指挥系统。

（二）统一领导，分层管理原则

在营销策划过程中，对于一些战略性、全局性的重大事项，管理权限应集中在企业策划高层，使经营管理实行统一领导，以保证企业各项市场营销活动顺利开展。同时，为保证市场营销任务完成，也要实行分级管理。市场营销策划系统中每个部门的主管必须拥有一定的权力，承担一定的责任。也就是说，市场营销策划系统中各级市场营销管理组织在规定的权限范围内，能够灵活地处理与本身业务相关的事项，使责、权、利有机结合起来。

（三）合理分工，便于沟通与协调原则

企业的营销部门是一个完整的系统，所有市场营销和管理业务活动之间存在着相互影响、相互制约的关系。因此，健全的营销策划机构必须从企业市场营销和管理业务活动的本质出发，进行各种业务职能的合理分工，明确各岗位的职责。同时，营销策划机构的组建，要有利于各部门沟通协调，这密切关系到企业营销目标能否顺利实现。营销策划机构的选择要有利于各方面信息及时传递，以便于有效地沟通和协调各方面的关系。

（四）精简与高效原则

建立企业营销策划机构的根本目的是通过合理配置营销资源以有效地实现营销目标。因此，企业营销系统内部各部门和各环节都必须与其承担的职能相符，必须杜绝机构重叠、功能冲突、人浮于事的事件发生。只有极其精简的组织机构才能创造出较高的效率。营销策划机构的建立必须精简，这样，才能够以最小的成本获取最大的营销收益。反之，若机构臃肿，人浮于事，必然导致不良后果。

（五）适度弹性原则

现代营销活动日趋复杂，知识化、专业化、科技化程度日益提高，且影响营销活动的环境因素也变化多端。因此，企业设计的营销策划机构也应随其市场营销活动的动态变化而进行相应调整，以适应营销环境的发展变化，提高企业组织机构的应变能力。有时，企业为了实现某一特定的市场目标，还需要聚合有关专家，适时地组建临时性机构，并通过临时性授权，以完成某项特定的任务。这种适度弹性，有利于增强企业营销策划机构的战斗力，提高企业的经济效益。

上述五方面的原则，旨在帮助企业设计科学的组织机构和组织制度，在实际操作过程中，企业必须结合营销活动的内外部环境和企业目标来具体使用，这样才能行之有效。

二、营销策划机构的组织形式

为了实现企业营销策划目标，市场营销经理必须选择适宜的营销策划机构的组织形式。企业通常可以采取两种方式来建立营销策划机构。

（一）“渗透型”策划机构

企业内部以营销职能部门为策划的主体单位，借助企业原有的营销组织机构和人员来采集信息、制定营销方案并组织实施。这种形式的策划机构渗透在企业的营销职能部门中，具有稳定性和系统性的特点。

企业营销组织机构有多种形式，一般可分为职能型组织机构、产品型组织机构、地区性组织机构、市场型组织机构、产品—市场型组织机构和事业部型组织机构等几种类型。对于营销职能部门来说，在进行市场营销策划时必须考虑企业营销组织机构的具体形式，以提高策划方案的针对性及可操作性。

（二）“智囊团型”策划机构

由企业抽调部分营销人员，并聘请专家或管理顾问公司成立专门的策划班子，进行企业的市场营销研究，对企业的市场营销战略和策略做出规划和策划，然后通过企业的营销职能部门来组织实施策划方案。

这类策划机构的特点就在于它的灵活性和高效性。企业凭借“外脑”来策划营销方案，大大提高了市场营销策划的起点和水准。它通常是在企业经营的特定时期（如公司组织机构调整、业务经营范围发生重大变化、新产品上市、企业经营陷入困境等）和面临重大事件时（如企业战略目标做出调整、行业内出现威胁性的竞争对手、竞争者采取了新的竞争策略等）设立并运作，在完成特定任务后即可解散。

许多企业将这两种形式的策划机构结合运用，由“渗透型”策划机构承担企业营销活动过程中常规的策划任务，而“智囊团型”策划机构则承担特定的营销策划任务，真正实现了营销策划组织机构的系统性、稳定性、灵活性和高效性。

第四节　营销策划的经费

市场营销策划的经费预算是企业综合预算的重要内容，是调节和控制经营活动的重要工具，也是市场营销策划方案顺利实施的具体保障。经费预算应尽可能详尽周密，各项费用应尽可能细化，尽可能真实反映实施策划方案的投入大小，力争将各项费用控制在最低成本上，以求获得最优的经济效益。

一、制定营销策划经费预算的基本原则

企业市场营销策划工作需要有一定的资金投入，该经费的使用必须合理、科学。因此，制定经费预算要遵循以下基本原则。

(一) 效益性原则

效益性原则是指以最少的经费投入而产生最大的营销效益。也就是说，低效益或者没有营销效益的市场营销策划经费投入应当在预算中竭力避免。

(二) 经济性原则

经济性原则是指在保证市场营销策划方案顺利实施的条件下，尽可能节省不必要的费用开支。营销活动是一项经济活动，在活动开展过程中，必然要考核其投入与产出的比值，要想取得好的经济效益，必须遵循经济性原则。

(三) 充足性原则

充足性原则是指投入的市场营销策划经费足够保证市场营销策划方案的全面实施。市场营销策划经费是企业投入的营销成本，直接影响企业利润的高低。市场营销策划经费高了会造成资源浪费，低了又影响营销效果，难以保证策划方案的实施，甚至会使策划方案夭折。因此，企业应通过边际收益理论对市场营销策划经费投入的充足性做出测算、评估。

(四) 弹性原则

弹性原则是指对市场营销策划经费的预算要能根据未来环境的动态变化而表现出灵活机动性。企业营销活动受营销环境变化的影响，当营销环境发生变化时，原有的策划经费也应相应调整，与环境变化相适应，做出弹性安排。只有这样，才能保证营销目标实现。

二、营销策划经费预算的主要项目

营销策划经费预算中包括的几个主要项目为：

(一) 市场调研费

市场调研通常要委托专业调查公司或雇用专业调查人员进行，所以这是一项重要费用。资金不足会造成调研资料失真，调研结果不准确。因此，要根据市场调研的规模和难易程度来准确评估所需费用。

(二) 信息收集费

信息收集费主要指信息检索费、资料购置费及复印费、信息咨询费、信息处理费等。信息收集费依据信息收集的规模和难易程度来确定。

(三) 人力投入费

为了完成不同的分工，要投入一定的人力。这一费用比较容易计算。

(四) 策划报酬

策划报酬分两种情况：

(1) 企业营销策划人员自行策划，可以奖金形式发放，开支相对较低。

(2) 委托“外脑”策划则要事先商定策划费的多少和支付细则，然后据此发放。

本章小结

理念决定成败。营销策划的理念可分为传统营销理念和现代营销理念。传统营销理念

包括生产理念、产品理念和销售理念。现代营销理念包括市场营销理念、社会市场营销理念和知识营销理念。

有了理念还要有创意，“营销策划创意”是在特定范围内使用的概念。它适用于企业形象设计与策划、广告艺术创作、市场营销技巧以及现代企业各种营销活动。营销策划创意是人们在企业市场营销活动中产生的思想、点子、主意、想象等新的思维成果，是一种创造新事物、新形象的思维方式和行为。营销策划创意具有四个特点：灵机一动、观察入微、想象力丰富和与众不同。

营销策划创意的过程包括六个阶段：明确营销目的；分析营销环境；收集营销信息；产生营销创意；撰写创意文案；进行创意总结。

营销策划创意的方法主要有：模仿创造法、移植掺和法、联想类比法、逆向思维法、组合创造法。

本章第三节介绍了营销策划组织机构设立的原则和组织机构的类型，第四节介绍了制定营销策划经费预算的原则和经费预算的主要项目。

关键概念

市场营销理念　　社会市场营销理念　　知识营销理念　　创意

讨论及思考题

1. 传统营销理念与现代营销理念的区别是什么？
2. 市场营销理念与社会市场营销理念的区别是什么？
3. 知识营销理念的特征是什么？
4. 简述现代营销理念的发展趋势。
5. 简述营销策划创意的方法。
6. 市场营销策划机构组建的原则是什么？
7. 制定市场营销策划经费预算的基本原则是什么？

参考文献

[1] 徐育斐，孙玮琳. 市场营销策划. 大连：东北财经大学出版社，2006.

[2] http://www.scool.btvu.org.

[3] http://www.9jl.eom/html/websell/183658262.htm.

[4] 叶万春. 企业营销策划. 广州：广东经济出版社，2001.

[5] 北京市委编写组. 增强自主创新能力，建设创新型城市. 北京：中国青年出版社，2007.

习题

一、判断题

1. 现代营销理念包括市场营销理念、社会市场营销理念和知识营销理念。（　　）

2. 消费者应该是企业整个营销活动的起点，而不是企业活动的终点。（　　）

3. 现代营销理念包括产品理念、推销理念、社会市场营销理念和知识营销理念。（　　）

4. 消费者应该是企业整个营销活动的终点，而不是企业活动的起点。（　　）

5. 市场营销理念是以消费者需求为中心的企业经营指导思想，重点考虑消费者需要什么，把发现和满足消费者需求作为企业经营活动的核心。（　　）

二、单项选择题

1. 下列（　　）属于销售理念的代表性口号。

A. 酒好不怕巷子深　　B. 顾客利益高于一切

C. 推销重于生产　　D. 顾客是企业真正的主人

2. “产品质量第一”是（　　）理念的代表性口号。

A. 生产理念　　B. 产品理念

C. 推销理念　　D. 市场营销理念

3. “顾客是上帝”是（　　）理念的代表性口号。

A. 生产理念　　B. 产品理念

C. 推销理念　　D. 市场营销理念

4. 市场营销理念的中心是（　　）。

A. 推销已经生产出来的产品　　B. 发现和满足消费者需求

C. 制造质优价廉的产品　　D. 制造大量产品并推销出去

5. 以“顾客需要什么，我们就生产供应什么”作为座右铭的企业是（　　）。

A. 生产导向型企业　　B. 市场营销导向型企业

C. 销售导向型企业　　D. 产品导向型企业

6. 市场营销理念的模式可概括为（　　）。

A. 产品—市场—产品　　B. 资源—产品—市场

C. 资源—市场—资源　　D. 市场—产品—市场

7. 一种观点认为，只要企业能提高产品的质量、增加产品的功能，便会顾客盈门。这种理念是（　　）。

A. 生产理念　　B. 产品理念

C. 推销理念　　D. 市场营销理念

三、多项选择题

1. 下列（　　）属于市场营销理念的代表口号。

A. 酒好不怕巷子深　　B. 顾客是上帝

C. 产品质量第一　　D. 顾客是企业的主人

E. 皇帝的女儿不愁嫁

2. 生态营销理念、人道营销理念和绿色营销理念都不属于（　　）。

A. 生产理念　　B. 产品理念
C. 推销理念　　D. 市场营销理念
E. 社会市场营销理念

3. 知识营销理念具有以下哪些特征？（　　）

A. 营销环境发生明显变化　　B. 营销产品发生明显变化
C. 营销方式发生明显变化　　D. 营销策略发生明显变化
E. 营销机构发生明显变化

4. 现代营销理念的发展趋势是（　　）。

A. 从关注营利性交易向关注顾客终身价值转变
B. 从以企业价值最大化为目标向以顾客满意为目标转化
C. 从传统的依靠单一营销向整合营销转变
D. 从提供标准化服务向提供定制化服务转变
E. 从营销人员从事营销向公司里人人关注营销转变

第三章

营销策划的过程

本章要点提示

● 了解营销策划信息收集的基本步骤、宏观营销环境分析、撰写营销策划文案的步骤和原则、营销策划宣传造势的内涵、营销策划的实施原则。

● 掌握信息收集的途径与方法、微观营销环境分析、营销策划文案的格式与基本内容、营销策划宣传造势的方式、营销策划实施的内涵和基本程序。

● 理解营销策划信息收集的主要渠道、SWOT 分析、营销策划宣传造势的策略、营销策划的实施要求。

引导案例

成败源于细节

某新功能产品在举行上市活动时，举行了非常有创意也很有声势的宣传推广活动，对新功能进行了全方位的传播。但事后测评发现，市民对该产品已经知道，但对功能仍然说不清楚，更谈不上购买欲望。企业的老总问策划人："还有没有更好的策划？是不是我们的创意还不够？"策划人看了整个策划方案后，要求企业的市场部经理把他们概括并努力推广的产品功能的 8 句话说一遍，结果，市场部经理费了半天劲才勉强背出来。企业策划人员自己都记不住的东西怎么让消费者记住？

同样的问题越来越多地出现在各个企业的营销过程之中。很多企业在营销出现问题的时候，一遍遍思考营销战略、推广策略哪里出了毛病，但忽视了对营销细节的认真检核。导致这些问题的原因是多方面的，最根本的因素是企业营销思路受到了局限，并且缺乏细致务实的工作态度。

资料来源：http://www.17k.com/html/books/0/3/312/31262/085ac0/1201026.shtml。

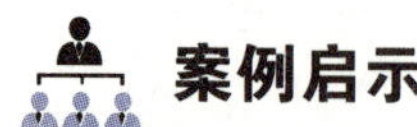

案例启示

营销策划是一项系统工程，任何一个环节出现问题都有可能导致失败。市场营销策划过程包括：信息收集、环境分析、文案撰写、宣传造势和实施。本章就市场营销策划过程的这五方面内容和有关问题进行了阐述。

第一节　营销策划的信息收集

一、信息收集的内涵和步骤

信息收集是营销策划的第一个环节，是营销策划的基础和前提。营销策划的信息收集就是策划人员针对与策划相关的市场信息所进行的了解、考察、发掘、收集以及处理。其基本工作步骤包括：

（一）明确信息收集思路

收集信息首先要明确信息收集的目的、基本途径、主要渠道、基本方法等。其中，重要的是要明确收集信息的目的；明确从这些信息资料中需要得到的结论；明确需要收集哪些方面的信息资料；明确需要用多长时间完成信息资料收集工作等问题。

（二）细化信息收集点

为了更全面、更快速地找到营销策划所需要的信息资料，应对信息资料收集方向进行细分，使之细化成一个个“信息收集点”。这样就能使收集到的信息资料更全面、系统，有利于整合。例如，针对某一客户进行信息收集工作时，则可细分成客户背景信息资料、客户所在行业背景信息资料、客户所面临的市场环境信息资料、客户竞争对手信息资料等不同的信息收集点。确定“信息收集点”一般需要不同手段的组合使用。

（三）记录信息资料

在查阅信息资料的过程中，最好根据细化的“信息收集点”做一张表格，以便有序、系统地记录下有价值的信息。但在以表格记录为主的同时，也可在表格之外，随时记录下阅读资料过程中迸发的灵感，以及当初没有考虑到的信息收集点，这样就不至于漏掉一些重要的零散的观点。

（四）整合分析信息资料

信息资料收集、记录完成后，需要对其进行整理、归纳及分析，重新整合各种观点，探究信息之间的内在关联等。在这个过程中，信息收集人员会发现很多有价值的结论顺其自然地就诞生了。

案例链接

一个总统的营销

美国前总统克林顿曾经采用营销调研的方法推行他的新政策和废除旧政策。他和他的助手们广泛采用了群体调查、电话调查、个人调查以及面谈调查等方法来了解人们的期望。克林顿的调研开始于他在美国的一次演说。在演说中，他提出了“不确定需求的产品”，即包括提高税收在内的一揽子新经济政策。白宫采用市场调查的方法，将其推销给美国民众。提高税率是其中最难推销的政策，克林顿政府采用了群体调查和电话调查的方法收集信息，了解如何使之受到大家的欢迎。调查结果显示，民众愿意缴纳较高的税收来减少国家的债务，但民众同时表明，希望克林顿和国会能着手处理浪费性的联邦支出。因此，削减预算赤字就成了这一揽子政策的重要内容。

资料来源：张华：《市场调查与预测》，北京，中国国际广播出版社，2000。

二、信息收集的基本要求

（一）力求全面和真实

信息资料的失实，必然会导致决策的失误，因此确保信息的全面、真实、完整、客观、准确是对信息采集的基本要求。无论是第一手资料还是二手资料，营销策划人员都要进行认真的甄别、筛选，尽量保持信息的真实、完整、客观。

（二）保持系统性和连续性

系统性地收集是对某一市场研究对象一系列运动状态、变化特征、个性与共性进行系统观察，对其发展的各个阶段的变化进行连续收集，要求所收集的信息能反映出某一市场现象概貌，并据此做出前瞻性市场策划，以对未来的市场活动进行规划和指导。策划人员进行市场信息采集前，应事前系统安排好当日采集的计划，确定采集的内容和主题，做到有的放矢，以在有限的时间内掌握更多的信息，提高拜访效率，也可以保证完整采集与当日拜访主题有关的信息，防止和避免依托不全面的资料对市场做出片面判断。

（三）做到及时性和有效性的结合

市场信息千变万化，采集市场信息一定要迅速及时，还要及时整理，及时传递。信息的有效性要求客户经理采集对本企业有用的信息，在信息爆炸的时代，如果收集信息不分主次和轻重，那么在信息分析的时候只会是大海捞针，难以快速收集重点信息和有价值的信息。同时，要注意信息收集工作一定要有专人负责，要记录下来，分类进行登记、整理，并做动态调整。

（四）保持市场信息的可操作性

由于市场情况复杂，信息生成量大，随机性强，往往会生成许多零散的市场信息，这就要求具有专业经验的营销策划人员去粗取精，去伪存真，把反映市场整体发展和供求规律以及具有可操作性的市场信息选择出来。

（五）确保信息收集的计划性

收集营销策划信息是一个有组织、有目的的活动，必须做到有计划地收集。为此，应确定收集营销策划信息的目标，并制定相应收集计划。

案例链接

福特公司调查汽车市场

福特汽车公司开办了一个市场调研所，对自己新设计的车型进行检验。该所邀请客户在预定线路上驾驶新汽车，同时，派一位经过训练的调查人员坐在驾驶人员的旁边，记录驾驶人员对汽车的全部反映。驾驶结束后，给每一位参与者一份长达六页的调查问卷，询问参与者对汽车每一部分优缺点的评价。通过参与者提供的信息，福特公司就能了解消费者对新车型的反映，然后做适当改进，使之更受目标消费者的欢迎。

资料来源：张华：《市场调查与预测》，北京，中国国际广播出版社，2000。

三、信息收集的主要渠道

（一）通过内部销售信息报告系统收集信息

内部销售信息报告系统主要包括客户订单、销售预测表、销售汇总报表（月报表、季报表、分地区报表等）、销售价格水平表、存货统计表、应收账款统计表等。通过内部销售信息报告系统收集信息，有利于营销策划人员掌握有关销售情况，为下一步的营销策划奠定基础。

（二）通过外部报告系统收集信息

外部报告系统是指向营销策划人员提供外部营销环境变化信息的一整套信息的来源与程序。外部报告系统收集的信息主要包括消费者信息、产业市场信息、竞争者信息、营销渠道信息和宏观环境信息。

（1）消费者信息收集。应注意从消费者的角度收集、了解消费者的需求，把握消费者表述背后的真实愿望和消费要求。善于通过正式和非正式渠道接触消费者，在同消费者的实际接触中收集信息。

（2）产业市场信息收集。尽可能收集本行业的、现状、发展趋势、行业生存条件等方面的信息，密切注意新技术在本行业的运用，同时也要关注与本行业相关的行业的发展动向，如房地产业对建材行业的影响。

（3）竞争者信息收集。对竞争者的调查，要注意对其市场行为规律的分析，特别是主要经营者的变动及其他动向。在这里要提醒的是，竞争不仅来自同行业间最类似的产品，还来自如供应商、客户、替代品、新加入的竞争者等多方面的威胁。由于各企业所处的行业不同，要有所区别。有些行业新技术不断涌现，产品更新换代快，因而替代品威胁成为主要的竞争压力，在此就应将替代品列为竞争调查的重点。

（4）营销渠道信息收集。对市场网络成员的地区、数量、规模、性质、营销能力、信

用等级、竞争者产品情况、合作情况、主要经营者的情况等做专案记录，并做动态调查，定期更新。

（5）宏观环境信息收集。要注意经济环境的变化，特别是主要产业的发展变化对本行业的影响，如国际形势的变化对石油价格的影响等。

案例链接

零次情报

有两个日本人来到美国，他们买了两张一家中上层人士常去的剧院前排座位的戏票。演出开始后，他们不是面向舞台看节目，而是不断向后扭头，对准一位观众，拿起铅笔在纸上悄悄地又写又画。剧院保安人员看见后，认为他们行为诡秘，怀疑是间谍，便把他们带到警察局审问。一问才知道，两个日本人是服装商人，到剧院来主要是从观众中寻找最时髦、最新颖、最受人羡慕的衣着，随时描画出来，再传回国内，以便按式样生产，然后把新产品运到美国销售。日本人把这种非文献形式和非正式的情报称为“零次情报”。

资料来源：吴健安：《实用推销学》，北京，中国商业出版社，1996。

四、信息收集的途径与方法

（一）文献收集

文献收集即有目标地收集书报（经济类）、行业出版物，安排专人做书报信息资料的选择工作，将有价值的信息筛选出来，供分析之用。在收集信息时，应注意：

（1）及时做好标记。即在信息收集中，一旦发现有用的资料，就用红铅笔在相关内容下画上波浪线加以标记。

（2）发现里面有重要的信息，可把它剪下来，贴在没有保存价值的旧杂志上。如剪下来的形状很不规则，也可以贴在16开纸上。一定要把杂志的名称和日期记下，如果杂志本身还有价值，不要剪坏，可以把其中所需要的内容复印下来。

（3）及时做好摘记。即利用手册或卡片，将欲保存的信息资料整理摘录下来。采用摘记的方法收集资料要注意摘抄准确、内容简要、妥善保存、便于查找。

（4）说明和注释。对于那些篇幅较长的文章，特别是国外杂志上与本公司有关的最新报道，一定要在文章旁边加几行提纲挈领的说明文字。遇到一些新名词和英文缩写，要加以必要的注释。

（二）会议记录

会议记录即通过记录各种会议上的讲话、报告、发言、指示、建议或意见等来收集营销策划所需要的信息。在记录过程中，要善于分辨具有营销策划价值的信息元素。如果能够在收集整理基础上对这些信息加以分析整理，就可提炼出对营销策划有价值的信息。

（三）访问谈话

访问谈话包括通过及时拜访日常的客户，采集、获取信息；通过同供应商、经销商及外界其他人士交谈，及时收集营销策划所需要的信息情报。访问谈话还包括同本公司内部人员交谈，如采购人员、送货人员、销售助理等，也可以向公司提出要求，如让员工在工作日报表上记录信息情报。由于销售人员在一线服务，对市场反应最为敏感，要重视发挥他们的作用。在营销策划中，策划人员应将同销售人员的交谈，作为信息收集的重要工作。

（四）情报奖励

情报奖励即通过奖励提供信息情报的有关人员，从而开展营销策划的信息收集工作。例如，可鼓励经销商收集、提供情报，即将经销商情报收集纳入年度评定指标之中，并给予适当奖励。

（五）情报购买

情报购买即通过购买情报来实现营销策划信息的收集。购买情报通常分为以下两种情况：

（1）向专业权威情报机构购买。

（2）向行业资深人士购买。这个方法较灵活，并且可就某一问题进行深入调查。

（六）实际观察

实际观察即通过观察与策划课题紧密相关的行动，获取信息。观察可以是实地观察，也可以是活动情景模拟状态下的观察。其中实地观察是指运用观察、询问等方法直接从实地了解情况、收集资料和数据的活动。利用实地观察收集到的信息是第一手资料，贴近市场，因而真实、可靠。

（七）网络采集

网络采集即通过网络采集获取信息。通过网络收集信息资料时一般有如下几个途径：

（1）搜索引擎：使用百度、谷歌、雅虎等搜索引擎查阅行业新闻及行业热点问题。

（2）客户公司网站：这是了解公司背景资料最快的途径。

（3）专业网站：专业性的行业门户网站。一般侧重收集行业评论、国家政策法规、产品标准规范、行业专利发明等信息资料。

（4）论坛：包括专业网站的论坛和消费者自发建立的论坛。

（八）客户投诉

客户投诉即通过分析客户投诉，及时掌握客户最新要求，了解存在的问题与不足，从而获取相关信息。

纸业大调查

台湾某纸业公司为获得消费者使用卫生纸的资料，曾做过大量的市场调查，其信息收集采取多段随机抽样法：在台北市选择300个样品户，在台南市选择200个样品户，设计

问卷，进行家庭访问调查。调查结果经计算机整理分析，得到 12 点结论：(1) 95%的家庭使用平板卫生纸，而只有 5%的家庭使用圆筒卫生纸。(2) 在台北市 450 克装的卫生纸比较受欢迎，台南市则是 300 克装的卫生纸比较受欢迎。(3) 杂货店是购买卫生纸最主要的渠道。(4) 家庭主妇是卫生纸的主要购买者。(5) 通常每次购买一包，大约每两个星期购买一包。(6) 每人每天卫生纸的消耗量，台北市为 6.97 克，台南市为 4.91 克。(7) 台北市的消费者比较重视卫生纸的品质，台南市的消费者则以习惯来决定购买的品牌。(8) 台北市与台南市的消费者，对卫生纸的品牌忠诚度分别为 21.6%与 20.5%。(9) 品牌的转换是从低品质到高品质，此种情形在台北市更为显著。(10) 柔软、消毒完全、洁白是购买卫生纸时最主要的考虑因素。(11) 台北市的消费者喜爱塑料包装，台南市则喜爱纸包装。(12) 消费者均认为卫生纸的颜色应该是白色，其他色彩偏好为：黄色、粉红色、蓝色。在信息收集基础上，根据市场调查分析得出的结论，该公司拟定了整体营销策略，展开了强有力的电视广告攻势，最终获得了良好的市场效果。

资料来源：吴灿：《策划学》，北京，中国人民大学出版社，2004。

第二节 营销策划的环境分析

一、营销策划环境分析的内涵和特点

营销策划的环境分析是根据特定营销策划任务，对所针对的营销环境，即与企业营销活动有关的所有外部力量和相关因素的集合做出的分析与判断。一般来说，在营销策划中，所需要分析的市场营销环境主要包括两方面的要素：一是微观环境要素，即与企业紧密相连，直接影响其营销能力的各种参与者，这些参与者包括企业的供应商、营销中介、顾客、社会公众、竞争者和影响营销管理决策的企业内部各个部门。二是宏观环境要素，即影响企业微观环境的巨大社会力量，包括人口、经济、政治、法律、社会文化及自然地理等多方面的因素。微观环境直接影响和制约企业的市场营销活动，而宏观环境主要以微观营销环境为媒介间接影响和制约企业的市场营销活动。前者可称为直接营销环境，后者可称为间接营销环境。两者之间并非并列关系，而是主从关系，即直接营销环境受制于间接营销环境。营销策划中所需要分析的市场营销环境的基本特点如下：

(一) 客观性

企业总是在特定的社会经济和其他外界环境条件下生存、发展的。不管你承认不承认，企业只要从事市场营销活动，就不可能不面对这样或那样的环境条件，也不可能不受到各种各样环境因素的影响和制约，包括微观的、宏观的。

(二) 差异性

市场营销环境的差异性不仅表现在不同的企业受不同环境的影响，而且表现在同一种环境因素的变化对不同企业的影响也不相同。

（三）相关性

市场营销环境是一个系统，在这个系统中，各个影响因素是相互依存、相互作用和相互制约的。这是由于社会经济现象的出现往往不是由某一单个因素所决定的，而是一系列相关因素相互作用的结果。

（四）动态性

营销环境是企业营销活动的基础和条件，这并不意味着营销环境是一成不变的、静止的。相反，营销环境总是处在一个不断变化的过程中，它是一个动态的概念。

（五）不可控性

影响市场营销环境的因素是多方面的，也是复杂的，并表现出明显的不可控性。而且，这种不可控性对不同企业表现不一，有的因素对某些企业来说是可控的，而对另一些企业来说则可能是不可控的；有些因素在今天是可控的，而到了明天则可能变为不可控因素。另外，各个环境因素之间也经常存在着矛盾关系。

针对乐百氏的市场分析

上海杰信公司对乐百氏在上海的市场情况进行了分析诊断，发现同期乐百氏的全国销量平均每年增长80%以上，而上海的市场增长率不到30%。经过调查，发现乐百氏的主要消费群体是1～9岁的孩子，而这一群体的整体数量又在急剧下降。于是，根据对目标顾客的这一分析，杰信公司提出向10岁以上的孩子发动情感攻势。他们策划了一系列旨在引起这一群体关注的活动，如“华东少儿绘画大赛”、“与明星游泰国”、“赞助艺术家大会”等活动。针对年轻父母们，他们打出了“只有乐百氏才最适合你的孩子”的广告语。在具体营销行为上，采用了实质让利促销，提高了超市、大卖场的走货量。

资料来源：张苗荧：《市场营销策划》，北京，北京师范大学出版社，2007。

二、宏观营销环境分析

宏观营销环境分析是指为企业营销活动带来市场机会或对企业营销活动造成环境威胁的主要社会力量所进行的分析。分析宏观营销环境，主要包括人口环境分析、经济环境分析、政治环境分析、法律环境分析、社会文化环境分析和自然环境分析。

（一）人口环境分析

在宏观营销环境分析中，应重视对人口环境的研究，密切关注人口特性及其发展动向，及时调整营销策略以适应人口环境的变化。主要包括：第一，人口数量分析。即要关注所在国家或地区的人口数量及其变化，它对人们生活必需品的需求内容和数量影响巨大。第二，人口结构分析。即要认真分析人口的年龄结构、性别结构、教育与职业结构、家庭结构、社会结构以及民族结构。第三，人口分布分析。人口有地理分布上的区别，即人口在不同地区的密集程度是不同的。各地人口的密度不同，其市场大小、消费需求特性

也不同。

（二）经济环境分析

（1）消费者收入分析。通常从以下五个方面进行分析：

1）国民生产总值。它是衡量一个国家经济实力与购买力的重要指标。国民生产总值增长越快，对商品的需求和购买力就越大，反之，就越小。

2）人均国民收入。这是用国民收入总量除以总人口的比值。这个指标大体反映了一个国家人民生活水平的高低，也在一定程度上决定了人们的商品需求结构。一般来说，人均收入增长，对商品的需求和购买力就大，反之就小。

3）个人收入。指个人从各种渠道获得的总收入。

4）个人可支配收入。指在个人收入中扣除消费者个人缴纳的各种税款和交给政府的非商业性开支后剩余的，可用于消费或储蓄的那部分个人收入，它构成实际购买力。个人可支配收入是影响消费者购买生活必需品的决定性因素。

5）个人可任意支配收入。指在个人可支配收入中减去消费者用于购买生活必需品的费用支出（如房租、水电、食物、衣着等的开支）后剩余的部分。这部分收入是消费需求变化中最活跃的因素，也是企业开展营销活动时所要考虑的主要对象。这部分收入一般用于购买高档耐用消费品、娱乐、教育、旅游等。

（2）消费者支出分析。主要是指对恩格尔系数的分析，因为消费结构的变化通常用恩格尔系数来表示：恩格尔系数=食品支出金额/家庭消费支出总金额。恩格尔系数越小，食品支出所占比重越小，表明生活富裕，生活质量高；恩格尔系数越大，食品支出所占比重越高，表明生活贫困，生活质量低。

（3）消费者储蓄分析。消费者的储蓄行为直接制约着市场消费购买量的大小。当收入一定时，如果储蓄增多，现实购买量就减少；反之，如果用于储蓄的收入减少，现实购买量就增加。居民储蓄倾向受利率、物价等因素的影响而变化。人们储蓄的目的也是不同的，有的是为了养老，有的是为未来的购买而积累，当然储蓄的最终目的是为了消费。企业应关注居民储蓄的增减变化，了解居民储蓄的不同动机，制定相应的营销策略，获取更多的商机。

（4）消费者信贷分析。消费者信贷也称信用消费，是消费者凭信用先取得商品的使用权，然后按期归还贷款，最终完成商品购买的一种方式。信用消费允许人们购买超过自己现实购买力的商品，创造了更多的消费需求。随着我国商品经济日益发达，人们的消费观念大为改变，信贷消费方式在我国逐步流行起来，值得企业去研究。

（三）政治环境分析

政治环境是指企业市场营销活动的外部政治形势。一个国家的政局稳定与否，会给企业营销活动带来重大的影响。如果政局稳定，人民安居乐业，就会给企业营销创造良好的环境。相反，政局不稳，社会矛盾尖锐，秩序混乱，就会影响经济发展和市场稳定。企业在市场营销中，特别是在对外贸易活动中，一定要考虑东道国政治环境可能造成的影响。政治环境对企业营销活动的影响主要表现为政府所制定的政策，如人口政策、能源政策、物价政策、财政政策、货币政策等，给企业营销活动带来的影响。

（四）法律环境分析

法律环境是指国家或地方政府所颁布的各项法规、法令和条例等。它是企业营销活动

的准则，企业只有依法进行各种营销活动，才能受到国家法律的有效保护。对从事国际营销活动的企业来说，不仅要遵守本国的法律制度，还要了解和遵守国外的法律制度和有关的国际法规、惯例和准则。例如，欧洲曾规定禁止销售不带安全保护装置的打火机，无疑限制了中国低价打火机的出口。日本政府曾规定，任何外国公司进入日本市场，必须要找一个日本公司同它合伙，以此来限制外国资本的进入。只有了解掌握了这些国家的有关贸易政策，才能制定有效的营销对策，在国际营销中争取主动。

（五）社会文化环境分析

社会文化环境是指在一种社会形态下已经形成的价值观念、宗教信仰、风俗习惯、道德规范等的总和。在营销策划中，对社会文化环境的研究一般从以下几个方面入手：

（1）教育状况分析。受教育程度的高低，影响到消费者对商品功能、款式、包装和服务等的选择。通常文化教育水平高的国家或地区的消费者要求商品包装典雅华贵，对附加功能也有一定的要求。因此企业在开展营销活动过程要考虑消费者所受教育程度的高低，以采取不同的策略。

（2）宗教信仰分析。宗教是社会文化的重要构成因素，宗教对人们消费需求和购买行为的影响很大。不同的宗教有自己独特的对节日礼仪、商品使用的要求和禁忌。某些宗教组织甚至在教徒购买决策中有决定性的影响。为此，企业可以把影响大的宗教组织作为自己重要的公共关系对象。此外，在营销活动中也要注意不同宗教信仰之间的差异，以避免由于矛盾和冲突给企业营销活动带来的损失。

（3）价值观念分析。价值观念是指人们对社会生活中各种事物的态度和看法。在不同文化背景下，人们的价值观念往往有着很大的差异，消费者对商品的色彩、标识、式样以及促销方式都有自己的意见和态度。企业营销必须根据消费者不同的价值观念设计产品，提供服务。

（4）消费习俗分析。消费习俗是指人们在长期经济与社会活动中所形成的一种消费方式与习惯。不同的消费习俗，对商品有着不同的要求。研究消费习俗，不但有利于组织消费用品的生产与销售，而且有利于正确、主动地引导健康的消费。了解目标市场消费者的禁忌、习惯等是企业进行市场营销的重要前提。

（六）自然环境分析

自然环境分析主要关注的是自然环境变化的趋势，从中分析企业营销的机会和威胁，并制定相应的对策。

案例链接

地中海赊账酒吧

5年前的一天，正当查理打算关掉自己在曼哈顿金融街上的“地中海快餐店”时，一个司空见惯的现象触发了他的赚钱灵感：每当道琼斯指数出现下跌时，附近的证券交易所就会跑出许多垂头丧气的男男女女，不约而同地踏进各家酒吧，借酒消愁。然而，其中有很多人喝完酒后，却因囊中羞涩而难以当场付钱，因此常常闹得不愉快。

目睹了这一切，查理决定将“地中海快餐店”更名为“地中海赊账酒吧”。查理在酒吧里装上了与股市联网的大屏幕电视机，以便随时掌握当日的道琼斯指数动态。只要当日的道琼斯工业指数下跌一点，该酒吧就允许顾客赊50美分的酒账；如果该股指下跌了100点，那么顾客就可以赊欠50美元。不过，所赊酒账要求在3个月内予以支付。

查理只需将他们的身份证号码、电话号码、所赊的酒品数量和金额，以及所定下的结账日期等输入电脑即可。从此“地中海赊账酒吧”天天顾客盈门。

资料来源：闻力：《赚“迟到的钞票”》，载《商界》，2008（10）。

三、微观营销环境分析

微观营销环境分析是对直接制约和影响企业营销活动的力量和因素的分析。分析微观营销环境的目的在于更好地协调企业与这些相关群体的关系，促进企业营销目标的实现。微观营销环境分析主要包括以下几方面：

（一）供应商分析

供应商是指向企业提供生产所需的原材料、辅助材料、设备、能源、劳务、资金等资源的供货单位。对供应商的分析，主要应把握以下几个方面：

（1）供货的及时性和稳定性情况分析。原材料、零部件、能源及机器设备等货源的稳定供应，是企业营销活动顺利进行的前提。例如，棉纺厂不仅需要棉花等原料来进行加工，还需要设备、能源作为生产手段与要素。任何一个环节在供应上出现了问题，都会导致企业的生产活动无法正常开展。为此，企业为了在货源的供应时间和连续性上得到保证，就必须和供应商保持良好的关系，并及时了解和掌握供应商的情况。

（2）供应的货物价格变化情况分析。供应的货物价格变动会直接影响企业产品的成本。如果供应商提高原材料价格，必然会带来企业的产品成本上升，生产企业如提高产品价格，会影响市场销路，如价格不变，则会减少企业的利润。为此，企业必须密切关注和分析供应商的货物价格变动趋势，使企业应变自如，早做准备，积极应对。

（3）供货的质量保证情况分析。供应商能否供应质量有保证的生产资料将直接影响企业产品的质量，进一步会影响到销售量、利润及企业信誉。例如，劣质葡萄难以生产优质葡萄酒，劣质建筑材料难以保证建筑物的百年大计。为此，企业必须了解供应商的产品，分析其产品的质量标准，从而保证自己产品的质量，赢得消费者，赢得市场。

（二）营销中介分析

营销中介分析就是指对为企业营销活动提供各种服务的企业或部门的分析。营销中介分析的主要对象包括：

（1）中间商。指产品从生产商流向消费者的中间环节或渠道，它主要包括批发商和零售商两大类。

（2）营销服务机构。指企业营销中提供专业服务的机构，包括广告公司、广告媒介经营公司、市场调研公司、营销咨询公司、财务公司等。

（3）物资分销机构。指帮助企业保管、储存、运输产品的物流机构，包括仓储公司、

运输公司等。

（4）金融机构。指企业在营销活动中为企业提供资金融通服务的机构，包括银行、信托公司、保险公司等。金融机构的主要功能是为企业营销活动提供融资及保险服务。

（三）顾客分析

顾客是指使用进入消费领域的最终产品或服务的消费者和生产者，也是企业营销活动的最终目标市场。顾客对企业营销的影响程度远远超过前述的环境因素。其市场类型主要包括：

（1）消费者市场。指为满足个人或家庭消费需求购买产品或服务的个人和家庭。

（2）生产者市场。指为生产其他产品或服务以赚取利润而购买产品或服务的组织。

（3）中间商市场。指购买产品或服务以转售，从中谋利的组织。

（4）政府市场。指购买产品或服务，以提供公共服务或把这些产品及服务转让给其他需要的群体的政府机构。

（5）国际市场。指国外购买产品或服务的个人及组织，包括外国消费者、生产商、中间商及政府机构。

在进行顾客分析时应注重对顾客细分的深度研究，把握目标顾客的需求规模、需求结构、需求心理，以及购买特点，这是企业营销策划的起点和前提。

（四）社会公众分析

社会公众是企业营销活动中与企业营销活动发生关系的各种群体的总称。公众对企业的态度，会对其营销活动产生巨大的影响。所以企业必须处理好与主要公众的关系，争取公众的支持，为自己营造和谐、宽松的社会环境。社会公众分析的对象包括：

（1）金融公众。主要包括银行、投资公司、证券公司、股东等，他们对企业的融资能力有重要的影响。

（2）媒介公众。主要包括报纸、杂志、电台、电视台等传播媒介，它们掌握传媒工具，有着广泛的社会联系，能直接影响社会舆论对企业的认识和评价。

（3）政府公众。主要指与企业营销活动有关的各级政府机构，它们所制定的方针、政策对企业营销活动有重要影响。

（4）社团公众。主要指与企业营销活动有关的非政府机构，如消费者组织、环境保护组织，以及其他群众团体。企业营销活动涉及社会各方面的利益，来自这些社团公众的意见、建议，往往对企业营销决策有着十分重要的影响。

（5）社区公众。主要指企业所在地附近的居民和社区团体。社区是企业的邻里，企业与社区保持良好的关系，为社区的发展做一定的贡献，会受到社区居民的好评，他们的口碑能帮助企业在社会上树立形象。

（6）内部公众。指企业内部的管理人员及一般员工。企业的营销活动离不开内部公众的支持。企业应该处理好自身与广大员工的关系，调动他们开展市场营销活动的积极性和创造性。

（五）竞争者分析

竞争者分析是对企业竞争对手状况的分析。如竞争对手的营销策略及营销活动的变化，特别是竞争对手的产品价格、广告宣传、促销手段，以及产品的开发、销售服务等的

变化。通常，在营销策划活动中，关于竞争对手需要了解、分析的情况有：

(1) 竞争企业的数量有多少。

(2) 竞争企业的规模大小和能力强弱。

(3) 竞争企业对竞争产品的依赖程度。

(4) 竞争企业所采取的营销策略及其对其他企业策略的反应程度。

(5) 竞争企业能够获取优势的特殊材料来源及供应渠道。

(六) 企业内部部门分析

企业内部部门分析是对影响企业开展营销活动的内部环境力量和因素的分析。企业是组织生产和经营的经济单位，是一个系统组织。企业内部一般设立计划、技术、采购、生产、营销、质检、财务、后勤等部门。企业内部各职能部门的工作及相互之间的协调关系，直接影响企业的营销活动。因此，营销策划中的微观环境分析应将企业内部部门作为环境分析的基本要素。

案例链接

雀巢公司的市场调查

瑞士雀巢公司是食品业界的一个跨国公司，公司在全球设有1 300家分公司，362家工厂，年产4 000多种商品，年销售额500亿马克，盈利20亿马克。雀巢公司的成功，与其深入细致的市场调查密切相关。雀巢公司的市场调查集中在三个方面：购买能力、饮用习惯和购买习惯。通过市场调查，雀巢公司发现：在购买能力方面，挪威和瑞典最大，美国次之，英国、日本较小。在饮用习惯方面，美国人要求淡、香，不要很苦；意大利人要求非常黑、非常苦；英国和其他国家介于二者之间。在购买习惯方面，美国人每天购买一次，用汽车采购或电话约购，英国和欧洲多数国家的消费者三天购买一次。根据以上调查结果，雀巢公司采取如下对策：(1) 产品、包装及推销措施根据各国的不同习惯采取多样化。(2) 采用普遍推销，各店都卖，不许进口的国家则就地设厂、就地销售。(3) 广告宣传分四个阶段：第一阶段：宣传营养丰富；第二阶段：宣传产品饮用方便，与快节奏的现代生活相适应；第三阶段：在体育场做广告；第四阶段：宣传保持体型，不会增胖。由于所有的促销策划都建立在翔实可靠的市场调查基础上，因此经营面越拓越宽，市场越做越大。

资料来源：陈放：《营销策划学》，北京，蓝天出版社，2005。

四、SWOT分析

(一) SWOT分析的含义

SWOT是一种分析方法，用来确定企业本身的竞争优势（Strength）、竞争劣势（Weakness）、机会（Opportunity）和威胁（Threat），从而将企业的战略与企业内部资源、外部环境有机结合。因此，清楚地确定企业的资源优势和缺陷，了解企业所面临的机

会和挑战，对于营销策划有着至关重要的意义。

（二）SWOT 分析的步骤

（1）罗列企业的优势和劣势，可能的机会与威胁。

（2）优势、劣势与机会、威胁相组合，形成 SO、ST、WO、WT 策略。

（3）对 SO、ST、WO、WT 策略进行甄别和选择，确定企业目前应该采取的具体策略。

（三）SWOT 综合分析

竞争优势（S）是指一个企业超越其竞争对手的能力。竞争优势可以是以下几个方面：技术技能优势、有形资产优势、无形资产优势、人力资源优势、组织体系优势、竞争能力优势等。

竞争劣势（W）是指某种公司缺少或做得不好的方面，或指某种会使公司处于劣势的条件。可能导致内部劣势的因素有：缺乏具有竞争意义的技术技能；缺乏具有竞争力的有形资产、无形资产、人力资源、组织资产；关键领域的竞争能力正在丧失。

出现潜在机会（O）的情况一般包括：客户群的扩大或产品细分市场的增加；技术技能向新产品新业务转移，为更大客户群服务；前向或后向整合；市场进入壁垒降低；获得并购竞争对手的能力；市场需求增长强劲，可快速扩张；出现向其他区域扩张或扩大市场份额的机会等。

危及公司的外部威胁（T）可能有：出现将进入市场的强大的新竞争对手；替代品抢占市场；主要产品市场增长率下降；汇率和外贸政策的不利变动；人口因素、社会消费方式的不利变动；客户或供应商的谈判能力提高；市场需求减少；容易受到经济萧条和业务周期的冲击等。

第三节　营销策划的文案撰写

一、撰写营销策划文案的步骤和原则

营销策划的文案撰写反映的是策划人员对营销策划方案的构思、设计、写作和成稿的工作过程。营销策划的文案撰写是营销策划整体工作的重要组成部分，是营销策划的核心环节。其中，营销策划文案，也称营销策划书，是营销策划的文字报告形式，是营销策划者提供给企业的营销管理设计蓝图，是实施某一具体营销计划的书面文件。

（一）基本步骤

撰写一个完整的营销策划文案，包括以下基本步骤：

（1）确定目标。将营销策划的目标确立于一定范围之内，做到思路清晰、主题鲜明、重点突出。

（2）收集资料。围绕目标主题，通过多种方式收集撰写营销策划文案所需要的信息资料。

（3）调查市场态势。围绕目标主题，进行全面的市场调查，掌握第一手资料。

（4）整理资料。综合市场调查的第一手资料和现成的第二手资料，整理出对撰写策划文案有用的资料。

（5）提出具体创意。根据实际需要，提出营销策划新的创意。

（6）确定可行文案。将符合目标主题的创意，变成具体的执行文案。

（7）制定实施细则。根据选定的文案向各部门分配任务，分头实施，并按策划工作进度表与预算表进行监控。

（8）制定检查办法。对策划的文案提出详细可行的检查办法和评估标准。

（二）基本原则

（1）逻辑思维原则。策划的目的在于解决企业营销中的问题，按照逻辑思维来编制营销策划文案。首先是设定情况，交代策划背景，分析产品市场现状，再把策划中心目的全盘托出；其次是详细阐述具体策划内容；最后是明确提出解决问题的对策。

（2）简洁朴实原则。整体行文要注意突出重点，抓住企业营销中所要解决的核心问题，深入分析，提出可行的解决对策。产品功能描述要真实准确。其中，对内容中所涉及的企业简况的陈述要简约，重点要明确。

（3）可操作原则。编制的策划书要用于具体地、现实地指导营销活动，其指导性涉及营销活动中每个人的工作及各环节关系的处理。因此必须具有较高的操作性。

（4）创意新颖原则。要求策划的“点子”（创意）新、内容新、表现手法新，给人以全新的感受。新颖的创意是策划书的核心内容。

（5）主题鲜明原则。方案应紧密围绕核心主题，对主题加以明确阐释。同时，应确定紧扣题旨、新颖、醒目的标题。标题具有揭示策划案的中心思想，吸引人们注意力，产生较强的感染力和号召力的作用。

（6）时限性原则。即应明确策划案的使用时限。策划案适用的时限因产品而异，因营销策划的目标而异。一般来说，时尚品、季节性产品时限短，技术性强的高档产品时限长。对应长短线产品可分别采用长线策划和短线策划。

案例链接

“脑白金”因改写产品说明在湖南遭禁

2002 年 11 月 28 日上午，湖南省卫生监督所的执法人员先后来到长沙多家药材公司仓库，将脑白金几家主要经销商库存的所有产品一一登记，并打上封条封存。湖南省卫生监督所在早先进行的抽验中，发现“脑白金”胶囊、口服液在卫生部批准的产品说明上，擅自增加了“增强精力，排除毒素”的字样；并将适宜人群从中年人改为 30 岁以上人士，对食用量和使用方法也进行了较大改动。这些做法都严重违反了卫生部有关保健食品的相关规定。

资料来源：吴灿：《策划学》，北京，中国人民大学出版社，2004。

二、营销策划文案的格式与基本内容

（一）概述

一般可提供以下信息：

（1）策划文案名称。要求清楚、明确、具体。

（2）策划活动的客户。

（3）策划机构或策划人。

（4）策划完成日期及本策划适用时间段。按实际完成文案日期填写。

（5）策划文案的目标。用准确的数据表达清楚。

（6）策划的起因、背景、目标、市场机会、实施及检查评估。

（二）正文

1. 策划目的

明确本营销策划所要达到的目标，强调执行本策划的意义所在，要求全体员工统一思想，协调行动，共同努力保证策划高质量地完成。

2. 营销环境分析

（1）当前市场状况及市场前景分析。

1）产品的市场性、现实市场及潜在市场状况。2）市场成长状况，产品目前处于生命周期的哪一阶段。对于不同生命阶段的产品，公司营销侧重点如何，相应营销策略效果怎样，需求变化对产品市场有什么影响。3）消费者的接受性，这一内容需要策划者凭借已掌握的资料分析产品的市场前景。

（2）对产品市场影响因素进行分析。

主要是对影响产品的不可控因素进行分析，如宏观环境、政治环境、居民经济条件（如消费者收入水平、消费结构的变化、消费心理等）。对一些受科技发展影响较大的产品，如计算机、家用电器等产品，其营销策划还需要考虑技术发展趋势的影响。

（3）市场机会与问题分析。

主要是针对产品目前营销现状进行分析。

（4）SWOT 分析。针对产品特点分析优劣势。

从问题中找劣势予以克服，从优势中找机会，发掘市场潜力。分析各目标市场或消费群特点进行市场细分，对不同的消费需求尽量予以满足，抓住主要消费群作为营销重点，找出与竞争对手的差距，把握好市场机会。

3. 营销目标

营销目标是在前面目的任务的基础上公司所要实现的具体目标，即营销策划文案执行期间，经济效益目标达到：总销售量×××，预计毛利×××，市场占有率×××。

4. 营销战略战术安排

该部分主要包括营销宗旨、市场目标要求、战略模式选择、目标市场与市场细分、4P组合与重大活动组织安排等。

5. 营销策划创作文案

营销策划创作文案的要素主要包括：

（1）产品策划文案。通过前面对产品市场机会与问题进行分析，提出合理的产品策略建议，形成有效的 4P 组合，达到最佳效果。具体涉及：产品定位文案、产品质量功能文案、产品品牌开发文案、产品功能文案、产品包装文案、产品服务文案、产品附加值文案。

（2）价格文案。其中涉及：价格高价与低价文案、差异定价文案、折扣定价文案、信用定价文案等。

（3）销售渠道文案。主要包括销售渠道的拓展计划，采取的鼓励中间商、代理商的销售积极性的措施或制定适当的奖励政策等。

（4）促销文案。主要包括广告表现和媒体投放策划文案、公关营销文案、营业推广文案、人员推销文案、新闻传播文案等。

（5）网络文案。包括信息网络文案、服务网络文案和顾客网络文案等。

6. 文案进度安排与调整

提供策划实施管理程序表，包括时间、人员、费用、操作细节等。策划文案调整的各项要求与条件等也要列明。

7. 策划文案各项费用预算

这一部分记载的是整个营销文案推进过程中的费用投入，包括营销过程中的总费用、阶段费用、项目费用和可能带来的经济效益和社会效益预估等，其原则是以较少投入获得最优效果。

8. 文案调整

这一部分是策划文案的补充部分。在文案执行中可能出现与现实情况不相适应的地方，因此必须随时根据市场反馈及时对文案进行调整。

（三）附录

（1）文案参考的资料（附件材料）。

（2）策划过程说明和其他备案说明。

（3）其他注意事项。

三、营销策划文案的写作要求

（1）营销环境分析：要做到数据翔实，能运用理论分析，行业特征分析正确。

（2）产品分析：要做到数据翔实，能运用理论分析，产品特征分析正确。

（3）消费者行为分析：要做到数据翔实，能运用理论分析，消费者特征分析正确。

（4）SWOT 分析：对优势、劣势、机遇、挑战的分析、概括准确。

（5）营销活动策划：营销活动设计符合消费者定位，内容新颖，形式活泼，活动有创意。

（6）广告表现和媒体投放策划文案：媒体策划符合受众定位，媒体安排合理，媒体设计有创意。

（7）策划预算进度表：列表详细说明文案所需资金投入、人力投入、组织构建和进度安排等。

（8）策划书整体语言要明确、客观，不能用一些模糊判断语或一些约数，力求准确具体。

（9）成功的策划案要体现创新意识，要求有创新的思路，运用创新的表现手法。

案例链接

康乐绿色食品有限公司营销策划书（摘要）

一、背景

目前武汉的绿色蔬菜市场还没有形成规模经营，康乐公司的绿色蔬菜在武汉市场处于产品进入期。

二、策划目的（1～3年）

提高武汉市民对绿色蔬菜的消费意识，使绿色蔬菜的消费量达到武汉市民蔬菜消费总量的60%～70%；使80%～90%中高端用户消费绿色蔬菜；提高低端用户对绿色蔬菜的认知度。

三、现状分析

根据问卷调查得出如下结论：对绿色蔬菜的认知度，45%的人无法定位何为绿色蔬菜；22%的人认为颜色是绿色的为绿色蔬菜；22%的人没听说过绿色蔬菜；11%的人在市面上没见过绿色蔬菜。

四、SWOT分析

1. 优势。技术含量高，难以被对手模仿；无污染，健康安全；产品特征迎合目前消费潮流。

2. 劣势。成本高，售价高；不易保鲜，生产周期长；市场秩序紊乱，价格定位没有统一标准；生产环境和技术要求高；目前公司品牌在武汉没有知名度。

3. 机会。市场上同类产品尚未形成规模；城市市民素质较高，便于宣传推广；对绿色蔬菜有很高的潜在需求；人们追求时尚，绿色蔬菜定位于时尚消费；武汉饮食文化浓厚，注重饮食质量；中部崛起，国家资金投入加大，人们生活水平不断提高。

4. 威胁。市民对绿色蔬菜认识不足；主要购买者是老人，对新事物的接受度低；绿色蔬菜和普通蔬菜在外观上难以区分；目前绿色蔬菜的鉴定技术还不成熟。

五、营销策略

1. 产品策略。根据蔬菜自身具有的不易储存、营养成分容易流失、生产周期长等特点。在生产和种植绿色蔬菜过程中，应注意：(1) 应考虑绿色蔬菜相对于普通蔬菜的知晓度和信任度比较低，可与某个农业研究机构合作，达到高质多产的效果。(2) 蔬菜种类虽然繁多，但应根据调查，集中力量生产消费者最喜爱的蔬菜。(3) 根据调查，25%的消费者认为不需要包装，47%的人认为无所谓。由此可知，我们的产品不需要特别的包装。(4) 保持新鲜度。(5) 采用统一商标策略。(6) 根据消费者的口味和市场环境以及季节的变化增减产品项目，改进产品或增减产品的生产量。

2. 价格策略。(1) 渗透价格。调查问卷显示57.8%的人认为能够接受高于普通蔬菜10%的价格，产品刚进入武汉市场时，可以低于这个预期价格的价格销售。(2) 数量折扣。当用户购买达到一定数额绿色蔬菜或有团购时，可给予一定折扣。(3) 季节折扣。对时令蔬菜采取适当降价；对反季节蔬菜稍微提高价格。(4) 灵活定价。在超市和专营店根据具体情况灵活定价。

3. 渠道策略。调查显示，90%的人在购买蔬菜时看重新鲜度，这就指出销售的核心在于速度，需要每天按时上新货并收回前一天的剩余蔬菜以保证新鲜度。这一特点也要求选择一种直接和以超市为零售商的间接营销模式相结合的渠道。公司采取的具体形式如下：(1) 接受用户的电话订货或者网上订购；(2) 提供送货上门服务；(3) 产品进入武汉的大型超市。

渠道管理：(1) 分销商选择。有实力进入上述卖场，具有比较强的配送能力，有丰富的农产品或快速消费品营销经验。(2) 分销商激励。独家分销，保证比较高的利润。(3) 分销商工作评价。根据合同要求进行周、月、季、年度考核，如对销售额、销售量、退货率、供货质量等指标进行考核，并根据考核结果进行奖惩和调整。

4. 促销策略。总体思路：在前期密集型广告宣传后全面上市；上市后利用媒体报道跟进宣传；利用展览会等方式补充宣传；根据市场反应调整促销策略。

资料来源：叶万春：《企业营销策划》，北京，中国人民大学出版社，2007。

第四节 营销策划的宣传造势

一、营销策划宣传造势的内涵

营销策划的宣传造势是指在营销策划文案实施前和实施过程中，根据自己产品的特色和个性，按策划计划所全面展开的对外宣传攻势，目的在于实现营销策划的目标。

营销策划宣传造势的重要意义表现在：能够促进营销策划方案的顺利实施；能够有效地向目标顾客传送产品信息、价格信息以及销售渠道管理信息；有助于提升企业形象；促进产品的实际销售；改善企业的公共关系状态等。

营销策划宣传造势应遵循：准确性、及时性、针对性、适度性、反馈性和创造性等基本原则。

营销策划宣传造势的对象主要包括：消费者、社会公众、供货商、销售商、政府部门和民间社团组织等。

二、营销策划宣传造势的媒介选择

用以传递促销信息的物质载体称为宣传媒介。在具体的营销策划宣传造势中，既可以是单一媒介，也可以是多种媒介的组合。从媒介的使用上看，主要包括以下几方面：

(一) 大众传播媒介宣传

大众传播媒介宣传是指利用各种大众传播媒介组织进行的单一主题性宣传活动和系列主题性宣传活动。

(二) 实物媒介宣传

实物媒介又称物体媒介，是指一定的实际物体充当了信息载体，也就是实物本身隐含

着某种信息。就企业而言，实物媒介最主要的形式是产品，产品上附着的商标、装饰、外形、材料、质量，以及围绕产品的售前、售中、售后服务，相应的广告设计等都是隐含在产品中的信息。在具体操作方法上，主要是通过赠送样品、试用品等方式对目标公众进行宣传。如在营销公关运作中进行的产品上市前的样品展示；在产品行销过程中进行的商品的附带赠品活动；组织主题性产品展览会，以及设立长期性产品展示室等，都是通过实物形式进行的一种宣传活动。

（三）组织自控媒介宣传

组织自控媒介宣传主要是指利用组织内部使用的传播媒介或组织自行发布信息的途径进行宣传。其中包括用于本组织内部交流的报纸、杂志、有线广播、闭路电视，以及向外传播的宣传册、产品说明书等。

（四）行为宣传

行为宣传是依靠公关人员自身的言行进行宣传。从“言”的方面看，就是公关人员按照营销策划宣传造势要求，通过讲解、演讲、谈心、汇报等形式与公众进行双向信息交流。从“行”的方面看，就是公关人员通过热情周到的服务，以无声的宣传语，进行组织形象信息的传播，使公众产生信赖感和亲切感。

（五）运用视听影像技术以及多媒体技术进行宣传

视听影像主要包括磁带、录像带、幻灯片，以及伴声幻灯，即幻灯放映机与磁带录音机和控制装置相连。同时，还可以有效利用计算机设计技术，完成投影片、幻灯片的设计制作和展示的任务。多媒体就是将声音、音乐、文字、图形和影像集合成一体的传播媒体。

（六）网络宣传

网络宣传是借助电脑网络进行的营销策划宣传造势。电脑网络是将各自独立的电脑处理节点通过线路相互连接，节点之间能够彼此通信的系统。通过互联网开展营销策划宣传造势，其功能包括：利用电子布告栏和电子邮件与公众进行线上双向沟通；开辟网上共同讨论区进行信息交流；通过网络对目标公众进行调查，借以了解公众需求，实施改进性宣传活动等。

（七）终端宣传

终端宣传主要包括终端包装、知识培训、专业杂志赠送。如与专业杂志合作，免费赠送杂志，杂志内页刊载或夹带企业或产品广告、产品目录，产品手册、折页、企业内刊投递等。

案例链接

王老吉——红红火火的红色易拉罐

罐装王老吉的包装主色调是红、黄两色。中国文化源远流长，历经数千年沉淀，对于色彩的认知，最具传统意义和文化认同感的非红、黄两种颜色莫属。凉茶是传统中医药文化和岭南养生保健文化的衍生品，王老吉在包装中用红、黄两种色调表达无疑是相当到位

的。红红火火的红色易拉罐，摆放在货架上非常抢眼，使得王老吉的视觉效果非常突出。事实上，一些凉茶产品也从红、黄两种颜色中尝到了甜头——当产品包装的主色调是其他颜色时，产品销售难如人意，而包装改成与王老吉一样的红、黄两种色调后，销量很快上升，分析其中的原因，虽然主要原因是其他品牌通过仿冒王老吉包装混淆视觉误导消费者购买，但也与这两种颜色突出的视觉效果不无关系。

有人认为王老吉的包装土气，但从营销角度考量，王老吉不是"可口可乐"，也不是"第五季"，而是清热止渴、解暑湿的凉茶。朴素、实在的"预防上火"功效是产品包装所要传达的第一视觉语言。王老吉所要"圈定"的消费者也是需要朴素、实在的"预防上火"功能饮品的消费者。这种"土气"正是王老吉所需要的。毕竟，产品包装不是美学意义上的艺术，而是视觉化的市场策略。

资料来源：翟文熙：《红色狂飙：400倍速王老吉成功学》，见 http://www.emkt.com.cn。

三、营销策划宣传造势的方式

营销策划宣传造势可选择的方式主要有"新闻式"、"广告式"和"人员式"三种宣传性活动形式。

（一）"新闻式"宣传——新闻传播活动

新闻传播活动是由新闻工作者将有新闻价值的信息，通过大众传播媒介告知目标顾客的一种传播形式。新闻传播活动策划的立足点是：组织通过开展具有新闻价值的营销公关活动，体现其对社会公众的关心，对社会整体利益的追求，使组织获得社会公众的信赖与支持。

（二）"广告式"宣传——广告传播活动

广告包括产品形象广告、企业形象广告等多种类型。广告传播活动通过一定媒介，将组织有关提升自身公众形象的信息，有计划地传递给目标公众的一种宣传手段。广告策划的立足点是：通过该传播方式，使社会公众了解组织的情形，取得公众对组织的信赖与支持，树立组织的声誉与形象。广告的宣传角度通常可以从以下几方面把握：一是组织的宗旨、使命。如芬兰韦齐莱公司就曾在我国《人民日报》刊登企业形象广告，以"不求急进，只求踏实"的广告标题，集中表现了该公司注重质量的经营宗旨。二是组织的服务。如对顾客的服务承诺等。三是组织赞助与支持的社会公益事业和各种社会活动。四是组织自行举办的社会性公关活动等。在宣传中，广告是与新闻传播相配合来展开其传播活动的。与新闻传播相比，一方面营销广告传播受报道的客观因素的影响幅度要小得多，而一些客观因素对新闻传播则具有一定程度的影响，如题材是否合适，既有题材是否能构成新闻热点，是否寻找到或具备了制造新闻的"由头"或条件等。而相对来说，营销广告组织传播行为的可控程度更强，使传播能够随时进行。另一方面，营销广告尽管以传递组织形象为主，与商品广告具有明显的区别，但其广告属性决定了在某种程度上其功利色彩对公众的既有影响；而新闻传播则在字里行间充满了公益色彩。因此，两者是一种互补关系。

（三）"人员式"宣传——人员推销宣传活动

主要是在有计划、有目标地选派推销人员向用户介绍、宣传、推广和销售产品的过程

中所采取的所有宣传造势行为。

四、营销策划宣传造势策略的选择

营销策划宣传造势策略的选择，蕴含时间、事件以及“由头”等要素，这些要素是可以宣传或能够产生宣传效果的条件性因素。营销策划宣传造势的策略主要包括顺势策略、造势策略、借势策略。

（一）顺势策略

顺势策略就是将既有的、可以用来开展营销策划宣传造势的时机与事机要素进行合理使用，使原有要素服务于组织的营销策划宣传造势，通过活动形成有利态势的延伸效应。

案例链接

文化旅游节策划中的顺势策略

1999年，山西省利用全国“五岳年会”在山西省大同市举行的有利时机，顺势举办了为期一个月的“中国北岳恒山文化旅游节”。活动整体策划以“拥抱恒山”的情感化主题为切入点。活动中设计了：“夏天，让我们到恒山去——听风、看月、摸星星”的主题宣传；在开幕式的大型文艺表演会上推出《恒山如行》主题歌；在活动中推出《恒山风情》书画摄影展，将来自全国的数百位书画摄影名家的157件作品，分别在省城太原与恒山悬空寺展出；一部以恒山“久远、悠长、雄浑、壮观”景致为创意点的15秒电视广告片，分别在全国数家电视台播出。活动最终获得了巨大成效。这一活动的一个重要策划特征，就是及时、合理地抓住了可以组合的有利时机，有效升华为一个新的活动构思，并在实践中造就了一种积极的态势。

资料来源：张爱玲、黄东升：《现代企业策划》，北京，中国经济出版社，2002。

（二）造势策略

造势策略就是在表面上看起来不具备开展营销策划宣传的时机的情况下，组织积极分析环境信息，创造性地将各种潜在的有利因素组合起来，形成一种适宜活动开展的时机，并由此生成专项营销公关活动，进而通过活动营造有利于组织发展的积极态势。在进行造势策划时，应注意把握好“度”的问题，既要达到既定营销目的，又不能过度刺激消费者，让消费者产生反感。

案例链接

乐华营销造势三招

1998年夏季法国世界杯，32支足坛劲旅捉对厮杀，全世界球迷紧张瞩目。同时世界

各大企业也利用这次难得的机遇进行各种营销策划活动，国内企业风从影随，各种促销活动层出不穷，乐华公司举行的世界杯竞猜大奖赛就是其中的一个优秀案例，而在这一策划活动中宣传造势起了相当重要的作用。事件营销可分为事前、事中、事后三个阶段。事前的工作显得尤为重要，其主要内容为最大范围地把消息散发出去，煽动参与热情，形成一种潮流，为整个活动的成功打下良好基础。对此，乐华公司采取了以下方式营造氛围。

1. 新闻发布会。1998 年 4 月 23 日广州乐华电子销售有限公司在北京举行新闻发布会，向社会宣布在世界杯期间斥巨资举办“乐华电器世界杯百万竞猜大奖赛”活动，用 32 万元寻找“中国最有价值的球迷”，消息一传出，引起新闻界强烈反响：中央电视台、《光明日报》、《中国青年报》、《解放军报》等 20 多家大型媒体均做了报道。一夜之间，引发了广大球迷对“球迷价值”的大讨论。通过此次新闻发布会，“乐华竞猜”成了世界杯开赛前新闻媒体和广大球迷关注的焦点，为以后活动的进行打下了坚实基础，开创了良好局面。

2. 广告。(1) 标题富吸引力，利益点明显，能激发公众的参与欲望。乐华世界杯竞猜的广告设计了一个非常好的标题——“谁都可能拥有 32 万”。虽然没有人承认自己贪财，但对财富的渴望是每个人都有的。32 万元，对于一个普通人来讲无疑是一笔巨资，如果能有机会拥有 32 万元，我想大多数人都想去试试。(2) 引文清晰、明了，能使公众对活动有一个初步了解。看看“乐华竞猜”的引文：“如果你有一个足球头脑，如果你对 32 强了如指掌，如果你对 64 场绿茵大战洞若观火，那么，你一定是中国最有价值的球迷。”一段简单的文字，便把活动的目的、内容、参加方式、奖项说得清清楚楚。(3) 正文系统全面，使公众对活动有完整的认识。

3. 新闻报道。新闻报道是很好的活动炒作手段，更是绝好的品牌推广机会。“乐华电器世界杯百万竞猜大奖赛”从活动开始前，到活动进行中直至活动结束，前前后后的新闻稿件有近 300 篇。在整个世界杯赛期间，各大媒体都可以见到“乐华竞猜”的消息。消费者在关注竞猜的同时，不知不觉中接受着乐华的价值灌输。当然，营造营销氛围的手段还有很多，如公共关系、现场布置、直接邮件等。只有充分利用各种方式，灵活地组合，创造出良好的气氛，才能够有效地刺激公众的参与欲望，为营销活动的成功打下基础。世界杯赛结束后，由于出色的运作，“乐华竞猜”成了当年夏天球迷一个流行话题，参与竞猜者超过 1 000 万人次，赛场的风云变幻，使得没有一个球迷能完全猜中比赛的名次，因此，头奖 32 万元没有人拿走。于是，有人笑称，乐华是“赚了夫人不折兵”。当所有的人都认为乐华会高高兴兴收起 32 万元，赶紧结束竞猜活动的时候，结果却出人意料，尽管无人中奖，乐华公司还是决定把这笔钱无偿捐献，并向全社会征集捐赠方案，全国各大媒体同时出现乐华的大标题广告：“32 万元巨奖遭遇‘克星’，结局由你裁定。”球迷及各界人士的热情再次被激起，各类建议信件如雪片般飞向乐华公司，乐华再次扬名。

资料来源：李本辉、邓德胜：《企业营销策划实务》，北京，中国经济出版社，2008。

（三）借势策略

借势策略就是选择社会生活中客观存在的时机，让组织宣传蕴含其中的时机选择策略。具体来说，就是紧紧把握社会热点问题，以及社会公众共同关注的重大事项的报道与

相应活动开展的关键时机，选好角度，予以介入，使组织形象信息得以借势传播。

案例链接

借湖南人文资源，扬湘菜菜品之名

洞庭春是在上海开的一家湘菜馆。店名“洞庭春”中的洞庭取自洞庭湖。洞庭春菜馆在经营中一方面充分发掘家乡物产资源的特色；另一方面在菜品介绍中加入体现人文内涵的内容，让顾客在品尝湘菜美味的同时，也能领略湘菜故乡——湖南的人文历史风采。洞庭春湘菜馆有一幅字，上面题写的“好吃、好吃、好吃”六个字十分引人注目。这是中国享有国际盛名的著名音乐家谭盾在光顾洞庭春后，应邀题写的。谭盾是湖南人，对“好吃、好吃、好吃”，谭盾解释说：第一个“好吃”，是赞颂洞庭春的菜品精，烹制之“好”；第二个“好吃”，是自己来洞庭春不虚此行，享受口福，吃得之“好”；第三个“好吃”则是指因菜品好，自己吃得好，情绪感觉上的美妙之“好”。谭盾之说，经众多媒体的传播扩散，使洞庭春湘菜在社会各界人士中美名远播。

资料来源：戴欢：《开启蓝海的 36 个关键》，北京，中国时代经济出版社，2006。

第五节　营销策划的实施

一、营销策划实施的内涵和基本程序

营销策划的实施指的就是营销策划方案在实施过程中的组织、指挥、控制和协调活动，是把营销策划方案转化为具体行动的策划实践过程。营销策划的实施，不仅涉及营销策划部门，同时还涉及销售部门和其他相关部门，因此，营销策划的实施必须明确各个方面的工作角色，了解各自的工作定位，从而形成相互配合、有机协调的工作格局。

营销策划的实施，一般可分为两个基本工作阶段：即模拟策划实施阶段和分工具体实施阶段。其中，模拟策划实施阶段主要是将未来可能的发展事先仔细地在脑海中呈现出来，在策划实施者头脑中进行预演；或者是设立模拟实施场景，展开模拟演练。进入分工具体实施阶段后，其基本工作程序如下：

（1）列表。即在事先对实施方案进行操作方式和操作步骤讨论的基础上，具体用操作表的形式列出实施工作程序。其中，通过讨论策划者带动核心层，核心层带动决策层，决策层带动管理层，通过设立奖励制度，讨论完善营销策划方案。

（2）动员。即动员和培训实施人员。其中，动员包括决策层动员（动员到细节，实现思想理念的渗透）、管理层动员（动员到脉络，实现制度规则的渗透）、操作层动员（动员到基层，实现执行方法的渗透）。

(3) 执行。即具体实施策划方案或监督策划方案的实施。在执行中，应做到分层下达任务，目标合理分解，工作程序清晰，人力资源配置充分，检查验收符合规范。

(4) 维护。即及时维护和控制营销策划的实施效果，确保实施过程的质量。

(5) 修正。即对营销策划实施的结果进行分析，看期望值与实际结果是否有差距。策划人员还必须对营销策划结果和经过做充分的分析、检查，从中找出经验、问题和教训，并将其有效地反映到营销策划中。

(6) 总结。即实施工作总结和效果评估。总结工作应明晰策划、决策和管理三者的职责。

二、营销策划的实施原则

(一) 以目标消费者的需求为导向的原则

营销策划的实施必须以目标消费者为导向，从目标消费者的角度去寻找和满足其需求。从根本上说，营销策划的实施过程就是满足目标消费者消费需求的过程。特别是每个目标消费者都是不同的个体，他们在消费时存在着差异，尤其是在这个消费者日益追求个性化需求的时代，这种差异更加明显。从这个角度讲，目标消费者对产品或服务需求的多样性，为营销策划的实施提出了具体要求。另外，随着时代变迁和消费者水平的不断提高，单个消费者的个性化需求在不断发生变化。从这个角度讲，尊重目标消费者对产品或服务需求的多样性，为营销策划的实施提出了必然要求。

(二) 不断创新的原则

营销策划的实施面临的一个最大的风险就是竞争对手的模仿，特别是所策划的产品或服务发展到成熟期时，拥有较强技术实力的竞争者很容易通过逼真的模仿，减小产品之间的差异，削弱企业的竞争优势。为了保持差异化竞争优势的持久性，营销策划的实施必须要坚持不断创新，通过创新性策划，不断推出更多更新的差异化产品，以确保持续获得核心竞争优势。

(三) 调适性和灵活性的原则

一般来说，在营销策划的实施过程中，总会遇到阻碍进展的情况，一旦实施过程不能按计划进行，策划执行人员应对实施方案进行合理调整，或者改变项目进行的方式，或者改变预期期望，以灵活对待所面临的问题，达到较好的实施效果。

(四) 综合性原则

必须注意销售促进与广告、人员推销和公共关系宣传四大基本促销手段的综合运用、有效组合，从而发挥整体优势。

(五) 规范性原则

营销策划的实施必须遵照有关法律、法规的要求进行。对尚未制定约束条款的营销行为，企业应从政策和商业道德的角度判断其合理性，坚决杜绝有损商业道德和企业形象的行为。

三、营销策划的实施要求

(一) 强化质量观念

在营销策划的实施过程中，必须强化质量保障观念，对策划的每个环节和每个细节都

要做到精益求精。

（二）强化学习与培训观念

在营销策划的实施过程中，应充分认识学习和培训的重要性。学习和培训是有效提升营销策划实施质量的方法，反过来，营销策划的实施过程也是培育学习氛围和培训文化的过程，是一种求知和探索的过程，因此强化学习和培训观念，是提高营销策划实施质量的内在要求。在培训执行过程中，应成立教材编写项目组，负责培训课题的开发、教案的编写；要跟踪培训效果，适时对教材做出调整；培训内容应紧紧围绕企业现有产品线展开。

（三）保持良好的沟通与协调

在营销策划的实施过程中，必须形成良好的沟通与协调机制，确保信息的畅通，从而保证营销策划方案按预定的计划有条不紊地加以实施，并确保实施者能够组织、指挥和协调各种资源，取得最佳的策划实施效果。

案例链接

统一食品的促销策划

初夏，饮料类产品的销售旺季已经来到，河南饮料市场上群雄逐鹿：康师傅、娃哈哈、乐百氏、可口可乐等饮料商纷纷摩拳擦掌、重拳出击，实行新的促销策略。如何在对手发力之前发挥现有优势，抢先发力，抢占市场份额，巩固市场地位，成为统一公司的头等大事。夏季也是面类产品销售的淡季，如何让淡季不淡，不因为淡季而让夏季变成销售的“盲区”，组织市场以部分热销产品带动全线产品的畅销，成为必要之举。

为了让促销活动更有影响力，效果更明显，“借势、造势”成为必要。《大河报》是河南第一大报，为全球报刊发行量百强企业，其发行量及民众关注度均为同类报纸中的翘楚。于是这次活动的主题口号就确定为“大河·统一美丽生活”，重在借助《大河报》的知名度扩大品牌在当地市场上的知名度和影响力。在活动前两周，统一公司就开始在《大河报》投放整版“大河·统一美丽生活”硬性广告，并推出公交报站器广告，通过媒体先进行市场预热，以为后面的销售打好基础。

一、活动安排

1. 活动时间为5月31日—6月30日。在品牌促销让利方面，六月是饮料销售的旺季，因此饮料促销成为活动主推项目。整个活动时段统一公司挑选中间四周，每周根据不同的侧重点选择不同套系产品进行促销让利，如冰红茶、绿茶等“茶”系列产品为一套系的促销，鲜橙多、葡萄多等“多”系列产品为一套系的促销等。这样安排活动，使每周都有新内容，给消费者不间断的视觉和心理冲击，使活动内容充实丰满。

2. 周一到周五“买就送”，以买赠结合（面类产品和饮料的捆绑）的形式带动人气低迷时段的销售。周末实行带动人气的“限时、限量惊爆抢购”，更有打击竞争对手、抢拉客源的“超低特价，超级好礼”。

3. 公益活动。本次促销附带有一个公益活动——“您的爱心·我的学业”统一产品义卖表真情活动。本次活动适逢中高考时举行，在献爱心的同时，很好地树立了企业的公

众形象。

4. 开展写生大赛。开展儿童妈妈写生大赛，在增进亲子关系的同时，扩大统一品牌在儿童群体中的影响，使他们在小的时候就被该品牌所包围，以培养他们的品牌意识和品牌忠诚度。

5. 活动期间还邀请 globrand. com 河南办事处主任等一行来到活动现场做演讲，各大媒体记者也到现场采访，统一河南分公司老总亲自演讲，为活动造势！

二、活动执行

1. 部门协调。此次活动牵涉企划、销售、财务、推广、储运等多个部门。

(1) 事前明确责任。由于此次"大河·统一美丽生活"活动涉及众多部门，事先对各个部门进行了动员协调，进行了详尽的分工。企划部负责整个活动的执行和跟踪及对外宣传、硬广告设计、软文撰写、POP 制作；推广部负责促销，导购人员的培训、管理，商场堆头布置、现场海报、POP 管理，活动现场管理等；储运部负责检查库存，确保及时补货；销售部负责维持现场秩序。财务负责账款的回收。

(2) 做好各项活动准备。在"大河·统一美丽生活"活动进入倒计时阶段时，对各项工作进行准备，保证活动顺利进行。

场地准备：确定活动场地，尤其对活动期间户外活动的展示、搭台，必须提前做好准备。

物料准备：根据活动的规模，提前准备好相应的宣传物料，如产品宣传单、促销活动单页、促销横幅、促销礼品、宣传海报、奖品等。在活动前一天确保所有物料到位。陈列、上货、广宣品、POP 等的布置工作在活动前一天晚上做好，避免活动当天匆忙去做，更不要在活动高峰期做，免得引起现场混乱，给活动造成不便。

人员准备：确定活动现场指导员、派单员、产品促销员。活动期间，导购人员、促销人员、策划负责人员应提前到位。再次确认准备工作到位，整理广宣品、陈列排面、产品和礼品堆头，以及标价。策划负责人全程跟进，了解准备不足和方案欠妥之处，及时改善调整，并对促销人员进行现场辅导。

2. 人员培训。人员培训分两部分：第一部分为执行成员活动培训；第二部分为促销人员、导购人员针对性销售培训。

(1) 执行人员培训由活动策划负责人全程指导，以口头、书面、图示及现场演示等方式，充分说明方案内容，让每一个执行者都做到明确活动目的、政策、执行流程、注意事项及活动统一宣传口径。准备工作责任到人，规定完成时间、检核人，活动前确保各项工作到位。

(2) 促销人员、导购人员的针对性销售培训。促销人员、导购人员是整个活动执行过程中的核心，其一言一行直接影响销售及品牌声誉，因此要对其进行针对性比较强的销售技巧培训，让促销人员、导购人员更深刻地认识活动目的和政策，掌握推销技巧。推销技巧培训包括推销心态（推销要始终保持积极愉快的心态，推销的技巧是积极主动）、推销术（消费者异议回答话术、目标消费者交谈术）等的培训。

三、活动评估

经过这次活动的开展，很好地提升了统一品牌的影响力和在民众中的美誉度，扩大了市场份额，同时也提升了销量，并拉动了面类产品的销量，总体来说是比较成功的。

资料来源：陈新平：《统一食品促销策划方案》，见 http：//www.chaoshi168.com。

本章小结

营销策划过程包括营销策划的信息收集、环境分析、文案撰写、宣传造势、实施等环节。本章就营销策划过程具体环节的有关问题进行介绍。

信息收集是营销策划的基础和前提。营销策划的信息收集就是策划人员针对与策划相关的市场信息所进行的了解、考察、发掘、收集以及处理。其基本工作步骤包括：明确信息收集思路、细化信息收集点、记录信息资料、整合分析信息资料。信息收集的基本要求是：力求全面和真实；保持系统性和连续性；做到及时性和有效性的结合；保持市场信息的可操作性；确保信息收集的计划性。信息收集的途径与方法主要有：文献收集、会议记录、访问谈话、情报奖励、情报购买、实际观察、网络采集、客户投诉。

宏观营销环境是指为企业营销活动带来市场机会或对企业营销活动造成环境威胁的主要社会力量。宏观营销环境分析主要包括人口环境分析、经济环境分析、政治环境分析、法律环境分析、社会文化环境分析和自然环境分析。微观营销环境是直接制约和影响企业营销活动的力量和因素。微观营销环境分析主要包括供应商分析、营销中介分析、顾客分析、社会公众分析、竞争者分析、企业内部部门分析。

撰写营销策划文案的基本步骤是：确定目标、收集资料、调查市场态势、整理资料、提出具体创意、确定可行文案、制定实施细则、制定检查办法。撰写营销策划文案的基本原则包括：逻辑思维原则、简洁朴实原则、可操作原则、创意新颖原则、主题鲜明原则、时限性原则。营销策划书的格式与基本内容包括概述、正文和附录三大部分，其中正文包括策划目的、营销环境分析、营销目标、营销战略战术安排、营销策划创作文案、文案进度安排与调整、策划文案各项费用预算、文案调整。

营销策划宣传造势的媒介选择，主要包括以下几方面：大众传播媒介宣传、实物媒介宣传、组织自控媒介宣传、行为宣传、运用视听影像技术以及多媒体技术进行宣传、网络宣传、终端宣传。宣传造势策略主要包括顺势策略、造势策略、借势策略。

营销策划的实施指的就是营销策划方案在实施过程中的组织、指挥、控制和协调活动，是把营销策划方案转化为具体行动的策划实践过程。具体实施阶段基本工作程序包括：列表、动员、执行、维护、修正和总结。营销策划的实施原则是：以目标消费者的需求为导向的原则；不断创新的原则；调适性和灵活性的原则；综合性原则；规范性原则。营销策划的实施要求是：强化质量观念、强化学习与培训观念、保持良好的沟通与协调。

关键概念

信息收集　　文献收集　　宏观营销环境分析　　微观营销环境分析　　营销策划文案

宣传造势　　顺势策略　　造势策略　　借势策略　　营销策划实施

讨论及思考题

1. 营销策划信息收集的步骤和基本要求有哪些?
2. 营销策划信息收集的途径与方法有哪些?
3. 营销策划环境分析的内涵和特点是什么?
4. 进行营销策划活动时应该研究哪些微观环境?
5. 营销策划文案撰写的基本步骤和基本原则是什么?
6. 营销策划文案的写作要求是什么?
7. 营销策划宣传造势的内涵是什么?
8. 营销策划宣传造势的策略有哪些?
9. 营销策划实施的程序、原则和要求有哪些?

参考文献

[1] 余明阳. 咨询学. 上海:复旦大学出版社,2005.
[2] 梁东,刘建堤. 市场营销新视点. 北京:经济管理出版社,2007.
[3] 张苗荧. 市场营销策划. 北京:北京师范大学出版社,2007.
[4] 吴灿. 策划学. 北京:中国人民大学出版社,2004.
[5] 闻力. 赚“迟到的钞票”. 商界,2008 (10).
[6] 陈放. 营销策划学. 北京:蓝天出版社,2005.
[7] 叶万春. 企业营销策划. 北京:中国人民大学出版社,2007.
[8] 杨伦超. 促销策划与管理. 重庆:重庆大学出版社,2007.
[9] [日] 浅田和实. 产品策划营销. 北京:科学出版社,2008.
[10] 张爱玲,黄东升. 现代企业策划. 北京:中国经济出版社,2002.
[11] 李本辉,邓德胜. 企业营销策划实务. 北京:中国经济出版社,2008.
[12] 戴欢. 开启蓝海的 36 个关键. 北京:中国时代经济出版社,2006.
[13] 翟文熙. 红色狂飙:400 倍速王老吉成功学. http://www.emkt.com.cn.
[14] 陈新平. 统一食品促销策划方案. http://www.chaoshi168.com.
[15] 张华. 市场调查与预测 110 方法和实例. 北京:中国国际广播出版社,1999.
[16] 吴健安. 使实用推销学. 北京:中国商业出版社,1996.

习题

一、判断题

1. 恩格尔系数越大,食品支出所占比重越大,表明居民生活富裕,生活质量高。
( )

2. 恩格尔系数越小，食品支出所占比重越小，表明居民生活富裕，生活质量高。（ ）

3. 微观营销环境分析是对直接制约和影响企业营销活动的力量和因素的分析。（ ）

4. 宏观营销环境分析是指为企业营销活动带来市场机会和对企业营销活动造成环境威胁的主要社会力量所进行的分析。宏观营销环境分析主要包括人口环境分析、政治环境分析、经济环境分析和社会文化环境分析等。（ ）

5. 营销策划的实施指的就是营销策划方案在实施过程中的组织、指挥、控制和协调活动，是把营销策划方案转化为具体行动的策划实践过程。（ ）

6. 市场营销信息的效用与其反映的时间成正比，随着时间的推移，市场营销信息的效用将递减，直至丧失。（ ）

二、单项选择题

1. 营销策划信息收集的第一步是（ ）。

A. 细化信息收集点　　B. 记录信息资料
C. 明确信息收集思路　　D. 整合分析信息资料

2. 以下（ ）不属于宏观营销环境分析。

A. 人口环境分析　　B. 经济环境分析
C. 营销中介分析　　D. 政治环境分析

3. 企业战略分析中经常采用 SWOT 分析法，SWOT 中 T 的含义是（ ）。

A. 机会　　B. 威胁　　C. 优势　　D. 弱势

4. 企业战略分析中经常采用 SWOT 分析法，SWOT 中 O 的含义是（ ）。

A. 机会　　B. 威胁　　C. 优势　　D. 劣势

5. 企业战略分析中经常采用 SWOT 分析法，SWOT 中 W 的含义是（ ）。

A. 机会　　B. 威胁　　C. 优势　　D. 劣势

6. 企业战略分析中经常采用 SWOT 分析法，SWOT 中 S 的含义是（ ）。

A. 机会　　B. 威胁　　C. 优势　　D. 劣势

三、多项选择题

1. SWOT 分析法是从哪几个方面对企业进行分析的？（ ）

A. 优势　　B. 劣势
C. 机会　　D. 威胁
E. 政策

2. 营销策划信息收集的基本要求是（ ）。

A. 力求全面和真实　　B. 保持系统性和连续性
C. 做到及时性和有效性的结合　　D. 保持市场信息的可操作性
E. 确保信息收集的计划性

3. 营销策划的实施原则是（ ）。

A. 以目标消费者的需求为导向的原则　　B. 不断创新的原则
C. 调试性和灵活性的原则　　D. 综合性原则
E. 规范性原则

4. 企业的微观营销环境分析包括（　　）。

A. 企业内部部门分析　　B. 顾客分析

C. 竞争者分析　　D. 供应商分析

E. 营销中介分析

5. 企业的宏观营销环境分析包括（　　）。

A. 政治环境分析　　B. 经济环境分析

C. 人口环境分析　　D. 法律环境分析

E. 社会文化环境分析

第四章

产品营销策划

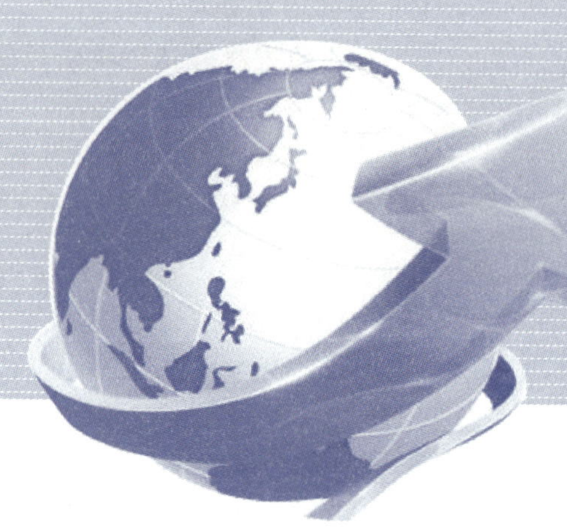

本章要点提示

- 了解产品策划的内容、新产品的类型、新产品开发的意义、包装的内涵及作用。
- 掌握产品策划的定义、新产品的定义、新产品推广策划、品牌命名的原则及策略、品牌决策、包装策略。
- 理解新产品开发的过程、现有产品营销策划的内容。

引导案例

春都的发展

春都集团（以下简称春都）由火腿肠业务起家，其主营业务和核心产品也在于此。火腿肠业务为其创造了丰厚的利润，使其资产由1987年的3 950万元迅速增长到29.69亿元。企业的神速发展令企业领导头脑发热，跑马圈地，扩大地盘，一系列兼并收购举措把春都引入了一个怪圈。春都先后以1.6亿元投资参股和控股24家非相关企业，其中有17家企业亏损或者关门停产。这些亏损停产企业吸干了能创造财富的春都火腿肠这头“老母牛”，致使企业背上了沉重的债务。又由于春都跨数十个非相关性的行业，使春都处处成为外行，处处面临窘况，在技术、人才、资金、管理各方面暴露出严重不足。春都一味盲目地扩张，忽视了主营业务的投入和发展，使市场竞争力大大弱化，给竞争对手可乘之机，市场份额下降，销量减少，最后走上了绝路。

资料来源：谭晓珊：《水浒行动》，北京，地震出版社，2004。

案例启示

以上案例表明，产品策划是营销策划的基础和关键所在。一个失败的产品策划往往会使企业陷入困境。所以，企业必须进行科学的产品策划以抓住商机，发展壮大。

产品策划是指企业为了使自己的产品或产品组合适应消费者的动态需要而进行的市场开发活动的谋划。其内容包括：新产品开发策划、现有产品营销策划、品牌策划和包装策划。本章将对产品营销策划的这些重点内容进行系统阐述。

第一节 新产品开发策划

新产品开发策划是指根据企业目标和市场需求，制定新产品开发和具体实施计划。企业开发的新产品要得到消费者的认同绝非易事，很多企业每年在新产品上的开发费用占总销售额的3%～5%，但由于新产品成功率非常低，绝大多数新产品早早就被淘汰，导致企业浪费了大量的资源。新产品失败的原因是多方面的，但是没有新产品的营销策划或策划失误是失败的主要原因。很多企业上新产品时往往带有很大的盲目性，没有进行新产品的营销策划，结果导致新产品开发失败；有的企业在进行新产品营销策划时，没有充分考虑各种因素，如技术、资金、环境、竞争、需求等，对新产品开发的困难估计不足，没有制定相应的应对措施，最终导致了新产品开发的失败。

一、新产品的内涵及类型

（一）新产品的内涵

新产品是指在产品整体概念中对任何一部分进行变革或创新，并能给消费者带来新的利益和满足的产品。新产品策划是使企业开发的新产品与消费者的需求进行动态适应的市场开发过程的谋划。

（二）新产品的类型

1. 全新产品

全新产品是应用科技成果（新原理、新技术、新工艺和新材料）制造的市场上前所未有的产品。如电灯、计算机、电视机等产品最初上市时都属于全新产品。全新产品开发通常需要大量的资金、先进的技术，并需要有一定的需求潜力，故企业承担的市场风险较大。全新产品在创新产品中只占很小的比例。

2. 换代新产品

换代新产品是在原有产品的基础上，采用或部分采用新技术、新材料、新工艺研制出来的新产品。如以电子管为主要元件的第一代计算机到现在的以大规模集成电路为元件的第四代及正在研制的具有人工智能的第五代计算机。换代新产品与原有产品相比，性能有了改进，质量也有了相应提高。它适应了时代发展的步伐，有利于满足消费者日益增长的

物质需要。

3. 改良新产品

改良新产品是对老产品加以改进，使其性能、结构、功能、用途有所变化。如电熨斗加上蒸汽喷雾，电风扇改成遥控开关。与换代新产品相比，改进新产品受技术限制较小，且成本相对较低，便于市场推广和消费者接受，但容易被竞争者模仿。

4. 仿制新产品

仿制新产品是对市场上已经出现的产品进行引进或模仿，研制生产出的产品。开发这种产品不需要太多的资金和尖端的技术，因此比研制全新产品要容易得多。但企业应注意对原产品的某些缺陷和不足加以改造，而不应全盘照抄。

除此之外，企业将现行产品投向新的市场，对产品进行市场再定位，或通过降低成本，生产出同样性能的产品，对市场或企业而言，也可以称之为新产品。在实践中，企业开发新产品一般是推出上述产品的某种组合。

二、新产品开发的意义

当今时代，唯一不变的事情就是变化，创新已成为时代发展的主旋律。大多数企业销售收入的三分之一来自新产品及新服务。对企业而言，开发新产品具有重要的战略意义，它是企业生存和发展的重要支柱。具体来看，新产品的开发对企业的重要性主要体现在以下方面：

（1）开发新产品有利于促进企业成长。一方面，企业可以从新产品中获取更多的利润；另一方面，推出新产品比利用现有产品能更有效地提高市场份额。利润和市场份额是企业追求的两个重要目标，它们的增加和提高能帮助企业不断发展。

（2）开发新产品可以维护企业的竞争优势和竞争地位。为拥有消费者，占有市场份额，企业会运用各种方式和手段来获得竞争优势，开发新产品是当今企业增强自身竞争优势的重要手段。

（3）开发新产品有利于充分利用企业的生产和经营能力。当企业的生产、经营能力有剩余时，开发新产品是一种有效的提高其生产和经营能力利用率的手段。因为在总的固定成本不变的情况下开发新产品会降低产品成本，同时提高企业资源利用率。

（4）开发新产品有利于企业更好地适应环境的变化。在社会飞速发展的今天，企业面临的各种环境条件也在不断地发生着变化。这预示着企业的原有产品可能会衰退，企业必须寻找合适的替代产品。这就导致了企业对新产品的研究与开发。

（5）开发新产品有利于加速新技术、新材料、新工艺的传播和应用。

案例链接

北京“王麻子”剪刀破产：352年历史就此终结？

“北有王麻子，南有张小泉。”在中国刀剪行业中，王麻子剪刀厂可谓声名赫赫。这家于清朝顺治八年（1651年）在京城菜市口成立的著名老字号，数百年来生产的刀剪产品

以刃口锋利、经久耐用而享誉民间。新中国成立后，“王麻子”刀剪仍很“牛”，剪刀厂的日子也一直过得挺舒坦，生意最红火时，一个月可以卖 7 万把菜刀、40 万把剪子。1985 年，王麻子剪刀厂被当时的国家内贸部认定为中华老字号。

但自 1995 年以来，王麻子剪刀厂连年亏损，后来竟发展到借钱发工资的境地。相关审计资料显示，截至 2002 年 5 月 31 日，北京王麻子剪刀厂资产总额 1 283 万元，负债总额 2 779 万元，所有者权益为－1 496 万元，资产负债率为 216.6%。

曾经锋利无比的刀剪，为什么长了层层“锈斑”？一个有着数百年历史的老字号，为何走到了申请破产这一步？白锡乾（北京栎昌王麻子工贸有限公司董事长、总经理）的回答简洁明了：技术创新不够、体制僵化以及沉重的历史负荷是导致王麻子剪刀厂陷入困境的直接原因。

长期以来，王麻子剪刀厂的主要产品一直延续传统的铁夹钢工艺，尽管它的硬度、韧度比不锈钢刀强得多，好磨好使，但工艺复杂，成本高，加上铁容易生锈，亮度也跟不上，外观低了一个档次，产品渐渐失去了竞争优势。“在传统工艺方面，国内刀剪企业谁都比不过‘王麻子’，但在新工艺和不锈钢刀领域，‘王麻子’落伍了。”白锡乾坦率地承认，王麻子的技术工艺创新和产品更新换代已远远落后了。

2003 年 7 月 21 日，有着 352 年历史的北京王麻子剪刀厂被法院依法裁定宣告破产。

资料来源：http://news.sina.com.cn/c/2003-07-31/1706480742s.shtml。

三、新产品开发过程策划

新产品开发是一个涉及全局的系统工程，遵循有规律的开发程序是降低产品开发失败率和减少失误的有效途径。不同行业的生产条件和产品项目不同，新产品开发具体过程也有所差异，但企业开发新产品的过程一般由八个阶段构成，即寻求创意、甄别创意、形成产品概念、制定市场营销策略、商业分析、产品开发、市场试销、批量上市。

（一）寻求创意

新产品开发过程是从寻求创意开始的。所谓创意，就是开发新产品的设想。虽然并不是所有的设想或创意都能变成产品，但寻求尽可能多的创意可为开发新产品提供较多的机会。缺乏好的新产品创意已成为许多行业新产品开发的“瓶颈”。一个好的新产品创意是新产品开发成功的关键。企业通常可从企业内部和外部组织和人员寻找新产品构思的来源。

公司内部的组织和人员包括公司的生产部门、技术部门、市场营销部门以及从属于公司内部的部门人员。它们与产品的直接接触程度各不相同，但它们的共同点便是都熟悉公司业务的某一或某些方面。对公司提供的产品较外人有更多的了解与关注，因而往往能针对产品的优缺点提出改进或创新产品的构思。在公司内部的组织和人员中，除研究开发部门外，销售人员和高层管理部门的人员也是新产品创意极为重要的来源。

企业外部的组织和人员包括咨询公司、营销调研公司、顾客、经销商、竞争对手、企业外的研究和发明人员等。

一般来说，企业应当主要靠激发内部人员的热情来寻求创意。美国的一份统计资料显示，在所有的新产品构思中，88%来自企业内部。这就要求建立各种激励制度，对提出创

意的职工给予奖励，而且高层主管人员应当对这种活动表现出充分的重视和关心。

寻找和收集新产品创意的主要方法有如下几种：

1. 产品属性排列法

将现有产品的属性一一排列出来，然后探讨并尝试改良每一种属性的方法，在此基础上形成新的产品创意。

2. 强行关系法

先列举若干不同的产品，然后把某一产品与另一产品或几种产品强行结合起来，产生一种新的构思。譬如，组合家具的最初构想就是把衣柜、写字台、装饰柜的不同特点及不同用途相结合，设计出既美观又较实用的组合型家具。

3. 多角分析法

这种方法首先将产品的重要因素抽象出来，然后具体地分析每一种特性，再形成新的创意。例如，洗衣粉产品最重要的属性是其溶解的水温、使用方法和包装，根据这三个因素所提供的不同标准，便可以提出不同的新产品创意。

4. 聚会激励创新法

这种方法最为典型的方式是“头脑风暴法”。即将若干名有见解的专业人员或发明家集合在一起（一般以不超过 10 人为宜），开讨论会前提出若干问题并给予时间准备，会上畅所欲言，彼此激励，相互启发，提出种种设想和建议，经分析归纳，便可形成新产品创意。

5. 征集意见法

产品设计人员通过问卷调查、召开座谈会等方式了解消费者的需求，征求科技人员的意见，询问技术发明人、专利代理人、大学或企业的实验室、广告代理商等的意见，并且长久坚持，形成制度。

案例链接

一种新的空调系统的构思

晶华集团公司正在开发一种太阳能空调系统，并希望在近期推向市场。20 世纪以来，随着科技进步和社会生产力的极大提高，人类创造了前所未有的物质财富，加速推进了文明发展的进程。与此同时，人口剧增、资源过度消耗、环境污染、生态破坏等已成为全球的重大问题，严重阻碍着经济的发展和人民生活质量的提高，继而威胁着人类的生存和发展。能源工业是国民经济的基础，对社会经济发展和提高人民生活水平极为重要。我国的能源结构多年来一直建立在以煤为主的化石燃料基础上，这必将导致能源资源耗竭，是不可持续的。根据联合国环境与发展大会的有关决议，我国政府呼吁人民共同关心和挽救地球，保持生态平衡，控制水、气、光和噪声等的污染，确保人类社会的持续发展。

太阳能是取之不竭、用之不尽的能源，直接利用太阳的光能、热能已成为 20 世纪中叶以来新的能源开发途径。晶华集团公司开发的这种太阳能空调系统，可将太阳辐射热能直接转化为冷热能源，与市场上的一般空调机相比，具有节能、运行费低、无污染（无氟

利昂）且不受缺电地区限制等突出优点，符合我国大力提倡的新能源发展政策。

据统计，我国华北大部分地区夏季太阳对地面的辐射强度较高，西北地区强度更大，且照射时间长，是发展太阳能的重点地区。其他地区，如西藏、广东、海南等边远缺电地区均可作为理想的太阳能发展地区。

这种太阳能空调系统采用20世纪70年代末逐渐发展起来的固体吸附式制冷技术，其原理是利用沸石在不同温度下能够大量吸附、脱附水蒸气的性质，将沸石置于密闭的容器内，通过抽真空并对容器内的沸石加热和冷却，在沸石对水的吸附、脱附作用下形成水的蒸发、冷凝循环过程，从而达到制冷的目的。制冷器以太阳能为能源，无机械运动部分，可靠性高且不耗费其他能源。晴天如果利用1平方米太阳能，每日制冷量可达7千克冰。制冷器在制冷的同时还可制相同的热量，这就为热能的综合利用留下了余地。

随着城乡人民生活水平的提高，人们对居住环境、工作环境的要求也越来越高，空调等家用电器已成为很多家庭的必备品，但空调机的运行费用相当可观。如果将空调的能源改为取之不尽的太阳能，再假设太阳能空调系统的售价与普通电力空调售价相当，则不仅可节约大量能源，还可使一般居民购买空调的比例大大提高。

从社会效益分析，太阳能空调系统能有效减少大气中的氟利昂含量，改善环境。从经济效益分析，如小批量生产，年产300台，每台成本2 000元，则共需投资60万元，可通过外包加工组装，无须固定投资，60万元可分期投入。若出厂价每台3 000元，则当年出售200台即可收回成本。若按年产1万台计算，则需总投资2 000万元，年投资收益率为91%（免税），一年以后可收回投资，第二年利润率为154%。随着工艺和生产水平的提高，该产品也有望打入国际市场。

资料来源：http://www.jznrj.com/jsrj/s31-4.doc39。

（二）甄别创意

创意甄别是运用一系列评价标准，对各种构思进行比较判断，从中找出最有成功希望的构思的一种“过滤”工程。取得足够多的创意之后，要对这些创意加以评估，研究其可行性，并挑选出可行性较强的创意，这就是创意甄别。创意甄别的目的就是淘汰那些不可行或可行性较低的创意，使公司有限的资源集中于成功机会较大的创意上。

甄别创意时，一般要考虑两个因素：一是该创意是否与企业的策略目标相适应，企业的策略目标表现为利润目标、销售目标、销售增长目标、形象目标等几个方面；二是企业有无足够的能力开发这种创意，这些能力表现为资金能力、技术能力、人力资源、销售能力等。

（三）形成产品概念

形成产品概念就是把粗略的产品构思转化为详细的产品概念。经过甄别后保留下来的产品创意还要进一步发展成为产品概念。在这里，首先应当明确产品创意、产品概念和产品形象之间的区别。所谓产品创意，是指企业从自己的角度考虑能够向市场提供的可能产品的构想。所谓产品概念，是指企业从消费者的角度对这种创意所作的详尽的描述。即将新产品构思具体化，描述出产品的性能、具体用途、形状、优点、外形、价格、名称、提供给消费者的利益等，让消费者能一目了然地识别出新产品的特征。因为消费者不是购买

新产品构思，而是购买新产品概念。而产品形象则是消费者对某种现实产品或潜在产品所形成的特定印象。

任何一种产品构思都可转化为几种产品概念。新产品概念的形成来源于针对新产品构思提出问题的回答，一般通过对以下几个问题的回答，可形成不同的新产品概念。即谁使用该产品？该产品提供的主要利益是什么？该产品适用于什么场合？以净化空气的产品为例：首先要考虑的是企业希望为谁提供净化空气的产品，即目标消费者是谁。大凡空气浑浊的地方都可使用这种产品，是针对家庭使用，还是提供给诸如商场、娱乐场所、医院等大型公共场使用，或者专门用于各种交通工具（火车、汽车、轮船、飞机）内部的空气净化。其次，净化空气的产品能提供的主要利益是什么？促使室内外空气循环？制造新鲜空气？杀菌？增加氧气？减少二氧化碳？吸收灰尘？根据对这些问题回答的组合，可得到以下几个新产品概念：

概念 1：一种家庭空气净化器，为家庭室内保持空气清新而准备。

概念 2：一种保持火车、汽车、轮船及飞机内空气新鲜的空气净化器。

概念 3：一种供大型公共场所使用的中央空气净化器。

概念 4：专供医院使用的空气净化器，主要功能在于杀菌。

企业必须根据消费者的要求把产品创意发展为产品概念。确定最佳产品概念，进行产品和品牌的市场定位后，就可对产品概念进行试验。所谓产品概念试验，就是用文字、图画描述或者用实物将产品概念展示于目标顾客面前，观察他们的反应，了解他们的愿望。

（四）制定市场营销策略

形成产品概念之后，需要制定市场营销策略，企业的有关人员要拟定一个将新产品投放市场的初步的市场营销策略报告书。报告书由三个部分组成：

（1）描述目标市场的规模、结构、行为；新产品在目标市场上的定位；最初几年的销售额、市场占有率、利润目标等。

（2）简述新产品的计划价格、分销策略以及第一年的市场营销预算。

（3）阐述长期（一般 3～5 年）销售额和目标利润以及不同时间的市场营销组合等。

（五）商业分析

新产品开发过程的第五个阶段是进行商业分析。在这一阶段，企业市场营销管理者要复查对新产品将来销售额、成本和利润的估计，看看它们是否符合企业的目标。如果符合，就可以进行新产品开发。估计销售额要特别注意三个购买量：首次购买量、更新购买量、重购购买量。

（六）产品开发

如果产品概念通过了商业分析，研究与开发部门及工程技术部门就可以尝试把这种产品概念转变为产品，即进入试制阶段。这一阶段应当搞清楚的问题是：产品概念能否变为技术上和商业上可行的产品？如果不能，除在全过程中可取得一些有用副产品即信息情报外，所耗费的资金则将全部付之东流。产品原型准备好以后，还必须通过一系列严格的功能测试和消费者测试。

（七）市场试销

如果企业的高层管理者对某种新产品的开发试验结果感到满意，下一步就可着手用品

牌名称、包装和初步市场营销方案把这种新产品装扮起来，把产品推上真正的消费者舞台进行实验。这是新产品开发的第七阶段，其目的在于了解经销商和消费者经营、使用和再购买这种新产品的实际情况以及市场大小，然后再酌情采取适当对策。市场试销的规模取决于两个方面：一是投资费用和风险大小；二是市场试销费用和时间。投资费用和风险越高的新产品，试销的规模应越大一些；反之，投资费用和风险较低的新产品，试销规模就可小一些。从市场试销费用和时间来讲，所需市场试销费用越多、时间越长的新产品，市场试销规模应越小一些；反之，则可大一些。不过，总的来说，市场试销费用不宜在新产品开发投资总额中占太大比例。

（八）批量上市

在这一阶段，企业高层管理者应当做以下决策：何时推出新产品；何地推出新产品；向谁推出新产品；如何推出新产品。只有这几方面的问题得到解决，企业才能真正实现新产品批量上市的目的。

案例链接

义祥电器厂的新产品开发之路

义祥电器厂是一家以生产汽车电器为主的集体所有制企业，建立于1966年。成立之初，它是仅仅有几十名职工的街道小厂，到1980年发展成市级企业。由于种种原因，企业到1988年连续3年亏损，全厂上下士气低落，人心涣散，企业濒临倒闭之境。当年年初，新厂长受命于危难之际，走马上任，主要进行了以下几个方面大刀阔斧的改革。

1. 新产品开发的构思

厂长提出企业要想继续发展，必须居安思危，以开发新产品来求得未来的生存和发展。于是迅速派出技术、营销方面的骨干人员进行市场调查。经过市场调查发现，相对于工厂生产的机械式电压调节器，随着科技的发展，市场上已经出现了以新技术开发的第二代、第三代产品，即晶体管电压调节器、集成电路电压调节器。这就意味着，只有在现有主导产品基础上，以老养新，开发新产品，才能为工厂在汽车电器市场上长久地保住一席之地。

2. 对新产品开发构思的筛选

对有关技术人员、营销人员经市场调查后提交的几种方案召开可行性论证分析会议，并结合企业的目标和能力来进行筛选。

(1) 认定我国汽车工业是一个很有发展前途的支柱产业，汽车是人们在生产建设、工作和生活中必不可少的交通工具。因此，工厂没有必要跨行业发展。如果跨行业发展新产品，将遇到三个障碍：进入新行业困难；花费时间长，投入资金大；缺乏跨行业的人才。所以，此方案不可取，即仍应围绕汽车开发新的电器产品。

(2) 就发展什么车型的电器产品，工厂就我国汽车进行了分类：重型车、中型车、轻微型轿车。与会者一致认定，第一类不适合大批量生产，难以创造出规模经济。第二类是国内一汽、二汽等大型企业的领地，已形成规模经济，又有较稳定的配套体系，工

厂难以进入，而且对于工厂来讲开发的价值也不大。第三类是我国汽车工业发展迅猛的车种，基本上是引进国外先进技术，正处在成长期，工厂进入障碍小。而且该类车种产品的附加值高，技术先进，市场销售量大，能给工厂带来良好的经济效益，对提高工厂的管理和技术水平，都将会有很大的促进。为此，决定围绕第三类车型来开发电器产品。

（3）工厂有关部门呈报的开发汽车电器的方案内有三个项目可供筛选：转光灯闪光器、汽车电喇叭、启动机电磁开关。在可行性分析论证会上，结合本行业和企业的特点，大家认为第一个项目——转光灯闪光器虽有一定的销售市场，但必须达到每年100万台以上的销售规模，企业才会取得一定效益。而且本市另一家工厂已跨行业转产，抢先引进闪光器的国外技术，占领了国内的较多市场。工厂再开发这种产品困难多，风险大，市场很难挤入。第二个项目——汽车电喇叭，目前国内虽无企业生产，但该产品投入高，附加值低，又属于劳动密集型产品。如果工厂开发该产品，弊多利少。第三个项目——启动机电磁开关，它是起动机上的一个电器总成。随着汽车工业向专业化、大协作、大批量的方向发展，电磁开关已从启动机分裂出来成为一个独立总成。目前，各主机厂正在寻求这种产品的专业化协作厂。该产品随着汽车电器技术的发展，在近十几年内不会出现换代产品，所需的工艺流程、加工设备、技术人才等，与工厂目前生产的电压调节器有互换性，开发这种产品只需投入几台关键设备，具有投入少、产出大、见效快的特点，而且又可以充分利用工厂现有的优势。

经过新产品开发构思的筛选，决定围绕轻微型车型，开发汽车启动机电磁开关。

3. 营销策略设计

为全面实施新产品电磁开关的开发计划，厂长又提出了新的策略性意见：主动出击，广泛宣传，尽快获得本行业主管部门和各主机厂的一致认可，使其把工厂作为电磁开关的专业化定点协作配套厂，为大批量生产和占领市场开辟重要的通道。工厂主要领导亲自出面，组织力量扫清新产品开发的各种障碍，又派出厂领导和汽车电器工程师等主要骨干参加行业会议，主动介绍本厂现有的生产技术和管理水平，并争取下一次行业会议在工厂召开，让各主机厂详细了解本厂的技术、设备、工艺、管理、产品质量控制技术和职工操作技能，使各主机厂工程技术人员和有关主要领导对本厂有进一步的了解。工厂主要领导又派出营销人员、技术人员深入到各主机厂，邀请各主机厂的生产制造部门负责人和主要领导来厂考察，促使各主机厂领导和部门负责人确认自己是理想的启动机电磁开关专业化定点协作配套厂，在技术质量、交货、售后服务等方面能够满足主机厂的配套需要。

4. 商业分析

经市场调查预测分析，该产品销量达到每年10万台，就有一定的经济效益。而工厂已有把握的市场销量可达到每年50万台。工厂开发这种新产品的投入，一年内就能收回，既能解决电压调节器业务逐步萎缩所造成的剩余劳动力，又能充分发挥现有设备的使用效率。如果批量生产达到每年30万台，则能进一步降低成本，企业的经济效益必定有较大幅度的增长。

5. 产品研制

在电磁开关开发阶段，技术部门遇到了一定的困难，工厂主要领导果断地采取了以下

措施：高薪聘请了某单位两名汽车电器工程师，重点解决了电器技术难点的攻关问题；迅速组成了一个强有力的新产品开发小组，在较短的时间内研制出样品100台，送各主机厂确认。

6. 市场试用

在各主机厂确认样品的基础上，工厂对新产品进行了一些改进，又很快进行小批量试生产，再送各主机厂试用。同时，各主机厂有关人员又到工厂进行进一步考察，确认生产能力、批量生产的质量控制和管理水平，认定工厂试生产的电磁开关的技术质量符合国家标准，内部管理水平较高，能够满足主机厂生产发展的需要，可以大批量投入生产。于是，双方签订了长期配套协作生产的协议书。

7. 商品化

义祥电器厂的这项新产品开发获得成功之后，迅速向全国市场进行推广。同时义祥电器厂又开始了微型汽车分电器新产品开发的调研工作。

资料来源：http://www.jznrj.com/jsrj/s31-4.doc。

四、新产品推广策划

新产品推广策划主要包括：新产品上市时机和地点的选择，目标顾客的选择，营销策略的选择。

（一）上市时机的选择

上市时机关系到新产品推广的成败，因此新产品上市应尽可能选择最佳的上市时机，如季节性产品最好是应季上市，如冬令商品在冬季上市。也可利用相应的节假日推出与之相关的商品，如儿童用品在“六一”儿童节上市就比较好。同时还必须考虑新产品上市对老产品的影响。如果对老产品影响很大，则应在老产品库存量下降到一定程度后再推出新产品为宜。

从竞争的角度来看，相对于竞争对手而言，企业进入市场的时机有以下几种选择：

1. 早期进入市场策略

早期进入是指领先于其他厂商而率先在市场上推出自己的产品。这一时期往往对应着产品生命周期的第一阶段，即投入期，市场存在高风险和不确定的因素。但早期进入市场能形成一种竞争优势，即能建立并提高该行业的进入壁垒，防止潜在的竞争者进入，从而在市场占据主导地位。早期在市场中赢得一定的忠实客户，可对其他潜在的客户产生有利的影响，从而有利于建立强大的市场地位。尤其是对于全新产品或技术更新迅速的产品，早期进入市场的产品往往会成为或被默认为该行业的标准。IBM是世界上最早生产和推出个人计算机的厂商，它的计算机产品被业界认为是“正宗的”，而后来的康柏等公司生产的个人计算机则被称为“兼容机”。

不论新产品和它要满足的需要是否基于价格或技术等，早期进入者总是有机会建立进入壁垒。这些壁垒可以建立在规模经济、经济效应、进入后的营销计划修正、产品、生产与技术的继续改进等方面。

早期进入者也会面临一些问题。由于市场是新的，广告和推销的重点必然会放在介绍

产品的功能或该产品能满足的需要等方面。这对于后来者来说是一个相当大的便宜，他们进入市场时可省下用于介绍产品方面的广告费用，而直接进行市场占领。另外，市场的原始开拓可能会使早期进入者产生资金、人员等方面的缺乏。万燕是国内第一家开发 VCD 并将其推向市场的厂商，但由于其在技术开发和市场开拓方面耗费了大量的人力物力，使得它丧失了供应市场的能力而痛失机遇，最终以倒闭而告终。

2. 同期进入市场策略

同期进入是指与其他厂商同时或在十分接近的时间里将新产品推向市场。在这段时间，是否能成为第一对于市场和其他利益相关者没有太大的差别。因为在消费者对一种新的品牌和产品没有形成偏好之前，先进入者没有来得及建立进入壁垒，稍后进入的厂商与之前进入的厂商处于竞争平衡状态。这里的厂商往往是重要的竞争对手，而同期所指的时间长度也因行业、产品不同而不同。

在品牌繁殖明显的市场中，当主要竞争对手的产品信息比较容易得到时，同期进入市场策略是较好的，因为可以迅速针对对手的举动采取防御或进攻的措施，以此削弱对手的开发可能造成的潜在优势，从而赢得更大的市场。在多元产品市场的情况下，同期进入可被用作一种进攻策略。反过来，如果知道对手是稍后进入者，并且善于迅速仿效，则可因势利导地将竞争者的注意力从比较重要的市场吸引到较小的市场去。

这一时期要重视市场的细分和定位，因为一旦细分市场把握不准，就可能失掉时机。

3. 晚期进入市场策略

晚期进入是指在竞争对手进入市场后，再将自己的新产品推向市场。这意味着推迟新产品的市场投放日期，以达到取得长期竞争优势的目的。当然，也有可能由于产品开发的时间比对手晚而被迫晚于对手推出自己的新产品。在这里，善于学习对手的经验是很重要的。

晚期进入一方面可以避免风险，另一方面可以学习对手的经验，发现消费者的偏好，从而更好地改进新产品，找准目标市场，同时也节约了潜在成本。

除了善于学习，晚期进入策略的另一个需要注意的环节是要通过对手的市场开拓和对消费者偏好的了解发现自己新产品的特点和可能的消费者，同时还要善于发现未被开拓的细分市场。记住，之所以采取晚期进入就是为了取得长期竞争优势。

案例链接

IBM 为何被称为“快老二”?

IBM 近些年正是采用晚期进入市场策略而扭转了其难堪的经营状况。IBM 一直注视着美国硅谷的“开拓者”们，一旦他们有什么新产品推出，IBM 便紧随其后，推出针对性的改进产品，由于“开拓者”们的产品往往存在或多或少的缺点，因而 IBM 公司的改进产品取得了巨大的成功。于是有人戏称 IBM 为“快老二”。

资料来源：http://wiki.mbalib.com/wiki。

（二）上市地点选择

新产品最初上市地点的选择是一项十分慎重的事，这关系到新产品推广的成败。如新产品最初上市的地点可以是在一个城市、一个地区、几个地区，也可以是全国或国际市场。一般说来，小企业可选一个中心城市推出新产品，迅速占领市场，站住脚后再逐步扩展到其他地区以至全国；大企业可先在一个地区（如东北地区、华中地区等）推出，然后再逐步扩展。如有把握，也可在全国甚至国际市场上同时推出。当然，这还要考虑到竞争对手产品的市场分布状况。

（三）目标顾客的选择

企业推出新产品时应针对最佳的顾客群制定营销方案。新消费品的目标顾客应具备以下条件：产品的早期采用者；产品的大量使用者；对产品有好评并且在社会上有影响力者（意见领袖）；用最少的促销费用可争取到的购买者。

（四）营销策略的选择

新产品推广的营销策略选择主要是营销组合因素的先后次序和投资比例的选择。对不同地区、不同市场和不同消费群体，应采用不同的营销策略，即因地、因货、因客制宜。

第二节 现有产品营销策划

一、改变现有产品形象

改变现有产品的形象主要通过调整产品的定位来实现。在确定目标市场后，通过营销组合策略来实现产品的定位。企业在开发市场和将产品导入市场时，应当首先找准市场上尚未被占据的市场“空位”，对企业的产品进行准确定位。然后通过各种传播手段迅速“占位”，使之得到目标市场消费者的认可、接受，从而稳定地占据一定的市场份额。定位错误，会使产品无法为目标消费者提供他们所需要的价值。

万宝路最初定位于女士香烟，由于不能满足女性市场的需求，没有获得成功；后来重新定位于男士香烟，并以西部牛仔作为形象诉求，获得了成功。

案例链接

东阿阿胶的市场定位

东阿阿胶一直以“补血圣品”自居，但在两个主要的市场广东和浙江，消费者都以滋补保健为服用目的，包括医生在内，都认为只有女性气血虚弱时才需要阿胶。所以阿胶在消费者心目中的定位是女性补血调经的中医药产品，并不是用来补血的产品。

东阿阿胶做了大量努力，试图劝说男性也用阿胶来补血，但没有成功。红桃K和哈药

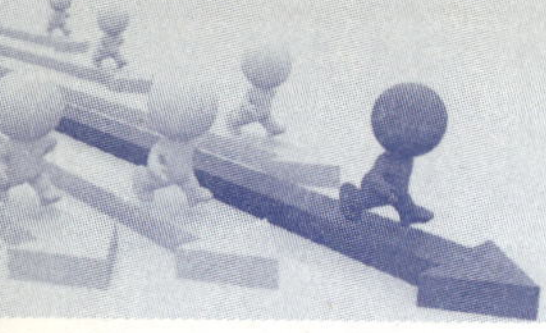

的补血口服液才是消费者心目中的补血品，所以单纯贫血的人都不选阿胶。

这是东阿阿胶过去定位的错误，据说现在东阿阿胶的新定位是“滋补品”。最近东阿阿胶还推出了新产品海龙胶，定位于男人补肾。全国很多市场都在炒作此产品，不过正赶上补肾产品泛滥之际，估计成功的难度也较大。

定位是产品策划的关键。有了定位，才能调整产品的物理属性，使之更加符合目标消费者的需要。

资料来源：http://www.em-cn.com/article/2007/139182.shtml。

二、调整现有产品组合

所谓产品组合，是指一个企业生产或经营的全部产品线、产品项目的组合方式。它包括四个变数：宽度、长度、深度和关联度。产品组合宽度是指一个企业产品线的数目；产品组合长度是指一个企业生产经营的产品线中的产品项目总和；产品组合深度是指在一个产品项目中，规格、型号、款式、花色等的数量；关联度是指企业各产品线之间在最终用途、生产条件、销售渠道或其他方面存在某种联系的相关度。

例如，在美国宝洁公司的众多产品线中，有一条牙膏产品线，生产格利、克雷丝、登奎尔三种品牌的牙膏，所以该产品线有三个产品项目。其中克雷丝牙膏有三种规格和两种配方，则克雷丝牙膏的深度就是6。如果我们能计算每一产品项目的品种数目，就可以计算出该产品组合的平均深度。

企业在进行产品组合时，涉及三个层次的问题需要做出抉择：

（1）是否增加、修改或剔除产品项目；

（2）是否扩展、填充和删除产品线；

（3）哪些产品线需要增设、加强、简化或淘汰，以此来确定最佳的产品组合。

三个层次问题的抉择应遵循既有利于促进销售又有利于增加企业的总利润这个基本原则。

产品组合的四个因素和促进销售、增加利润都有密切的关系。一般来说，拓宽、增加产品线有利于发挥企业的潜力、开拓新的市场；延长产品线可以满足更多的特殊需要；加强产品线之间的关联度，可以增强企业的市场地位，发挥和提高企业在相关专业上的能力。

案例链接

某经销商的产品组合

一位经销商起步于一个很有名的地产白酒，经过几年努力，建立了广泛的分销网络，积累了很好的终端操作经验，在当地市场占了很大份额，也赚了不少钱。于是，他快速扩大了经销范围，接了很多其他产品，生意也越做越大，可回头一算账，发现反而赔了钱。最后，他接受专家的意见，将经销产品砍了近一半后，很快又开始赚钱了。

为什么当初做一个品牌赚钱，增加了很多产品却赔钱？为什么砍了部分产品又赚钱了呢？

在起步阶段，这个经销商只经营一个在当地非常畅销的白酒，该品牌由于多年形成的消费习惯，有一大批忠诚消费者，在市场上所占份额很大。作为该品牌最大的经销商，其所占的市场份额就已超过30%，尽管销售量大，在终端也做了相当大的投入，但综合营销费用还不是很高，在15%左右，而净利润率为5%，由于年销售额不低，超过了2 800万元，一年能赚近150万元。另外，由于出货快，经销商平均10天左右补一次货，资金周转较快，其中产品所占用的流动资金平均只有80万元左右，另有50万元用于经营与管理方面的周转，这样，年资金回报率也非常高，达到了110%。

随着资金的积累，加上成功带来的自信，经销商做出了快速扩大经销范围的战略决策。首先，为了更密集地布防市场，并分散经营风险，他接了一款外地白酒，由于该产品在当地没有品牌基础，所以经销商需要投入巨大财力去打造品牌，并利用自己已建立起的终端和分销网络进行销售。通过他的努力和大力度投入，该品牌在当地很快占领了超过12%的市场份额，同时，由于注意力转移到了新的白酒上，原白酒的销售额出现了近30%的下滑。虽然，两个白酒品牌的综合销售额由原来的2 800万元提升到了3 200万元，市场份额也由此增加了几个百分点，使该经销商成为当地最大的白酒经销商，但是巨额的投入，使该经销商在推广新品牌白酒上出现了近150万元的亏损。

另外，在增加白酒新品的同时，经销商还接了一款外地中档啤酒、一款低档果酒和当地低档啤酒的经销权。其中，外地中档啤酒处于市场培育阶段，市场投入相对不小，出现一定的亏损，但销售增长不错，利润潜力很看好；外地果酒单价低，消费者对品牌敏感度也低，所以推广难度不大，费用率也还可以接受，因此利润率不错；而当地啤酒的销售量虽然很大，但利润太薄，再加上经营与管理费用的分摊，该产品实际上是亏损的。

产品组合的调整给经销商的业绩带来非常大的影响。具体来讲，尽管所有品牌的销售总额加起来，由原来的2 200万元上升到5 500万元，几乎翻了一倍半，但其他所有财务数据均出现严重下滑：首先，市场费用由15%上升到了22%，增加了近50%；其次，由于除当地低价啤酒外，所增加的产品均为新品，走货很慢，导致年资金周转次数由36次下降到28次，下降了近1/4，这使投入经营的资金由原来的130万元左右猛增到380万元；最后，年净利润率由5%下降到－1.2%，年利润额由原来的140万元恶化为亏损60万元以上，年资金回报率也由原来的180%下降到－14%。

经营状况的严重下滑使经销商慌了手脚。下一步到底应该怎么办？为此，他找到了专业咨询服务公司。咨询公司经过调研和分析后，提出了“放弃外地白酒和本地啤酒两个品牌，全力打造本地白酒、外地啤酒和外地果酒三个品牌”的产品调整方案。经销商接受了这一方案，经过一段时间的调整，情况果然好转。

虽然砍掉了外地白酒和本地啤酒，使这两个品类的市场份额和总销售额出现下降，资金周转次数也因为砍掉当地啤酒而进一步下降。但是，本地白酒的销售额由2 000万元恢复到了2 800万元；利润很好的果酒的销售额也翻了一番；而利润潜力较好的外地啤酒销售额更是由500万元上升到了1 200万元，增长近1.5倍。此外，由于更加专注

有限的产品，费用管理得到改善，费用率出现了一定下降。调整后的净利润率由－1.2%恢复到了4.5%，总利润额由亏损60多万元大幅上升到盈利200万元以上，资金占有额由原来的380万元下降了100万元，使年资金回报率由原来的－14%大幅提升到61%。

资料来源：http://hi.baidu.com/manudeng/blog/item/c4ec618fd369abff503d921f.html。

三、发掘现有产品新用途

按照传统的营销观点，一种产品是为了为顾客解决某个具体问题或者提供某项具体的服务而存在的。所以一般而言，一种产品仅有一种核心功能。企业在营销的过程中，仅以它的核心功能为卖点，仅以核心功能的需要者为目标顾客。企业一般也只对核心功能做改进、强化，最多围绕它增加某些附加功能。但产品一般具有多项功能，而企业常常忽视了这些核心功能之外的其他功能，或者在关注某个显性功能的同时忽视了某些隐性功能的开发潜力。通过有效发掘现有产品的这些被忽视的功能，企业就能有效降低其产品价格或者在消费者心目中的感知价格，从而获得竞争优势。

（一）产品隐性功能显性化

在有些情况下，隐性功能的价值可能远远超过显性功能的价值。如果企业能够发现产品的隐性功能，就可以进入新的行业，拥有新的顾客。如果新顾客对该种用途的评价更高，企业就可以用从新顾客处获得的收入来弥补因产品对原有目标顾客吸引力的降低而带来的利润损失，在原有市场获得竞争优势。对企业而言，因为产品的成本可以分摊到更多的顾客身上，因而赢得了降价空间。

阿司匹林原是治疗头痛的药物，但后来发现它也可以稀释血液，这就扩大了它的顾客群，增加了利润空间，使它可以以低于竞争对手的价格出售而不损害利润，或者可以以高于竞争对手的价格出售而不减少顾客。

案例链接

“斧牌发酵粉”的新用途

发酵粉是烘焙面包所需原料之一，自从美国在20世纪60年代推出预调的蛋糕配方，在70年代推出冷藏蛋糕，人们省却了许多烘焙蛋糕的麻烦，但也使著名的“斧牌”发酵粉销售量一落千丈，陷入冬眠期。为使产品起死回生，公司开展了一系列名为“我发现了一个秘密”的广告宣传，来发掘发酵粉的新用途。结果消费者发现了发酵粉数以千计的新用途，并透过新闻媒体大肆宣传。例如“将用剩的发酵粉放在冰箱内，可以消除异味”，这一切间接地促进了发酵粉销售额的增长。

公司随之建议消费者分别放置发酵粉于冷藏室及冷冻室作除臭用，使销售量又增加了一倍多。为防止家庭主妇忘记发酵粉已长久置于冷冻室内，导致购买率降低，公司又开发出颇具匠心的新用途促销方法，如利用广告宣传“冰箱内的发酵粉放上一阵后，效用会渐

减，应加以废物利用——倒入厨房水槽、下水道，以消除恶臭”。

资料来源：http://www.ccec.com/yingxiao/61.htm。

（二）增加产品的新功能

在很多情况下，企业可以通过发掘产品的新功能而找到第三方顾客。例如，我们都知道打火机的基本功能是点火，自从它诞生之日起，打火机的生产厂商就是销售这种功能。现在人们常常能得到免费的打火机，为什么呢？因为厂商在打火功能之外还赋予了打火机承载信息的功能，如在打火机的表面印上别的厂商的产品信息，由后者支付相应的宣传费用。这样，打火机就可以以低于竞争者的价格销售，甚至可以免费送给顾客，而打火机生产商仍然可以盈利。并且，打火机的价格越便宜，它的顾客就越多，愿意在上面做宣传的企业也就越多，因此它的信息承载功能获利就越多。在这里，承载信息的功能为点火功能买单，广告主为打火机顾客买单。深入分析可以发现，承载信息是打火机原来根本不具有的功能，是厂商为它新增加的功能，并且这种新功能是与原功能整合在一起的。

（三）创新卖点

前述两种方式都是从产品物理属性的角度看待和挖掘产品的功能。而创新卖点则是从产品社会属性的角度挖掘它的功能。

如保健品，“表达孝心”这种社会功能越强，它作为礼品的潜力就越大。积极创新产品的卖点，或者开发产品的社会功能，企业就能达到“转移顾客”的目的，使一部分顾客为另一部分顾客买单。而产品所具有的社会功能使得直接支付费用的顾客对价格不敏感，或者愿意支付较高的费用。

四、淘汰现有产品

分析现有产品的处境，一般可采用波士顿咨询公司的销售增长率—相对市场占有率矩阵（简称波士顿矩阵）来进行分析。

波士顿矩阵可以用来分析企业产品组合中的各商品品类的市场现状，为企业优化产品品类和产品项目服务。它的分析指标有两个：销售增长率和相对市场占有率。

销售增长率是指企业本年销售增长额与上年销售额之间的比率，反映销售的增减变动情况，是评价企业成长状况和发展能力的重要指标。其计算公式为：

销售增长率＝本年销售增长额÷上年销售额

＝(本年销售额－上年销售额)÷上年销售额

销售增长率是衡量企业经营状况和市场占有能力、预测企业经营业务拓展趋势的重要指标，也是企业扩张增量资本和存量资本的重要前提。

相对市场占有率是本企业某项业务的市场份额与同行业中最大竞争者的市场份额之比。当本企业市场份额最大（市场领导者）时，相对市场份额就是本企业市场份额与市场中第二大企业市场份额之比。

根据这两个指标，分析产品组合中各产品种类和项目的现状，分别归入不同的象限（如图4—1所示）。

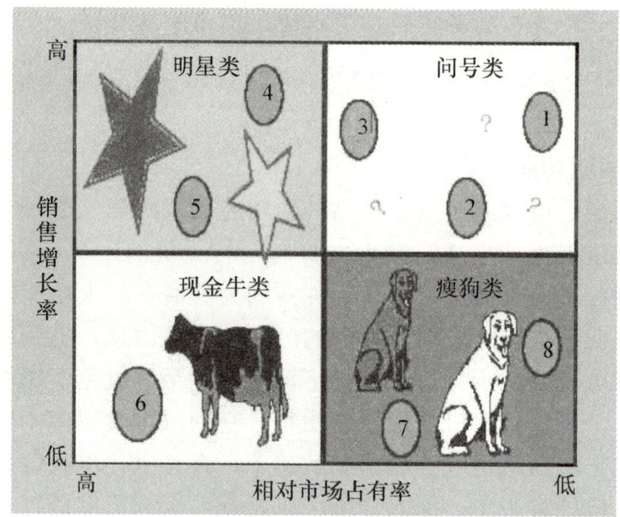

图 4—1　波士顿矩阵

（一）问号产品

问号产品是指处于高销售增长率、低相对市场占有率象限内的产品。前者说明市场机会大，前景好，而后者则说明在市场营销上存在问题。其财务特点是利润率较低，所需资金不足，负债比率高。例如，在产品生命周期中处于引进期、因种种原因未能打开市场局面的新产品即属此类产品。对问号产品应采取选择性投资战略。即首先确定对该象限中那些经过改进可能会成为明星的产品进行重点投资，提高市场占有率，使之转变成“明星产品”；对其他将来有希望成为明星的产品则在一段时期内采取扶持的对策。因此，对问号产品的改进与扶持方案一般均列入企业长期计划中。问号产品的管理组织，最好是采取智囊团或项目组织等形式，选拔有规划能力、敢于冒风险、有才干的人负责。

（二）明星产品

明星产品是指处于高销售增长率、高相对市场占有率象限内的产品，这类产品可能成为企业的现金牛产品，需要加大投资以支持其迅速发展。采用的发展战略是：积极扩大经济规模和市场机会，以长远利益为目标，提高市场占有率，加强竞争地位。管理明星产品最好采用事业部形式，由对生产技术和销售两方面都很内行的经营者负责。

（三）现金牛产品

现金牛产品又称厚利产品，是指处于低销售增长率、高相对市场占有率象限内的产品，已进入成熟期。其财务特点是销售量大、产品利润率高、负债比率低，可以为企业提供资金，而且由于增长率低，也无需增大投资。因而成为企业回收资金，支持其他产品尤其是明星产品投资的后盾。对这一象限内的大多数产品，市场占有率的下跌已成不可阻挡之势，因此可采用收获战略，即所投入资源以达到短期收益最大化为限。一是尽量压缩设备投资和其他投资；二是采用榨油式方法，争取在短时间内获取更多利润，为其他产品提供资金。对于这一象限内的销售增长率仍有所增长的产品，应进一步进行市场细分，维持现存市场增长率或延缓其下降速度。对于现金牛产品，适合于用事业部制进行管理，其经营者最好是市场营销型人物。

（四）瘦狗产品

瘦狗产品也称衰退类产品，是处在低销售增长率、低相对市场占有率象限内的产品。其财务特点是利润率低，处于保本或亏损状态，负债比率高，无法为企业带来收益。对这类产品应采用撤退战略：首先应减少批量，逐渐撤退，对那些销售增长率和相对市场占有率均极低的产品应立即淘汰；其次是将剩余资源向其他产品转移；最后是整顿产品系列，最好将瘦狗产品与其他产品合并，统一管理。

第三节　品牌策划

品牌是用于识别产品或企业的某种特定的标志，通常由某种名称、记号、图案或其他识别符号构成。可以设想一下，若市场上琳琅满目的商品没有品牌，生产者如何吸引消费者来购买自己的产品？消费者又如何根据自己的偏好，在市场上进行商品的选购？所以，品牌在市场上具有不可或缺的重要地位。

品牌和商标是有一定区别的。一般来说，品牌是一种泛指，凡是能够识别产品差异，并被市场所认识的名称和符号，都可称作品牌；但真正能成为商标的，则必须是经过正式登记，受到法律保护的品牌要素，包括特定的名称、图案、文字、标识等。没有经过注册的品牌不受法律保护，所以也就难以成为独有的识别标志——商标。甚至在被他人注册之后，就不得不放弃使用。在我国，注册的商标旁一般都用符号 R 作为“已注册”的标志。

一、品牌命名的原则

一个成功的名牌往往有一个良好的品牌名称和品牌设计。因为一个好的品牌命名、品牌设计将会赢得消费者的关注，吸引消费者前来购买，从而对产品顺利打入市场并不断提高其市场覆盖率起到很大的作用。正如索尼公司的创始人盛田昭夫所说：“取一个响亮的名字，引起顾客的美好联想，可提高产品的知名度与竞争力。”

（一）易读易记

易读易记是对名牌名称的最基本要求。品牌名称的首要功能是它的识别功能和传播功能。易读易记才能便于消费者识别，也便于其传播。因此给产品起的名字应当易辨认、易拼写、易阅读、易口传、易记忆。

首先是语感好。即读起来朗朗上口。汉语讲究平仄押韵，这就要求选择的品牌名称必须容易发音，读音响亮，避免拗口的字词。从世界名牌来看，品牌的语感、音感是非常重要的。

其次是短而精。音节过长不易记忆，当然更不易传播。人们读起来困难或记不住的品牌名称，难以成为大众性名牌。绝大多数知名名牌的名称都是短而精的，以两三个音节最多（如“柯达”、“索尼”、“百事”、“IBM”、“NEC”、“三洋”等）。

最后是特色化。具备了语感好、短而精这两种特点，若没有特色也会影响其成为名

牌。与众不同、特色鲜明，才会使顾客过目不忘。像“汰渍”洗衣粉、“奥妙”洗衣粉、“乖乖”食品、“飘柔”洗发水等都是不落俗套的品牌名称。

品牌名称无特色，是创造名牌的障碍之一。

（二）启发联想

“可口可乐”可使人联想到良好的口感，舒心快乐的心情。这一名称很符合人的心理。“汰渍”意味着污渍、汗渍不留痕迹。

启发联想，不仅要考虑国内民众的需要，还要适应各国民众的思维习惯。

（三）适应性强

知名品牌的创立与繁衍是从时间和空间两个方面扩展的。从时间方面看，应考虑适合将来新增产品的发展；诸如，“味全”开始用于味精，十分贴切，后来扩展到乳品、果汁、酱油、酱菜食品及罐头，也名正言顺。从空间方面看，应考虑全世界地域范围的需求。名牌产品是全球产业，名牌的命名在时间和空间上的适应性要强。

不同的国家和地区在文化上具有很大的差异。因此命名时就要考虑使用其他国家的语言时有无不良意义，否则，将会在开拓市场中受到阻碍，给企业带来损失。如我国南京生产的“蝙蝠”牌遥控落地电扇，是获国际金奖的名牌产品。出口时为了与国外文化相适应，将商标改为“美佳乐”牌，而“更名改姓”对产品的宣传和推广很不利，企业得花费更多的宣传与推广费用，再打开销路。有鉴于此，名牌产品的命名应当本着适应性强的原则，在产品初次命名时，就应把目光放远一些，给名牌产品起一个走遍天下都适用的好名字。其核心在于品牌命名要迎合目标消费者的喜好。

“可口可乐”品牌名称的由来

1886年在美国佐治亚州亚特兰大市的一家药店里，一位名叫约翰·彭伯顿的药剂师偶然发明了一种味道神奇的咖啡色液体，他想把这种有色液体开发成为饮料，但苦于没有资金，就找到当地一个识字不多的大财主鲁滨逊，商议两人合伙开发这一饮料的可行性。当谈妥合作条件后，彭伯顿为了借助鲁滨逊的财力，便把为新饮料命名的权力让给了鲁滨逊。

鲁滨逊一口应承下来，但思索一段时间后感到给这一饮料起名并不那么容易，他把字典翻了一遍，也没有找到满意的名称。一天下来，由于脑袋昏昏沉沉，吃过晚饭后竟坐在书房的椅子上睡着了，等他一觉醒来时，已经是凌晨2点多钟了，此时他想按饮料的性质起个名字。饮料是清凉的，用clod来代表“冷”的含义，可冷字不能成为名字，必须再加上一个字，他又开始翻字典。结果还是一无所获，他把字典又丢在了一旁。恰巧，这时公鸡打鸣了，他一下子跳了起来，“对了，就用公鸡这个名字吧”！可是“公鸡冷的”或“冷的公鸡”都不能当饮料的名字，想着想着他走到院子里，看到天空中一颗流星闪过，这又引发了他的灵感：把“公鸡”和“冷的”两个单词换个字母不就行了吗？于是鲁滨逊把cock（公鸡）与cold（冷）中的k与d都换成了a，这样就变成了Coca Cola（可

口可乐)。

彭伯顿问鲁滨逊这个名字是什么意思,鲁滨逊说:“它本身没有什么意义,可是,你看看它们的字母结构,不是很有意思吗?”彭伯顿连念了几遍,突然高兴地叫道:“妙极了!除了你,谁也想不出这样的好名字来,既好拼,又好念,更容易记,不管谁看一遍都会记得它,作为产品名称,真是再好也没有了!”可口可乐品牌就这样诞生了。

Coca Cola 品牌名字的最大特点就是不注重词语的含义而注重发音响亮。该品牌名字短小玲珑,具有独特的个性,是世界上独一无二、前所未有的品牌名称,因而能在世界上独领风骚。

资料来源:http://www.chinaname.cn/article/2005-10/5320.htm。

二、品牌命名的策略

(一)使用公司名称策略

在世界名牌中,有相当一部分企业采取了公司名称与产品名称一致的策略。其好处是:节省宣传费用,并且有利于树立公司形象;避免产品知名度高而企业知名度低的现象;便于消费者识别。其缺点是:某一产品有问题就会影响到公司形象。

这种命名形式较适合某一大类商品品牌,如电器类产品。采用这种形式命名的世界名牌有:日立电器、三洋电器以及诸多的汽车名牌。特别是松下,将企业名称、产品名称和企业家名称高度合一,而且多少年来坚持不懈地为“松下”品牌而努力,终于登上世界品牌之巅,成为世界著名名牌。我国著名的品牌“海尔”也采用此策略。

这种策略不适合综合经营的日用产品名称。如世界上最大的日用品公司宝洁公司,就采用多品牌战略,不同牌子的产品有不同的顾客群,尽管不同的品牌可能有竞争,但多种品牌的市场占有率远远大于只有一种品牌时的市场占有率,且对于对手的品牌有防御的作用。

(二)暗示命名策略

就是采用暗示产品本身的功能、效用、成分、用途来命名。如我国名茶“碧螺春”这一名称,既表达了茶叶柔嫩翠绿,汤色似碧玉,外形卷曲成螺状,宛如江南水中细螺,又含蓄地表明这是摘自早春的嫩茶。如此一箭数雕、充满诗情画意的命名,十分耐人寻味,一直沿用至今。假设起一个普通的名字,恐怕就没有这种效果了。

(三)字首组合命名策略

在世界名牌中,常有用公司名称或公司名称的缩写来构成品牌名称的,基本方法是将每个单词的首字母组合起来构成品牌名称。其好处是:简单易记,特色鲜明。IBM 全称为 International Business Machine,该公司产品品牌即为 IBM。

(四)人名品牌名称策略

即直接以人物姓名作为品牌的名称,常用的人名有创业者、设计者、古代名人或有纪念意义的人物姓名。其好处是借助知名人物的声誉扩大产品影响。

在世界名牌中,人物品牌占有相当大的比重,几乎涉及各种产品。酒类产品有“轩尼诗”、“马爹利”等;食品有“麦当劳”;电子产品有“王安”等。汽车和服装以人物名称

命名的比例更大，诸如汽车类有“福特”、“劳斯莱斯”、“丰田”等，服装有“皮尔·卡丹”等。

（五）地名品牌名称策略

一般来说，以地名命名的产品会受到地域的局限。在烟酒等产品中，这种以地名命名的现象非常普遍，如青岛啤酒、燕京啤酒、贵州茅台等，在每个省及下属的各个地区，几乎都有以自己地方命名的品牌，如白沙啤酒、哈尔滨啤酒、天津啤酒等。

世界著名化妆品品牌兰蔻（LANCÔME）之名便源于法国中部卢瓦卡河畔的兰可思幕城堡（LANCOSME），为发音之便，用一个典型的法国式长音符号代替了城堡名中的字母“S”。

闻名遐迩的旅游胜地、著名的产地、神话及小说中令人神往的地名往往可以使品牌借势成名。例如香格里拉（Shangri-La），原本只是美国作家詹姆斯·希尔顿创作的小说《失落的地平线》中一个虚构的地名，风景宜人，犹如世外桃源，后来被用作饭店的品牌名。香格里拉背后蕴藏的旅游价值也是巨大的，云南和四川为了争夺香格里拉的地名展开了一场大规模的宣传战，最后云南取胜。香格里拉·藏秘干酒则十分贴切地运用了这一笔无法估价的资源，其发展前景十分看好。

各国目前对于以地名作为品牌名的做法，都有不同程度的限制，根据我国《商标法》规定，县级以上行政区的地名或公众知晓的外国地名，不得作为商标，但是具有其他含义的除外。

（六）外来语品牌名称策略

当今的世界市场已趋向国际化，但不少国家又有自己独特的语言。世界名牌必须冲破各种语言障碍，能让全球人识别，因此便涌现出一大批外来语品牌。外来语品牌有两种形式：一是直接引用国际通用的语言作为品牌名称；二是向他国扩展时，选择该国语言作为品牌名称。

直接选用世界通用语言作为品牌名称，已成为非英语国家企业常用的一种品牌命名策略。日本松下电器公司以“National”作为其电器产品的品牌名称，并且已经声震全球。

将原有品牌名称翻译为销售国家的语言，是世界名牌向外延伸的常用方法。采用这一方法要注意：

（1）音义俱佳。这指的是要力求翻译出来的商标名称在音节和词义上达到最佳境界。例如BENZ，在香港译为“平治”读来总不如内地所译的“奔驰”那么爽快贴切。

（2）力避别国禁忌。中国有一个出口服装品牌“紫罗兰”，直译为“PANSY”，但在英文中这个词有两个含义，一指花卉，另一则指脂粉气太重的男子。听到这个名字，哪个男子愿穿上这种服装招摇过市？真所谓芳名易地也能变成恶名。

翻译的形式主要有音译、意译和音译与意译相结合三种。音译的有：索尼（SONY）、宝马（BMW）、潘婷（PANTENE）等。意译的有红牛（REDCOW）、花花公子（PLAYBOY）等。意译和音译相结合的有：百事可乐（PEPSI）、帮宝适（PAMPERS）、可口可乐（COCA COLA）等。

日本一些著名品牌名称，大多配有英文，以便向国际市场进军。但一般是生造的词汇，发音生涩，缺乏英文或其他语种的味道，但其独特性明显。如丰田（TOYOTA）、日

立（HITACHI）等。

（七）新词语品牌名称策略

新词语品牌是指脱离字典中现成的字词，用西文字母或汉字组成新的词作为品牌名称。其特点是独树一帜，很容易给顾客留下较深印象。但由于是新造词汇，需要企业赋予其一定的含义。这种品牌名称的选择策略，在知名品牌中也较为常见。

除以上七种策略外，在知名品牌中，还有一些用数字组成的品牌名称，如“555”香烟、“505”神功元气袋、“999”胃泰等。

纵观知名品牌的名称，人物品牌、功能品牌、地名品牌和新词汇品牌占比较大，动物品牌、植物品牌较少。当然，上述品牌的命名方法并不是互相抵触的，有些品牌名称是多种方法综合运用的结果，如“索尼”是企业名，英文是新创造词汇，中文名称又是音译的词汇。有志创造知名品牌的企业必须仔细研究，认真筛选。

案例链接

“娃哈哈”来自新疆儿歌的启发

1987 年，只有三个人的校办小厂，靠 14 万元借款起家，搞起了食品加工项目，在不到 5 年的时间里，发展成为拥有 3 500 名职工，资产 1.3 亿元、年产值 25 亿元的大型综合性食品企业。这个小小的校办厂是怎样成为全国著名的杭州娃哈哈集团的呢？

这个企业之所以有如此好的经济效益，除了商品质量过硬这一因素外，主要是运用了一整套科学的品牌策略，其中“娃哈哈”名称的确立，为这个企业在激烈的市场竞争中立于不败之地，立下了汗马功劳。

该厂在研制和生产儿童营养品时，首先考虑的不是怎样销售，而是如何给其产品起个好名字。于是，该厂聘请了几位专家来给产品起名字。他们在考虑品牌名称时，首先认识到新产品是营养品，直接消费者是儿童，家长总希望孩子吃了这种营养品能取得一定实效，所以商标的名称既要针对家长的心理，又要有儿童特点。

根据家长与营养品的特点，起名专家首先从市场学、心理学、传播学、社会学、语言学等多种学科角度进行研究，决定不用一般的“素”、“精”、“宝”等俗字，而用一首新疆儿童歌曲中的“哇哈哈”稍加改动而来的同音字“娃哈哈”作为商标名字，“娃哈哈”不仅非常新奇，而且又含有孩子喝了乐哈哈的意思，这与产品功能十分贴切。其次，“娃哈哈”三个字中的元音“*a*”，是孩子最易发的音，有利于孩子模仿，而且发音响亮，音韵和谐，读起来朗朗上口。再者，这三个字不但容易被儿童接受，也容易赢得父母们的喜爱。

“哈哈”是世界各种肤色人种表达欢笑之情的共同方式，容易为公众接受和传播，能产生知名度。

该厂产品“娃哈哈”儿童营养液出名后，企业又充分利用“娃哈哈”的名牌效应，使“娃哈哈”由单一的儿童营养液品牌变为多元产品结构的战略品牌，相继开发出“娃哈哈”果奶、“娃哈哈”矿泉水等一系列饮品，这些产品以其独特的品牌名称和优良的品质，异军突起，很快占领了市场，行销全国各地并出口到国际市场。

杭州娃哈哈集团公司创建“娃哈哈”战略品牌很不容易，因此，保护自己的名牌更是企业品牌战略的首要任务。由于“娃哈哈”系列产品的走俏，引出不少企业仿冒杭州“娃哈哈”的文字商标，例如有的叫“娃娃哈”，有的起名为“娃娃乐”，有的起名为“娃娃灵”，有的叫“上海娃哈哈”等，使真正的杭州“娃哈哈”蒙受了不白之冤，也给消费者带来了损失，鉴于此种情况，杭州娃哈哈集团公司一方面请求工商局制止侵权现象的扩展，一方面把“娃娃哈”、“哈哈娃”、“哈娃娃”等近似文字商标进行注册，作为企业防御性的商标。

“娃哈哈”品牌的命名，以其开发生产的产品功能、用途、质量作为基础，涵盖了商品的特点，从而使消费者能够了解这种新型营养食品的一定功效。当然，如果产品的内在质量不过硬，或者徒有虚名，消费者也只能上一次当，绝不可能再继续购买这种商品了。

“娃哈哈”的命名，摸准了家长们的消费心理，同时也体现出儿童的特点。由于直接消费对象是儿童，所以用孩子们朗朗上口的语音命名最能吸引他们，加之“喝了娃哈哈，吃饭就是香”的绝妙广告用语，使得“娃哈哈”的名字家喻户晓，老少皆知。通过孩子们之口，又传达给父母们，起到了事半功倍的作用。正因为如此，“娃哈哈”才为公众所接受，并且广为流传。

“娃哈哈”的命名打破了传统的思维定式，舍弃了一般食品企业起名时惯用的“素”、“精”、“宝”之类的常用词缀，给消费者一种独特的新鲜感，而且“娃哈哈”的命名并没有生搬陌生的字词，选择的是一个老少都很熟悉且欢笑喜悦的口语。所以，“娃哈哈”更容易得到消费者的认可，更易于广告宣传。

从某种意义上来说，“娃哈哈”的命名类似于世界名牌“可口可乐”的命名，两者在体现商品特点、迎合消费者心理以及语音用词等方面，都有很多相似之处，这也可能是“娃哈哈”品牌的设计者们受了世界名牌“可口可乐”商标的某些启发。

资料来源：http://www.chinaname.cn/article/2007-2/672.htm。

三、品牌决策

品牌决策包括品牌化决策、品牌负责人决策、品牌家族决策、品牌质量决策、品牌重新定位决策等项内容。

（一）品牌化决策

品牌化决策涉及是否使用品牌以及品牌是否注册为商标这样两个基本问题。

品牌化虽然会使企业增加成本费用，但品牌作为企业及其产品的形象标识，在营销活动中发挥着重要作用。品牌是企业开展宣传的基础，有助于树立良好的企业及其产品形象，便于企业管理订货，有助于企业细分市场，是购买者获得商品信息的一个重要来源，有助于建立较为巩固的顾客群，是保护企业及其产品信誉的重要武器。因此，现代企业一般都有自己的品牌。尽管品牌化具有以上好处，但以下一些类型的产品可以不使用品牌：

（1）直接供应给厂家的原料型产品。

（2）进入消费领域的初级产品。

（3）本身并不具有因生产者不同而形成不同特点的产品。

（4）生产简单而且差异性、选择性不大的商品。

（5）消费者习惯上不认牌购买的产品。

（6）临时性、一次性小批量生产和出售的产品。

虽然这些产品可以不使用品牌，但企业应尽可能在产品上标清厂名、厂址等。

一个企业对某产品做出了使用品牌的决策之后，还要考虑是否向政府有关部门申请注册登记，使品牌成为注册商标。企业的品牌注册为商标后，便享有了该品牌的专用权并会受到法律的保护，任何其他企业或个人未经商标所有者的许可不得仿效和使用。因此，大多数企业都会将自己的品牌注册为商标。

20 世纪 70 年代以来，西方国家的许多企业对某些价值低的普通产品实行了非品牌化策略，即企业对某些产品既不规定品牌名称和品牌标志，也不向政府注册登记，而是直接在市场上销售。企业实行非品牌化策略的主要目的在于节省品牌化业务等方面的费用，降低经营成本和价格，提高市场竞争能力，扩大产品销售。

（二）品牌负责人决策

生产企业决定使用品牌后，还要做出品牌负责人决策，即使用谁的品牌的决策。在这方面有四种可供选择的方案：

1. 生产者决定使用自己的品牌

生产者自己的品牌也称为制造商品牌、工业品牌、全国性品牌。制造商品牌是品牌中最重要的一种，大多数生产企业都创立有自己的品牌，有些生产企业还将自己拥有专用权的品牌、商标转让或特许他人使用，从中获得收益。

2. 生产者决定使用经销商的品牌

经销商的品牌也称为中间商品牌、商业品牌、私人品牌。传统意义上，品牌是生产者的标志。但随着市场竞争的发展，越来越多的经销商为了树立自己的形象，充分利用自己的商誉，增强对供货企业的控制，降低进货成本和市场销售价格，提高市场竞争能力，都在着力发展和使用自己的品牌。

由于顾客对需要购买的商品并不都是内行，不具备充分的选购知识，因此在选择购买商品时除了以制造商品牌为选择的依据外，有时还以销售商品牌为选择的依据。一个生产企业是使用自己的品牌还是使用经销商的品牌应视具体情况而定。一般来说，如果生产企业具备良好的市场声誉，企业的实力较强，产品的市场占有率较高，那么使用自己的品牌比较明智；反之，则可以考虑采用经销商的品牌，这样可以借用经销商良好的市场声誉及完善的销售系统推销自己的产品。由于顾客总是愿意购买具有良好声誉的商业企业出售的商品，因此生产者在使用经销商的品牌时要进行比较选择。

3. 生产者决定使用其他制造商的品牌

如果生产企业的市场声誉还没有建立起来，同时企业的实力较弱，产品的市场占有率较低，为了促进产品销售，提高市场占有率，也可以考虑使用其他制造商的品牌。生产者决定使用其他制造商的品牌，必须经对方允许并签订合同，并向许可人支付一定的费用；生产企业的产品质量要受许可人的监督，要达到许可人规定的要求，否则就会损害许可人品牌的声誉。

4. 生产者决定同时使用自己的品牌和他人的品牌

这种做法也称为双品牌策略，主要应用在生产企业自己的品牌市场影响力较低，希望迅速提高其知名度的情况下。这种策略有助于通过强势品牌的带动迅速提高弱势品牌的市场声誉，一旦弱势品牌为市场所接受，取得了顾客的信任，确立了较好的声誉后，就可以逐渐过渡到只使用生产企业自己的品牌了。

（三）品牌家族决策

生产者决定全部产品或大部分产品都使用自己的品牌后，还要决定这些产品是共同使用一个品牌还是分别使用不同的品牌，这就是所谓的品牌家族决策问题。可供选择的品牌家族策略主要有以下五种：

1. 个别品牌名称策略

个别品牌名称策略是指企业决定生产经营的各种不同产品分别使用不同的品牌。当企业的产品品种较多，生产条件、技术专长等在各种产品上又有较大差别时，采用这一策略较为有利。个别品牌名称策略的好处主要在于，由于企业的声誉并不集中在一个品牌上，因此即使个别产品声誉不佳，也不会影响到其他产品的声誉。这种策略的缺点主要是品牌业务的工作量较大，相关的费用比较高，创立名牌需要付出较多的努力和较长的时间。

2. 各大类产品分别使用不同品牌名称的策略

这实际上是个别品牌名称策略的一种演化形式，只是它的着眼点不是各个产品品种而是各个产品大类。当企业生产经营多个不同种类的产品，各产品大类之间的相关性又很低时，宜于采用这种策略。这种策略可以避免不同大类的产品相互混淆，兼有个别品牌名称策略的优点，同时又在一定程度上弥补了个别品牌名称策略的不足。

3. 统一品牌名称策略

统一品牌名称策略是指企业决定生产经营的所有产品都统一使用一个品牌名称。当企业现有的品牌在市场上已经获得了一定的信誉，而且所生产经营的各种产品具有相同的质量水平时，就可以采用这一策略。这种策略的好处在于，可以节省品牌业务费用，尤其通过品牌扩展可以节省新产品的宣传和促销费用；有利于消除顾客对新产品的不信任感，借助原有品牌的声誉可以使新产品迅速打开销路；有利于壮大企业的声势，树立超级企业和超级品牌的市场形象。

企业在采用统一品牌名称策略时应注意以下问题：

（1）如果原有品牌声誉不佳，在推出新产品时就应考虑放弃使用统一品牌而采用新品牌。

（2）采用统一品牌名称策略时，新产品的质量应与其他产品相同或超过其他产品，否则将会给品牌信誉以及其他产品的销售造成不良影响。

4. 企业名称与个别品牌名称并用的策略

这种策略是指企业决定生产经营的各不相同的产品项目或产品大类分别使用不同的品牌名称，同时在各种产品品牌名称的前面加上企业的名称。这种策略实际上是个别品牌名称策略与统一品牌名称策略的一种结合形式，因而它兼有两种品牌名称策略的优点。

5. 多品牌策略

多品牌策略是指企业决定对同一种或同一类产品同时使用两种或两种以上的品牌，通

过品牌之间的相互竞争促使产品向各个不同的市场渗透，使品牌转换者有更大的选择空间而不致流失，以促进企业销售总额的增长。这种方法是美国的宝洁公司首创的，取得了很好的效果，此后其他企业纷纷效仿。

案例链接

宝洁公司多品牌策略

宝洁公司是一家美国的企业。它的经营特点有：一是种类多。从香皂、牙膏、漱口水、洗发水、护发素、柔软剂、洗涤剂，到咖啡、橙汁、烘焙油、蛋糕粉、土豆片，再到卫生纸、化妆纸、卫生棉、感冒药、胃药，横跨了清洁用品、食品、纸制品、药品等多种行业。二是许多产品大都是一种产品多个牌子。以洗衣粉为例，它推出的牌子就有“汰渍”、“洗好”、“欧喜朵”、“波特”、“世纪”等近10种品牌。在中国市场上，香皂用的是“舒肤佳”，牙膏用的是“佳洁士”，卫生巾用的是“护舒宝”，洗发水就有“飘柔”、“潘婷”、“海飞丝”三种品牌。要问世界上哪个公司的品牌最多，恐怕非宝洁公司莫属。

宝洁公司经营的多种品牌策略不是把一种产品简单地贴上几种商标，而是追求同类产品不同品牌之间的差异，包括功能、包装、宣传等诸方面，从而形成每个品牌的鲜明个性。这样，每个品牌都有自己的发展空间，市场就不会重叠。以洗衣粉为例，宝洁公司认为，不同的顾客希望从产品中获得不同的利益组合。有些顾客认为洗涤和漂洗能力最重要，有些顾客认为使织物柔软最重要，还有些认为洗涤和漂洗能力最重要，也有些认为洗衣粉应具有气味芬芳、碱性温和的特征。于是宝洁就利用洗衣粉的九个细分市场，设计了九种不同的品牌。宝洁公司就像一个技艺高超的厨师，把洗衣粉这一看似简单的产品，加以不同的作料，烹调出多种可口的大菜。不但从功能、价格上加以区别，还从心理上加以划分，赋予不同的品牌个性。通过这种多品牌策略，宝洁公司已占领了美国更多的洗涤剂市场，目前市场份额已达到55%，这是单个品牌无法达到的。

资料来源：http://www.cn-cosmetic.com/csmt346_2.html。

（四）品牌质量决策

品牌质量决策，就是决定品牌产品的质量水平，以保持品牌形象及其市场地位。从时间顺序看，品牌质量决策涉及两个阶段的工作：

1. 决定品牌的最初质量水平

品牌产品的最初质量水平，可以是低质量、一般质量、高质量或优质量。这里所说的高质量品牌、低质量品牌，只是档次上的一种差异，如低质量品牌的产品也必须达到一定的质量标准或质量水平，而不是指根本没有使用价值的劣质产品。应注意的是，企业不应盲目地争相搞高质量的品牌，大家都这么做，高质量品牌领域的市场竞争必然激烈，而低档次品牌的市场需要又得不到满足，经营效果并不一定好。因此，企业在决定品牌最初质量水平时，要同目标市场策略、市场定位策略、市场营销组合策略等方面联系起来。

2. 决定品牌的未来质量水平

企业决定其品牌的最初质量水平后，随着时间的推移还要决定如何管理其品牌质量。在这方面有三种可供企业选择的方案：一是增加研究与开发投资，提高品牌产品的质量水平，以提高销售量、市场占有率和投资收益率。二是除了发现品牌产品质量存在缺陷、市场需求有所改变、竞争形势发生变化等情况之外，品牌的质量水平保持基本不变。三是随着时间的推移逐步降低品牌产品的质量水平。

降低产品质量水平有以下几种具体的情况：

(1) 暂时性的。如有些企业因一时经营管理不善造成了产品质量的暂时下降；有些企业由于原材料空缺，不得不暂时利用代用材料来维持生产，因而造成了产品质量的暂时下降；有些企业由于原材料价格上涨、成本过高、产品的市场价格又具有刚性，因而被迫使用较便宜的原材料而造成产品质量的暂时下降。在以上情况下，企业必须想办法尽快扭转，否则会在购买者中造成极坏的影响，导致企业的信誉和竞争力下降。

(2) 策略性的。如在某种产品生命周期的衰退阶段，企业准备停止这种产品的生产，促使购买者采用新投放的产品，也往往会采取降低产品质量水平的策略。这种策略应当慎用。为达到上述目的，企业可以采取其他市场营销措施来进行，不一定非要通过降低产品质量水平来实现。

(3) 有些企业为了多得利润而采取掺杂使假等手段降低产品质量。这种做法是不对的，它会极大地损害企业的形象和声誉，影响企业的长期盈利能力。有关研究表明，公认的产品质量是决定企业长期盈利能力的基础，它比价格因素的变动更能影响一个企业产品的市场占有率。美国管理学家克劳斯贝指出，质量是免费的，质量好的产品可以减少废品损失和售后服务的开支，所以保持产品的高质量并不会花费太多的成本；同时，高质量的产品会受到顾客的欢迎，使顾客愿意付出较高的价格。

(五) 品牌重新定位决策

为品牌进行市场定位，并通过多方努力形成品牌的市场形象和市场地位是很重要的。例如，当人们见到“索尼”牌产品时就知道这是高品位产品，这是由于“索尼”这一品牌已经相对独立地形成了市场声誉和市场地位，因而能够相对独立地标明所代表的产品的特殊品质。

1. 品牌重新定位的原因

(1) 竞争情况的变化，如竞争者推出一个新品牌并与本企业品牌定位相同，侵占了本企业品牌的一部分市场，致使本企业品牌的产品市场占有率下降。

(2) 需求情况的变化，如企业目标顾客的需求和偏好等发生了变化，他们原来喜欢本企业的品牌，现在却喜欢其他企业的品牌了，因而对本企业品牌的产品需求就会减少。

2. 企业在进行品牌重新定位时应注意的问题

(1) 品牌的市场形象和市场地位是在多种因素的交互影响下最终形成的，但归根结底是由这一品牌产品的长期质量状态决定的。因此，品牌定位是同产品市场定位密切相关的，品牌重新定位既要重新确定品牌相对独立的市场形象和市场地位，又需要对产品重新定位以及市场营销组合中其他因素的配合。

(2) 品牌重新定位涉及费用与收入问题。品牌重新定位的成本主要取决于重新定位差

异的大小。品牌重新定位后的收入主要取决于新位置上的市场容量、竞争状况、价格水平以及重新定位后产品的销售量等情况。因此，企业的营销管理部门首先需要比较品牌重新定位后的费用和收入，然后权衡利弊决定将自己的品牌重新定位的哪个位置上。

(3) 品牌重新定位的差异较小时，企业仍可使用原来的品牌名称和品牌标志，而只改变包装、广告、宣传等；品牌重新定位的差异较大时，就需要考虑重新确定品牌名称和品牌标志，同时也要对包装、广告、宣传等方面进行相应的调整，以便于目标顾客识别。

第四节　包装策划

包装是指产品的外部包扎或容器。按包装所处的层次可以分为三类：一是首要包装，即最贴近产品的直接包装，如牙膏皮、酒瓶等。二是次要包装，即用于保护首要包装的第二层次的包装，一般在产品使用时被丢弃。如包装牙膏、瓶酒所用的硬纸盒。三是运输包装，指储存、运输和识别产品时所用的包装，又称大包装、外包装。

一、包装的作用

在市场营销过程中，包装作为产品的“外衣”，发挥着极其重要的作用。产品包装的作用，表现在以下三个方面：

(一) 保护产品

商品在流通过程中，可能会受到各种外界因素的影响，引起商品破损、污染、渗漏或变质，使商品降低或失去使用价值。科学合理的包装，能使商品抵抗各种外界因素的破坏，从而保护商品的性能，保证商品质量和数量的完好。

(二) 促进销售

包装具有识别、美化产品的作用，可以吸引购买、指导消费。作为形式产品的重要组成部分，独特的包装可以提高产品的竞争能力，并形成与竞争者之间的产品差别。在销售现场，包装是货架上的广告，是“无声的推销员”。国外学者曾作过一项研究，发现由媒体广告招来的顾客中，有33%的人在销售现场另行选择包装吸引人的品牌。因此，一些市场营销人员甚至把包装称为市场营销组合中的第五个要素，与产品、价格、地点、促销因素并列。

(三) 增加利润

包装还具有增值的功能。好的包装，不仅可与好的产品相得益彰，避免“一等产品，二等包装，三等价格”，而且还能提高产品档次，获得超值效果。由于包装产品具有便于储存、方便运输、降低损耗等特点，可以提高市场营销中各环节的工作效率，也能相对增加盈利。

二、包装策略

在市场营销中，企业通常根据不同的市场营销要素而采用不同的包装策略。

（一）与产品要素相适应的包装策略

1. 系列包装策略

系列包装策略是指企业生产的各种品质接近、用途相似的系列产品，在包装上都采用相同的图案、相近的颜色，以体现企业产品共同的特色。这种包装策略可使消费者一看便知是哪个企业的产品，能把产品与企业形象紧密联系在一起，大大节约了设计和印刷成本，树立了企业形象，提高了企业声誉，有利于各种产品特别是新产品的推销。

2. 等级包装策略

产品有不同等级。不同产品的等级不同，成本不同，其价值也不相同。即使是同种产品，等级不同，其质量和价值也不同。包装是整体产品的外形，必须同产品的内在质量与价值相适应，如对高档优质产品采用优质包装，对一般产品采用普通包装，如此才能恰如其分地烘托产品内在的质量，有效地树立产品形象和促进销售。

3. 配套包装策略

配套包装策略是指企业把多种有关联的产品，或不同规格和花色的同品种产品配套放置在同一容器中，如化妆品、护肤用品、茶具饮具、玩具等的成套包装。这种配套包装可方便消费者购买和使用，有利于带动多种产品销售，即提高了商品档次，也为消费者提供了一种消费模式，有助于培养新的消费习惯。上海锦华工艺玩具厂将原先滞销的塑料包装玩具改为图案新颖、装潢美观的组合玩具，将狗、熊、兔、猫四种长毛绒动物玩具巧妙搭配、配套包装成组装盒，侧面是明亮的玻璃纸，四个栩栩如生、活泼可爱的小动物清晰可见。改变包装后的玩具十分美观，极为畅销。

（二）与促销要素相适应的包装策略

1. 适度包装策略

适度包装策略是指谋求包装所应有的恰如其分的作用，并且其作用、效益和包装的诸项成本处于协调、平稳的状态。包装成本体现在包装实施到废弃物处理的各个阶段，选择包装时应考虑包装的整个过程，对包装进行科学设计，实施标准化，在保证包装功能的同时，尽量减少包装材料，降低包装成本，从而降低整体产品成本，增强商品的竞争力。

2. 方便包装策略

方便包装策略是指给商品实施便于携带和存放、便于开启和重新密封等便利性包装，如提袋式、拎包式、皮箱式、背包式等便于携带的包装，以及拉环式、按钮式、拉片式、卷开式、撕开式等易于开启的包装，以促使顾客重复购买，促进销售。

3. 差别包装策略

由于经济收入、消费水平、文化程度以及年龄层次的差异，不同消费者对产品包装的需求也不同。一般而言，高收入者，特别是文化程度较高的中青年高收入者，喜欢造型别致、画面生动、有品位的包装；而低收入者或文化程度较低者，则喜欢经济实惠、简易便利的包装。因此，企业应根据不同层次消费者的需求，对产品采用差别包装策略，以争取更多的客户，开拓市场。

4. 复用包装策略

复用包装策略又叫多用途包装策略，即包装内的核心产品经消费者使用后，其包装物可以再次使用或移作他用。如驴胶补血冲剂的瓷碗式包装，在补血冲剂饮完后，剩下的瓷碗既可盛装其他物品，也可作为儿童的玩具碗。此外，这样的包装物上印有企业的标记，可增强消费者对该商品的印象，刺激消费者重复购买，无形中起到了一定的促销作用。这种包装策略是通过形式产品给消费者某种额外利益而扩大商品销售的，但不能使包装的功能超过用户的需要而造成过分包装。

5. 馈赠包装策略

为了刺激顾客的购买欲望，除核心产品外，包装物内还可附上图片、实物、奖券等其他东西赠送消费者。如康师傅方便面的包装内附有小虎队旋风卡，每包方便面中都放有一张不同的旋风卡，如宝贝虎、机灵虎、冲天虎、旋风虎、勇士虎、霹雳虎等，孩子们渴望拥有整套旋风卡，只得经常购买附有这种卡片的方便面。一时间，鸡汁味、咖喱味、麻辣味、羊肉串味、牛排味、海鲜味等味道各异的康师傅方便面，随着各种五彩缤纷的旋风卡走进了千家万户。

6. 绿色包装策略

绿色包装策略又叫生态包装策略，指包装材料可重复使用或可再生，包装废物容易处理或对环境无害化的包装。企业营销观念，在经历了生产观念、产品观念、销售观念、市场营销观念、社会市场营销观念和知识营销观念几个阶段的发展后，在 20 世纪 90 年代已定位于绿色营销。随着环境保护浪潮的冲击，消费者的环保意识日益增强，伴随绿色技术、绿色产业、绿色消费而产生的绿色营销，已经成为当今企业营销的新主流。与绿色营销相适应的绿色包装已成为当今世界包装发展的潮流，因为实施绿色包装策略，有利于保护环境和与国际包装发展趋势接轨，易于被消费者认同，从而产生促销作用。

7. 更新包装策略

更新包装策略是指企业改变原有产品包装，为促进商品销售而采用新颖的包装。

案例链接

卫辉食品挂面厂的包装策略

河南省卫辉食品挂面厂认真调查了消费者的购买心理后，积极开发新品种，由原来的单品种发展到现在的三大系列 40 多个品种，实现了产品由低档向高档和医药保健型挂面的转变。产品更新了，但包装依旧，产品销路依然不理想，该厂聘请有关专家重新进行产品包装设计，变纸包装为塑料袋包装，由一般纸箱式包装改为手提礼品式彩色箱，变每箱 25 千克为 15 千克、10 千克和 5 千克装，所有开发的新产品都具有独特的包装风格。包装一变，销路大增，该厂产品在北京、广州等地非常畅销，并远销到香港和日本，出现了供不应求的好势头。

资料来源：http://www.emkt.com.cn/article/7/777.html。

（三）与地点要素相适应的包装策略

根据销售地点不同，企业应因地制宜，采取悬挂式包装、堆叠式包装、展开式包装、开窗（透明）式包装等不同形式的包装，灵活机动地展示宣传商品，从而促进商品的销售。

（四）与价格要素相适应的包装策略

在分析市场营销因素时，首先是开发产品，其次是寻找销售地点，接着是促销，最后是根据市场预期反应和生产成本高低来确定价格。因而，与产品要素、促销要素和地点要素相适应的各种包装策略，都要与价格要素相适应。

本章小结

产品策划是营销策划的重要组成部分，是市场营销策划的基础。产品策划主要包括新产品开发策划、现有产品营销策划、品牌策划、包装策划。

新产品的开发是企业生存和发展的重要前提，新产品开发策划是产品策划的重点，企业要生存发展，就必须不断地推出新产品，这样才能更好地适应市场和满足消费者的需要。新产品开发是一个涉及全局的系统工程，遵循有规律的开发程序是降低产品开发失败率和减少失误的有效途径。开发新产品的过程一般由八个阶段构成，即寻求创意、甄别创意、形成产品概念、制定市场营销策略、商业分析、产品开发、市场试销、批量上市。新产品推广策划主要包括：新产品上市时机和地点的选择，目标顾客的选择和采用的营销策略的选择。

现有产品营销策划可以从改变现有产品形象、调整现有产品组合、挖掘现有产品新用途或淘汰现有产品几方面进行。

品牌是用于识别产品或企业的某种特定的标志，通常由某种名称、记号、图案或其他识别符号构成。品牌命名应遵循易读易记、启发联想和适应性强的原则。品牌命名的策略大致有以下几种：使用公司名称策略、暗示命名策略、字首组合命名策略、人名品牌名称策略、地名品牌名称策略、外来语品牌名称策略、新词语品牌名称策略。品牌决策包括品牌化决策、品牌负责人决策、品牌家族决策、品牌质量决策、品牌重新定位决策等内容。

在市场营销过程中，包装发挥着十分重要的作用，主要体现在保护商品、促进销售和增加利润三个方面。在市场营销中，企业通常根据不同的市场营销要素采用不同的包装策略。

关键概念

产品策划　新产品　产品组合　品牌　品牌化决策　品牌负责人决策　品牌家族决策　品牌质量决策　品牌重新定位决策　包装

讨论及思考题

1. 简述新产品开发的程序。
2. 寻找和收集新产品创意的主要方法有哪些？

3. 选择新产品进入市场时机的策略有哪些?
4. 如何用波士顿咨询公司的销售增长率—相对市场占有率矩阵分析企业的产品状况?
5. 品牌命名应遵循的原则和策略有哪些?
6. 在进行品牌化决策时，哪些类型的产品可以不使用品牌?
7. 可供选择的品牌家族策略主要有哪几种?
8. 企业在进行品牌重新定位时应注意哪些问题?
9. 与产品要素相适应的包装策略有哪些?
10. 与促销要素相适应的包装策略有哪些?

参考文献

[1] 谭晓珊. 水浒行动. 北京：地震出版社，2004.

[2] http://news.sina.com.cn/c/2003-07-31/1706480742s.shtml.

[3] http://www.jznrj.com/jsrj/s31-4.doc39.

[4] http://wiki.mbalib.com/wiki.

[5] http://www.em-cn.com/article/2007/139182.shtml.

[6] http://hi.baidu.com/manudeng/blog/item/c4ec618fd369abff503d921f.htm.

[7] http://www.21food.cn.

[8] http://www.emkt.com.cn/article/7/777.html.

[9] http://www.cn-cosmetic.com/csmt346_2.html.

习题

一、判断题

1. 对于消费者来说，只有应用科技成果，运用新原理、新技术、新工艺和新材料制造的市场上前所未有的产品，才是新产品。 ( )

2. 明星类产品可能成为企业的现金牛类产品，需要加大投资以支持其迅速发展。 ( )

3. 某企业的一个战略业务单位呈低市场增长率、高相对市场占有率，对它最适合的投资策略是发展策略。 ( )

4. 某企业的一个战略业务单位呈低市场增长率、高相对市场占有率，对它最适合的投资策略是维持策略。 ( )

5. 相对市场占有率是指业务单位市场占有率与同行业最大的竞争者市场占有率之比。 ( )

6. 对问号类战略业务单位最适合的策略是放弃策略。 ( )

二、单项选择题

1. ( ) 是企业为了使自己的产品或产品组合适应消费者的动态需要而进行的市场开发活动的谋划，包括新产品开发策划、品牌策划、包装策划等。

A. 产品策划　　B. 价格策划
C. 渠道策划　　D. 促销策划

2. 红桃K公司在注册红桃K商标的同时还注册了红桃A、黑桃K、红心K等，这种商标注册策略叫做（　　）。

A. 进攻注册　　B. 抢先申请
C. 按时续展　　D. 防御注册

3. 日立公司生产销售的彩电、冰箱、空调、音响等多种产品都采用“日立”品牌，这种品牌名称策略叫做（　　）。

A. 个别品牌名称策略　　B. 分类品牌名称策略
C. 更新品牌名称策略　　D. 统一品牌名称策略

4. 市场销售增长率高，相对市场占有率也高的产品叫做（　　）产品。

A. 问号　　B. 明星　　C. 现金牛　　D. 瘦狗

5. 维持策略适用的战略业务单位是（　　）。

A. 问号类　　B. 明星类　　C. 现金牛类　　D. 瘦狗类

6. 发展策略适用的战略业务单位是（　　）。

A. 问号类　　B. 明星类　　C. 现金牛类　　D. 瘦狗类

7. 放弃策略适用的战略业务单位是（　　）。

A. 问号类　　B. 明星类　　C. 现金牛类　　D. 瘦狗类

8. 低市场增长率，高相对市场占有率的战略业务单位叫做（　　）。

A. 问号类　　B. 明星类　　C. 现金牛类　　D. 瘦狗类

9. 低市场增长率，低相对市场占有率的战略业务单位叫做（　　）。

A. 问号类　　B. 明星类　　C. 现金牛类　　D. 瘦狗类

10. 高市场增长率，高相对市场占有率的战略业务单位叫做（　　）。

A. 问号类　　B. 明星类　　C. 现金牛类　　D. 瘦狗类

11. 高市场增长率，低相对市场占有率的战略业务单位叫做（　　）。

A. 问号类　　B. 明星类　　C. 现金牛类　　D. 瘦狗类

12. 市场增长率是20%，相对市场占有率是2的战略业务单位叫做（　　）。

A. 问号类　　B. 明星类　　C. 现金牛类　　D. 瘦狗类

13. 市场增长率是2%，相对市场占有率是0.2的战略业务单位叫做（　　）。

A. 问号类　　B. 明星类　　C. 现金牛类　　D. 瘦狗类

14. 企业为不同质量等级的产品分别设计和使用不同的包装，这是（　　）。

A. 类似包装策略　　B. 等级包装策略
C. 配套包装策略　　D. 附赠品包装策略

15. 某公司有产品线7条，产品项目总数为42，每条产品线的平均长度为6，则该公司的产品组合的长度为（　　）。

A. 6　　B. 7　　C. 42　　D. 49

16. 某公司有产品线7条，产品项目总数为42，每条产品线的平均长度为6，则该公司的产品组合的宽度为（　　）。

A. 6　　B. 7　　C. 42　　D. 49

17. 部分改变市场上已经出现的产品结构和性能，使原有产品的性能得到改良和提高，这是（　　）。

A. 重新定位产品　　B. 换代新产品

C. 改良新产品　　D. 全新产品

18. 生产者将雅芳（AVON）新活再生霜、祛斑精华露、活肤水等放在同一包装物内出售，这种包装策略是（　　）。

A. 类似包装策略　　B. 配套包装策略

C. 等级包装策略　　D. 馈赠品包装策略

19. 康师傅方便面的包装内附有小虎队旋风卡，每包方便面中都放有一张不同的旋风卡，如宝贝虎、机灵虎、冲天虎、旋风虎、勇士虎、霹雷虎等卡，让孩子们爱不释手，这种包装策略叫做（　　）。

A. 类似包装策略　　B. 配套包装策略

C. 等级包装策略　　D. 馈赠品包装策略

20. 企业生产的各种品质接近、用途相似的系列产品，在包装上都采用相同的图案、相近的颜色，以体现企业产品共同的特色。这种包装策略可使消费者一看便知是哪个企业的产品，能把产品与企业形象紧密联系在一起。这种包装策略叫做（　　）。

A. 系列包装策略　　B. 配套包装策略

C. 等级包装策略　　D. 馈赠品包装策略

21. 日本松下电器公司以"National"作为其电器产品的品牌名称，这种品牌名称策略是（　　）。

A. 地名品牌名称策略　　B. 人名品牌名称策略

C. 新词语品牌名称策略　　D. 外来语品牌名称策略

22. 酒类产品有"轩尼诗"、"马爹利"等；食品有"麦当劳"；电子产品有"王安"；汽车类有"福特"、"奔驰"、"劳斯莱斯"、"丰田"等，这些产品的品牌名称策略是（　　）。

A. 地名品牌名称策略　　B. 人名品牌名称策略

C. 新词语品牌名称策略　　D. 外来语品牌名称策略

23. 国际商用机器公司的计算机商品品牌为"IBM"，这种品牌名称策略是（　　）。

A. 地名品牌名称策略　　B. 人名品牌名称策略

C. 字首组合命名策略　　D. 外来语品牌名称策略

24. 我国名茶"碧螺春"这一名称，表明了茶叶柔嫩绿翠，汤色似碧玉，外形卷曲成螺状，宛如江南水中细螺，"春"字则含蓄地表明这是摘自早春的嫩茶。这种品牌名称策略是（　　）。

A. 地名品牌名称策略　　B. 人名品牌名称策略

C. 字首组合命名策略　　D. 暗示命名策略

25. 青岛啤酒、燕京啤酒、茅台酒等产品的品牌命名策略是（　　）。

A. 地名品牌名称策略　　B. 人名品牌名称策略

C. 字首组合命名策略

D. 暗示命名策略

三、多项选择题

1. 放弃策略适用的产品类型包括（　　）。

A. 问号类

B. 明星类

C. 现金牛类

D. 瘦狗类

E. 两低的产品

2. 品牌命名的一般原则是（　　）。

A. 易读易记

B. 含义深刻

C. 启发联想

D. 影响深远

E. 适应性强

3. 可供选择的品牌家族策略有（　　）。

A. 个别品牌名称策略

B. 各大类产品分别使用不同品牌名称的策略

C. 统一品牌名称策略

D. 企业名称与个别品牌名称并用的策略

E. 多品牌策略

4. 发展策略适用的战略业务单位包括（　　）。

A. 问号类

B. 明星类

C. 现金牛类

D. 瘦狗类

E. 两低的业务单位

5. 新产品的开发对企业的重要性主要体现在以下方面（　　）。

A. 有利于促进企业成长

B. 可以维护企业的竞争优势和竞争地位

C. 有利于充分利用企业的生产和经营能力

D. 有利于企业更好地适应环境的变化

E. 有利于加速新技术、新材料、新工艺的传播和应用

6. 寻找和收集新产品构思的主要方法有（　　）。

A. 产品属性排列法

B. 强行关系法

C. 多角分析法

D. 聚会激励创新法

E. 征集意见法

7. 企业的品牌决策包括（　　）。

A. 品牌化决策

B. 品牌负责人决策

C. 品牌家族决策

D. 品牌质量决策

E. 品牌重新定位决策

第五章

价格营销策划

本章要点提示

- 了解价格策划的含义、产品基本定价策略、产品需求价格弹性对价格策划的影响。
- 掌握撇脂定价、渗透定价、中间定价策略的含义、各自的优缺点和适用条件。
- 理解主动与被动调整价格的策略选择，不同市场类型下的价格策略的选择。

引导案例

休布雷公司：巧妙定价

休布雷公司是美国生产和经营伏特加酒的专业公司，其生产的史密诺夫酒在伏特加酒市场享有较高的声誉，市场占有率达23%。20世纪60年代，另一家公司推出一种新型伏特加酒，其质量不比休布雷公司的史密诺夫酒差，每瓶价格却比它低1美元。面临对手的价格竞争，按照惯常的做法，休布雷公司有三种对策可以选择：

(1) 降价1美元，以保住市场占有率；

(2) 维持原价，通过增加广告费用和推销支出与竞争对手相对抗；

(3) 维持原价，听任其市场占有率降低。

由此看出，无论休布雷公司采取其中哪种策略，它都似乎输定了。然而，该公司的市场营销人员经过深思熟虑之后，却策划了对方意想不到的第四种策略，即将史密诺夫酒的价格再提高1美元，同时推出一种与竞争对手新伏特加酒一样的瑞色如酒和另一种价格低一些的波波酒。其实这三种酒的品质和成本几乎相同。但实施这一策略使该公司扭转了不利局面：一方面提高了史密诺夫酒的地位，使竞争对手的新产品沦为一种普通的品牌；另一方面不影响该公司的销售收入，而且由于销量大增，使得利

润大增。

资料来源：任天飞：《中外经典营销案例评析》，长沙，中南工业大学出版社，2000。

案例启示

价格策划是市场营销策划的核心，价格策划并非定价方法与技巧的简单组合，而是要将企业的整体价格工作作为一个系统来加以把握和统一。所谓企业的营销价格策划，就是企业为了实现既定的战略目标，协调处理各种价格关系的活动。这主要包括企业内部不同产品之间的价格关系，同一产品不同销售阶段之间的价格关系，本企业产品和竞争对手产品之间的价格关系，产品价格和生产成本之间的关系等。本章将在探讨产品基本定价策略的基础上，深入分析企业新产品定价策略和老产品的价格调整策略，研究企业的主动价格调整和面对竞争对手价格变动形势下的被动价格调整策略。

第一节　新产品入市价格策划

一、价格策划的基本概念

价格策划是指企业为了实现既定的战略目标，协调处理各种价格关系的活动。价格策划不仅仅局限于产品价格的制定，还包括一定的经济环境下为实现既定的营销目标和营销组合而在实施过程中不断修正价格战略和策略的全过程。企业在营销策划中的价格策划主要以市场为基本导向，其与经济学当中以成本为基本导向的定价方法有着根本的区别。

企业的价格策划是实现营销战略的手段，在企业的经营管理中占据重要地位，对企业的经营成败有着决定性的影响，行之有效的价格策划有利于企业适应市场形势，使企业掌握竞争主动权，适应市场竞争。企业的价格策划除了考虑产品的成本因素以外，还要考虑企业的营销战略目标、产品面临的消费者类型、产品的需求状况、消费者对产品的认知、消费者心理等因素。

二、产品基本定价策略

企业在确定产品的基本定价时主要有以下几种策略：

（1）目标收益定价法。根据预计的总的销售成本、预计的目标利润和估计的销售量来制定产品价格。即

产品价格＝(销售成本＋目标利润)/估计销售量

例如，企业假设下个会计年度能够销售 A 产品 100 万件，预计总的销售成本为 4 000 万元，企业的目标利润率为 800 万元，则产品的基本价格为（4 000＋800)/100＝48 元。

使用目标收益定价法计算简便，适合于企业销售量比较稳定的情况，但是这种方法没

有很好地考虑消费者的需求价格弹性和竞争对手的产品价格等因素，因此只能大略估计产品价格。

（2）加成定价法。加成定价是指企业根据预计的产品总成本和企业确定的利润率来制定产品的价格，可细分为成本加成定价法和售价加成定价法两种。

成本加成定价法的产品价格＝预计单位产品成本×（1＋利润率）

售价加成定价法的产品价格＝预计单位产品成本/（1－利润率）

加成定价法简便易行，产品的单位成本变化能够通过历史数据得到，企业确定的利润率能够得到较好的实现，计算出来的价格也较为可靠。不过加成定价法忽视了市场变化对产品成本的影响，并且没有考虑竞争对手以及市场对企业产品销售量的影响，适合于市场较为稳定、竞争不太激烈的产品定价。

（3）通行价格定价法。通行价格定价法就是企业产品价格以各个竞争对手相同或类似产品的平均价格为基准，随着竞争对手产品的平均价格波动而波动。通行价格定价法有助于产品合理定价，容易得到消费者的认可，产品价格波动小，不易引发价格方面的恶性竞争，并且通常能给企业带来合理的盈利。

通行价格定价法适用于行业内产品差异较小的产品，如食用油、饮料等日常用品。

产品的基本定价策略还包括认知价值定价法、拍卖标价法等，企业在确定产品的基本定价策略时要充分考虑各种因素，包括预期市场的变化、竞争对手可能采取的定价策略、企业自身的财务状况与营销目标等，通过详尽的市场调研合理地计量通过模型得到估计数据，制定符合自身需要的基本定价策略。

三、新产品价格策划的特征

我们通常可以从市场和企业两个角度来对新产品进行定义和分类。从市场的角度看，投入市场的新产品通常可以分为三种：一是完全新产品，即采用新原理、新技术、新结构、新材料制成的新产品。二为更新换代产品，即在原有产品基础上，采用新材料、新技术制成的具有新的性能和效用的产品。三为仿制新产品，即企业模仿市场上已有的产品，使其成为本企业的新产品。

新产品面临的市场特点是：产品销量小，推广难度大，促销费用高，销售利润通常很低甚至为负值。新产品最初投放市场时通常在产品质量和用途方面会有所改进，具有一定的技术优势，生产和经营该新产品的企业和厂商不多，竞争不太激烈。然而，新产品通常技术都不够成熟，性能与质量也不如老产品稳定，并且消费者对新产品往往缺乏了解与信任。消费者对新产品要有一个熟悉和接受的过程，因而在初期，消费者对于新产品往往需求量较小，企业单位产品成本较高，利润率较低。

新产品投放市场所面临的上述情况，决定了企业对于新产品的价格策划也必须要有针对性，既要考虑新产品性能、用途方面的优异性对产品价格的有利影响，也要考虑消费者对于新产品缺乏信任及新产品欠缺稳定性等对产品价格的不利影响，使得新产品的定价既能有助于新产品的市场开拓，又能较好地补偿新产品在投入初期研发、推广等方面的成本与费用，以利于企业的后期经营。

四、新产品价格策划方案

新产品往往凝聚了企业较长时期的研发成本，一种具有市场价值的新产品的成功推广，往往能够使得濒临破产的企业枯木逢春，走上复兴之路，也能够使得本已发展势头良好的企业锦上添花、更上一层楼。而新产品的推广失败，往往会使得发展困难的企业直接走向破产，使得原本经济状况良好的企业举步维艰。如果说创新是人类社会向前发展的恒久推动力，新产品的成功开发与推广，就是企业腾飞的翅膀，而价格策划则是新产品进入市场、取得成功的至关重要的因素。针对新产品推广和销售特征，新产品的价格策划主要分为下述几类。

（一）全新产品的价格策划

企业通过相关市场调研，研究开发新技术，采用全新的原理、方法、原料、工艺生产的全新产品在生产初期竞争对手很少甚至没有竞争对手，因此也没有可供借鉴的生产和推广经验，制定价格时缺少参照，因此其在价格策划、产品推广和销售时面临着众多的未知因素。企业要对产品面对的市场类型、市场的进入门槛（决定新产品的类似产品和替代产品进入市场的时间）、潜在消费者的消费能力和消费习惯做充分且详尽的市场调研，并结合新产品的研发、推广、生产费用和企业本身的资金状况做出合理的价格策划。如果消费者价格承受力较强，企业需要迅速回笼资金，可采取高端定价策略，以便迅速收回新产品的开发和推广成本；如果企业资金充裕，可采取低价策略，迅速占领市场，并加大推广力度，树立产品的品牌效应，提高竞争者的进入门槛，抑制竞争者的加入；此外也可制定介于上述两者之间的中间策略。具体而言，可采用以下三种策略：

1. 撇脂定价策略

撇脂定价亦称取脂定价，指的是新产品上市初期，利用部分高端消费者求新的心理，制定一个较高的销售价格，像撇取牛奶中上端的脂肪层那样先从部分消费能力较强的消费者那里取得一部分高额利润，力图在产品推向市场的初期便收回研究、开发、推广新产品的成本与费用，并随着新产品在市场上的逐渐普及，逐步降低价格，以适应大众的需求水平。

撇脂定价的最大优点在于高价小批量的逐步推进战略能够使企业随时了解市场反应，并采取对应措施，避免新产品盲目大批量生产带来的潜在风险。撇脂定价还可以帮助企业迅速回笼资金，以便扩大再生产。实行撇脂定价的产品，由于定位于高端市场，能够树立较好的品牌形象，初期较高的价格，更使得撇脂定价的新产品，在日后的推广销售过程中拥有较大的价格调整空间。

撇脂定价策略的缺点在于：

（1）高价产品的需求规模有限。撇脂定价策略使得新产品的潜在消费者必须具备较强的价格承受力，这使得普通民众面对高昂的价格望而却步，给新产品的市场开拓与推广带来了困难。

（2）撇脂定价会促使竞争加剧，企业面对的市场条件恶化。采用撇脂定价策略制定价格的新产品在销售初期，往往具有较高的利润率，这会吸引同行业的其他厂商大量生产类似的替代品，容易造成行业恶性竞争，不利于新产品日后抢占市场。

（3）撇脂定价策略损害消费者的利益。撇脂定价使得新产品的销售价格被人为推高，且远高于新产品的边际成本，促使企业产量维持较低水平，企业虽然获得了“超额利润”，却损害了消费者的利益。

并非所有的新产品都可以使用撇脂定价策略制定价格，只有具备以下条件的新产品才适合采用撇脂定价策略：

（1）市场有足够的购买者，尤其要有较多的价格承受能力较强的高端消费者，并且消费者对于新产品的需求价格弹性较小，对于新产品价格的反应不敏感。在这种情况下，即使新产品定价较高，也不会对销售量造成太大影响，企业的销售额增加或减少得非常有限。

（2）新产品投放市场一段时间内，不会面临激烈的竞争局面。适用于撇脂定价策略的新产品在投放市场初期，应具备较高的市场进入门槛，以防止竞争对手轻易进入该产品市场生产相同或类似产品，而对该产品的高价格造成冲击。

（3）产品的质量、性能和形象必须能够支持产品的高价格。产品质量是企业生存与发展之本。采用撇脂定价策略的新产品，必须具备较类似产品更为优良的性能、更高的性价比。如此，才能够对高端消费者形成吸引力，才会有助于新产品的市场开拓。

2. 渗透定价策略

渗透定价策略也称为低额价格策略，其与撇脂定价策略截然相反，是指在新产品投入市场时，市场价格定得较低，采取薄利多销的方式，增加消费者对新产品的认可度，以较快打开和占领市场。

渗透定价并不意味着价格的绝对低廉，而是价格相对于产品价值来讲比较低，产品的性价比较高。渗透定价在新产品上市之初把产品价格定得低于预期价格，吸引大量购买者，可以迅速打开市场，获得较高的销售量及市场占有率，有助于扩大产品生产规模，产生规模效应，降低单位产品价格，进而拉低产品价位，有效阻止竞争对手进入。然而渗透定价策略由于产品价格过低，一旦市场占有率没有达到预期水平，企业的研发、推广、销售和生产成本与费用将回收得异常缓慢，并且低价往往给消费者带来低质量的印象，不利于企业品牌的树立。

通常新产品的需求价格弹性较大，市场规模也较大，生产和销售成本随销售量的增加而减少，且产品在投放市场较短时期内就可能遭遇强大竞争对手的新产品适用于采用渗透定价策略。

案例链接

福特嘉年华及东南菱帅的价格策略

两款在中国上市不足一年的品牌轿车——长安福特嘉年华和福建东南菱帅相继于2003年8月1日和8月8日宣布降价，这一事件引出了业内人士的诸多话题。当然，有一点大家却是众口一词的，即“这完全是意料中的事”。

2003年以来，在定价问题上引发人们议论最多的要数年初上市的广本新雅阁和4月上

市的一汽大众奥迪A4。一个是贴近民意，以超低价入市，撼动了整个中国车市，其市场份额一路飘红；一个是高举高打，决意要鹤立鸡群，坚持守在大多数消费者只能仰视的价格制高点。

就价格策略而言，广州本田汽车有限公司所采用的是典型的渗透定价策略，而一汽大众汽车有限公司所采用的则是一种典型的撇脂定价策略。这两大汽车企业在这场价格战略中可谓各取所需，都成了现实的赢家。广州本田汽车所渴求的市场扩张目的在眼下已成囊中之物。尽管奥迪A4上市以来曾招致全国一片骂声，且上半年有不低的压库现象，但一汽大众奥迪A4通过撇脂定价，捍卫了奥迪品牌的高端性。同样的定价策略，长安福特嘉年华和福建东南菱帅却成了路人皆知的输家（尽管当事者并不承认）。

长安福特嘉年华和福建东南菱帅均采用了撇脂定价策略，撇脂定价策略成功的一个最重要前提是短期内不会面对过于激烈的竞争。然而对嘉年华与菱帅而言，不仅类似汽车竞争品牌林林总总，且都具有一定的规模，而且嘉年华与菱帅自身都羽翼未丰，其品牌尚未完全得到消费者的认可。

福特嘉年华在欧洲号称集万千宠爱于一身，曾创下“金方向盘奖”、“年度汽车奖”、“设计理事会奖”、欧洲区销售冠军、英国销量冠军、德国销量冠军、西班牙销量冠军——但撷取这些荣耀的年份被主人无意间忽略了，而最让中国人如鲠在喉的还有嘉年华萎靡不振的三厢车外形居然来自印度！

菱帅从中国台湾中华汽车转手引进日本三菱LANCE整车技术，以动力纯粹而闻名于世，最大输出功率高达74千瓦，0～100千米加速时间仅需12.36秒。该车由厂家全力推介的价值亮点在于，日本三菱汽车曾以此车为基础平台开发出夺取WRS比赛冠军的LANCEREVO车型；该车在中国的配置诸如ABS＋四轮碟刹、双SRS气囊、电动除雾后视镜、倒车雷达、HUD抬头显示器等也是菱帅的抢眼点，且整车尺寸已达4.43/1.7/1.41米，与捷达相当。于是东南汽车借此向消费者开出了12.38万元～18.8万元的高价。对于此定价，有消费者戏言：“相对于18.8万元的高价，不要说菱帅开个天窗，就是在车内开个花园也不值!”

总体而言，福特嘉年华不仅荣耀已年代久远，而且车型也并非原汁原味，远比不了大众高尔夫，近比不了波罗；而东南菱帅在开发年代上很难讲与世界同步，在造型与配置上更不是别克凯越、雪铁龙赛纳、日产阳光等车型的对手，不仅如此，无论东南汽车还是长安福特，其在渠道及售后服务整体素质上也不是国内几大主力轿车企业的对手。

如此，两大品牌在上市半年后就不得不大幅降价，这不仅对硕果仅存的老客户的忠诚度是一个重大打击，而且其品牌形象的大幅缩水也已成定局。

资料来源：田毅：《福特嘉年华及东南菱帅的价格策略》，载《中国汽车报》，2003-09-23。

3. 中间定价策略

中间定价策略亦称满意定价策略，是一种介于撇脂定价和渗透定价之间的价格策略。产品价格按照本行业类似产品的平均定价水平并结合当时的市场行情与消费者的价格承受能力来制定，中间定价所定的价格比撇脂定价低，但比渗透价格要高，是一种中间价格。

实施中间定价策略，企业为新产品制定的价格比较容易得到消费者的认可，企业可以在不承担较大风险的情况下，获得比较稳定的市场份额，企业自身也可以有计划地在适当的时间内收回企业研发、推广、销售和生产的成本与费用。采取中间定价策略值得注意的问题在于，新产品由于定价过于“中庸”而显得缺乏特色，会增加市场推广的难度。

企业在选取新产品价格的制定策略时不能过于随意，一定要以市场调研为基础，与企业的营销目标相一致，产品价格的定位还要和企业的市场定位相匹配。要做好企业的品牌影响力调研、竞争对手价格调研、消费者心理价位调研、产品的推广与生产成本调研，要结合企业自身的财务状况、企业在行业当中的定位等慎重选取新产品的定价策略。

（二）新引进产品、连续性产品的价格策划

新引进产品是指市场上已经出现，但企业通过引进、模仿别人的技术生产的产品。连续性产品指的是企业在原有产品的基础上进行改良，运用新技术、新设备进行改造从而提升性能、增加用途而生产的改良产品等。

新引进产品和连续性产品的共同特征在于此产品只是对于企业而言是新产品，而对于消费者和产品市场而言则存在众多的性能相似的替代品。因此企业在为产品定价时要以和新引进产品或连续性产品功能类似的相关产品价格为参照，充分考虑竞争对手对于本企业新产品上市的反应，结合本企业产品的特性以及在产品质量、信誉和服务水平等方面与其他企业产品的差异，并综合本企业财务状况，制定合理的价格。连续性产品的定价还要比照生产线中原有产品的价格，根据产品性能方面的差异，可以制定不同的价格档次，以满足消费者不同层次的需要。

第二节　老产品修订价格策划

产品的价格不是一成不变的，企业要随时根据自身的状况和客观的市场环境调节产品的市场价格，力图使企业的利润最大化，增加市场份额，扩大生产规模，增强企业的竞争力。老产品的价格调整可以分为提价与降价，企业由于对利润的渴求、生产成本的增加或是产品出现供不应求等原因提高产品的销售价格，也可能由于生产能力的过剩、力图争取行业的支配地位而扩大市场份额或是面对强有力的价格竞争等原因主动或是被动降低产品的销售价格。

一、主动性价格调整策划

（一）主动提价策划

提高产品的销售价格可以更好地消化产品的推广、销售、生产成本，能够在一定程度上提升企业品牌在消费者心目中的地位，在产品的销售额改变不大的情况下增加企业的利润。企业在主动提价之前，要重点评估消费者的需求价格弹性，只有需求价格弹性较小的商品，提价才能够增加企业的利润和销售额，并且要慎重考察竞争对手的反应，防止竞争对手利用价格优势趁机抢占市场份额。

消费者通常反感商品价格的上涨，因此企业主动提高产品价格最好采取暗调的方式，不要让消费者直接感受到价格上涨的“切肤之痛”。具体而言，企业可以以更换产品型号、包装的方式变相提价，也可以以大力扶持较高价格的新产品的推广与销售，同时压缩原产品的产量的方法提价，还可以以保持产品价格而减少产品的净含量从而增加单位商品价格的方式达到实质涨价的目的。

当然，企业为了维持在行业中的地位，快速提升企业的盈利能力，也可以公开宣布直接提价，也就是明调策略。企业采取明调价格策略时，为了使经销商和消费者更好地接受和认可企业的价格调整，可以采取先试点、后推广的策略，也可以采取“事先放风”策略，即企业在提价前向经销商透露信息，减少经销商对提价的抵触情绪。

案例链接

贵州茅台的提价策略

贵州茅台集团有限公司 2007 年年底发布公告称，鉴于目前国内外白酒市场状况、公司产品供求情况以及企业发展战略需要，公司决定自 2008 年 1 月 11 日起适当上调贵州茅台酒出厂价格，平均上调幅度约为 20%。这是自 2007 年 3 月价格上调以来，贵州茅台集团再次主动提升茅台酒的出厂价格。

贵州茅台酒上一次上调出厂价是在 2007 年 3 月 1 日，当时对 53°和 33°的普通茅台酒出厂价格平均上调了 12%。但实际上，在终端市场，茅台酒从 2007 年年初以来已经有 8 次提价。虽然贵州茅台自 2006 年开始对市场进行了限价销售，53°、43°和 38°茅台酒的最高限价分别为 538 元、358 元和 328 元，但是由于销售紧俏，茅台酒在市场上的最终销售价格远高于最高限价。市场极大的需求量给经销商带来了很大的利润空间。业内人士指出，高端白酒行业目前属于绝对的通胀受益行业，随着春节临近，产品价格上涨预期强烈，相关公司盈利能力将大幅提升。

茅台集团领导层接受记者采访时表示：主动提价的原因主要在于近年来包装材料和粮食价格的持续上涨拉升了茅台酒的制造成本，并且茅台酒作为“世界上最好的蒸馏酒”，其市场价格并没有体现其应有的价值。公司领导层还透露，此次提升出厂价格并非突发奇想，早在一年一度的经销商大会上，就曾向媒体与经销商透露过要涨价，只不过没有说明具体的涨价幅度和时间。茅台集团领导层还表示，茅台酒还有很大的价格上调空间。

资料来源：联合早报网，2008-01-10。

（二）主动降价策划

在日趋激烈的市场竞争当中，企业为了扩大市场份额，增加销售量，或者消化过剩的生产能力，降低存货量，往往会采取主动降价的策略。企业在降价之前应充分估计和调研

竞争对手和消费者对企业降价的反应。通常而言，降价会促使消费者产生企业陷入财务危机或是企业将推出新产品取代原有产品的印象。而生产相同或类似产品的竞争对手，往往为了保持其市场份额，也会纷纷降价，企业应对降价后可能发生的价格战或是价格方面的恶性竞争做好充分的准备。

企业降价可能引起消费者的误解和竞争对手价格方面的报复，因此采取降价策略时应保持谨慎，可以采取赠送优惠券、退还部分销售货款、随产品附赠礼品等“暗降”策略，也可以通过简化包装，减少产品的附属功能等方式降低企业成本，为降价创造必要的空间。值得注意的，采取“暗降”策略的降价幅度较为有限，通常难以通过“暗降”实现产品的大幅度降价的目标。

如果企业希望通过大幅度降低产品销售价格迅速扩大市场份额，严重打击竞争对手，这就需要采取“明降”的策略，公开宣布产品大幅降价。企业在采取“明降”策略时，最好一次性将价格降到底部，增加竞争对手报复性降价的成本。而不断的多次小幅降价，容易促使消费者对产品持观望态度，并容易引发与竞争对手之间的价格战，这样不但难以达到迅速扩大市场份额、打击竞争对手的目的，还会使得企业利润大幅度下降，削弱企业的竞争力。

通常适合于主动降价以扩大市场份额的企业，必须具备一定的市场引导力，在行业中占据相当的市场份额，或是具有资源、技术方面的垄断性优势。而规模较小、缺乏垄断力的中小型企业不适合通过主动降价的方式打击竞争对手，扩大市场份额。

案例链接

格兰仕价格策略的成功

格兰仕，曾经生产羽绒的小作坊，而今的中国小家电之王。格兰仕成功路上曾多次应用降价策略打击竞争对手、扩大自身市场份额，以至于业内称其为“价格屠夫”。以微波炉市场为例，格兰仕曾成功地运用价格工具，在微波炉市场中确立了霸主地位。

1996 年 8 月，格兰仕集团在全国范围内打响微波炉价格战，降价幅度平均达 40%，该年，格兰仕集团以全年产销量 65 万台的规模，占据全国微波炉市场的 34.7%，部分地区和月份的市场占有率超过 50%，确立了市场领先者地位。

1997 年年初，外国品牌微波炉开始登陆中国市场，格兰仕在外来品牌尚未在中国站稳脚跟，国内企业尚未形成气候之际，1997 年年初再次发起价格战。所不同的是，格兰仕此次采取“暗降”的方式，采用买一送一的促销活动，发动新一轮的让利促销攻势，凡购买格兰仕任何一款微波炉均赠送一个豪华高档电饭煲，这使得格兰仕微波炉的产销规模迅速扩大。1997 年年末，格兰仕成为全球最具规模的微波炉生产企业之一。

1997 年东南亚爆发金融危机，东南亚各国部分家电企业受到重创，这再度给格兰仕创造了一个绝好的市场契机。1997 年 10 月，格兰仕凭借其规模优势所创造的成本优势，再度将 12 个品种的微波炉降价 40%，全面实施薄利多销的策略，以抑制进口品牌的广告促销攻势，“格兰仕”微波炉在全国的市场占有率始终保持在 50%左右，最高时达

到58.9%。

1998年6月13日，已经成为全球最大微波炉生产厂商的格兰仕集团公司，在国内微波炉市场又一次实施“组合大促销”，凡购买微波炉者均可获得高档豪华电饭煲、电风扇、微波炉饭煲等赠品，并有1998年世界杯世界顶级球星签名的足球赠品和千万元名牌空调大抽奖。这种同步组合的重拳出击，被同行称为毁灭性的市场营销策略，再度在全国市场引起巨大震动。

格兰仕靠着规模优势所创造的成本优势连续几次大降价，获得了微波炉市场的霸主地位，并成功地使不少竞争对手退出了竞争，使很多想进入的企业望而却步。格兰仕用11年的时间让自己完成了从一家乡镇羽绒制品厂到全球最大的微波炉生产商的转变。

资料来源：王妙：《市场营销学教程》，上海，复旦大学出版社，2005。

二、被动性价格调整策划

被动性价格调整策划主要是探讨当竞争对手调整价格后企业应该如何应对的问题。当企业面临竞争对手调整价格的时候，如果企业的产品与其他竞争对手的产品高度类似，即企业处于同质的产品市场当中，那么一旦竞争对手降低产品销售价格，企业除了跟进竞争者的价格外将别无他法，因为面临同质市场的企业几乎没有定价权，一旦竞争对手的产品具备价格优势，企业将立即失去几乎所有的市场。而处于同质产品市场中的竞争对手提升产品的价格时，企业可以维持价格不变，趁机抢占其市场份额，增加市场占有率，不过处于同质市场中，竞争对手独自提价的情况非常少见。

在现实生活当中，对于大部分行业而言，企业的产品通常总是存在一定程度差异的。产品的差异性为企业的定价提供了更大的决策空间，增加了企业价格策略的选择。在异质的产品市场上，企业对其竞争对手的价格调整可以做出的调整包括产品性能、服务方面的改善，也包括价格方面的反应。在实际策划过程中，为应对竞争对手的价格调整，企业必须进行一系列周密的分析与调查，分析竞争对手价格调整的真实目的所在。其价格调整究竟是为了适应生产成本变动，还是想充分利用其过剩的产能，或是想通过价格竞争打击其他竞争者，扩大其自身的市场份额。要调查其价格调整是短期的促销手段还是长期的竞争策略。要分析其他竞争对手的反应，评估竞争对手价格调整对于自身的影响，估算企业降价、维持价格不变或是提价对于企业销售量、利润和市场份额的影响，从而确定自身的价格策略。

具体而言，如果竞争对手的价格下降是暂时的促销手段，企业可不做理会，维持产品价格不变；如果其价格的下降是作为战略性的手段以期扩大市场份额，企业必须做出有力的反击，必要时可随之降低产品价格，保持甚至增加企业自身的市场占有率。当竞争对手价格下降，其他竞争对手随之也跟着降低价格时，企业必须分析产品即将面对的市场环境，如果降价还存在利润空间并且企业自身财务状况良好可以考虑随之降低产品价格，如果预计该市场将在相当长时期内面临价格的恶性竞争，企业则要以产品的差异化为基本出发点制定自身的策略。企业应审视消费者对企业品牌的认可度与忠诚度，根据自身的财务状况，分析降价、维持原价、提价对企业自身销售量、市场占有率、利润等的影响，采取

适合自身经营状况的价格策略。

第三节　定价技巧策划

价格策划是企业营销策划的核心，价格是企业的生命线，是企业在市场竞争中能否胜出的关键因素。成功的价格策划，不仅可以使得企业获得理想的商业利润，还可以使企业的品牌形象得到强化。作为改变企业竞争地位的重要手段，价格策划的成功可以将企业从市场的追随者转变为市场的领导者，价格策划的失误也可能使企业由行业的领军人物沦落为行业的盲从者。无论企业是主动调整价格参与市场竞争，还是被动改变价格以适应竞争对手的调整，价格策划永远是企业营销策划中当仁不让的核心内容。企业在进行价格策划时，必须慎重审视企业产品所面临的市场环境，结合产品的特性与企业自身的财务状况与营销目标，采取合适的价格策划策略。

一、不同类型市场的价格策划

在经济学中，可以按照竞争程度将市场划分四种类型，分别为完全竞争市场、垄断竞争市场、寡头垄断市场和完全垄断市场，其特点如表5—1所示。

表5—1　　各种市场的特点

市场类型	企业数目	产品差异程度	企业价格控制力	进出行业难易度	现实中较为接近的产业
完全竞争	很多	无差异	没有	极小	农业
垄断竞争	很多	差异较小	小	小	零售业
寡头垄断	几个	可大可小	较大	较难	汽车制造业
完全垄断	一个	可大可小	很大	极难	公共事业

面对的市场类型不同，企业所选择的定价策略也不相同。如果企业产品为农产品或一些初级产品，处于完全竞争市场当中，由于产品和竞争对手的产品几乎无差别，企业缺乏对产品的价格控制力，消费者对于企业产品也缺乏忠诚度，行业当中竞争对手众多，企业调整产品价格时应非常谨慎。因为一旦企业提高销售价格，由于产品缺乏差异性，大多数消费者会选择其他品牌的类似产品，企业将陷入失去大部分市场、销售收入剧减的艰难境地。而如果企业降低销售价格，企业短时间内将能够吸引大量的消费者，销售收入增长强劲，但是由于其他众多的竞争者为了保持销售量，保证市场占有率，也会随之降价，从而极易引发“价格战”，造成行业内的恶性价格竞争，最终可能导致企业销售量增长有限（甚至减少），企业利润减少。

在现实中，大部分市场都处于垄断竞争状态，行业当中企业众多，产品存在一定的差异性，但是替代品众多，企业对产品有一定的定价权，但是价格控制力有限。当企业身处垄断竞争市场当中时，由于竞争者众多，替代产品多如牛毛，企业提价很容易将消费者推

向竞争对手，而降价则容易招致竞争者的价格报复。因此，在垄断竞争市场中，企业应着力于产品的差异性，努力提高产品的性价比，使产品价格围绕市场价格小幅波动，即充当市场价格的追随者。

在寡头垄断和完全垄断市场中，企业竞争者数量极少，甚至是企业独家经营，市场缺乏竞争性，企业能够在很大程度上操纵市场价格，为数不多的寡头之间容易形成默认的垄断价格，此垄断价格通常大大地超过了企业的平均成本，企业能够获得超过市场平均利润率以上的超额利润。在此情形下，企业在对产品价格进行调整之前，要做详尽的市场调研，分析消费者对于本企业产品的忠诚度，深入研究为数不多的竞争对手对企业价格调整可能做出的反应，制定合适的价格策略。

二、需求价格弹性与产品价格策划

产品的需求价格弹性指的是产品的销售数量 Q（Quantity）对于产品价格 P（Price）的敏感程度，其数值等于价格 P 做出调整后导致的销售量的变化百分比除以价格的变化的百分比。

通常需求价格弹性大的产品，销售量对于价格较为敏感，即较小的降价幅度可以促使销售量的大幅度上升，而较小的涨价幅度会导致销售量的急剧减少。从而我们可以推导出，需求价格弹性较大（需求价格弹性 Ed 的绝对值大于 1）的产品，降价使得销售量大量增加，促使销售收入较大幅增加，而涨价会使得销售量急剧减少，销售收入大幅降低。对于新产品而言，需求价格弹性大的商品适于采用渗透定价策略或中间定价策略，价格小幅下降可带来销售收入的大幅上升。

反之，需求价格弹性较小的产品，销售量对于价格不敏感，即较大幅度的降价才能促使销售量的少量增加，较大幅度的涨价仅使销售量少量减少。从而我们可以推导出，需求价格弹性小，即缺乏弹性（需求价格弹性 Ed 的绝对值小于 1）的产品，降价会促使销售收入减少，而涨价能够增加企业的销售收入。对于新产品而言，适宜采用撇脂定价策略，商品价格上升，销售量减少非常有限，可以极大增加企业利润。

企业应该理性分析并通过合理的模型估算产品的需求价格弹性，以便制定合理的价格策划策略。通常而言，生活必需品，可替代性少、生产周期较长的产品需求价格弹性较小；而奢侈品，可替代性强、生产周期短的产品需求价格弹性较大。而对于同一种产品而言，其弹性也并非固定不变，企业还要根据产品所处的价位，合理估计产品的需求价格弹性。

三、价格策划与价格恶性竞争

价格策略是最为有效的营销策略，但容易被竞争对手所复制，从而触发价格恶性竞争。所谓价格恶性竞争，是指企业运用远低于行业平均价格甚至低于成本的价格提供产品或服务，来获取市场份额的竞争方式。采取价格恶性竞争时，产品的质量、服务、品种、技术含量等不再放在首位，竞争对手之间往往仅仅通过大幅降价来争夺市场。这种短视、不计后果的行为往往使得消费者、企业及其竞争对手的利益都受到损害。容易出现恶性竞争的行业多是进入门槛较低、生产企业众多、行业集中度不强同时需求巨大的行业。

案例链接

长虹手中的“双刃剑”

价格战是长虹彩电多年来的营销战略主线，也是两度执掌长虹门户的倪润峰称雄途中一把难舍的利剑。但这把“双刃剑”既让长虹一度辉煌，也曾使长虹陷入进退两难的境地。

1996 年 3 月，长虹突然宣布降价，国内其他彩电企业，如康佳、TCL、熊猫等竞相降价，降幅为 50 元～200 元。1998 年 4 月，价格大战狼烟又起，不过此番领头的是康佳、TCL 和创维，长虹却保持了沉默。

直到 7 个月后，倪润峰突然宣布：长虹已垄断下半年国内彩管市场。但是由于各种原因，长虹整体囤积计划落空，长虹不得不承受彩管大量积压的痛苦。

1999 年 4 月，长虹又一次宣布全面降低彩电价格，涉及所有规格的产品。但是，长虹并没有达到抢占市场份额的目的。2000 年 5 月，倪润峰离职，职位由赵勇接任，长虹开始强化研发力度。随后，长虹又宣布全面大幅降价，最大降幅达 20%，但此次价格战的目的是清理库存。

2001 年 2 月，倪润峰又以 CEO 身份重掌大权。同年，长虹再掀彩电降价狂潮。此后，TCL、厦华等开始跟进，然而这次降价并没有引起购买热潮。随着彩电行业微利时代的来临，全行业的平均利润已降至 2%～3%，彩电业面临整体亏损。

2003 年 4 月，倪润峰掀起背投普及计划，背投电视最高降幅达 40%，但是，国内竞争对手用等离子彩电与之抗衡，进行差异化竞争。一个月后，长虹在海外以倾销罪名被起诉，其低价策略在国际上受到了质疑。

2004 年 4 月，美国宣布反倾销裁定，几乎向所有的中国彩电生产商关上了大门。

长虹实施多轮降价，妄图奠定彩电行业的领袖地位，可结果却是一统江湖梦难圆。

资料来源：凌平：《长虹手中的“双刃剑”》，载《经营者》，2006 (10)。

当前，我国市场机制逐步完善，市场竞争也趋于白热化，企业的主动或者被动价格调整难以避免。然而在价格恶性竞争当中，无论企业是价格战的发起者还是被动的防守者，都会导致企业利润空间急剧萎缩，乃至亏损，而竞争对手也将面临同样的困境。价格恶性竞争如果持续时间过长还将导致整个行业的竞争环境恶化，使得企业无力增加研发投入，造成产品性能迟迟难以得到改善，这也将严重损害消费者的利益。企业应该尽量避免几近自杀的恶性竞争行为。企业面对竞争对手的价格战要进行必要的价格反击，不能坐以待毙，同时也要充分利用价格之外的其他手段，不断增加产品价值，加速产品的革新，提高企业的服务水平。

本章小结

价格策划是指企业为了实现既定的战略目标，协调处理各种价格关系的活动。其不仅

仅局限于产品价格的制定，还包括一定的经济环境下为实现既定的营销目标和营销组合而在实施过程中不断修正价格战略和策略的全过程。

产品基本定价策略主要包括目标收益定价法、加成定价法和通行价格定价法，其中加成定价法可细分为成本加成定价法和售价加成定价法。

撇脂定价，即新产品上市初期，利用部分高端消费者求新的心理，制定一个较高的销售价格，像撇取牛奶中上端的脂肪层那样先从部分消费能力较强的消费者那里取得一部分高额利润。

渗透定价策略也称为低额价格策略，是指在新产品投入市场时，市场价格定得较低，采取薄利多销的方式，增加消费者对新产品的认可度，以较快打开和占领市场。

中间定价策略亦称满意定价策略，是一种介于撇脂定价和渗透定价之间的价格策略。产品价格按照本行业类似产品的平均定价水平并结合当时的市场行情与消费者的价格承受能力来制定。

主动性的价格调整包括可以采取“暗度陈仓”的形式，通过改变产品的包装、更换型号等方式“暗调”产品价格。被动的价格调整要尽量避免价格恶性竞争。

企业定价时要充分考虑产品面临的市场类型、产品的需求价格弹性、产品的生产周期等各方面的因素，合理确定产品价格，尽量避免价格恶性竞争。

关键概念

价格策划　　撇脂定价　　渗透定价　　中间定价　　“暗降”策略　　价格恶性竞争

讨论及思考题

1. 新产品面临的市场特点是什么？其价格策划需注意哪些方面问题？
2. 简述撇脂定价策略的含义及适用的产品类型。
3. 简述渗透定价策略的含义及适用的产品类型。
4. 简述中间定价策略的含义及适用的产品类型。
5. 主动提价或主动降价需要遵循哪些原则？
6. 被动价格调整应注意哪些问题？
7. 简述需求价格弹性与产品价格策划之间的关系。
8. 如何避免价格恶性竞争？

参考文献

[1] [美] 平狄克，鲁宾费尔德．微观经济学（第4版）．北京：中国人民大学出版社，2004.

[2] 邓镝．营销策划案例分析．北京：机械工业出版社，2008.

[3] 余颖．营销策划．北京：北京师范大学出版社，2007.

[4]［美］萨缪尔森．经济学（第16版）．北京：华夏出版社，2002.

[5] 王妙．市场营销学教程．上海：复旦大学出版社，2005.

[6] 胡其辉．市场营销策划．长春：东北财经出版社，1999.

习题

一、判断题

1. 渗透定价策略也称为低额价格策略，是指在新产品投入市场时，市场价格定得较低，采取薄利多销的方式，增加消费者对新产品的认可度，以较快打开和占领市场。（　　）

2. 通常新产品的需求价格弹性较大，市场规模也较大，生产和销售成本随销售量的增加而减少时，应采用撇脂定价策略。（　　）

3. 如果竞争企业价格的下降是作为战略性的手段以期扩大市场份额，企业必须做出有力的反击，必要时可随之降低产品价格，保持甚至增加企业自身的市场占有率。（　　）

二、单项选择题

1. 以下哪种情况下，适于采用渗透定价策略？（　　）

A. 需求价格弹性大于1　　B. 需求价格弹性等于1

C. 需求价格弹性小于1　　D. 无需求价格弹性

2. Intel公司是美国占支配地位的计算机芯片制造商，当他们推出一种新产品时，定价总是比同类产品的定价低，在销售的第一年他们可能获利很小，但他们很快就能把产品打入市场，第二、三年便会大量销售产品而获利。他们采用的是（　　）策略。

A. 撇脂定价　　B. 渗透定价

C. 弹性定价　　D. 中间定价

三、多项选择题

1. 新产品价格策划主要包括（　　）。

A. 全新产品的价格策划　　B. 新引进产品、连续性产品的价格策划

C. 撇脂定价　　D. 渗透定价

E. 中间定价

2. 新产品的定价策略包括（　　）。

A. 撇脂定价　　B. 渗透定价

C. 组合定价　　D. 尾数定价

E. 折扣定价

3. 具备以下哪些条件的新产品适合采用撇脂定价策略？（　　）

A. 市场要有较多的价格承受能力较强的高端消费者

B. 消费者对于新产品的需求价格弹性较小

C. 新产品投放市场一段时间内，不会面临激烈的竞争局面

D. 产品的质量、性能和形象必须能够支持产品的高价格

E. 新产品的需求弹性较大

4. 具备以下哪些条件的新产品适合采用渗透定价策略？（　　）

A. 生产和销售成本随销售量的增加而减少
B. 消费者对于新产品的需求价格弹性较小
C. 新产品投放市场后的较短时间内，会面临激烈的竞争局面
D. 产品的质量、性能和形象必须能够支持产品的高价格
E. 新产品的需求弹性较大

第六章

渠道营销策划

本章要点提示

- 了解营销渠道类型、渠道结构和渠道再造的基本策划方法。
- 掌握分销渠道策划的基本技能，懂得如何策划分销渠道结构。
- 了解与把握分销渠道的发展趋势，掌握渠道策划的基本理论和方法。

引导案例

TCL 移动渠道变革为哪般

据 2007 年 4 月 4 日《第一财经日报》报道，TCL 移动通信有限公司正在进行一场"翻天覆地"的变革。曾被大力推广的 TCL 各地分公司"直供"和"自营"的模式正在被慢慢取消，最直接的表现是 TCL 全国 26 个分公司被降为办事处，同时极力倚重经销商的方式被重新采用。

TCL 之所以大规模改革营销渠道，直接表明现有营销渠道存在较大问题，现有营销模式并没有真正给 TCL 及相关渠道商带来相应利润。TCL 把渠道交给经销商，其目的就是为了节约营销费用，降低企业成本，将更多的精力投入到研发和生产上。

厂商在选择营销渠道模式时主要考虑的是，各种渠道的资金流、物流、成本、管理能力、终端覆盖率、对于市场的拉动力等。在利润较高的情况下，企业自建渠道可以提升市场竞争力，获得竞争优势。不过，竞争对手的模仿和专业渠道的涌现，将极大削弱自建渠道公司的竞争优势，最终会将整个行业拉入低利润的境地。曾经因自建渠道而获得竞争优势的公司，也将不可避免地陷入高成本的困境。这也是 TCL 反复探索渠道建设、重新倚重经销商的真正原因。

事实上，随着全球化进程的加快、市场多元化格局的形成，渠道建设在企业决策过程中的分量日益提升，甚至早有人将这个时代称为渠道话语权时代。过去，产品的价格由厂家定，现在越来越多的商家拥有了二次定价权。从目前情况来看，绝大多数中国企业尚未对此做好充分准备，仍在不断探索适合企业发展的渠道建设之路。

在这一过程中，需要特别理清渠道商和供应商之间的关系：从渠道方来讲，渠道商要从自己的产业链中挖掘潜力，要提高自身供应链的“利益”，而不只是试图从厂家那里拿到利益。对于企业而言，不仅要加强自身渠道建设，降低对供应商渠道的依赖，更要在新型的渠道方面进行积极探索。比如，像 TCL 这类企业，其原有渠道体系对中国市场有着很强的控制能力，一款新手机的发布能做到三天内在全国大部分城市让消费者见到。但由于中国地区经济发展很不平衡，不同的城市具有不同的消费能力，以一种方式来销售显然不能达到市场预期效果。因此，在经济发展不平衡、市场分化、渠道发展呈现多元格局的背景下，企业的渠道模式也将逐渐转向多种渠道混合应用的模式。

资料来源：http://www.manage.org.cn，2007-04-10。

案例启示

在许多场合，产品或服务并不是直接从生产者手中到达消费者手中，它们要经历许多中间环节，如批发商、零售商等。这些中间环节构成的通道就是营销渠道。营销渠道策划是企业市场营销策划的重要内容。营销渠道的策划涉及营销渠道的网络设计、营销渠道的管理、实体分配等一系列问题。实际上，营销渠道的问题不是一个孤立的问题，与其他营销组合因素有着密切的联系。TCL 在探索渠道建设时，正是考虑了这些影响因素，才建立起具有竞争性的营销渠道。营销渠道策划的主要内容是对营销渠道的类型和结构进行策划。本章不但在这两个方面进行了阐述，还探讨了营销渠道再造和营销渠道的发展趋势。

第一节　渠道类型策划

营销渠道通常是指产品流通渠道，也有人称之为“配销通路”。营销渠道是指产品在从生产者转移到消费者（或产业用户）的过程中所经过的通道。

营销渠道策略是企业整体市场营销策略不可缺少的部分，图 6—1 显示了营销渠道策略与企业整体市场营销战略之间的关系。

营销渠道的建立需要企业经过多年的努力，但一旦建立起来之后往往很难改变。企业在进行营销渠道的设计与策划时应十分慎重。

产品要经过一定的方式、方法和路线，才能够进入消费者和用户手中。营销渠道便是企业使其产品由生产地点向销售地点运动的路径。在此过程中企业要进行的一系列策划活

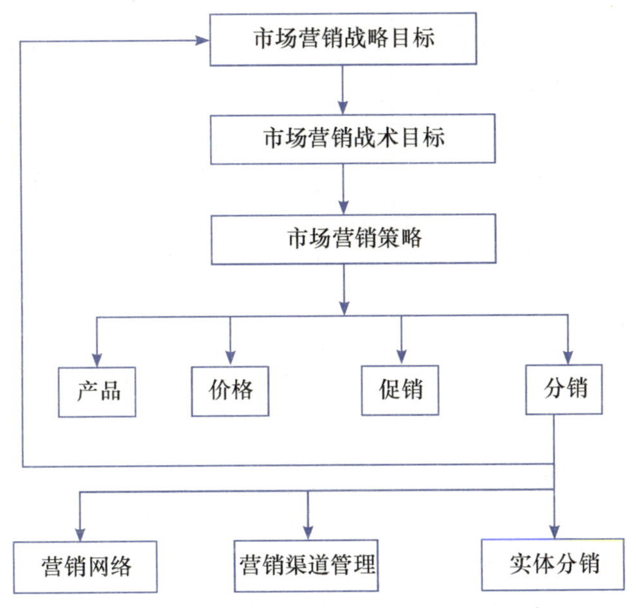

图 6—1　营销渠道策略与企业整体市场营销战略之间的关系

动就是营销渠道策划。

营销渠道策划的主要内容包括选择营销渠道的类型，调整营销渠道的结构，再造与渠道企业的关系，加强对渠道企业的管理。

营销渠道类型策划主要包括营销渠道的长度策划和营销渠道的宽度策划。

一、营销渠道的长度策划

一个公司可以不通过中间商而将产品直接供应给客户，这种战略由最短的渠道组成，因此可以称为直接营销渠道。

在现代营销过程中，商品营销渠道的模式很多，一般按照渠道中是否具有中间环节或者中间环节的多少划分为不同等级。

渠道的长度是以渠道层次（或称中间环节）的数量来衡量的，在产品从生产领域流转到消费领域的过程中，每经过一级中间商就构成一个渠道层次。如果生产者直接将产品卖给消费者（用户），没有中间商的参与，这类渠道叫做零层次渠道；若生产者首先将产品卖给批发商，批发商又将产品卖给零售商，零售商最后将产品卖给消费者（用户），由于这类渠道有两级中间商参与，所以这是二级渠道。

一些大企业为了大批量销售产品，通常通过代理商、批发商卖给零售商，最后到达消费者手中。营销渠道模式如图 6—2 所示。

营销渠道策划是关于构筑新的营销渠道或对已经存在的渠道进行变更的决策活动。一家公司在一个地区的市场上开始销售其产品时，常因资金有限等原因，要利用现有的中间商。而当地市场可供选择的中间商总是很有限的，只有为数不多的几个销售代理商、批发商、零售商、运输公司。必须说服这些可利用的中间商来经销公司的产品。

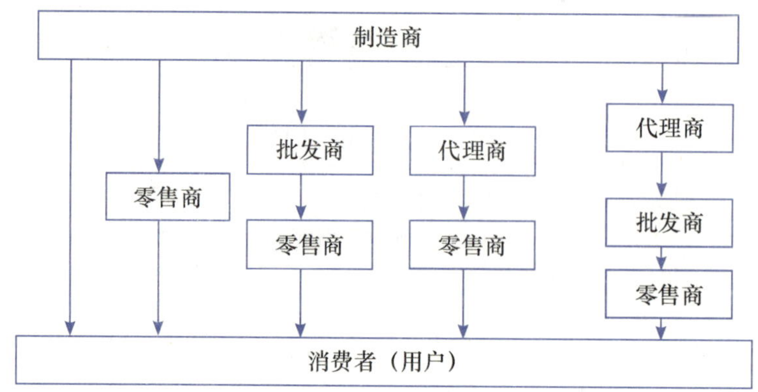

图 6—2　营销渠道模式

或者，随着公司业务的扩大，要求开发新的市场。这时，制造商可能在不同地区利用不同类型的营销渠道。例如，在比较小的市场上，直接销售给零售商；在大的市场上，则通过分销商销售商品。在农村地区，可以利用综合商人；在城市，可以通过专业经销商。在某个地区，可以采用独家经销；在另一个地区，可通过所有愿意经销这一商品的售货点出售商品。在某一国家，可利用国际销售代理商；而在另一国家，则可能必须与当地公司合伙。总之，制造商的渠道系统必须在适应当地市场机会和条件的过程中逐步形成。设计一个渠道系统要求建立渠道目标和确定限制因素，识别主要的渠道选择方案，并对它们做出评价。

设计渠道系统要了解目标市场中消费者购买什么商品、在什么地方购买、为何购买、何时买和如何买。营销人员必须了解目标顾客在购买一个产品时所期望的服务类型和水平。渠道可提供的服务包括以下几个方面：

（1）批量大小，即营销渠道在顾客购买过程中提供给顾客的单位数量。不同类型的顾客对批量要求不同，如汽车出租公司愿意寻求大批量购买的渠道；而家庭主妇则想要允许购买一辆汽车的渠道。因此必须为汽车出租公司和家庭购买者建立不同的渠道。批量越小，由渠道所提供的服务产出水平越高。

（2）等候时间，即顾客等待收到货物的平均时间。顾客一般喜欢快速交货渠道。快速服务要求企业具备较高的服务产出水平。

（3）空间便利，即营销渠道为顾客购买产品所提供的距离远近上的方便程度。如雪弗兰比凯迪拉克有更多的经销商，因而提供了更大的空间便利。

（4）产品品种，即营销渠道提供的产品花色品种宽度。顾客一般喜欢较宽的花式品种，从而使顾客拥有更多选择机会。如汽车购买者喜欢在经营多家制造厂产品的经销店买汽车，而不是只有单一品牌商品的经销店。

（5）服务支持，即渠道提供的附加服务（信贷、交货、安装、维修）。服务的支持越强，渠道提供的服务工作越多，越有利于销售工作。

进行渠道策划必须了解目标顾客的服务需要。提高服务水平意味着渠道成本的增加和价格的提高，必须对顾客在接受公司服务和产品价格之间做出选择这一点有清楚的认识。折扣商店的成功表明：在享受低价格的商品时，消费者愿意为此接受较低水平的服务。

二、营销渠道的宽度策划

营销渠道的宽度是指企业在同一层次上并列使用的中间商的多少，有宽渠道和窄渠道之分。渠道的宽窄取决于渠道的每个环节中使用的中间商数目的多少。

企业使用的中间商多，产品在市场上的分销面广，称为宽渠道。如一般的日用消费品（毛巾、牙刷、开水瓶等），通常由多家批发商经销，又转卖给更多的零售商，能大量接触消费者，大批量地销售产品。

企业使用的同类中间商少，分销渠道窄，甚至一个地区只有一家中间商经销，称为窄渠道。它一般适用于专业性强的产品，或贵重耐用消费品。

渠道宽度的选择及策划通常有以下三种方式：

（一）密集型分销

密集型分销也叫广泛分销，是指在一定的市场范围内，生产者通过尽可能多的同层次的中间商销售产品，以扩大市场覆盖面或较快速地进入新市场，使众多的消费者和用户随时随地能够买到这些产品。例如，生产洗衣粉产品的企业为使其产品达到品牌暴露最大化和消费者购买的便利化，一般都会选择数量较多的中间分销机构，以尽量覆盖较大范围的市场。通常，日用品和通用型原材料的生产企业都会寻求密集型分销的方式。消费便利品都会选择这种策略，因为消费者对便利品一般都不会花较多的时间去挑选，着力追求购买方便，服务迅速，这就要求有众多的商品网点，通过大量的中间商把产品卖给消费者。

（二）独家型分销

独家型分销，是指企业在一定时间、一定地区（如某个城市），只选择一家批发商或零售商经销其产品。企业授予中间商经销产品的特权，但会要求中间商不得经销竞争者的同类产品。

市场营销学术界也将独家经销称为总经销，特指生产企业将在某一地区经销企业产品的独家经销权授予某一行销中间机构。作为总经销的行销中间机构必须直接向生产企业购买产品，承担市场风险，负担产品所需的多种通关费用并拥有隶属于自己的经销网络。独家分销可以提高产品形象，高档消费品多采用独家经销。

独家分销这一行销方式对生产企业和行销中间机构都大有好处。对生产企业来讲，可以借助于这种行之有效的行销形式在相对广泛的市场范围内销售其产品，并在产品定价、促销、信贷和各种服务策略方面对行销中间机构进行一定程度的管理和控制。作为独家代理的行销中间机构则可以从中获取较高的经济收益。

这种策略一般只适合于购买者较少、单价较高或技术较为复杂的产品。生产者采用这种策略是为了促使中间商更加积极地推销产品，更讲究推销技术，并有利于控制中间商在价格、促销、信贷和各种服务等方面的政策。

（三）选择型分销

选择型分销也叫特约经销，这种策略介于密集型分销和独家型分销之间，即在某一目标市场范围内，依据一定的标准选择几个合适的中间商，与这些中间商建立一种良好的协作关系，通过这几个中间商经销其产品。采用这种方式可以取得足够的市场覆盖范围，相

对于密集型分销，其成本较低，且容易控制。这一行销形式一般为新组建的企业所广泛采用，其目的只有一个：就是尽力打开市场并力争扩大产品的销路。采用这一行销形式，生产企业不仅无须为此付出过多的精力，而且有助于在企业与行销中间机构之间建立起良好的业务合作关系，从而有利于企业进一步打开市场，占据较多的市场份额。与密集型分销形式相比，选择型经销最大的优势在于不仅能促进生产企业扩大市场份额，而且无须付出过多的精力和行销成本。

该方式最适合消费品中的选购品。这种策略既能避免企业采取密集型经销时精力过于分散的现象，与被选择的有限的几家中间商保持较好的关系，掌握一定的渠道控制权，又能避免企业采用独家型分销时渠道太窄的弊端，可使企业获得足够的市场覆盖面。因而，这一策略为多数生产者所采用。

案例链接

社区医药市场营销模式探讨

为了配合社区医疗的良性发展，国家将对社区医疗终端的产业链进行重组。由于社区医疗终端数量大，覆盖面广，政府可能会从现有的商业机构中选择一些作为社区医疗终端的专门配送企业，并在政策上给予一定的倾斜。

国药控股系统和一些当地传统强势商业可能会成为首选机构。对于这些医药企业来说，这无疑是个机遇，工业企业可配合这些机构开展自己的产品在这些渠道的排他性渠道拦截活动，低成本进入社区医药市场。目前，制药企业在社区第三终端的推广还处于摸索阶段。

以北京市为例，北京市目前有 3 000 多个社区医疗网点，大家可以想象这个跨度有多大，需要多少人员来维护。假设一个人维护 30 家，维护 3 000 家就要有 100 人。在这么巨大的空间里，每个人在北京生存，算上交通费等各种费用，每个月需要支出 3 000 元～5 000 元，3 000 家就要几百万元。再加上后进成本以及广告，整个活动支出大概需要投入 1 000 多万元。尽管是 1 000 多万元，如果在北京市打出市场，大概会有 15 亿元～20 亿元的销售额，还是值得的。但这是在社区医疗网点铺得比较好的北京，如果换成其他地区的市场就没这么乐观了。其实还有更好的方法，比如与专业平台合作。

在销售中，很多企业已经开始尝试和专业性媒体合作。把学术及各种活动进行分拆分离，让别人构建自己的市场。以这种方式同样可以达到营销的目的。比如，专业的医药刊物，如果仅把它看成一个上广告的平台，就把它看简单了。通过这个平台，其实可以展开一系列“波澜壮阔”的活动。还从北京市场的 100 人说起，如果全国市场都要推广社区医疗网点，那不就需要几千人吗？这就是所谓的人海战术。若换一种方式执行，比如北京市用 20 人，省下 80 人的钱可以用来与专业平台合作。依靠专业平台的专业性、权威性，有针对性地进行推广，不仅可将触角深入各个社区网点，而且还可节省不少人力。这种方式产生的聚合效应未必比人海战术低。

三、建立现代营销渠道系统

（一）营销渠道的纵向联合

对营销渠道构成的层次进行分析，可以帮助企业正确理解营销渠道的基本概念。但随着竞争的加剧，仅仅有这些传统的营销渠道还无法形成竞争力较强的渠道系统，会影响企业的整体营销效果。因此，加强渠道成员的合作，建立垂直营销系统成为一种趋势（见图6—3）。

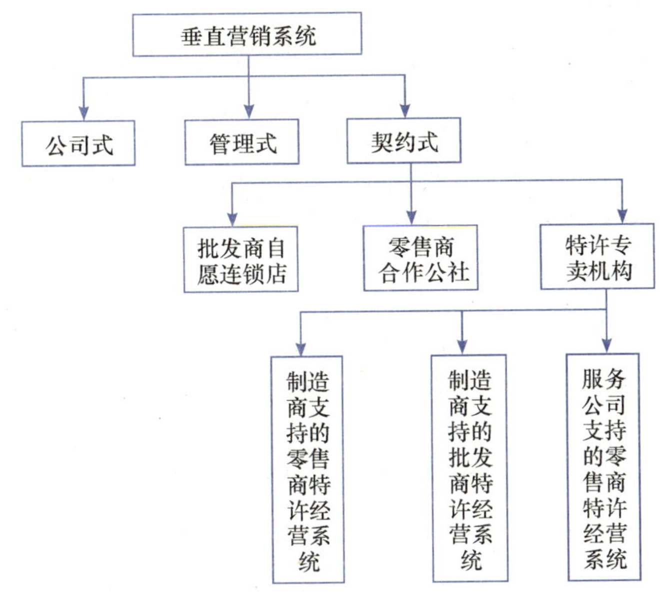

图6—3 垂直营销系统

垂直营销系统是指用一定的方式将营销渠道中各个环节的成员联合起来，寻找共同目标下的协调行动，以促进营销活动整体效益的提高。这种纵向联合的营销渠道大致有以下三种形式：

（1）公司式。即由一家公司拥有和统一管理若干工厂、批发机构和零售机构，并控制销售渠道的若干层次，甚至整个销售渠道，综合经营生产、批发、零售业务。简言之，生产及分销各个阶段是在单一所有权下的组合。

（2）管理式。即通过渠道中一个规模和实力较大的成员来协调整个产销通路的渠道系统。例如，品牌产品的制造商能取得批发商的合作与支持，它不是通过共同的所有权或契约来约束，而是依靠渠道中实力雄厚的渠道成员的影响力发挥作用。一般而言，实力雄厚的制造商，如柯达、吉利、宝洁等公司可能博得其中间商在产品陈列、展示、促销和价格政策等方面的通力合作。

（3）契约式。即不同层次的独立制造商和中间商，以合同为基础和依据建立的联营式的渠道系统，可达到单个成员所不能及的分销效果。契约式又可以分为批发商自愿连锁店、零售商合作公社、特许专卖机构三种形式，其中特许专卖机构又有制造商支持的零售商特许经营系统、制造商支持的批发商特许经营系统、服务公司支持的零售商特许经营系统。

（二）营销渠道的横向联合

营销渠道的横向联合又称水平营销系统，是由两家公司联合开发的渠道系统。这些公司或因资本、生产技术、营销资源不足，无力单独开拓市场，或因不愿承担风险，或因看到和其他公司联合可实现最佳协同效益，而组成水平营销系统。它们可以暂时或永久合作，也可以组成一家新公司，如皮尔斯堡公司和克拉夫特食品公司签订了一项协议，约定由前者生产冷冻生面团产品并负责广告宣传业务，后者则应用其专门技术组织营销，将这些产品分销到商店。

（三）多渠道营销系统

它是指在同一或不同的分市场，采用多条渠道的营销系统。随着顾客分市场和可能产生的渠道不断增加，越来越多的公司采用多渠道营销系统。例如，通用电气公司不但拥有独立经销商，而且还直接向建筑承包商销售大型家电产品。又如近几年国内的软饮料行业，同一品牌的灌装和瓶装产品通过传统的营销渠道销售，而桶装产品则通过饮料分装机在大街小巷销售，更好地满足了不同顾客的需求。

（四）网络营销系统

这是一种新兴的营销渠道系统，也是对传统商业营销运作的一次革命。企业通过国际互联网发布商品及服务信息，接受消费者的网上订单，然后由自己的配送中心或直接由制造商送货上门或邮寄，如通过网络书店、网络花店、网络药店等将产品送达消费者手中。

在实际策划中应多角度考虑营销渠道结构，根据产品与企业状况等信息，选择最佳渠道。

第二节　渠道结构策划

在现代经济全球化的时代背景下，大部分供应商并不直接把产品销售给最终用户或者消费者，而要借助于一系列的中间商的转卖活动。商品在流通领域内的转移包括商品所有权的转移过程和商品实体的转移过程两个方面。商品实体转移的动向和经过的环节并不一定与商品所有权转移的动向和经过的环节完全一样，即商流与物流不一定同时发生。因此，营销渠道结构策划是企业战略体系的重要组成部分。

营销渠道结构策划的主要内容是怎样选择、设计和管理销售渠道，即怎样合理选择、设计和管理产品从生产者处转移到消费者或用户处所经过的路线和通路。在策划中首先要建立实际营销渠道的标准和程序，然后确定相应的营销渠道策略。

营销渠道结构策划的中心问题是确定产品到达目标市场的最佳途径。因此它是企业营销渠道策划的重中之重。在策划中首先必须分析影响营销渠道结构策划的因素；其次要把握渠道结构策划的基本原则与要求；最后要明确营销渠道结构策划的程序。

案例链接

戴尔直销渠道变革：牵手电子商务网站销售笔记本

尽管戴尔模式饱受争议，但它变革的速度已超过很多业内人士的预期，尤其是它的营销模式。

有消息报道，戴尔已开始将它的渠道触角延伸到第三方电子商务。如它已经与中国台湾地区访问量最大的门户网站——雅虎奇摩达成合作，在后者旗下的电子商务网站——兴奇科技上面销售自己的笔记本产品。

兴奇科技董事长方国健对外表示，戴尔笔记本的性价比有绝对竞争力，通过与雅虎奇摩网站的合作，可以迅速提升它的知名度。戴尔笔记本电脑在台湾地区的市场占有率目前还不高。

直销以外措施增多

这是继在全球设立体验中心、PC进入全球零售巨头沃尔玛门店销售之后，戴尔公司进行的又一次新的渠道模式尝试。

戴尔中国发言人张飒英对《第一财经日报》确认了这一消息。她说，公司正对以往的直销模式进行创新，前不久，董事长兼CEO戴尔本人也发表了“直销不是一种信仰”的看法。但至于戴尔在大陆的分公司是否效仿台湾地区的做法，比如与阿里巴巴、易趣或其他电子商务网站合作，她表示，还没有官方消息。

张飒英表示，渠道创新不是戴尔公司在某一市场中的行为，而是一种全球战略。这意味着大陆的连锁零售商、电子商务网站未来都可能被纳入戴尔中国的渠道体系。不过，一位业内人士透露，事实上，戴尔台式电脑已经进入了北京苏宁电器的门店。

成本控制矛盾

由互联网与电话销售走向体验中心、连锁零售商以及第三方电子商务，这势必会提升戴尔的营销成本。

而这家公司目前最大的任务正在于缩减成本。迈克·戴尔本人为此公布了裁员10%的消息，涉及人数达8 000人。

张飒英坦陈，营销模式创新确实会带来成本压力，但戴尔会仔细评估多种措施，进行合理布局。针对裁员，她补充说，这对中国市场不会有多少影响，因为中国已是公司在美国之外最重要的市场。

不过，业内人士也认为，牵手第三方电子商务，可能形成利益博弈的尴尬，影响戴尔未来资源调配。因为，早在1996年，它便在自己的官方网站上加入了电子商务功能，并推向全球。1997年，它率先成为全球首家在线销售达100万美元的公司。这意味着，如果戴尔未来全面拥抱第三方在线渠道，可能损及自身在线营业收入。

资料来源：http://www.ecteach.com/Article/ec/cases/200706/1801.html。

一、营销渠道结构策划的原则与要求

（一）营销渠道结构策划的原则

营销渠道结构的具体策划需要按照一定的原则展开，主要表现在：

（1）经济性原则。经济性原则就是指从成本与收益的角度对不同的营销渠道结构进行评价。首先要推算出一种营销渠道的成本水平。例如，针对是采用本公司的销售人员还是采用销售代理商的问题，企业的选择是：销售量在如图 6—4 所示的 S 以下时，宜采用销售代理商，因为销售代理商已建立了健全的网络，容易与客户接触，单位产品均摊的分销费用低。但是，如果销售量达到 S 以上，则适合采用本公司的销售人员，即自组销售队伍。这是因为大规模的销售足以为企业带来丰厚的利润。

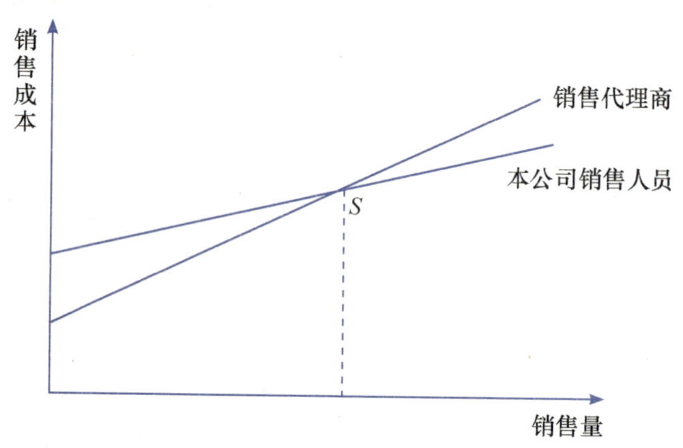

图 6—4　依据经济性原则选择营销渠道结构

这给了我们一个普遍性的启示：大公司适合自组销售队伍和营销网络，小企业一般应采用代理经销商。

（2）目标差异性原则。制造商使用代理经销商必然会遇到中间商的目标与制造商的目标不一致的问题。中间商往往不能有效地配合制造商的整体营销战略。因此制造商要评价这种差异的程度究竟有多大，这种背离是否会影响企业的长远利益。如果中间商是在积极合作的前提下追求自身利益的最大化，那么这是可以接受的。但如果中间商的目标与制造商的目标相去甚远，甚至相抵触，则应及时调整渠道成员。

（3）适应性原则。营销渠道结构策划要本着适应环境和符合企业总体发展规划要求的方针灵活应变。营销渠道结构策划方案要能够体现出适应性的特征，特别是与营销机构签订营销合同时，合同的有效执行年限不宜过长，要为企业灵活变动营销渠道留有余地。

（4）维护信誉原则。中间商的声誉影响企业对营销渠道的选择。要达到通过正确选择营销渠道进而提高企业声誉的目的，首先企业要精心选择中间商，拒绝与声誉差的中间商建立合作关系，同时，要适当激励在企业渠道建设方面做出较大贡献的中间商。

（二）营销渠道结构策划的要求

一般而言，判断一个营销渠道好坏的标准在于它是否可以最快的速度、最好的服务质量、最经济的流通费用，把商品送到消费者手中，实现经营者的利益。要达到这一基本要求，营销渠道必须具备以下条件：

（1）能够不间断、顺利、快速地使商品进入消费领域。不间断是指连续性，它必须有能力进货（包括拥有资金和运输条件），保证供货和需求的一致性；顺利是指流通顺畅，不得使商品在途中滞留；速度是时间性，是指不得拖延工作时间。

（2）具有较强的辐射功能。一件产品从生产出来一直到消费者手中，中间要经过许多环节。如果销售渠道的各个环节都具有较大的辐射功能，就可以从各个环节的辐射点开始，向周围辐射，从而形成地域相当广泛的营销渠道，提高产品的市场占有率，扩大销量，增强企业的市场竞争力。

（3）具有商流与物流一致性的特点。一条好的营销渠道，不仅是以货币为媒介的商品交换渠道，而且是物资运行的渠道，只有实现了商流与物流的一致性，才能使营销渠道成为满足消费者需求的通道。

（4）能够带来显著的经济效益。一般来说，交易成功率高，物流速度快，流通费用少，资金周转快，销售环节少的营销渠道，经济效益就好。否则经济效益就差。

（5）有利于为消费者服务，保护消费者利益。渠道最重要的评价标准就是以较低的成本尽可能满足消费者需求。一般而言，比较好的营销渠道不仅能从自身的利益出发，而且还会充分考虑消费者的利益，真正地为消费者服务。

二、营销渠道结构策划程序

企业在策划营销渠道结构时，必须在理想的渠道和实际可能构建的渠道之间做出选择。这一策划过程通常需要经过分析消费者需要、建立渠道目标、确立可供选择的渠道方案，以及评估渠道方案等几个阶段。

（1）分析消费者需要。这些需要通常表现在下列几个方面：批量小、交货时间短、购买方便、花色品种多、提供服务能力强，以及费用低。

（2）建立渠道目标，即达成的服务产出目标。企业可根据用户的不同需求，划分出若干分市场，然后决定服务于哪些分市场，并为之选择和使用最佳渠道。

（3）确立可供选择的渠道方案。渠道选择方案包括中间商类型、中间商数目以及每一渠道参与者条件和互相责任等因素。具体包括选择中间商类型、确定中间商数目、规定渠道成员的条件和责任。

（4）评估渠道方案。方案评估可以从经济性、可控性和适应性等几个方面进行。经济性评估主要是比较每一方案可能达到的销售额水平以及费用水平。可控性评估主要是评价对渠道控制的难易程度。渠道越长，控制问题就越突出，对此需要进行多方面的利弊比较和综合分析。适应性评估主要是考察企业在每一个渠道承担的义务与经营灵活性之间的关系，包括承担义务的程度和期限。

案例链接

新营销模式：体验式营销

从宏观上看，体验式经济的到来是因为社会经济发展已经达到一定程度。对于那些刚

刚满足温饱或者勉强达到小康的人们来说，“体验”只是一种奢侈。其次，从微观上看，体验式营销的兴起是由于企业对产品及服务在质量、功能上已做得相当出色，以至于顾客对特色和利益已经淡化，而追求更高层次的需求，即“体验”。

体验式营销是依据消费者的感官（sense）、情感（feel）、思考（think）、行动（act）、关联（relate）五个方面，重新定义、设计营销的思考方式。此种思考方式突破传统上“理性消费者”的假设，认为消费者消费时是理性与感性兼具的，消费者在整个消费过程中的体验，是研究消费者行为与企业品牌经营的关键。

我们一般将体验分为多种类型，但在实际情况下，企业很少进行单一的体验营销活动，一般是几种体验的结合使用，可将其称为体验杂型。进一步来说，如果企业为顾客提供的体验涉及所有类型，则被称为全面体验。

通常，企业的营销人员为了达到体验式营销目标，需要用一些工具来创造体验，我们将这些工具称为体验媒介。作为体验式营销执行工具的体验媒介包括视觉与口头的识别、产品呈现、共同建立品牌、空间环境、电子媒体与网站、人员。

另外，体验模块在使用上有其自然的顺序：感官—情感—思考—行动—关联。“感官”引起人们的注意；“情感”使得体验变得个性化；“思考”加强对体验的认知；“行动”唤起对体验的投入；“关联”使得体验在更广泛的背景下产生意义。

目前很多企业在其产品和服务的质量、特色、功能上搞得一团糟，这样不仅不会给顾客带来全新的体验，反而会带来负面影响。

传统的营销理念强调“产品”，但是合乎品质要求的产品消费者不一定满意。现代营销理念强调客户“服务”，然而即使有了满意的服务，顾客也不一定忠诚。未来的营销趋势将崇尚“体验”，企业只有为客户造就“难忘体验”，才会赢得用户的忠诚，自身才能获得长远的发展。

资料来源：http://www.bblook.com/business/marketing/yxxy/200708/3901.html。

第三节　渠道再造策划

一、厂商与中间商关系的再造

如果生产企业决定通过中间商销售其产品，就必须进行中间商类型策划，即确定生产企业首先将产品卖给什么样的中间商。中间商主要有三种类型，即批发商、零售商和代理商。生产企业要确定合理的中间商类型策划，首先要分析中间商的功能，其次要分析企业所需要的各种功能，最后在此基础上选择合适的中间商。

（一）批发商

批发商的特点是通过采购活动取得产品的所有权，对商品拥有所有权，主要通过买断商品所有权，并通过买卖活动从进销差价中获取利润。批发商拥有较全面的销售功能，拥

有一定面积的仓库、运输工具、相当数量的固定资金和流动资金，有能力大批量地从生产企业进货，同零售商有着广泛的联系，有一定的经营管理经验。

（二）零售商

零售商也像批发商一样具有通过采购过程取得产品的所有权，从批零差价中获取利润的特点。但因多数零售商规模较小，一般不可能像批发商那样提供较多的销售功能，多数零售商仓库面积较小，运输能力薄弱，流动资金也较少，只能采用批量采购、勤进快销的方式。零售商同消费者有着广泛的接触，能比较客观地了解消费者对特定产品的需求情况。

（三）代理商

代理商没有商品的所有权，仅为买方找卖方，从中抽取佣金。在经营活动中，存在多种类型的代理商，按其功能的不同，大体可以分为制造商代理、销售代理、采购代理、经纪人和进出口代理五种类型。

1. 制造商代理

通常为几个企业服务，其代理的产品往往是互相补充而不是互相竞争的。制造商代理利用这些来自不同企业的互补性产品，向顾客提供系统的产品服务。制造商代理的权限有限，只能在委托人指定的区域，按照委托人指定的价格和销售项目进行销售。

2. 销售代理

通常只代表一个企业，并且负责该企业授权范围内的营销活动。由于他们的职责范围较宽，因此被授予的权限要比制造商代理的权限大得多。他们可以决定产品价格、销售项目、销售区域等，并且可以在一些地方雇用其他类型的代理。

3. 采购代理

代表顾客，一般与买方建立长期的关系，为其采购商品，并经常为买主接收、检查、储存和运送货物。他们为顾客提供有用的市场信息，并帮助顾客以合适的价格买到最好的商品。

4. 经纪人

并不专职服务于生产者或顾客，而是谁雇用他就为谁服务，并由雇用他们的一方支付佣金。他们的主要作用是为买卖双方牵线搭桥并协助谈判，促成商品所有权和控制权的交换，但是经纪人本身并不直接参与这些过程。他们不存货，不涉及财务往来，不承担交易过程中的风险。由于每一次活动都独立并区别于其他交易，因此经纪人经常更换他们所代表的委托人，与委托人之间没有长期契约关系。

5. 进出口代理

进出口代理是专门从事进出口业务的代理商。

从代理的分类中可以看出，代理形式多种多样。不同类型的代理经营产品的规模、区域、产品范围的深度和广度、所代表委托人的类别和数目以及对自身技术素质的要求和承担的任务都是不同的。通过差异分析不难发现，他们具有许多共同的特点：

（1）代理商是独立经营的实体。

（2）代理商仅参与渠道活动中的某些活动，并不参与全部渠道活动。

（3）代理商必须具有较好的促销功能。在营销过程中，代理的主要目的是促进交易的

实现，并由此获取产品售价的2%～6%作为佣金。

(4) 代理商一般不具有仓储功能，在多数情况下，产品由企业直接运给顾客。代理商对销售的产品也没有所有权，不承担产品的风险。

(5) 除寄售商外，代理商一般不参与资金流活动，也不提供赊账销售。

(6) 代理商的主要花费是推销的开支，大约占全部费用的一半以上。

二、营销渠道管理的目标

营销渠道的管理与营销渠道的设计是不可分割的一个整体。实际上，营销渠道策略的实施始终离不开有序的管理来加以保障。营销渠道的管理包括选择具体的渠道成员、明确渠道成员的责任、分销渠道的合作、调整渠道结构、解决渠道成员的冲突以及对渠道成员进行激励和评价等（见图6—5）。

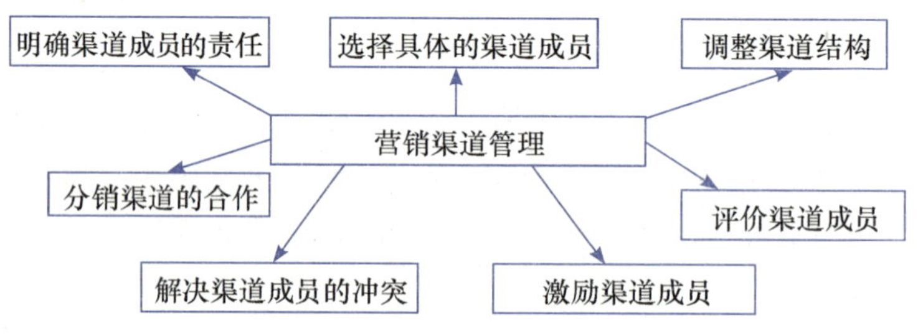

图6—5　营销渠道管理的内容

营销渠道管理的目标体系包括基本目标、二级目标和高级目标。

(1) 基本目标：保证货畅其流，即确保货品在顾客需要的地点和时间出现。

(2) 二级目标：保证价格稳定及维护和确保合理的价格体系，确保每个渠道层面价格稳定，杜绝和限制任何有可能引起价格混乱的行为。

(3) 高级目标：促使市场最大化及最大限度地提升产品销量和扩大市场占有率。

三、激励渠道成员

一旦选好中间商，公司必须不断激励中间商，使其竭尽所能。公司不应只是“通过”中间商销售产品给顾客，而且必须将产品“销售”给中间商。对中间商的激励应以对其进行的培训、管理和鼓励为基础。激励中间商并使其创造出最佳业绩，必须首先了解中间商的要求。例如，中间商往往在需求上表现为购入商品，这是着眼于消费者的利益而非供应商的利益。他希望的是销售所有的顾客愿意接受的产品。中间商总是希望将其销售的产品编入产品销售条例中进行组合销售，因此他们的经销努力常放在全部的组合产品上而不是个别产品上。除非采用特殊的激励方式，才能使中间商对个别品牌的产品销售情况予以特殊关注，否则，他们只关注产品的组合与搭配销售。

激励渠道成员是指企业为促进渠道成员完成分销目标而采取的激励措施，主要有间接激励和直接激励两种形式。

（一）间接激励

间接激励就是通过帮助中间商进行销售管理，以提高销售的效率和效果，来激发中间

商的积极性。其做法多种多样，如帮助经销商建立进销存报表、建立安全库存数目和先进先出库存管理系统。

经销商提供的间接激励就是帮助经销商进行零售终端管理。如前所述，针对经销商提供的间接激励，可以通过帮助经销商管理其客户网络等活动来进行。如帮助经销商建立客户档案，包括客户的店名、地址、电话，根据客户的销售量将他们分成等级，并据此指导经销商对待不同等级的客户采用不同的支持方式，从而更好地服务于不同性质的客户，提高客户的忠诚度。

（二）直接激励

直接激励是指通过给予物质或现金奖励来肯定经销商在销售量和市场规范操作方面的成绩。在实践中，企业多采用返利的形式来奖励经销商的业绩。根据返利的目标不同，可以分为过程返利和销量返利两种。

过程返利是直接的健康培育。通常，实行过程返利，企业将考察中间商以下几个方面：铺货率、售点气氛（即商品陈列生动化）、开户率、全品种进货、安全库存、指定区域销售、规范价格、专销（即不销售竞争品牌的产品）、积极配送、守约付款。

销量返利旨在提高销售量和利润，它是一种为直接刺激经销商的进货力度而设立的一种奖励。在实际操作中，销量返利有以下三种形式：

（1）销售竞赛，即对于在规定的区域和时段内销量居于前列的经销商，给予丰厚的奖励。

（2）等级进货奖励，即对于进货达到不同等级数量的经销商，给予一定的返利。例如，年累计进货量达到10万件，每件返利0.7元；年累计进货量达到20万件，每件返利0.9元等。

（3）定额返利。若经销商的进货量达到一定数量，给予一定的奖励。比如，每进货500件，赠送2件。

返利的副作用是，可能为经销商实施低价越区销售（即冲货或砸货）提供机会。为避免出现这种扰乱市场的情况，可以考虑将代理制和经销制的优点结合起来，采取“定点＋定量＋定价＋定利”的四定政策：“定点”即给经销商确定经销地区；“定量”即给经销商确定销量；“定价”即规定经销商按照公司确定的零售价格进行销售和回款；“定利”即在成功实现上述目标后，由企业在年底给予经销商一定的返利。

返利最好采用物质奖励的形式，如奖励生活用品、参加旅游，或者奖励一些经营设备，如传真机、货车等，这样可以改善经销商的经营条件，方便其日后的发展和提高。

经验较为丰富的制造商设法与中间商建立起长期的合作关系，在市场覆盖率、库存水平、市场开发、招徕客户、技术指导等方面，制造商对中间商的要求有明确的设想。制造商希望中间商在以上方面与其有共同的想法，并且遵守以上规则付给酬劳。例如，制造商不是直接付给中间商30％的佣金，而是将其具体分解为几个明确的目标：

- 如果能保持适当的存货水平，付给5％。
- 如果能完成销售定额，付给5％。
- 如果能向顾客提供有效的服务，付给5％。
- 如果能准确统计顾客的购买状况，付给5％。

- 如果能及时回付货款，付给5%。
- 如果能帮助企业开展广告等促销活动，付给5%。

这样，就将原来仅仅认为能完成销售定额就是完成任务的指标扩展了。明确分解目标，有利于准确地衡量工作业绩，从而提高合作融洽度。即在兼顾制造商与中间商关系的基础上，要建立一套有计划的、实行专业化管理的、垂直的营销系统。制造商为了做好这项工作，要在企业内设一个中间商关系规划部门，专门负责发现分销商的需求，制定相应的销售计划，以便使中间商能够更有效率地工作。通过营销规划的实施，使中间商认识到他们是复杂的垂直营销系统的一个环节，并且只有整个系统有效运转，各方才能有利润回报。反之，像以往一样，只顾眼前利益，不考虑全局，对整个销售渠道的成员都将产生不利影响。

四、对渠道冲突的处理

营销渠道是由各类型的制造商或中间商组成的，观念、利益的不同，必然会带来冲突。例如，制造商希望中间商只销售自己的产品，而中间商只要有销路，经营哪一个制造商的产品都可以。又如，制造商希望中间商多做广告，而中间商则要求制造商支付报酬。

（一）渠道冲突产生的原因

（1）制造商与中间商目标不一致。例如，制造商往往专注于通过降低价格进而提高市场占有率的长期目标，而中间商则追求高回报的短期利益。

（2）中间商的作用与权利不明确。例如，制造商的分销网络既有自己的销售队伍又有中间商时，就存在市场区域、销售信用等方面的冲突。

（3）制造商与中间商感觉上的差异。例如，制造商对经济前景看好，因而希望中间商增加库存，而中间商则在对经济发展前景持悲观态度的前提下，尽可能地减少存货，二者必然出现冲突。

（4）沟通失败。主要表现在：没有沟通或沟通不及时，以至于失去解决冲突的机会；或者沟通受到“噪声”的干扰，致使渠道成员之间产生误解。

（5）中间商对制造商的过分依赖。有研究表明，渠道成员之间互相依赖的程度越高，产生冲突的可能性就越大。

除以上原因以外，制造商和中间商相互之间的不满意也是导致冲突产生的原因。

制造商与中间商之间产生冲突的问题举例：

- 来自制造商的不满。

——中间商未提供有效的服务；

——信息交流无效；

——中间商越权管理；

——中间商付款不及时；

——回扣和付款争议；

——产品运输损失和损坏；

——广告费用争议；

——中间商市场渗透不力；

——中间商不执行销售政策。

- 来自中间商的不满。

——产品缺货；

——新产品开发存在时滞；

——为解决问题进行的交流无效；

——产品存在问题或缺陷；

——错误的销售预测；

——包装问题造成的损坏；

——淡季财务负担。

(二) 渠道冲突的表现形式

(1) 水平冲突是指处于同一渠道层次的各企业之间的冲突。产生水平冲突的原因往往是制造商的区域划分不清，或网络建设过于密集，影响中间商利益，以及同层次中间商之间缺乏沟通。解决的方式是建立完善的网络，严格规定边界，合理布局，定期召开中间商会议，沟通感情。

(2) 垂直冲突是指不同分销层次的各企业之间产生矛盾的情形。产生冲突的原因往往是职责上的不明确，有时存在强压现象，这是利益分配不公所致。例如，生产商在将其服务价格、促销方面的政策强加给中间商时就会出现冲突。

(3) 多渠道冲突发生于一个制造商在同一市场建立的两个或两个以上相互竞争的渠道系统之间。例如，固特异公司 (Goodyear) 原来一直采用的是经销商制，但后来它决定通过大众市场，如西尔斯、沃尔玛、折扣轮胎店销售时，就引起了独立经销商的不满。

(三) 营销渠道冲突的管理

有些营销渠道冲突可以从根本上给予解决，但更多的则是尽量降低冲突的水平。营销渠道冲突的管理方式主要有：

(1) 寻求共同的目标。为了解决冲突，渠道成员要在基本目标上达成一致，包括市场份额、高质量、顾客满意等一系列相关的问题。在遇到强烈的环境威胁时采用这一手段最为有效。在一起共同探讨发展的目标有助于渠道成员之间消除冲突、化解威胁，也有助于认识合作对于实现共同目标的意义。

(2) 在不同层次上互派人员解决冲突。制造商派一些管理人员到中间商那里去工作，中间商派一些人员到制造商机构中去工作，这样有助于相互理解并达成共识。

(3) 吸收对方成员担任委员会顾问、董事会董事等职位，寻求对方的支持。只要能够在各种场合主动倾听这些顾问或董事的观点和建议，就能减少冲突。

(4) 共同成为贸易委员会的成员。参加贸易委员会之后，各成员有机会共同分析发展前景及谋划共同的远大目标，有助于消除个别渠道成员之间的利益冲突。

五、调整营销渠道

企业要根据市场的发展变化情况及时对渠道进行调整，特别是在营销渠道的运行偏离了计划，消费者的购买模式发生了变化，市场进一步扩大，新的竞争对手出现，新形式的分销渠道出现，产品进入生命周期的衰退阶段等情况下，更需要对营销渠道进行调整。

营销渠道的调整涉及三个方面的内容：第一个方面的调整幅度最小，即不改变营销渠道的整体结构，仅仅增加或减少个别中间商；第二个方面是对营销渠道进行较大幅度的调整，增加或减少业绩低于某种控制线的营销渠道成员；第三个方面是调整营销渠道的构成，形成新的渠道方式，因此要大幅度地调整中间商及其职责范围。

（一）增减渠道成员

根据企业的整体战略规划和对中间商评估的结果，对那些不能完成制造商的销售定额，并影响制造商市场形象的个别中间商，要终止与他们的购销关系。另外，通过认真的评估，吸收有积极性、业绩良好、形象与信誉卓著的中间商。

在实际业务中，增减渠道成员最好的办法是：采用整体系统模型来测量某一决策对整个营销渠道系统的影响，而不是单纯依据增减量分析的结果采取具体行动。

例如，在某大城市中，某汽车制造商授予另一新经销商特许经营权这一决策，会影响其他经销商的需求、成本和士气，而该新经销商加入渠道系统后，该系统销售额就很难代表整个系统应有的销售水平。

（二）增减营销渠道

营销渠道有多种形式，随着形式的发展变化，原有的营销渠道会在很多方面表现出不适应性，对此，仅仅增减个别渠道成员已经不能解决问题。这时，往往需要对渠道进行大的调整，如增加一些新的渠道或减少一些不适应新形势要求的渠道。

（三）调整渠道结构

随着市场环境的变化，生产商要对渠道的结构进行调整，以提高产品的竞争力。这是对企业市场营销组合和市场政策的重大变革，要十分谨慎。如直接渠道改变为间接渠道，单一化渠道变为多元化渠道等。这种调整是最困难的，它不仅会改变全部销售渠道，而且还会涉及营销组合因素的相应调整，以及营销策略的改变。作为生产者，对全部销售渠道的调整要特别谨慎，要进行系统分析，以防考虑不周，影响企业的整体销售。

案例链接

海尔集团向全球拓展营销渠道

海尔集团实施 3 个 1/3 的经营战略（即 1/3 的产品在国内销售，1/3 的产品在国外销售，1/3 的产品在国外生产），没有营销渠道的保证显然是不行的。为此，海尔尽力拓展营销渠道，到 1997 年年初，海尔在国内已拥有 8 000 余个销售点，覆盖了所有的一、二、三级市场，在国外的 120 个国家和地区注册了自己的品牌商标，在 40 多个国家和地区都有专营店，专营商的总数达到 5 879 个。

在 1997 年 2 月 18 日召开的德国科隆国际博览会上，海尔的冰箱、冷柜、洗衣机、空调、微波炉、热水器等几十个品种的家电，吸引了来自世界各地的 3 000 多位经销商，其中 320 多位当场签订了经销海尔牌各种家电产品的合同和意向书，他们多数是第一次与海尔合作。

在科隆国际博览会开幕的当天下午，海尔集团总裁张瑞敏向来自欧洲的12位海尔产品专营商颁发了"海尔产品专营证书"。这些经销商获得了海尔空调、冰箱等系列家电产品在德国、荷兰、意大利等欧洲国家的代理权。我国企业向外国经销商颁发产品专营证书，在家电企业中还是第一家，这是海尔走向世界的扎扎实实的第一步。

资料来源：夏武：《市场营销策划》，北京，中国经济出版社，2007。

第四节　渠道的发展趋势

进入21世纪以来，企业竞争越发激烈，渠道创新的速度越来越快，随着市场竞争的加剧，营销渠道的发展出现了很多新的趋势。

一、直销渠道规范化

在直接渠道方面，由于直销所固有的一些优点，很多厂家对直销越来越重视。据报道，商务部和国家工商总局已对直销法规的相关内容做了重大调整，包括：取消年销售额过5亿元的准入门槛，企业可无店铺销售及直销的产品拓宽至保健器材、保洁用品等。《直销管理条例》和《取缔非法传销条例》的颁布对直销行业来讲无疑是一个新的发展契机，相信会有更多的企业投身到直销的行列中来，新一轮的直销热似乎在所难免。雅芳、安利这些世界级的直销巨头已经进入中国市场，通过几年的探索已经取得相当好的业绩。以安利为例，它的纽崔莱系列保健品已经成为国内保健品市场的知名品牌。而本土的直销企业，如天津天狮，也在这几年的发展中积累了丰富的经验并取得了不错的业绩。如何更好地利用已有的销售网点和销售人员，如何进一步拓展业务，如何面对竞争对手的挑战，现已成为直销企业不得不考虑的问题。而对于那些正计划进入直销行业的企业来说，如何选择并运用适合的直销模式，则成为它们面临的问题。

二、间接渠道扁平化

渠道扁平化也是营销渠道发展的一个重要趋势。渠道扁平化，简单地说，就是减少中间环节，使产品经过尽可能短的渠道与消费者见面。通过扁平化，厂家可以降低渠道的运营成本，从而有可能为终端零售商提供价格更低的产品，使本厂家的产品更具竞争力。对商家而言，可通过集中采购、包销、买断等手段压低进货成本。价格下来了，商家自然会吸引更多的消费者光顾，销量自然也就会上来。虽然每件产品的利润并不多，但是整体的利润量多了，存货和资金的周转速度也就会快起来。简单地说，就是"薄利多销"。商家的销量大了，厂家自然就会对商家更重视，而商家则可能拿到更具价格竞争力的产品。可以说，这种模式下更有可能形成厂家、商家和消费者三方共赢的局面。

三、零售渠道服务化

渠道服务化成为当前渠道经营的另一趋势。以国美为例，1999 年以来，国美推出了 80 千米免费送货、800 免费咨询电话、建立顾客档案、实施电话回访、厂商联保、免费上门设计、4 小时安装到位等一系列服务举措。2001 年 11 月，国美又推出“国美服务工程”，通过“岗位服务明星”、“神秘顾客行动”、“投诉有奖”、“不满意就退换”、“异地购物”等一系列服务举措，突出了国美的服务特色。2003 年，国美又打出了中国家电行业第一个商业服务品牌——“彩虹服务”，以“无微不至、无处不在”为服务理念，把满足顾客需求作为目标。“彩虹服务”设立了绿色“无忧”服务、红色“个性”服务和蓝色“亲情”服务三项人性化服务标准，建立了七项服务 100%承诺制度：咨询服务落实率 100%、客户投诉回复率 100%、安装调试合格率 100%、维修合格率 100%、用户档案完备率 100%、上门服务到位率 100%和服务时间准确率 100%。一系列的服务活动都说明作为家电零售业领头羊之一的国美已经越来越重视服务。可见，国美不仅要做低价格，而且要做好服务。

四、渠道一体化

随着渠道的不断发展变化，制造商与中间商之间的纠纷越来越多，伴随而来的则是一浪高过一浪的“一体化”呼声。制造商与中间商都希望与合作伙伴建立新型的战略合作关系，双方在合作共赢的基础上以发展的眼光加强厂商合作，相互支持，相互服务，通过资源共享、专业分工，更好地服务于消费者，最终达到战略协助、合作取胜的目的。可以说这是双方共同的需要。一方面，制造商通过中间商强有力的渠道可以迅速有效地铺货，达到占领市场并保持竞争地位的目的；另一方面，中间商与著名制造商一体化化经营，可以进一步强化其在流通、价格和服务方面的优势，从而进一步巩固其在同行中的竞争地位。这样的战略联盟可以整合资源、降低成本、减少浪费、提高效率，使厂商资本利用率、回报率都得到极大提高。未来的竞争将不再局限于质量、价格和服务及厂家之间对渠道资源、终端资源的竞争，商家之间对产品资源、营销资源、人力资源的竞争将成为下一个焦点。国际市场的发展也说明了这种一体化的发展趋势。当今多数西方企业都拥有 30 个以上的联盟，其中世界 500 强企业更是达到了平均每家约 60 个主要联盟的程度。从长远看，处在同一产业链条中的厂家和商家是相互制约、谁也离不开谁的，是在共同创造价值。因此，一体化将是企业不可回避的重要问题。而问题的关键在于如何在这种一体化的进程中找到合适的方式，协调好厂商之间的利益分配。

案例链接

“舒蕾”的终端战略

1989 年 3 月，丝宝集团在香港注册成立。经过 13 年的发展，其在中国洗化用品领域已与宝洁、联合利华形成三足鼎立之势。1989 年年底，丝宝化妆品在中国上市。

1996年3月，武汉丝宝集团的全新护理洗发露——舒蕾上市，按既定营销方案展开全国战役，一炮打响，掀起一股“红色”热潮，舒蕾风暴很快席卷了全国。舒蕾一上市，行动迅捷、执行到位，很快拿下了全国各地多数大型零售商场的阵地，这种快速营销避免了尚在萌芽时期就被大品牌扼杀。销售和广告宣传运转开来，营销队伍体系也随之建立。

2000年，舒蕾销售回款额超过15亿元人民币，全国的市场占有率为15%，跃居洗发水市场第二名，作为单一品牌在市场上仅次于飘柔，超过了宝洁公司的海飞丝、潘婷等产品，丝宝集团也由一个中小化妆品企业一举成为国内仅次于宝洁、联合利华的化妆品行业巨头。2001年，除丝宝集团的“舒蕾”暗暗与宝洁、联合利华较量外，还有一大批新品牌也加入了市场竞争行列，如“丽涛”、“飘影”、“拉芳”等一系列以前名不见经传的品牌纷纷亮相，一心要与宝洁争夺中国香波市场。激烈的市场竞争的结果是：2001年，宝洁的飘柔市场的占有率接近30%，仍独占鳌头，宝洁的海飞丝排名第二，丝宝的舒蕾紧随其后，市场占有率为6.1%，销售额上升到16亿元，成为中国洗发水领域的一匹黑马。

在具体实施过程中，舒蕾在各地设立分公司，对主要的零售点直接供货并管理，建立由厂商直接控制的垂直营销体系，更有效地控制渠道终端资源，方便更多自有品牌的销售，并且充分保证经营一处、成功一处、收获一处，使资金迅速回笼，实现盈利性拓展。在各大卖场，舒蕾积极争夺客源，争取比竞争对手更多的展位与陈列空间，通过人员促销开发市场，最大限度发挥终端战略优势，促进消费者的品牌偏好转换到舒蕾品牌的产品，从而有效遏制竞争对手产品的销售。经营业绩充分表明，舒蕾大量利用相对便宜的人力推销、终端促销来抢占洗发水市场，不失为“投入少，产出大，见效快”的营销利器，丝宝的这种“人海战术”式的营销取得了较大的成功。

本章小结

在许多场合，产品或服务并不是直接从生产者手中到达消费者手中，它们要经历许多中间环节。这就要建立一个产品或服务的分销网络——营销渠道系统。营销渠道策略是企业市场营销策略之一，在市场营销体系中占有十分重要的地位。

营销渠道类型策划主要包括营销渠道的长度策划和营销渠道的宽度策划。渠道的长度是以渠道层次（或称中间环节）的数量来衡量的，在产品从生产领域流转到消费领域的过程中，每经过一个中间商就构成一个渠道层次。营销渠道的宽度是指企业在同一层次上并列使用的中间商的多少，有宽渠道和窄渠道之分。渠道的宽窄取决于渠道的每个环节中使用的中间商数目的多少。渠道宽度的选择及策划通常有以下三种方式：密集型分销，独家型分销，选择型分销。

营销渠道结构策划的主要内容是怎样选择、设计和管理销售渠道。在策划中首先要建立实际销售渠道的标准和程序，然后确定相应的销售渠道策略。

营销渠道结构策划的中心问题是确定产品到达目标市场的最佳途径。因此它是企业营

销渠道策划的重中之重。在策划中首先必须分析影响营销渠道结构策划的因素；其次要把握渠道结构策划的基本原则与要求；最后要明确营销渠道结构策划的程序。

如果生产企业决定通过中间商销售其产品，就必须进行中间商类型策划。中间商主要有三种类型，即批发商、零售商和代理商。

营销渠道管理的目标体系包括基本目标、二级目标和高级目标。

企业要根据市场的发展变化情况及时对渠道进行调整，营销渠道的调整涉及三个方面的内容：第一个方面的调整幅度最小，即不改变营销渠道的整体结构，仅仅增加或减少个别中间商；第二个方面是对营销渠道进行较大幅度的调整，增加或减少业绩低于某种控制线的营销渠道成员；第三个方面是调整营销渠道的构成，形成新的渠道方式，因此要大幅度地调整中间商及其职责范围。

关键概念

渠道的长度　　渠道的宽度　　现代营销渠道系统　　渠道结构　　渠道再造

讨论及思考题

1. 营销渠道的长度策划具体指什么？
2. 营销渠道的宽度策划包含哪些内容？
3. 营销渠道结构策划的原则与要求是什么？
4. 试述营销渠道结构策划程序。
5. 营销渠道管理的目标是什么？

参考文献

[1] 叶万春，叶敏. 市场营销策划. 北京：清华大学出版社，2008.
[2] 王焕明. 营销策划. 合肥：合肥工业大学出版社，2008.
[3] 夏武. 市场营销策划. 北京：中国经济出版社，2007.
[4] 陈宝玉，王琼. 营销策划实训教程. 武汉：华中科技大学出版社，2007.
[5] 李世杰. 市场营销与策划. 北京：清华大学出版社，2006.

习题

一、判断题

1. 营销渠道是指产品在从生产者转移到消费者（或产业用户）的过程中所经过的通道。（　　）

2. 设计营销渠道的中心问题是确定产品到达目标市场的最佳途径。因此它是企业营销渠道策划的重中之重。（　　）

3. 垂直渠道是指在同一层次上两家或两家以上的渠道成员联合，共同开拓新的市场机会，将资本、生产能力或营销资源进行密切合作，以实现独家经营所不能达到的业绩。（　）

二、单项选择题

1. 零层次渠道是（　）渠道。

A. 最长的　B. 最短的　C. 最宽的　D. 最窄的

2. 密集性分销适用于以下哪类消费品？（　）

A. 高档家具　B. 家庭影院　C. 时尚服装　D. 日用百货

3. 如果生产者直接将产品卖给消费者，没有中间商参加，这类渠道叫做（　）。

A. 长渠道　B. 短渠道　C. 间接渠道　D. 零层次渠道

三、多项选择题

1. 营销渠道宽度策划的方式包括（　）。

A. 密集型分销　B. 垂直分销
C. 独家型分销　D. 多渠道分销
E. 选择型分销

2. 营销渠道结构策划的原则是（　）。

A. 经济性原则　B. 目标差异性原则
C. 适应性原则　D. 维护信誉原则
E. 价格弹性原则

第七章

促销营销策划

本章要点提示

- 了解广告策划的内涵及广告的类型，人员推销策划的内涵、人员推销队伍的设计及人员推销工作的步骤，公关策划的内涵及程序，营业推广策划的内涵及实施过程。
- 掌握广告产品定位策略的策划、广告市场策略的策划、广告媒介策略的策划、广告表现策略的策划，人员推销的策略与技巧，公关活动的策略选择及设计方法，营业推广策划形式的选择。
- 理解广告策划的程序、广告战略策略的策划、广告实施策略的策划。

引导案例

比利时一家啤酒厂推出了一种新型啤酒，为了迅速打进市场，厂家想尽了各种办法，但是效果不好。一天，厂家企划人员来到了布鲁塞尔中心公园游玩，这里有一个大广场，经常人山人海，公园中央有一尊小男孩撒尿的雕像。关于这个正作撒尿状的小男孩有一个动人传说。早在比利时抗法战争时，法军安放炸药要毁灭这座城市。导火索点燃后，恰巧一个小男孩路过这里，情急之下，这个小男孩立即撒尿把导火索淋熄，从而保全了城市。人们为纪念他制作了这尊雕像。面对此景，厂家企划人员急中生智，想出了一个促销创意。

啤酒厂经有关部门同意，将小男孩雕像清洗干净，并选择了一个节日，准备为大家献上一场好戏：节日这天，人山人海，中心公园无比热闹。天气很热，许多人口渴难耐。忽然，人们闻到从小男孩雕像处传来阵阵浓厚的啤酒芳香。有人大呼小男孩撒出的是啤酒（厂家事先安排），有人试着用杯子接啤酒，一喝，哇！好啤酒！消息传来，人们蜂拥而至，附近专门有人免费发放一次性纸杯（厂家事先安排）。这一举动轰动全城，很快，这种啤酒就迅速占领了市场。

案例启示

这个案例是促销营销策划中比较典型的求新、求奇策划。虽然促销方法用的是免费试喝，但是，促销工具、场地、时间的选择都恰到好处。如果这三个要素有一个选择不当，那么企划人员事先的创意就难以实现。

促销是企业营销的一个重要环节，促销的好坏直接决定着企业在市场竞争中的命运。为了激发较早或较强的市场反应，企业促销通常会运用多种促销方式和促销方法。本章主要就广告、人员推销、公共关系和营业推广四种常用的促销方式展开论述，希望企业在基本了解这四种促销方式的含义、特点、基本方法的基础上顺利开展促销营销策划。

第一节　广告策划

一、广告策划的内涵

广告策划的基本内涵，一般可从宏观和微观两个角度加以定义。从宏观视角看，广告策划是指对整体广告运作战略与策略的运筹规划。从微观视角看，广告策划是指针对具体的某一产品所展开的围绕所指向的目标市场的战术性谋划设计。概括起来说，广告策划是指广告人通过周密的市场调查和系统的分析，利用已经掌握的知识、情报和手段，合理而有效地谋划和布局广告活动的过程。

促销营销策划中的广告策划，是整体促销营销策划的重要组成部分，既与其他促销决策手段的策划相互关联，又彼此区别。并在不同的促销视角，发挥其促销营销功能。

广告策划一般有两种形式。一种是单独性的，即为一个或几个单一性的广告进行策划；另一种是系统性的，即为规模较大的、一连串的、为达到同一目标所做的各种不同的广告组合而进行的策划，称为整体广告策划。

二、广告的类型

企业常用的广告，一般可以分为四种类型：目的型广告、形象型广告、战术与战略型广告、理性诉求与情感诉求广告。

（一）目的型广告

介绍性广告。即说明性广告，是在新产品投放市场时或产品差异性较小的情况下，为了帮助消费者了解产品的存在和基本功能，以及促进产品的销售而使用的广告。

定位性广告。这是为实施好企业产品定位战略而使用的广告，往往突出产品的特色和差异化，侧重于对目标顾客消费心理的满足。

印象性广告。这是为了培养和提高顾客的忠诚度，使之成为企业的长期顾客而使用的广告。

（二）形象型广告

企业实力广告。即展现企业的人才、技术、质量、管理、成就等综合实力的整体形象广告。它可以股息、规模等表现企业实力的指标为广告内容，并配以企业的标识。

企业观念广告。这是宣传企业的整体理念、经营宗旨和价值观念的广告。

企业公益广告。这是表明公司对公益活动的倡导和对某些公共事业以及社会性活动的支持、赞助的广告。

企业招聘广告。企业在向社会广泛募集优秀人才之际，往往通过招聘广告大力宣传企业的成就和整体优势，以在社会公众心目中树立良好形象。

企业事故广告。针对在企业经营过程中，由于一些不可预测因素的影响，所发生的有损企业形象的突发事件所使用的广告。

企业庆典广告。这是在企业周年庆典，企业成功进行技术改造、重组，企业销售利税增长，企业荣获荣誉称号等庆典活动之际，以广告宣传的形式向社会公众进行报道和表示谢意的广告。

（三）战术与战略型广告

战术性广告。这是指在整个广告攻势中，为了保证广告整体策划的最终实现，对广告表现所采取的有组织、有计划的战术性安排。

战略性广告。这是指在进行企业整体发展战略策划时，根据企业市场推进的战略计划，针对企业长期发展目标所进行的战略广告行为选择。

（四）理性诉求与情感诉求广告

理性诉求广告。这类广告要求把握消费者的理性化动机。理性化动机是指消费者在下定购物决心前更多的是以十分冷静的态度关注产品的物质性功能，以理性思考作为判断购买产品的基础。

情感诉求广告。利用情感的广告往往将消费者购物的着眼点放在时尚、外观或者是情感以及心理上的某些满足。即不过分强调产品的物质性功能，而是更多地强调其精神因素。

案例链接

贝纳通彩色联合国

20 世纪 80 年代，贝纳通——欧洲一家品牌成衣公司提出了大受瞩目的广告词：“贝纳通彩色联合国”。这句广告词正好同 1985 年非洲埃塞俄比亚大饥荒时，全世界团结一致发动捐款救灾的活动相呼应。当时，美国歌坛巨星义演合唱的“We are the world”得到全球的响应。为此，贝纳通的广告海报的创意是：各种肤色、不同国籍的可爱的小孩，穿着贝纳通的衣服，手拉手，相亲相爱，表现了世界“四海一家”，渴望互相认可、平等团结的信息。这一广告在全球发布后，成千上万的贝纳通成衣作为友爱的象征，畅销世界各国，营业额高达 10 多亿美元。

资料来源：张自利：《促销实战手册》，北京：中国纺织出版社，2003。

三、广告策划程序

（一）组建广告策划机构

广告策划需要企业内部有关人员和企业外部的专业广告公司相关人员的参加，以组成一个专门的机构。

（二）广告调查分析

广告调查分析包括广告内容调查和广告策划实施调查两个方面。

（三）广告主体分析

广告主体是广告所要宣传的物品。广告主体分析的主要内容是：

（1）确定产品的主销对象，以及与此相适应的广告的诉求对象；

（2）确定产品的个性内涵，即突出产品的某个方面的特性，如质量、功能、价格、效用、产地、式样等；

（3）确定产品的精神意义，即产品能够在人们的精神文化生活方面带来的利益。

（四）广告计划分析

广告计划是对广告活动的具体安排。拟订广告计划是产生广告构想的阶段，是策划人的创造性思维在广告策划中的重要体现，是实现广告目标的重要步骤。

（五）广告目标分析

这是为确立广告目标所进行的分析。广告目标与广告战略是相辅相成的。战略是围绕目标提出的，同时又赋予目标更明确的方向。而广告目标则是广告战略实施的核心环节。

（六）广告创意分析

广告创意分析是广告的创意阶段，是把广告定位在概念上表达出来。广告创意是围绕广告主题的深化、艺术化和主体化而展开的。广告主题是广告所要表达的中心思想。而广告创意则是在广告策划中确立和表达广告主题的创造性思维活动。

（七）广告战略分析

广告战略分析就是围绕广告战略的确立进行周密策划的过程。确立广告战略，就是确立广告的总体方向。

（八）广告策略分析

这一阶段的任务是通过策划分析确立广告策略。即在广告战略与广告目标的引导下，策划人在遵循创意原则的基础上，运用一定的创意方法，具体设计构思出解决问题、达到广告目标的具体方式方法。

（九）广告效果分析

在广告决策实施过程中，需要对其效果经常予以检测。广告效果分析，可以在广告正式与受众见面之前进行，也可以在广告与受众见面之初进行。

四、广告策划的策略

（一）广告战略策略的策划

1．突出重点

在企业营销和广告活动中，总存在一些主要矛盾。这些影响广告活动的主要问题，就

成为广告战略的重点。策划者要在众多的问题和薄弱环节中，对各种广告战略的总方向、总趋势进行科学分析，按照重要性和可能性的不同程度列出先后顺序，找出关键因素，找到战略重点，这是实现战略目标的关键。

2. 审时度势

广告战略应建立在对企业内外环境进行周密调查研究的基础上，对各种资料、情报和信息进行系统的分析和研究，从中掌握制定广告战略的可靠依据。要了解企业内部的优势与劣势，找出企业外部环境中的问题和机会，从中进行综合平衡，制定最佳广告战略。

3. 立足竞争

广告战略必须针对竞争对手的意图而展开，并在整体上把握竞争的主动权。如无特定的竞争对手，广告战略策划也应考虑潜在市场或总体上的竞争压力，甚至运用模拟对手的方法制定相应的竞争策略。

4. 把握未来

广告战略策划的目的在于预测未来，把握未来，并从中找到准确的行动目标。

（二）广告产品定位策略的策划

广告产品定位策略的策划是对企业广告产品定位策略的选择和运用所进行的谋划。在策划中，可以选择的产品定位的基本策略包括实体定位策略、观念定位策略和品牌定位策略。

实体定位策略就是在广告传播中从产品的功效、品质、市场、价格等方面，为突出其新价值以及其与同类产品相比所具有的特异性，而实施的一种差别化定位策略，包括功效定位、品质定位、市场定位、价格定位等。

观念定位策略是指为产品确立一种新的价值观，以此改变消费者固有的消费观念，诱导消费者树立新的消费观念的策略。观念定位策略的具体运用包括改变消费者观念定位、反类别定位、逆向定位、对抗竞争定位。

品牌定位策略是一种主要以突出品牌名称和商标为主的广告产品定位策略。

案例链接

“味佳丽素”

日本三菱瓦斯化学株式会社曾在其新生产的脱氧剂产品的一则广告中，采用了以突出品牌名称为主的定位方法，其广告画面的上方用醒目的蓝色写出“味佳丽素”四个大字，这是产品名称。中间用图片——一株茂盛的大树和晴空、绿草地作为衬托，从而进一步通过画面传播其品牌的文化内涵，其目的在于使人产生新鲜的联想。设计定位突出商标或品牌名称的广告，一般画面中很少出现产品和消费者的形象。

资料来源：张爱玲、黄东升：《现代企业策划》，北京，中国经济出版社，2002。

（三）广告市场策略的策划

广告市场策略的构思、设计、选择与确立过程就是广告市场策略的策划过程，其目的在于为企业的产品选择一定的受众范围和目标，针对和满足一部分人的需求。

选择和确立广告市场策略的基本依据是：企业产品、劳务的特性（目标市场的性别、年龄、经济收入、文化信仰、家庭结构、购买态度、购买方式、所在地域等），以及不同的需求（满足日常生活和工作的基本需求，或满足较高档次的享乐型、超前型消费需求以及其他内在的精神需求等）因素。

选择和确立广告市场策略的策划过程，就是解决广告策略与细分市场的内在性质与特征如何相对接的策划过程。其策划作业流程包括三个基本步骤：首先，明确企业的目标市场、目标市场策略，以及目标市场的内在需求性质，最终形成对广告目标市场的认识。其次，根据目标市场特质，形成广告目标市场的进入和覆盖策略。最后，根据目标市场特质，以及广告目标市场策略的要求，形成由广告诉求对象、诉求内容、诉求方式、诉求风格等要素构成的广告基本表现目标的设计方案。在广告市场策略的策划中，策划者的市场区分意识以及针对性诉求意识是必不可少的。

案例链接

松下电动剃须刀的一则报纸广告

标题：世界行政英杰之选。

正文：每一天早晨，东京、纽约、法兰克福、伦敦的行政精英们以National电动剃须刀，开始他们与众不同的一天……

在这则广告中，突出了针对追求高品质、高标准、新时尚的精英层男士消费者。可以说策划者有着明确的市场区隔意识，也正是在这种意识支撑下使广告强化了商品的独特价值。

资料来源：张爱玲、黄东升：《现代企业策划》，北京，中国经济出版社，2002。

（四）广告媒介策略的策划

广告媒介策略的策划所要解决的问题是：如何根据广告目标选择最佳的媒体与媒体组合；如何在最适合的时候，用尽可能少的广告费用实现目标。在策划中，应注重下述几个策略内容。

1. 媒介分配策略

由于某一产品的消费者与购买者的构成是复杂的，因此，在媒介策略的策划中，应考虑媒介的分配以及相应策略的实施问题。媒介分配总的原则是根据消费者的重要程度（以消费者为标准）来划分媒介比重。制定媒介分配策略的关键在于对目标对象的媒体接触情况要有准确的认知，然后根据目标对象的媒体接触情况选择最适合的媒介，或确定在某一媒介的特定节目或时间内进行广告传播，以实现比重分配。

2. 媒介到达率与频次策略

在媒介选择的策划中，通常会涉及到达率与频次两个问题。

一般来说，当出现以下情形时应强调以到达率为主：第一，推出新产品；第二，某些

正在发展的商品类别；第三，已有一定声誉和一般处于“领导者”位置的品牌；第四，目标对象较宽的产品或劳务；第五，购买次数较少的商品或劳务。

以下情况以强调频次为主：第一，处于激烈竞争中的商品或劳务；第二，说明性广告；第三，购买次数频繁的商品或劳务；第四，新推出的品牌；第五，目标对象狭窄的商品或劳务。

3. 媒介组合策略

媒介组合策略就是同时合理利用两种或两种以上的媒介进行广告宣传的策略。进行媒介组合通常基于以下两方面需要：一是在短时期内增强广告效果，如推出新产品，或取得领导者位置等；二是平衡暴露频次，利用多种媒介可使平均频次的分布趋于平衡，实际上这也是增强广告强度的一种方式。

在媒介组合策略的策划中，一般应考虑的组合方式有：主要媒介与辅助媒介的组合、平面媒体与电波媒体的组合、同类媒介的组合、自办媒介与租用媒介的组合。

（五）广告表现策略的策划

1. 刺激强度设计

刺激强度的设计理念体现的是通过增强刺激物的强度，来实现提高广告视觉冲击力效果的一种策划设计思路。增强刺激强度可从三个角度进行构思：一是从空间上考虑，主要是通过尽可能地扩张广告的面积或体积来实现视觉冲击力的提升；二是从时空连续上考虑，主要是通过多种方式造成视觉上的系列冲击；三是从表现物自身考虑，主要是增大表现物的刺激强度，如突出的造型物、强烈的灯光与音响、艳丽的色彩、突出的位置等。

案例链接

巨型鞋的广告策略

意大利哈利兹制鞋公司在创建50周年庆典时，特制了一双长1.8米、高1.22米的巨型皮鞋。他们在制作之前，通过新闻媒介公布其制鞋的周密计划，并邀请消费者参加有奖竞猜，内容是这双巨型皮鞋要用多少张牛皮？用多少斤铁钉？猜中者给予重奖。计划公布后，许多人积极参加。

在制作过程中，他们还不断通过新闻媒介向消费者报道制作进度，多少人参与制作和由公司总经理亲自挂帅监督制作等。这双巨型鞋需要六个人方可抬起来，不仅被载入吉尼斯世界纪录大全，而且还收到了显著的广告效果。

资料来源：吴灿：《策划学》，北京，中国人民大学出版社，2004。

2. 创新表现设计

（1）空白的运用。空白是指平面广告的空余部分。作为一种表现因素，空白往往可以起到“以少胜多”的作用，符合“此时无声胜有声”的美学原则。

（2）悬念的设置。悬念就是设置迷局，这是一种激发人们好奇心、诱人探究的广告创作方法。

(3) 对比的运用。如在一组无声的画面之后突然响起产品品牌的介绍；黑体字的版面上出现红色的标题；放大的产品形象和缩小的表演人物；空白背景上的浓重的图形等对立因素都会形成视觉上的冲击。

3. 多画面组合的设计

多画面组合就是把一系列广告画面组合成一个大的画面。这样的组合画面既有系列广告在时空流动中多侧面表现主题、增强广告信息的作用，又有组合造成的新奇效果，视觉冲击力强，信息容量大。

运用多画面组合的广告设计，其要点在于“寓杂多于统一”，做到变而不乱，基调统一，主题突出，否则就会显得杂乱无章，起不到提高视觉冲击力的效果，而且会冲淡广告主题。

4. 简洁化设计

简洁化设计是一种通过运用“做减法”的办法，避免背景因素的干扰，使主体从背景中突现出来，达到应有的视觉传达效果的设计。

5. 动感化设计

动感化设计就是用不动的材料，在静态的广告画面上，将视觉对象设计出运动形态的构图效果。

（六）广告实施策略的策划

1. 广告时序策略

广告时序策略是指针对广告活动与商品进入市场销售的先后顺序所进行的战术性谋划。通常可采用的时序策略包括提前、即时和置后三种策略。

提前时序策略。即广告早于商品进入市场的策略。就是在产品进入市场之前先进行广告宣传，为产品进入市场做好舆论准备。

即时时序策略。即广告与商品同时推向市场的策略。此种策略最适合于老产品、供求平衡或偏紧的产品。

置后时序策略。即广告晚于商品进入市场的策略。就是产品先行上市试销，根据销售情况分析这种产品的市场规模与销售潜力，据此决定广告投入的时机与数量。

2. 广告时机策略

广告时机策略是指广告发布善于利用和把握各种时机的策略。所谓广告时机就是在时间上与市场营销有关的一切机会。广告时机策略主要有时点时机策略、节假日时机策略、季节时机策略等。

时点时机策略。即抓住和把握人们视听注意率最高或记忆值最强的时间段位，及时实施广告传播的策略。时点时机策略主要是针对视听媒介广告策划而言的。

节假日时机策略。节日消费一般具有明显的民族、民俗文化特点，如传统的春节、元宵节等，这类广告要求有一定的文化特色。

季节时机策略。即针对季节性商品的销售时机实施广告传播的策略。季节性商品一般有淡旺季之分，企业应抓住旺季销售的大好时机，投入较多的广告费，增大广告推介力度。转入淡季后，广告宣传在数量频度上则应适当减少。

3. 广告频度策略

广告频度是指在一定时间内发布广告的次数。这种次数受到时间长短和频率间隔等

因素的影响，并要依据市场竞争等多种因素的变化而灵活运用。在进行广告频度策划时需要注意两点：一是重复的内容，在一定时间内可做某些变化或修改，给人以新鲜感；二是重复的频率，不是机械地、平均地进行，而是科学地利用人们的记忆遗忘规律，合理地安排广告推出的频度。广告频度具体可采用固定频度策略、变化频度策略等。固定频度策略是长周均衡广告常用的时间频率策略，以求有计划地、持续地取得广告效果。变化频度策略则以在广告周期内各天广告次数不等的办法来发布广告。这一策略在频率上比较灵活，能够使广告声势适应商品销售情况的变化。适用于短周集中时间策略、季节时机策略，以便借用变化的频度，配合商品销售的时机。

第二节　人员推销策划

一、人员推销策划的内涵

人员推销策划是指在促销营销策划中，通过派出推销人员对一个或一个以上可能成为购买者的人所直接展开的推销行为方式而进行的设计和谋划。策划的目的就是更好地实现营销目标，促进和扩大销售。

进行人员推销策划，需要明确与非人员推销相比，人员推销应具有的以下几方面的基本特点：

（1）直接销售。通过推销人员向消费者直接进行商品推销。

（2）双向沟通。由于人员推销是买卖双方面对面进行洽谈，双方可随时沟通信息和意向。

（3）推销效率高，容易达成交易。人员推销可以对未来可能的顾客先做一番研究和选择，通过电话或传真预约并确定推销对象，目标明确，容易获得推销成果，同时也可将不必要的经费和时间浪费降低到最低限。

（4）方法灵活，作业弹性大。人员推销由于与客户保持直接接触，可以根据各类客户的欲望、需求、动机和行为，有针对性地采取必要的协调行动。同时也便于观察客户反应，及时调整推销计划和内容，顾客有什么意见或问题也可以及时回答和解决。

（5）兼具其他营销功能。推销人员除了担任多项产品（服务）推销工作外，还可以兼做信息咨询服务、收集客户情报、市场调研、开发网点、帮助顾客处理商业性事务等工作。

（6）影响面窄。推销人员的活动范围有限，只能在营业场所或其他推销现场接触社会中的一部分消费者。

（7）费用高。一个企业要建立一支高水平的推销队伍，需要支付较大的训练、学习费用，因而人员推销费用高。

当市场广阔而又分散时，推销成本较高，人员过多也难以管理，同时，理想的推销人员并不易得。因此，除了致力于推销人员的挑选与培训外，其他推销方式也是有效的补充。

二、人员推销队伍的设计

（一）规模设计

销售队伍规模的大小是设计销售组织结构的基本条件。确定销售人员的数量需要解决的两难问题是：扩大销售队伍的规模一方面可以创造更多的销售额，但另一方面又会增加销售成本。为此，必须在这两方面寻求平衡点，以提高销售利润率。一般说来，确定销售队伍规模的方法主要有三种：工作量法、人均销量法和边际利润法。

（二）使用方式设计

一般来说，有三种形式可供选择：

（1）建立自己的销售队伍，使用本企业的推销人员来推销产品。在西方国家，企业自己的推销队伍成员叫做推销员、销售代表、业务经理、销售工程师。这种推销人员又分为两类，一类是内部推销人员，他们一般在办公室内用电话等来联系、洽谈业务，并接待可能成为购买者的人来访；另一类是外勤推销人员，他们外出推销，上门访问客户。

（2）使用专业合同推销人员。例如，制造商的代理商、销售代理商、经纪人等，按照其代销额付给佣金。

（3）雇用兼职的售点推销员。在各种零售营业场合，雇用兼职推销员开展促销活动，按销售额比例支付佣金，促销方式有产品操作演示、产品介绍等。

（三）组织结构设计

（1）地区结构式：每个（组）推销人员负责一定地区的推销业务。

（2）产品结构式：每个（组）推销人员负责一种或几种产品的推销业务。

（3）顾客结构式：根据顾客的行业、规模、营销渠道的不同分别配备推销人员。

（4）综合结构式：以上几种形式的综合。

（四）配置策略

在产品导入期，应鼓励销售人员尽量多了解客户使用新产品的情况，为产品工艺、产品营销和市场宣传提供支持。这时不宜雇用太多的销售代表。这一阶段需要的是“好奇型的销售代表”，这类销售代表需要具备能够与各个部门积极地沟通，能够容忍不确定性的能力；要求对产品技术有浓厚兴趣，可以推动客户与公司各职能团队打交道，还能根据需要自行提出产品改进方案。

在产品成长期，应根据销售进度的坡度，相应地增加销售人员的数量。这时应招募“开拓型销售代表”，他们应当参与销售模式的发展和完善，不过他们不必具备“好奇型销售代表”所拥有的好奇心和研究技能，以执行和协调为主。

在产品成熟期，应减少“开拓型销售人员”，增加更多的“传统型销售人员”，给他们划好销售区域，制订好销售计划，再加上一本定价手册和一些营销材料，他们就能有条不紊地开展销售活动了。

三、人员推销工作的步骤

（一）寻找潜在顾客

寻找顾客的目标是找到潜在顾客。潜在顾客指既可以获益于某种推销的商品，又有能

力购买这种商品的个人或组织。寻找潜在顾客的办法包括地毯式访问法、连锁介绍法、个人观察法、广告开拓法、市场咨询法、资料查阅法等。

（二）顾客资格审查

顾客资格审查是对有关客户购买信息及相应情况进行调查、了解和判断的业务活动过程。在人员推销策划中，应对其中所包括的客户的需要性、可靠性和支付能力三个方面若干具体项目的审查内容和方式做好设计。

1. 需要性审查

对顾客的需要性的准确把握必须明确下列五个事项：

（1）顾客需要。即对客户需要什么样的产品的描述。

（2）品牌倾向。即客户是否有对某一品牌的特别偏好。当客户没有明确的品牌倾向时，表明任何厂商的产品都没有优先性的排他优势；当客户有较明确的品牌倾向时，如果自己的产品品牌与客户品牌倾向一致，表明自己已获得优先性的排他优势，反之则表明自己的产品品牌已为客户所排斥。

（3）期望价格。即客户为实现某项购买而设定的心理价位或购买（项目）预算。

（4）需求量。即客户需购产品的数量。购买量涉及推销员确定报价和议价策略及其他交易条件，推销员在考察客户要多少的问题时，既要考察当前的交易量，也要考察潜在的购买量。

（5）需求时间。即客户做购买决策、签约及履行合约的时间。

2. 可靠性审查

推销员对客户决策程序、决策权力结构和客户单位及其主要决策人以及合同执行人信用度的了解和判断就是客户可靠性审查。

（1）决策程序。即客户采购活动在不同职能部门及相应人员之间的作业流程。

（2）决策权力结构。即客户内部决策流程中有关人员之间的决策权力制约关系。这通常是一个极其复杂而又微妙的问题，往往在无形中就决定了推销的成败。推销员必须极其慎重且准确地做出判断。

（3）信用度。即客户单位及其主要决策人和合同执行人的可信任程度。在推销活动过程中，推销员与客户之间会彼此做出一系列的承诺，这些承诺能否得到兑现，很大程度上取决于客户的信用度。

3. 支付能力审查

从推销的角度讲，客户的支付能力就是客户对其采购的货物按期支付货款的能力。客户的支付能力是推销员能否按期收到货款的客观基础。从可操作性上讲，推销员对客户支付能力的审查主要是通过了解客户此项购买的资金来源及到位情况而对客户的支付能力状况做出判断。不同客户的资金来源渠道是不同的，不同渠道的资金来源，其支付保障性也有差异。而资金的到位情况则决定了客户是具有现实的支付能力还是潜在的支付能力。只有已到位的资金才能形成现实的支付能力，对潜在的支付能力能否按期转化为现实的支付能力则要分不同情况予以对待。

（三）接近准备

接近准备是指推销人员在接近某一潜在顾客之前进一步了解该顾客情况的过程。接近

准备策划的重要任务是设计好有针对性的接近准备的方式、方法，并通过有效运用这些方法，达到积极主动开展推销活动，保证较高推销效率的促销目标。接近准备的方法通常包括观察、查阅资料、朋友或推销伙伴的介绍等。在推销人员接近准备的策划工作中，应注意做好以下工作：

（1）准备有关资料。确定了访问对象后，就要着手准备有关资料。这些资料包括本企业及产品方面的资料、有关顾客的资料等。

（2）整理携带物品。依照预定计划踏上行程前，还要整理好要携带的物品，如商业名片、公司照片、广告样张等必需品。另外，为了保存好访问记录，还可以带一部轻巧的录音设备。

（3）安排访问时间和路线。推销人员应有计划地安排工作时间和路线，减少不必要的活动，排除不可能达成交易的洽谈，尽量节约时间，以便有更多的时间与顾客进行直接接触。

（四）接近顾客

接近顾客是指推销人员直接与顾客发生接触，以便成功地转入推销面谈。推销人员在接近顾客时既要自信，注重礼仪，又要不卑不亢，及时消除顾客的疑虑，还要善于控制接近时间，不失时机地转入正式面谈。推销员接近顾客时，一定要信心十足，面带微笑。为此，策划人员可有针对性地开展推销人员的微笑训练等活动。常见的接近顾客的方法主要包括：

（1）产品接近法：推销员直接利用推销的产品引起顾客注意，它适用于本身有吸引力、轻巧、质地优良的商品；

（2）利益接近法：利用商品的实惠引起顾客的注意和兴趣；

（3）问题接近法：推销员利用向顾客提问题的方式接近顾客；

（4）馈赠接近法：推销人员利用赠品引起顾客的注意和兴趣，从而进入面谈。

（五）面谈

面谈是指推销人员现场运用各种方法说服顾客做出购买决策的过程。在推销过程中，面谈是关键环节，而面谈的关键则是说服。推销说服的策略一般有两种：

（1）提示说服。通过直接或间接、积极或消极的提示，将顾客的购买欲望与商品联系起来，由此促使顾客做出购买决策。

（2）演示说服。通过产品、文字、图片、音响、影视、证明等劝导顾客购买商品。

在面谈环节，销售人员应把握推销工作的一条黄金法则：不与顾客争吵。在面谈中，顾客往往会提出各种各样的购买异议。这些异议可分为：

（1）需求异议：顾客自以为不需要购买该推销品；

（2）财力异议：顾客自以为无钱购买该推销品；

（3）决策权异议：顾客自以为无权购买该推销品；

（4）产品异议：顾客自以为不应该购买该推销品；

（5）价格异议：顾客自以为推销品价格过高。

此外，还有货源异议、推销人员异议、购买时间异议等。

（六）跟踪服务

推销人员走访了顾客之后，应对相关工作进行记录，以便积累信息资料。产品销

售后，推销人员还必须与顾客保持联系并继续为其服务。销售人员应定期与顾客接触，以便了解顾客的满意程度。此外，销售人员应充分履行安装、维修和服务等方面的承诺。

四、人员推销的策略与技巧

（一）推销策略

（1）试探性策略，亦称刺激—反应策略。就是在不了解客户需要的情况下，事先准备好要说的话，对客户进行试探。同时密切注意对方的反应，然后根据反应进行说明或宣传。

（2）针对性策略，亦称配合—成交策略。这种策略的特点是，事先基本了解客户的某些方面的需要，然后有针对性地进行“说服”，当讲到“点子”上引起客户共鸣时，就有可能促成交易。

（3）诱导性策略，也称诱发—满足策略。这是一种创造性推销，即首先设法“创造”客户的需要，再说明自己所推销的这种服务或产品能较好地满足这种需要。这种策略要求推销人员有较高的推销水平，在“不知不觉”中成交。

（二）推销技巧

1. 上门推销的技巧

（1）找好上门对象。可以通过商业性资料手册或公共广告媒体寻找重要线索，也可以到商场、门市部等商业网点寻找客户名称、地址、电话、产品和商标。

（2）做好上门推销前的准备工作。尤其要熟悉企业的发展状况、产品和服务，以便推销时有问必答；同时对客户的基本情况和要求也应有一定的了解。

（3）掌握“开门”的方法。即要选好上门时间，以免吃“闭门羹”，可以采用电话、传真、电子邮件等手段事先交谈或传送文字资料给对方并预约面谈的时间、地点，也可以采用请熟人引见、名片开道、与对方有关人员交朋友等策略，赢得客户的欢迎。

（4）把握适当的成交时机。应善于观察顾客的情绪，在给客户留下好感和信任时，要抓住时机发起“进攻”，争取签约成交。

（5）学会推销的谈话艺术。

案例链接

生日贺卡

邮寄宣传品是麦当劳的宣传手法之一。在日本的麦当劳公司，电脑的数据库里储存着全国60万儿童的出生日期。每当他们生日的时候，总会收到麦当劳寄去的生日贺卡。拿到生日贺卡后，孩子们通常都会来到店里，当孩子来到麦当劳餐厅时，当时在餐厅的全体员工会齐声对他说“生日快乐”，并一起鼓掌表示欢迎。这一做法抓住了孩子们的心，所

以，他们大多会带自己的父母到麦当劳。

资料来源：宋豫书：《最佳销售员全能训练》，广州，广东经济出版社，2007。

2. 洽谈的技巧

(1) 注意自己的仪表和服饰打扮，给客户一个良好的印象；同时，言行举止要文明、懂礼貌、有修养，做到稳重而不呆板、活泼而不轻浮、谦逊而不自卑、直率而不鲁莽、敏捷而不冒失。

(2) 在开始洽谈时，推销人员应巧妙地把谈话转入正题，做到自然、轻松、适时。可采取以关心、赞美、请教、探讨等方式入题，顺利地提出要洽谈的内容，以引起客户的注意和兴趣。

(3) 在洽谈过程中，推销人员应谦虚谨言，注意让客户多说话，认真倾听，以表示对客户的关注与兴趣，并做出积极反应。遇到障碍时，要细心分析、耐心说服、排除疑虑、争取推销成功。

(4) 在交谈中，语言要客观、全面，既要说明优点所在，也要如实反映缺点，切忌高谈阔论、"王婆卖瓜"，让客户产生反感或不信任。洽谈成功后，推销人员切忌匆忙离去，这样做，会让对方误以为上当受骗了，从而使客户反悔违约。而应用友好的态度和巧妙的方法祝贺客户做了笔好生意，并指导对方注意合约中的重要细节和其他一些注意事项。

3. 排除推销障碍的技巧

(1) 排除客户异议障碍。若发现客户欲言又止，卖方应主动少说话，直截了当地请对方充分发表意见，以自由问答的方式真诚地与客户交换意见。对客户一时难以纠正的偏见，可将话题转移。对客户恶意的反对意见，可以"装聋扮哑"。

(2) 排除价格障碍。当客户认为价格偏高时，应充分介绍和展示产品或服务的特色和价值，使客户感到"一分价钱一分货"；对低价产品，应介绍定价低的原因，让客户感到物美价廉。

(3) 排除习惯势力障碍。实事求是地介绍客户不熟悉的产品或服务，并将其与他们已熟悉的产品或服务相比较，以让客户乐于接受新的产品或服务。

(4) 排除自身障碍。一个新的营销员通常会有如下缺点：恐惧退缩、缺乏干劲、虎头蛇尾、浪费时间、强迫推销、惹是生非、怨愤不平、急于求成、粗心大意等。因此，培训部门或营销主管对这些有缺点的营销人员，采取有效的教育方式显得尤为重要。如对于恐惧退缩型销售人员，首先要帮助他建立自信心，消除恐惧。其次，要肯定其长处，同时也指出其问题所在，并提供解决办法。再次，陪同进行营销训练或实地客户营销，使其从容行事，由易入难。最后，传授其产品或服务知识及营销技巧。

4. 处理异议的技巧

顾客异议是指顾客针对销售人员提示或演示的商品或服务提出的反面意见和看法。处理顾客异议是推销策略的重要组成部分。推销人员必须首先认真分析顾客异议的类型及根源，然后有针对性地施用处理策略。常用的处理策略有：

(1) 肯定与否定法。推销人员首先附和对方的意见，承认其见解，然后抓住时机表明

自己的看法，否定顾客的异议，说服顾客购买。

（2）询问处理法。推销人员通过直接追问顾客，找出异议根源，并给出相应的答复与处理意见。

（3）预防处理法。推销人员为了防止顾客提出异议而主动抢先提出顾客可能产生的异议并解释异议，从而预先解除顾客疑虑，促成交易。

（4）补偿处理法。推销人员利用顾客异议以外的商品其他优点来补偿或抵消有关异议，从而否定无效异议。

（5）延期处理法。推销人员不直接回答顾客异议，而是先通过示范表演，然后加以解答，从而消除顾客异议。

案例链接

对推销复印机过程中产生的异议的处理

客户：“这台复印机的功能，好像不如××的好。”

销售员：“这台复印机是我们最新推出的产品，它有放大缩小的功能，可从 A3 到 B5 随便调整纸张规格，每分钟可复印 25 张，有 3 个按键调整浓度。”

客户：“但是……”

销售员：“您是不是觉得每分钟复印 25 张不够多呢?”

客户点点头。

销售员：“是这样的，那种速印机的确是比我们的快，但是如果您的公司不是经常需要速印的话，还是我们这种比较节省油墨。”

客户：“那么你们调整浓度的按键为何只有 3 个呢?”

销售员：“是这样的，我看过了，您的公司是每个员工自己复印东西吧，那么如果调整浓度的按键太多，可能会容易弄混，而我们这台复印机，就操作来说，则比较简单。”

客户：“你说得也有道理啊!”

资料来源：宋豫书：《最佳销售员全能训练》，广州，广东经济出版社，2007。

5. 达成交易的技巧

达成交易是顾客购买的行动过程。推销人员应把握时机，促成顾客的购买行为。达成交易的常用策略有：

（1）优点汇集成交法。把顾客最感兴趣的商品优点或从中可得到的利益汇集起来，在推销结束前，将其集中再现，促成购买。

（2）假定成交法。假定顾客已准备购买，然后问其所关心的问题，或交流其使用该产品的计划，以此促进成交。

（3）保证成交法。通过提供成交保证，如包修包换、定期检查等，消除顾客使用的心理障碍，促成购买。

第三节　公共关系策划

一、公关策划的内涵

营销策划意义上的公共关系策划（简称公关策划）是指针对企业营销策划中现实的、具体的公关营销战略战术，在分析公关营销现状和目标要求的基础上，构思和设计实现公关营销目标的行为和活动方案的过程。

二、公关策划的活动模式

在公关策划的过程中，可选择的主要活动模式包括：

（1）征询性公关活动模式。即以公关科学的思维方法和运作模式，针对企业形象信息与开展公关工作所需要的信息的采集、监测而开展的公关活动。

（2）宣传性公关活动。即通过以大众传播媒介为主导，多种传播手段相结合的途径，向企业内外传播组织形象信息，以实现特定公关目标的专项公关活动模式。

（3）交往性公关活动。即通过公关人员广泛地与社会公众交往沟通，扩大企业的公众关系网络范围和密度，形成“人和”氛围，为组织的发展创造良好的社会关系环境。

（4）服务性公关活动。即在研究目标公众需求的基础上，向公众有针对性地提供组织服务的专项公关活动模式。

（5）社会性公关活动。即企业通过举办服务社会的公益活动来扩大自身影响，赢得社会赞誉，以树立自身良好形象的专项公关活动模式。

三、公关策划的程序

（1）信息元素整合。即在收集策划所需相关信息的基础上，对信息内涵进行重新组合，形成全新信息群，并从中得出所需信息。

（2）活动目标设定。目标一般包括四种类型：长期目标、近期目标、一般目标和特殊目标。还可根据具体市场情形设计目标，如开辟新市场目标、创造消费环境目标等。

（3）活动主题开发。活动主题通常由主体目标、客体需求和共同载体三个要素构成。设定的活动主题应具备主题鲜明、简洁易懂、引人注目、独具特色等特点。

（4）策划方案撰写。方案所包含的内容主要有：确定目标、确定公众、确定主题、选择公共关系活动模式、选择公共关系活动媒介、确定时间、确定场所、确定公共关系经费预算等。

此外，从整体策划执行工作来看，还包括策划方案申报、策划方案论证和策划方案执

行与效果评估三个后期环节。

四、公关活动的策略选择

（一）“焦点”策略

“焦点”策略，从客体上看，就是公关活动启动时，事先将活动目标高度聚合于直接与本企业有关联的、特定的公众对象上，或特定公众对象的特定需求层面，或特定需求层面上的某一需求点，形成公关活动目标公众“聚焦点”，并在这一基础上，进行针对性、互动性的信息交流。从主体上看，与上述聚焦点相对应，则是在明确目标公众“聚焦点”的需求倾向基础上，将信息传播集中在公关运行的特定任务与特定目标要求上；或集中于任务与目标中的特定侧重点，进而实施集中性公关战术。“焦点”策略在目标公众定位上，通常选择的组织公众对象包括：决定企业生死存亡的首要公众；即将影响企业的潜在公众，即决定与企业建立某种联系的公众；将来影响企业的潜在公众，即企业未来的联系者等。

（二）“扩散”策略

“扩散”策略是指将目标公众扩展到企业的边缘公众以及非公众之中的一种定位策略。如果说，“焦点”策略追求的是传播上的“点”效应，并力求起到以点带面的作用，那么“扩散”策略则追求一种“面”效应，并进而深化为对目标公众宣传上“点”的突破。因此，上述两种策略是互为依存的关系。

实施“扩散”策略，在具体操作中，首先应注意活动主题与内容的确定，主要应考虑信息传播中“共同经验范围”这一环节的把握，即选择具有情感共鸣点效应的主题与内容实施传播。其次应注意利用多种媒介的有效组合进行传播。媒介本身具有受众面广或受众面适中的特征。如面向全国的综合性报纸、杂志以及广播、电视等媒体。最后要把握“扩散”策略实施的“度”，即在传播中，诉求对象的“面”的选择要适宜，不宜过宽，也不宜过窄。

案例链接

野马轿车大赛

1964 年雅科卡在其策划的野马轿车的整体促销活动中，将活动起点聚焦于新闻记者身上。活动第一步就是邀请各大报社参加野马轿车大赛：请 100 名新闻记者亲临现场采访，数百家报纸杂志如期报道了野马轿车大赛的盛况。此后，在密集型广告战术的配合下，野马轿车的促销活动获得空前成功。原计划销售 5 000 辆，而实际销售 418 812 辆。仅最初两年就获利 11 亿美元。尽管野马轿车大赛这一宣传性公关活动，只是当时野马轿车整体促销活动的一个环节，但在目标公众选择上高度“聚焦”于新闻媒介，因而，形成了活动起点的“势”效应。

资料来源：范振杰：《公共关系策划谋略》，北京，高等教育出版社，2000。

（三）“明确”定位策略

“明确”定位策略，即在实施公关活动时，具有明确的公众指向。这一定位方式，主要是在研究了一定时期主体生存与发展迫切需要解决的公众关系问题的基础上，对可能或已经与主体形成这种关系的目标公众，展开的有针对性的公关活动。“明确”定位适用于集中性公关战略战术的实施。它往往反映了企业近期的公关工作目标要求。定位实施后的情感连接效果，从一定意义上看将以较快的速度得到体现。

（四）“非明确”定位策略

“非明确”定位策略，即在实施公关活动时，无具体明确的目标公众。这种定位方式，就是在较大范围内选择各个方面、各种层次，有可能与企业存在、形成、发展为某种（积极的或消极的）关系的社会公众，对其开展公关活动，为组织自身的生存发展发现、预设、拓宽与铺平道路。“非明确”定位实际上就是要把目标公众定位的视野，扩展到企业的潜在公众以及一些非公众之中，从而从战略的高度使企业获得可持续发展。因此，“非明确”定位策略作为一种战术性谋略，事实上是一种蕴涵战略意义的、长远性的定位策略。

（五）“直入式”策略

“直入式”策略，即由策划人员根据组织实际情况自行设计，并由组织自己直接组织实施的公关活动。其优势表现在：一是具有交往行为的主动性，即能够及时根据本企业公关工作和本企业整体工作的要求开展活动。二是具有目标的高度针对性，即能够及时针对目标公众的现实需求或潜在需求，在提出相应措施的基础上，开展公关活动。三是具有交往内容和形式选择上的灵活性，即可自行根据实际情况开展交往性公关活动。组织者或策划者能够根据具体需要，安排活动内容并设计活动形式；同时在活动运行中，也能够根据变化的情况，以及公众的变化性需求，对活动内容与形式做出调整。

在企业内部运用“直入式”策略开展公关活动时，通常采用的活动形式包括三种类型：一是群体情感交流，如员工座谈会、郊游活动、文体活动等；二是个体对一定范围群体的情感交流，如报告会、演讲会等；三是个体对个体的情感沟通，如谈心、家访等。

在企业外部运用“直入式”策略开展公关活动。首先，从团体交往上看，主要是以联谊活动为主的多种活动形式，具体包括招待会、座谈会、茶话会、舞会、开放参观活动等表现形式。其次，从个人交往上看，包括交谈、拜访、祝贺等形式。其中，联谊活动就是以一定形式的娱乐活动，联系参与活动的公众之间的友谊、感情，从而达到与外部公众沟通感情，树立组织形象，扩大企业知名度与美誉度，建立良好公众关系的目的的交往性公关活动。其活动主题可划分为以沟通交流信息为主的“信息型”，以传达企业美好情感为主的“情感型”，以促进经济效益的提高为主的“合作型”等多种类型。

（六）“介入式”策略

“介入式”策略，即借助他人组织的社交活动和公关活动，以及其他类型的社会活动，在一定程度上实现主体自身交往性公关活动目标的一种策略。例如，了解到或估计到他人组织的社会活动会有或可能有与本组织能够建立联系的公众对象，便创造条件，积极介

入，热情参加。通过对这一活动的参与，一方面体现企业的社会责任感，在与会公众中传播和树立企业形象；另一方面，及时赢得组织目标公众的信赖，形成与目标公众交流沟通、建立良好关系的有利条件。

五、公关活动的设计方法

（一）从情感认同点上设计活动

情感认同，就是对对方所持的肯定态度。在公关活动中，从情感认同点上设计活动，也就是寻找对方与自身情感上的共同属性进行策划的过程。一般来说，情感是人际关系的润滑剂，但发挥这一作用的前提，就是交往双方都应确立相互肯定、理解、信任、尊重的情感，而不是相互对立、敌视、轻蔑的情绪。按照公众心理的变化情况，人们的情绪可视为一个可以计算的变量。计算其变量的公式可表述为：

实现值÷期望值＝情绪指数

这一公式表明，当实现值超过期望值时，情绪指数＞1，说明内心需求得到满足，情绪呈兴奋状态；当情绪指数＜1时，实现值比期望值小，由于内心希望未能得到满足，情绪就会呈现压抑状态。因此，在公关交往中，应注重从交往对象的心理满足上与对方进行沟通，以调动积极的情绪，实现公关交往的目标。而对方这种心理满足，主要指向人的交往需求、尊重需求、自我价值实现需求层次。为此，策划人员策划的重点，就是在尊重对方、肯定对方的角度上开展交往活动。

（二）从载体吸引力上设计活动

载体吸引力是公关活动在传播运载物的优化过程中所形成的吸引力。由于交往性公关活动主要表现人与人之间的直接交往，因此，公关活动的媒介选择主要有两个方面：一是人体媒介。这是以人体作为传递信息的物质材料和物质形式的，人体媒介更为重要的意义在于对附着于人体自身的形貌、动作、姿态、表情等的运用。人类的形貌、动作、姿态、表情等是千差万别的，而且在不同的情景中，负载着不同的内心情态，传达着不同信息。二是群体媒介。这是由一定数量的人形成的相当规模的群体使用的传播媒介。从公关传播角度看，它主要是指组织群体传播信息的工具。利用群体媒介开展的公关活动，主要是以一定数量的公众参加的沟通活动加以表现的。

在公关活动的沟通策划中，要对活动载体的吸引力进行构思，就要善于从上述两种媒介的划分上加以全面把握。

（1）从人体媒介的效应上看，就是要研究人际吸引力的规律，从构成人际吸引力的要素组合上，对活动进行构思。在这里，人际关系学与行为科学中关于人际吸引的基本规律的研究成果，对公关活动中人体媒介吸引力课题的策划，具有重要价值。人际吸引力的基本规律表现为：一是需要互补吸引律，即双方各自能满足对方的缺憾；二是交互报偿吸引律，即在与他人交往时的积极性受预期中的报偿所支配；三是诱发吸引律，即某一刺激因素的出现引起了对方的交往兴趣；四是强迫吸引律，即为某种条件限定所形成的吸引力；五是光环吸引律，即因对方的外貌体态和风度、性格、思想品德、才智、社会知名度等因素产生的吸引；六是接近吸引律，时间、空间、专

业、国籍、民族、情趣等方面的接近产生的吸引。此外，还有异性吸引律、成就平衡吸引律等。

(2) 要对活动本身如何具有吸引力进行构思。公关活动本身要具有一定的吸引力，其基本条件应包括：一是活动对受众的需求满足的对应程度；二是活动对受众的便利程度，包括时间、地点、气候、交通、通信等因素的适宜性；三是活动在舆论引导上的“炒作”程度。

案例链接

马自达的摄影比赛

1985年日本马自达汽车公司推出了以“有了马自达汽车　生活情趣大提高”为主题的全世界摄影比赛活动。活动定在同年6月1日至8月30日，并通过美国《时代》杂志刊登广告，呼吁各国摄影名流参与比赛，参赛者必须到各地马自达汽车展示场索取申请表，提供135张幻灯片作为参选作品，照片内必须有马自达汽车，并以各国风光作陪衬。录取前20名，每名奖金300美元，入选作品版权归马自达所有。得奖作品和得奖人名单在《时代》杂志上公布，并将入选作品印刷13万份月历，分发世界各地经销商。在此活动中，马自达汽车公司共收到来自世界各国4 000位参选者的作品，入选照片以不同国家为背景，即使偏僻地区的参选者也有机会入选，此项活动大大提高了马自达的国际形象。

资料来源：张自利：《促销实战手册》，北京，中国纺织出版社，2003。

(三) 从消除沟通障碍上设计活动

在公关策划中，应高度重视消除各种沟通障碍。首先，应将对构成沟通障碍的调查作为活动设计前公众调查的重要内容，并通过调查对其有充分的掌握。其次，针对可能形成的沟通障碍进行对应性研究，提出一一对应的针对活动细节的措施。最后，企业的公关策划人员应认识到，从一定意义上说，既有的沟通障碍的发现，就是开展针对性公关活动的重要“由头”。抓住这一“由头”，可以开展极具针对性的公关活动。

六、赞助型公关策划

赞助型公关活动是指企业以出资支持社会福利、社会公益和慈善事业的形式开展的专项社会性公关活动。例如，为儿童基金会、残疾人福利事业捐款，捐资兴建希望小学，资助科研活动、群众文化活动，支持城市环境建设等。

赞助活动的策划，首先是对赞助对象与主题的选择性策划。一般来说，赞助的对象包括教育事业、体育事业、文化事业、社会福利和慈善事业等方面。在策划中，赞助对象的选择应具体把握以下几点：

(1) 目标公众的需求度。即赞助项目或赞助对象是否存在对赞助的需求，以及需求所

呈现出的不同层次、不同类型、不同强度。

（2）社会各界的关注度。即该对象是否形成了社会公众的广泛关注，也就是说，是否产生了共鸣效应。

（3）企业自身的服务度。即企业在何种程度上能够实施赞助行为。应从企业的实际财力以及人力与物力的基础出发，考虑赞助行为的可行性。特别是对一些社会效应大的赞助项目，如一时无力去做时，更应保持头脑冷静，切忌盲目行事，也就是要做到量力而行。量力不仅包括对自身人力、物力、财力的考虑，也包括对外部环境因素中政治、经济、文化、技术，以及自然因素，包括地理、气候等方面的考虑。

七、危机型公关策划

危机事件是指各种紧急的、意外发生的、对组织形象和经济利益造成重大损害或者影响到企业生死存亡的突发事件。危机处理是针对危机事件而开展的一系列旨在减少损害程度、挽回影响、恢复形象的行为过程。针对危机处理展开的公关策划工作，称为危机型公关策划。危机型公关策划的程序包括两个层次：

（1）危机事件的原因分析——基础层次。其分析的递进思路可描述为：危机事件→原因分析→外部原因→谣言型危机→谣言的一般特征与一般性生成原因分析→谣言形成的具体条件分析→危机拯救对策。

（2）处理危机的策划程序——核心层次。处理危机的策划程序一般有五个阶段：隔离危机、处理危机、消除危机后果、维护企业形象、总结。

危机处理除了要掌握处理危机的一般程序外，还要求公关策划人员具有灵活应变、因地制宜地采取策划技巧的谋略能力和谋略观念。其中，主要应明确以下几点：

（1）处变不惊、镇定自若。面对危机事件，企业的领导者和处理危机事件的策划人必须保持沉着、冷静。

（2）分兵把手，协同作战。在处理危机事件中应确立相互配合、整体协作、分兵把守、协同作战的思想。

（3）谨慎从事、坚决果断。对危机事件的处理要树立“慎重”与“果断”辩证统一的思想。既要坚决果断，切忌因优柔寡断而行动迟缓，坐失消除危机的良机，又要谨慎从事，仔细分析局势、认真把握环节、周密部署，明确危机处理的成效。

（4）争取主动、及时报道。危机事件发生后，各种传闻往往容易在时间与空间上迅速扩散，形成对企业较强的负面影响，并转化为对企业以后进一步发展极为不利的舆论环境。所以危机事件发生后，应对相关情况进行及时、主动的报道。

（5）态度坦诚、统一口径。坦诚是组织处理与公众关系的一个基础。以坦诚的态度处理危机事件，就是要实事求是地阐明事实真相，就是要具有勇于承担应该承担的责任的自觉性和勇气，主动接受社会公众的批评与舆论的公开监督。

（6）把握灵活性。策划人应针对不同环境下的、不同性质或不同特征的危机事件，有针对性地提出解决方案，即要强调在处理危机方式方法选择上的灵活性与适应性的特征。

第四节　营业推广策划

一、营业推广策划的内涵

营业推广策划是指在目标市场研究基础上，根据产品行销任务，针对某一特定时期，对采取措施鼓励购买或销售企业产品或服务的促销活动所做的谋划和设计。

营业推广策划与营业推广之间的关系是：前者是后者形成的前提和基础，后者是前者的生动实践和实践结果。通过策划行为展开的营业推广具体表现为营业推广行为主体在某一特定时期内所采取鼓励购买或销售企业产品或服务的促销活动。对营业推广环节进行策划，必须明确营业推广是在整体营销组合中与商业广告、人员推销、公共关系相互配合的一种推销工具。与其他促销手段相比，营业推广的突出特点是：方式灵活多样；针对性强，效果明显；临时性和非正规性；攻势过强，容易引起顾客的反感；直观的表现形式，许多营业推广工具具有吸引注意力的性质，可以打破顾客购买某一特殊产品的惰性。

二、营业推广策划的实施过程

（一）确定营业推广目标

在策划的实施过程中，首先是针对不同营业推广目标进行专门性设计。其中包括：

（1）针对消费者。核心目标是鼓励消费者更多地使用商品和促进大批量购买，争取未使用者试用，吸引竞争者品牌的使用者。

（2）针对零售商。核心目标是吸引零售商经营新的商品品目和维持较高水平的存货，鼓励他们购买落令商品，储存相关品目，抵消各种竞争性的促销影响，建立零售商对品牌的忠诚度和获得进入新的零售网点的机会。

（3）针对销售队伍。目标包括鼓励他们支持一种新产品或新型号，激励他们寻找更多的潜在顾客和刺激他们推销落令商品。

（二）选择营业推广工具

选择营业推广工具是指根据营业推广目标，设计和选择最恰当的销售促进方式。在选择营业推广工具时，主要应考虑三种制约因素，即销售促进目标因素、产品因素和企业自身因素。

（三）撰写营业推广方案

营业推广方案包括的主要内容有：

（1）期限。方案中应标定：自××年××月××日起至××年××月××日止，为期××个月或××日。

（2）目的。方案中，结合营销的具体任务、要解决的实际问题、营业目标给予个性化设计。

（3）目标人群。明确营业推广的目标对象。

（4）营业推广措施。

（5）营业推广措施的实施途径。主要指分发促销方案。

（6）营业推广的总预算。

（四）方案试验

主要是选定测试对象和场所进行有针对性的测试。例如，针对消费者的方案，邀请有代表性的消费者对几种不同的、可能的优惠办法做出评价和分级，进行试用性测试。

（五）营业推广方案优化

整体策划工作包括营业推广方案的优化工作。营业推广方案优化是指在实施和控制营业推广方案的过程中，针对出现的不足而进行的修订性质的策划。

三、营业推广策划形式的选择

（一）针对消费者的营业推广策划

对消费者的营业推广策划主要是为实现刺激老顾客、吸引新顾客购买本企业的产品的促销目标，对所应采取的营业推广形式的谋划和设计。常用的方式有：

（1）赠品推广。赠品推广策划是选择和设计赠送样品和附赠品这一促销方式的过程。赠送样品是介绍、推销新产品时常用的一种促销方式。即企业专门生产或拿出一部分产品做样品，免费赠送给消费者试用。样品赠送，可以有选择地赠送，赠送形式包括直接邮寄、逐户分送、定点分送或附在老产品包装内赠送；也可在商店或人流量大的地方无选择地赠送，但这种做法费用较高，高价值的产品一般不宜采用。附赠品是在顾客购买某种产品时，赠送给顾客另一种产品，以刺激该产品的销售。通常对价值较高的产品，可以赠送给顾客相关的、价格相对较低的产品，以刺激高价品的销售。

案例链接

免费试抽

日本万事发香烟在世界各地都采用赠送的促销方式。其赠送的对象一般是政界人物、著名医生、律师、作家、艺人明星、高级职员等一些有社会地位的人。万事发公司按照事先调查得到的赠送对象的地址，每月邮寄或者直接登门赠送，声明是免费试抽，如果认为不够还可免费索要。免费赠送一段时间后，就给这些受赠者寄上表格，征求他们对万事发香烟的评价和意见。在持续赠送两三个月后，就停止赠送。这时烟民已经习惯了抽万事发香烟，只好自己掏钱买这个牌子的香烟了。

资料来源：吴灿：《策划学》，北京，中国人民大学出版社，2004。

（2）终端折价券推广。终端折价券推广策划主要是针对顾客在卖场购物的情况，实施让顾客凭折价券享受一定价格优惠政策的促销设计。折价券可以邮寄，也可附在产品包装或广告中赠送，还可以向购买达到一定数量或金额的顾客赠送。

案例链接

“每天减一折”

日本东京美佳西装店独辟蹊径，推出“每天减一折”的折扣销售方法。其具体办法是：在销售开始前在大接触面的媒介上发出公告，宣布打折销售的天数和日期，并介绍商品品质特征。其具体打折办法是：第一天打九折，第二天打八折，第三天、第四天打七折，以此类推，到第十五、十六天，商品定价就仅为原来的十分之一了。

资料来源：陈放：《营销策划学》，北京，蓝天出版社，2005。

（3）消费累积性质的有奖销售推广。策划方法主要是企业在销售某种产品时，设立若干奖项，并印有奖券，规定购买数量或金额，当顾客达到购买的数量或金额后，就可以获得相应的奖券。然后定期抽奖，宣布中奖号码，中奖者持券兑奖。

（4）优惠促销推广。策划方法主要是企业、商场、超市等利用厂店开张、厂庆（店庆）纪念日、节假日等进行优惠让利销售活动，在购买商品时增设让利点，或在一天的特定时段推出限时折价等优惠促销活动。

案例链接

装有金币的乳酪

有一年，苏格兰立普顿红茶的开山祖师立普顿为使其代理的乳酪畅销，就借鉴圣诞节前后所吃的苹果若含有6便士铜币，明年将终年吉祥如意的传统说法，在食品店每五十块乳酪中挑一块装进一只金币。此消息被食品店积极宣传后，成千上万的消费者拥进售卖立普顿乳酪的经销店，因为人们都想买到装有金币的乳酪。

资料来源：施春来：《企业营销策划》，北京，中国经济出版社，2008。

（5）包装推广。策划中主要考虑的方式有包装内赠送、包装上赠送、包装外赠送，以及凭一定的包装物可以兑换一定的现金或实物。例如，一些饮料、啤酒企业常借此鼓励消费者购买其产品。

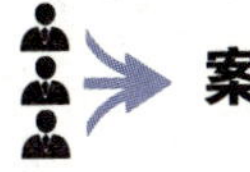

案例链接

“掀金盖中大奖”

美国可乐市场几乎被可口可乐和百事可乐两家所垄断。百事可乐作为第二品牌，一直保持着对可口可乐的攻势，在20世纪90年代，百事可乐提出了新口号“下一代”，同时

还推出了印有为其代言的体育明星肖像的产品。而此时可口可乐还在继续着自己的传统包装。结果百事可乐在青年一代中的占有率迅速提高。此后可口可乐为了继续保持市场的领先，推出了“掀金盖中大奖”的促销包装产品，通过较高的中奖率和新颖的促销宣传方式，重新吸引了消费者的注意。

资料来源：施春来：《企业营销策划》，北京，中国经济出版社，2008。

（6）以旧换新推广。即消费者在购买某种新产品时，可以用同品牌的旧产品或其他品牌的同类产品抵扣一部分价款。

（7）商品展销推广。由于展览会、展销会等可以有效地集中顾客的注意力和购买力，因此，在策划中可充分利用商品展销这一营业推广的有效的促销方式。

（8）现场示范推广。企业派人将自己的产品在销售现场当场进行使用示范，把一些技术性较强的产品的使用方法介绍给消费者。

（9）POP推广。主要包括零售店里布置的海报、标语、招牌、陈列品等广告物。POP推广策划的目标是在销售终端形成对消费者的产品吸引力，强化产品促销的力度。

（二）针对中间商的营业推广策划

针对中间商的营业推广策划的目的是促使中间商积极经销本企业的产品。策划中可选择的主要方式包括：

（1）交易折扣。即从刺激、鼓励中间商批量购买产品的销售促进目标出发，对第一次购买和购买数量较多的中间商给予一定折扣优惠的营业推广策划方法。折扣设定以购买数量的多少为考量标准，购买数量越多，折扣越大。折扣可以直接支付，也可以从付款金额中扣除，还可以赠送的商品作为折扣。

（2）推广津贴。即通过津贴方式对中间商促销产品给予一定报酬的营业推广策划方法。其目的在于激励中间商的促销行为。具体有广告津贴、展销津贴、陈列津贴、宣传物津贴等类别。

（3）销售竞赛。为推动中间商努力推销产品，由制造商在所有经销本企业产品的中间商中发起销售本企业产品的竞赛，获胜者可以获得生产企业给予的现金或实物奖励。

（4）业务会议。即在每年的销售旺季，举行订货会、洽谈会，在短期内集中订货、补货，促成大量交易。

（5）推销折扣。对长期合作或销售努力的中间商给予一定的折扣，以答谢他们的贡献。

（6）合作广告。即出资资助中间商一起进行广告宣传，共同开发市场，寻找潜在的顾客。

（7）节日公关。在节日来临之际，集中举办各类招待会、免费旅游等活动，邀请中间商参加，以加强彼此的合作。

（8）分担费用。即企业分担一定的市场营销费用以激励中间商促销产品的营业推广策划方法，如企业分担一定的广告费用、公关费用、摊位费用等，与中间商建立起合作共赢的稳定的购销关系，从而实现营业推广目标。

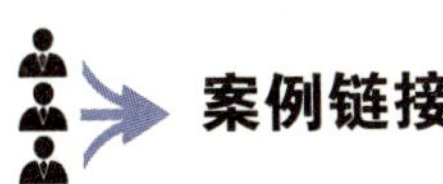

案例链接

启发集团的保值促销

启发集团是河北省知名民营企业，年产值1.2亿元，产品畅销26个省、市、自治区。因为毛线销售季节性强，所以旺季供不应求，淡季积压的矛盾很突出。在启发集团召开的产品淡季订货会上，启发集团推出了保值促销售的措施。具体做法是：经销商在淡季订购一定数量的毛线，厂方保证在旺季以同等价格供给相应数量的产品，而且价格在优惠的基础上给予保值，即旺季出现市场价与保值价倒挂现象时，厂方保证补齐差额，以维护经销商的利益。这种保值促销的方式产生了巨大吸引力，50多位中间商争相订货。订货会期间，收到定金500万元，之后又陆续收到1 800万元货款和定金。

资料来源：张自利：《促销实战手册》，北京，中国纺织出版社，2003。

（三）针对销售人员的营业推广策划

针对销售人员的营业推广策划的目的是鼓励销售人员积极有效地推销产品、处理某些老产品，或促使他们积极开拓新市场。策划中可考虑采取的主要方式包括：

（1）销售比赛。可通过推动销售员与销售员、销售小组和销售小组之间的竞赛，奖励销售员和销售小组，即凡达到一定的销售目标，就予以特定的奖励。

（2）销售赠奖。即除薪资之外，按特定条件支付一定报酬与奖励，例如津贴、奖金、奖品、旅行、休假等。目的在于在特定时期内，集中全力提高销售绩效。

（3）销售员培训。即通过对销售员提供免费培训、技术指导等，对销售员提供促销支持。策划中应重视销售员培训方法的选择和合理使用。常见的培训方法包括案例分析法、角色扮演法、讲义教学法和会议讨论法等。

（4）销售会议。即邀请销售人员在特定的地方（企业内或旅游地）召开销售促进说明会议，并让销售人员参与销售促进的策划与讨论。

（四）联合促销的营业推广策划

联合促销的营业推广策划，即针对企业间联合促销的营业推广策划，是指对为实现两个以上的企业或品牌合作而开展的促销活动所进行的策划。联合促销做法的最大好处是可以使各成员以较少费用获得较大的促销效果，联合促销有时能达到单独促销无法达到的效果。

应认识到，联合促销不同于捆绑销售。捆绑销售中有一个是主要产品，另一个是次要产品；一个是主动销售，另一个是被动的、附属的销售。而联合促销是甲乙双方在平等互利的条件下“你借我势，我借你声”。联合促销是整体行为，捆绑销售是个体行为。联合促销是在捆绑销售的基础上衍生出来的一种新的销售方式。联合促销可供选择的类型主要有：

（1）不同行业、相关产品企业之间的联合促销；

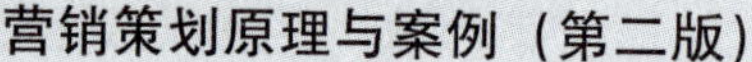

（2）同一企业不同品牌的联合促销；

（3）制造商与经销商之间的联合促销；

（4）同行企业之间的联合促销，即同行企业相互合作，彼此借助对方力量，达到双赢或多赢的目的。

案例链接

两个“M”的合作

2003 年 3 月，中国移动公司推出子品牌“动感地带”，宣布正式为年龄在 15 岁～25 岁的年轻人提供一种特制的电信服务和区别性的资费套餐。独特的品牌个性、炫酷的品牌语言、犀利的明星代言、高密度的整合传播在不到半年的时间里将“动感地带”打造成了认知度近 80％的品牌，一跃成为中国移动公司聚揽年轻用户群的金字招牌。

2003 年 11 月 24 日，两个“M”：动感地带（M-Zone）和麦当劳（McDonald）结成了合作联盟，并共同推出了“我的地盘，我就喜欢”和“通信＋快餐”的协同营销活动，每个季度动感地带客户只需凭 1860/1861 发出的一条身份确认短信，就能在麦当劳内享受获选“动感套餐”的优惠。两个品牌的联合取得了显著的促销效果。

资料来源：梁东、刘建堤：《市场营销新视点》，北京，经济管理出版社，2007。

本章小结

促销策划通常包括广告策划、人员推销策划、公共关系策划和营业推广策划。本章着重就这几种策划的内涵、程序、方法及策略进行了介绍。

广告策划是指广告人通过周密的市场调查和系统的分析，利用已经掌握的知识、情报和手段，合理而有效地谋划和布局广告活动的过程。广告策划主要包括广告战略策略的策划、广告产品定位策略的策划、广告市场策略的策划、广告媒介策略的策划、广告表现策略的策划、广告实施策略的策划。

人员推销策划是指在促销营销策划中，通过派出推销人员对一个或一个以上可能成为购买者的人所直接展开的推销行为方式而进行的设计和谋划。人员推销活动是颇具创造性的工作，不存在在任何条件下都极其有效的方式方法，但在人员推销过程中包含着一定的程序，这套程序的主要内容可概括为以下六个步骤：寻找潜在顾客、顾客资格审查、接近准备、接近顾客、面谈、跟踪服务。人员推销策略主要包括试探性策略、针对性策略、诱导性策略。人员推销技巧包括上门推销的技巧、洽谈的技巧、排除推销障碍的技巧、处理异议的技巧、达成交易的技巧。

营销策划意义上的公关策划是指针对企业营销策划中现实的、具体的公关营销战略战术，在分析公关营销现状和目标要求的基础上，构思和设计实现公关营销目标的行为和活动方案的过程。公关活动的策略主要包括“焦点”策略、“扩散”策略、“明确”定位策

略、“非明确”定位策略、“直入式”策略、“介入式”策略。公关活动设计可以从情感认同点、载体吸引力及消除沟通障碍几方面入手。

营业推广策划就是在目标市场研究基础上，根据产品行销任务，针对某一特定时期，对采取措施鼓励购买或销售企业产品或服务的促销活动所做的谋划和设计。营业推广策划的实施过程包括确定营业推广目标、选择营业推广工具、撰写营业推广方案、方案试验及营业推广方案优化。营业推广策划形式包括针对消费者的营业推广策划、针对中间商的营业推广策划、针对销售人员的营业推广策划、联合促销的营业推广策划。

关键概念

促销营销策划　　广告策划　　实体定位策略　　观念定位策略　　品牌定位策略　　人员推销　　公关策划　　营业推广

讨论及思考题

1. 简述广告策划的基本程序。
2. 人员推销有哪些基本特点？
3. 人员推销包括哪些基本步骤？
4. 处理顾客异议的常用策略有哪些？
5. 简述公关策划的内涵和可选择的活动模式。
6. 简述公关策划的基本程序。
7. 策划实施公关活动，通常可以选择哪些基本策略？
8. 简述营业推广策划的实施过程。
9. 针对消费者的营业推广策划主要有哪些方式？

参考文献

[1] 张自利. 促销实战手册. 北京：中国纺织出版社，2003.

[2] 张爱玲，黄东升. 现代企业策划. 北京：中国经济出版社，2002.

[3] 吴灿. 策划学. 北京：中国人民大学出版社，2004.

[4] 宋豫书. 最佳销售员全能训练. 广州：广东经济出版社，2007.

[5] 范振杰. 公共关系策划谋略. 北京：高等教育出版社，2000.

[6] 施春来. 企业营销策划. 北京：中国经济出版社，2008.

[7] 陈放. 营销策划学. 北京：蓝天出版社，2005.

[8] 梁东，刘建堤. 市场营销新视点. 北京：经济管理出版社，2007.

习题

一、判断题

1. 广告策划是指广告人通过周密的市场调查和系统的分析，利用已经掌握的知识、情报和手段，合理而有效地谋划和布局广告活动的过程。（　　）

2. 营业推广策划是在目标市场研究基础上，根据产品行销任务，针对某一特定时期，对采取措施鼓励购买或销售企业产品或服务的促销活动所做的谋划和设计。（　　）

3. 营业推广策划与营业推广之间的关系是：前者是后者形成的前提和基础，后者是前者的生动实践和实践结果。（　　）

4. 营业推广是在短期内刺激消费者和经销商的一种促销措施，具有时效性、刺激性、多样性和间接性的特征。（　　）

5. 公共关系的“介入式”策略就是借助他人组织的社交活动和公关活动，以及其他类型的社会活动，在一定程度上实现主体自身交往性公关活动目标的一种策略。（　　）

6. “非明确”定位策略，即在实施公关活动时，无具体明确的目标公众。（　　）

7. 如果说，公关策略中的“焦点”策略追求的是传播上的“点”效应，并力求起到以点带面的作用，那么“扩散”策略则追求一种“面”效应，并进而深化为对目标公众宣传上“点”的突破。（　　）

二、单项选择题

1. 一般来讲，高价工业品促销采用较多的促销工具是（　　）。

A. 营业推广　B. 人员推销　C. 公共关系　D. 广告

2. 一般来讲，生活消费品促销采用较多的促销工具是（　　）。

A. 营业推广　B. 人员推销　C. 公共关系　D. 广告

3. 某汽车制造商在推广其产品时，发起组织了赛车爱好者协会，定期举办使用本厂出品的赛车比赛，既能在社会上造成广泛的影响，刺激汽车销售，又能提高本企业和该产品的知名度，该企业运用的公关策略是（　　）。

A. “焦点”策略　B. “扩散”策略

C. “明确”定位策略　D. “介入式”策略

4. 某企业决定增加在电视台热播的连续剧中插播广告的次数，这种策划属于时间策划中的（　　）。

A. 时段策划　B. 时序策划　C. 时点策划　D. 频率策划

三、多项选择题

1. 广告策划的类型选择包括（　　）。

A. 目的型广告　B. 形象型广告

C. 战术与战略型广告　D. 理性诉求广告

E. 情感诉求广告

2. 公关活动的策略选择包括（　　）。

A. “焦点”策略　B. “扩散”策略

C. “明确”和“非明确”定位策略　D. “直入式”策略

E. “介入式”策略

3. 人员推销中的常用策略包括（　　）。

A. 集中性策略
B. 试探性策略
C. 针对性策略
D. 差异性策略
E. 诱导性策略

4. 以下属于针对消费者的营业推广形式有（　　）。

A. 赠品推广
B. 交易折扣
C. 推销折扣
D. 包装推广
E. POP 推广

第八章

企业形象策划

本章要点提示

● 了解企业形象、企业理念识别、企业行为识别、企业视觉识别的概念。

● 理解企业形象的作用、企业理念识别的功能、企业行为识别的特点、企业视觉识别的设计。

● 掌握企业形象系统及其子系统，企业行为识别系统的构建。

引导案例

中国银行作为中国大型国有控股商业银行之一，具有近百年的历史，实力雄厚，信誉良好，现已跨进了世界大银行的行列。按核心资本计算，2008 年中国银行在英国《银行家》杂志“世界 1 000 家大银行”排名中列第十位。

随着业务的发展和管理的改进，中国银行早在 20 世纪 80 年代就开始推行企业形象策划。先是设计了符合时代发展需要的标志，主要设计思想是将古钱与“中”字结合，赋以简洁的现代造型，表现了中国资本、银行服务、现代化、国际化的主题。事实上，这只是开始，紧随其后，中国银行不断完善企业员工的行为规范，小心处理每一处细节，注意配合各种媒介并灵活运用，使其形象生动活泼。经过多年的努力，中国银行现已建立起了一个比较完美的形象，发挥出了企业良好形象的实际作用。

资料来源：中国工业设计论坛。

案例启示

可见，良好的企业形象是企业宝贵的无形资产，它对企业内部管理和对外经营方面的

影响巨大而深远。

企业形象策划是一种建立和传达企业形象的完整和理想的方法。企业可通过企业形象策划对其办公系统、生产系统、管理系统，以及营销、包装、广告等系统形象形成规范化设计和规范化管理，由此来调动企业每个职员的积极性和参与企业的发展战略。通过一体化的符号形式来划分企业的责任和义务，使企业经营在各职能部门中能有效地运作，建立起企业与众不同的个性形象，使企业产品与其他同类产品区别开来，在同行中脱颖而出，迅速有效地帮助企业创造出品牌效应，占领市场。

企业形象策划是一个系统工程，通常包含三个子系统的策划：企业理念识别系统策划、企业行为识别系统策划、企业视觉识别系统策划。本章着重对企业形象策划中这三个子系统策划的主要内容进行阐述。

第一节 企业形象策划概述

一、企业形象及其作用

企业形象是指人们通过企业的各种标志（如产品特点、行销策略、人员风格等）而建立起来的对企业的总体印象，是企业的关系者对企业的整体感觉、印象和认知，是企业状况的综合反映。企业形象是企业精神文化的一种外在表现形式，它是社会公众在与企业接触交往的过程中所感受到的总体印象。这种印象是通过人的感官传递获得的。企业形象能否真实反映企业的精神文化，以及能否被社会各界和公众舆论所理解和接受，在很大程度上取决于企业自身的主观努力。

企业形象在企业竞争中具有重要作用。任何事业的成就，都依赖于天时、地利、人和。企业的生存与发展也取决于这三种因素在何种程度上对企业产生的影响，而良好的企业形象则能对影响其健康发展的这三种因素进行积极改变，从而达到使企业在竞争中立于不败之地的效果。

（一）天时

拥有良好的企业形象可以得到公众的信赖，为企业的商品和服务创造出一种消费心理。企业的生存与发展离不开社会公众的参与和关注，离不开广大消费者的信赖与支持，而所有这些又都与企业形象密不可分。正如《日本公司经营》所说："在商品日趋丰富的社会中，选择哪个公司的产品在很大程度上取决于企业形象。"良好的企业形象会使客户慕名上门，推销人员会事半功倍，营业额的提高也就成了理所当然的事。

（二）地利

良好的企业形象，可以扩大企业的知名度，增加投资者或合作者的好感和信心。一个企业具有优良的形象，在需要融通资金时，各种投资机构都会乐于参与，在危机面前也会伸出援助之手，从而减小企业经营风险，企业发展也将更加稳健。

（三）人和

良好的企业形象，可以吸引更多人才加入，激发职工的敬业精神，创造更高的效率。有贝之“财”易得，无贝之“才”难求。企业之间的竞争归根到底是人才竞争。良好的企业形象会使员工感到这里的工作环境为他提供了用武之地，这里的用人制度能使自己的聪明才智得以发挥。企业形象好，职工就有一种优越感和自豪感，加之配套系统（统一的工作服、办公用品等）的相互配合，会创造出一种朝气蓬勃的气氛，使他们的工作热情日趋高涨，工作效率不断提高。

在抗震救灾中提升企业形象

2008 年 5 月 12 日，四川省汶川县发生了八级大地震，很多企业在参与抗震救灾的同时，开始意识到应借助社会事件更好地履行社会责任、传播企业文化、提升企业形象。汶川大地震对中国本土企业来说，是一份社会责任的测试题，也是一份企业文化的测试题，如何应答，不亚于一次奥运考题。

灾难发生后，央视及各大卫视相继推出抗震救灾直播节目。细心的观众会发现，节目播出的间隙，伊利在第一时间（至少在奶制品行业是第一家）投播了一则《早一秒，就多一分希望》的公益广告。短短 15 秒，传递的信息却令人动容：

2008 年 5 月 12 日，四川汶川大地震，早一秒，就多一个人获救；多一秒，就多一分希望。伊利第一时间将灾区所需牛奶、奶粉送达，行动就是希望。

广告片不仅与“一线希望，百倍努力”的主旋律相呼应，也与伊利“早送一包牛奶，多添一份希望”为主题的“抗震救灾动员令”相呼应，堪称成功案例。

资料来源：中国管理传播网，2008-06-11。

二、企业形象系统及其子系统

所谓企业形象系统（Corporate Identity System，CIS）是指一个企业区别于其他企业的标志或特征，它是企业在社会公众心目中占据特定位置的独特形象。

企业形象的组成因素虽然非常复杂，但我们可以将其归纳为三个层次，即理念识别系统（Mind Identity System，MIS）、行为识别系统（Behavior Identity System，BIS）和视觉识别系统（Visual Identity System，VIS）三个子系统。

（一）企业理念识别系统

企业理念识别系统是由企业哲学、企业宗旨、企业精神、企业发展目标、经营战略、企业道德、企业风气等精神因素构成的企业形象子系统。从理论上说，企业的经营理念是企业的灵魂，是企业哲学、企业精神的集中表现。同时，也是整个企业识别系统的核心和依据。企业的经营理念要反映企业存在的社会价值、企业追求的目标以及企业的经营等内容，并通过尽可能简明确切的、能为企业内外乐意接受的、易懂易记的语句来表达。

（二）企业行为识别系统

企业行为识别系统是由企业组织及组织成员在内部和对外的生产经营管理及非生产经营性活动中表现出来的员工素质、企业制度、行为规范等因素构成的企业形象子系统。内部行为包括员工招聘、培训、管理、考核、奖惩，各项管理制度、责任制度的制定和执行，企业惯例，等等；对外行为包括采购、销售、广告、金融、公益等公共关系活动。企业行为识别的要旨是企业在内部协调和对外交往中应该有一种规范性准则。这种准则具体体现在全体员工上下一致的日常行为中。也就是说，员工们的一举一动都应该是一种企业行为，能反映出企业的经营理念和价值取向，而不是独立的随心所欲的个人行为。企业行为识别需要员工们在理解企业经营理念的基础上，把它变为发自内心的自觉行动，只有这样，才能使同一理念在不同的场合、不同的层面中具体落实到管理行为、销售行为、服务行为和公共关系行为中去。企业行为识别是企业处理、协调人、事、物的动态动作系统。企业行为识别的贯彻，对内包括新产品开发、干部分配以及文明礼貌规范等；对外包括市场调研及商品促进、各种服务及公关准则，与金融合作伙伴、上下游合作伙伴以及代理经销商的交往行为准则。

（三）企业视觉识别系统

企业视觉识别系统是由企业的基本标识及应用标识、产品外观包装、厂容厂貌、机器设备等构成的企业形象子系统。其中，基本标识指企业名称、标志、商标、标准字、标准色；应用标识指象征图案、旗帜、服装、口号、招牌、吉祥物等，厂容厂貌指企业自然环境、店铺、橱窗、办公室、车间及其设计和布置。

任何一个企业想进行宣传并传播给社会大众，从而塑造可视的企业形象，都需要依赖传播系统，传播的成效大小完全依赖于在传播系统模式中的符号系统的设计能否被社会大众辨认与接受，并给社会大众留下深刻的印象。符号系统中的基本要素是传播企业形象的载体，企业通过这些载体来反映企业形象，这种符号系统可称作企业形象的符号系统。视觉识别是一个严密而完整的符号系统，它的特点在于展示清晰的“视觉力”结构，从而准确地传达独特的企业形象，通过差异性面貌的展现，达成企业识别的目的。

在企业形象的三个子系统中，理念形象是最深层次、最核心的部分，也最为重要，它决定行为形象和视觉形象；而视觉形象是最外在、最容易表现的部分，它和行为形象都是理念形象的载体和外化；行为形象介于上述两者之间，它是理念形象的延伸和载体，又是视觉形象的条件和基础。如果将企业形象比作一个人，理念形象好比是他的头脑，行为形象就是其四肢，视觉形象则是其面容和体型。

案例链接

奔驰完美的企业形象战略

作为一个拥有百年历史的著名汽车品牌，奔驰已形成了一种核心企业精神：公平、尽责。公平是指公平竞争、公平经营。这是每个企业必须遵循的游戏规则，奔驰也是在产品质量、花色品种、技术水平、市场销售和售后服务等各方面凭借自身的实力来力争上游。

尽责是指在奔驰经营范围——汽车行业内，尽到自己作为一个顶级品牌的责任，不仅为了自己的经济利益，也要为社会所认同，成为同类企业仿效的楷模。

行为方面，奔驰的经营理念和价值观念是其日常运作的指导准则。奔驰公司内部从领导层到普通员工都必须将其作为纪律，严格规范自身行为。对基本理念及其最新发展动向的深入了解是行动的基础。因此，对内部员工、合作伙伴和地区销售维修服务人员的培训极为重要。奔驰设有专门的培训部门和专业培训人员，并在各个地区建立奔驰专业培训中心，定期开设各类培训课程，如新员工培训、市场销售综合培训、新车型培训、维修服务技术培训、零件培训等。通过这些系统的培训和教育，可以将企业经营理念传达给公司每一个相关部门的员工，并可以通过企业员工的言行传达给外界。

奔驰对制作招牌、旗帜、标语牌等有严格的程序和标准，以确保其质量符合奔驰品质形象。奔驰对商标的使用有着严格的规定，对那些不顾法律约束、盗用奔驰商标的企业和个人及时予以打击，以防冒牌企业的行为损害奔驰企业的形象。奔驰展厅是一个展示奔驰形象的窗口，其内部装潢和展品的摆放都有具体的规定。其规定强调一种氛围，使顾客一进展厅就能感觉到奔驰特有的待客之道。此外，奔驰还规定了所有印刷品的标准格式。

资料来源：世界企业文化网，2008-01-23。

三、企业形象的设计规划与实施导入过程

企业形象的设计规划与实施导入是一种循序渐进的计划性作业，综合国内外企业导入企业形象的经验，其作业流程大约可分为下列四个阶段：

（一）企业实态调查阶段

把握公司的现况、外界认知和设计现况，并从中确认企业实际给人的形象认知状况。

（二）形象概念确立阶段

以调查结果为基础，分析企业内部现况、外界认知、市场环境及各种设计系统的问题，来拟订公司的定位与应有形象的基本概念，作为企业形象设计规划的依据。

（三）设计作业展开阶段

将企业的基本形象概念转变成具体可见的信息符号，并经过精致作业与测试调查，确定完整并符合企业要求的识别系统。

（四）完成与导入阶段

重点在于排定导入实施项目的优先顺序、策划企业广告活动以及筹组企业形象。

第二节　企业理念识别系统策划

企业理念识别是企业形象战略的重要组成部分，它是企业的灵魂和精神支柱。要确保企业改革和发展取得巨大的成绩，就必须重视并创建优秀的企业理念识别体系，以增强企

业的活力，从而使企业在市场竞争中立于不败之地。

一、企业理念识别的含义与功能

（一）企业理念识别的含义

企业理念识别是企业识别系统基本精神所在，也是企业识别系统运作的原动力。企业理念的基本内容包括价值观念、经营哲学、企业目标、企业风尚、企业精神、企业道德和规章制度等。

（二）企业理念识别的功能

1. 导向功能

通过能够体现员工经济利益的企业目标和发展方向，引导和激励员工的价值取向和行为选择，把企业员工的一切行为引导到企业所确定的目标方向上。

2. 约束功能

每个企业都会有成文的或约定俗成的规章制度，这是企业价值观念、道德观念、行为准则的制度化和具体体现，对员工的思想和行为起着约束作用。但这种约束往往不是"硬"约束，而是一种"软"约束，即一种由心理约束起作用的对行为的自我管理。

3. 凝聚功能

企业理念识别因为有作为企业文化核心的企业精神、企业价值观为基础，所以可使整个企业团结一致，产生奋发向上的群体意识，凝结成极大的集体合力，形成企业的凝聚力，从而推动企业的发展，这种凝聚力是企业与员工之间、员工与员工之间关系的反映。

4. 融合功能

不同的企业，员工构成不一样，其兴趣、爱好、资历、阅历、文化程度、思想觉悟、性格和气质等千差万别，而企业理念对员工能够起到潜移默化的影响，在各个不同的层次上满足不同人的共同利益和共同需要，最大限度地缩小员工之间的差别。

5. 激励功能

现代企业不应把员工看成"经济人"，而应把员工看成"社会人"。企业理念应提倡理解人、关心人、尊重人、爱护人，反对把员工看成"会说话的工具、机器"，强调个人自由而全面的发展，强调自我管理、自我启发，强调员工的精神需要，使员工产生尊重感、自由感、愉悦感，在企业内形成信任、尊重、个人素质提高、良好融洽的工作环境和氛围。这是一种积极的激励方式。

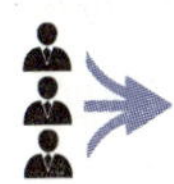

案例链接

部分著名公司的企业理念

1. 海尔文化理念

价值观：敬业报国，追求卓越；真诚到永远。

质量理念：有缺陷的产品是废品。

兼并理念：吃休克鱼；用文化激活休克鱼。

营销理念：首先卖信誉；其次卖产品。

人才理念：人人是人才，赛马不相马。

服务理念：用户永远是对的；把用户的烦恼降到零。

研发理念：用户的难题就是我们开发的课题；要做就做最好的。

2. 华为的核心价值观

追求：电子信息领域的世界级领先企业，可持续发展。

员工：高素质员工群体是最重要的财富，集体奋斗。

技术：独立自主发展核心技术，开放、合作。

精神：敬业、创新、团结、企业家精神。

爱祖国、爱人民、爱事业、爱生活。

文化：资源是会枯竭的，唯有文化是生生不息的。

责任：为产业报国、科教兴国，做不懈的努力。

3. 福田文化理念

经营宗旨：造福亿万百姓。

企业精神：创新思维，超越自我，追求卓越。

经营理念：变不可能为可能，变可能为现实。

质量理念：塑造一流品质，追求顾客满意。

营销理念：客户第一，经销商第二，福田第三。

管理理念：系统思考、协同工作、团队学习、共同提高。

资料来源：海尔、华为、福田网站。

二、企业理念识别系统的策划方法

要使新的理念渗入企业，并成为企业共有的价值观，企业必须采用各种方法进行。企业可以使用的方法有：

（一）反复

反复通常采用唱和的做法。例如，朗读企业理念小册子，宣读张贴在墙上的理念。但唱和容易给人某种强制的印象，还会让人怀疑是否低估了员工的知识水准。要使唱和有效，须考虑时机、频率、对象等，还要考虑不致伤害员工的自尊心。

反复还包括朗读，即请职业播音员通过企业广播系统朗诵，或者创作一首包含企业理念的公司歌曲经常在公司里播放，或开会时全体员工共唱，这是符合时代、可引起共鸣的反复方法。也可利用企业闭路电视播放，以进行有效的反复教育。

（二）翻译

翻译即通过企业理念的阐述和自我探寻，将企业理念和员工理念融为一体，使其在此企业理念引导下，重新思考在自己工作岗位上应当如何表现，寻找自己以后努力的方向。否则，企业理念将会变成单纯的文字，或是沦为装腔作势的道具。

翻译的进行方式，包括以如何找到适合自己的工作方法为题，在部门活动中发表感

想，或将其刊载于公司内部报刊中，成为公司内的共有物，再以此进行讲评或褒奖。也可以采用征文形式，例如以“我与企业理念”为题，把自己的看法写在明信片上，再寄给高级管理者。此外，还可以预先通知员工“请考虑自己应有的理念”，再针对此问题，由企业文化委员会进行电话访问。

（三）环境化

环境化即以图案来象征企业理念，做成匾额、海报、巨幅壁画，设置于办公室、工厂或其他工作场所的合适位置，这是感性教育的一种有效方式。在美国食品业中，有一家叫做“维多利亚车站”的烤牛肉连锁专卖店，店铺全都由火车、货车进行内部改装而成。“维多利亚车站”在旧金山的总公司建筑墙面非常宽广，公司便利用这一大面墙壁来制作大型壁画，以传达企业理念。画面上是缓缓延伸的地平线和好像漫无止境的铁轨。弯曲延伸至地平线的铁轨好像在呼唤人们“前进！前进！”又好像告诉人们“你现在所在的地方就是维多利亚车站”。和缓的曲线不仅代表这家餐厅，也让人联想到“这家公司是非常重视店内气氛营造的业者”。铁轨延伸至遥远的地平线，代表“维多利亚车站”是正在勇往直前的企业，更象征着这是所有员工命运的共同基础。置身于反映企业理念的艺术性图案中，能够激发员工的自豪感和责任感。

（四）象征性活动

象征性活动包括定期举办大规模庆祝会、表彰会、主题鲜明的报告会和演讲会等典礼仪式，以及举办全体员工的旅行、运动会、卡拉 OK 大赛等文娱活动，以传达企业理念，鼓舞员工士气。它能缓和紧张气氛和鼓励创新精神，并能减少冲突，创造新观念和文化价值。例如，日本本田开展技研创意竞赛，由点子提出者将创意制成成品，其中不乏新异的作品。本田技研创意竞赛促使员工们摆脱既定模式的束缚，自由构想，为本田新产品的研发发挥了有益的作用。

（五）塑造典范

塑造典范的目的就是倡导员工模仿典范，将企业理念融入自己的价值观。典范是企业理念的化身和企业力量的缩影。从一定意义上说，构筑企业理念就是塑造代表企业理念的典范人物。塑造典范的意义在于，为员工提供活生生的精神和行为榜样，使员工弄清何种精神为企业所需，何种行为既有利于公司也有利于自己，从而激发员工的积极性、成功欲，使企业理念得以渗透和强化。

案例链接

用英雄事迹塑造 3M 企业文化

在 3M 公司，一直流传着理查·宝尔发明思高遮蔽胶带的事迹。有一天他去拜访汽车工厂的顾客，正好碰到汽车涂装工人因为使用胶带固定旧报纸，在喷漆完后，撕下胶带时喷妥的油漆跟着一并剥落而大发脾气。这个情景引发了宝尔的思考：“能否制作一种既能粘贴自如又不会损伤涂装的胶带呢？这样不但使涂装更轻松方便，加工处理时也可以更加整齐美观。”之后，宝尔在三个月的时间内测试过所有的粘剂，失败多次后，终于研发出

非烘干胶带。但宝尔并不因此次的成功而满足，仍然进行持续改良，后来这种遮蔽胶带被命名为思高遮蔽胶带。

3M公司以这则事例来传承其特有的企业文化：员工若是自己想研究某些课题，可以不需预先禀报上司，只要自行调配工作时间即可。这使3M成为一个非常有创意的团队。卓越的企业皆有其典范，它们会妥善收集典范的事例资料，因为这些事例代表组织在发展中的愿景及价值取向，它明确地告诉成员：什么行为可以维护公司的理想、理念与价值。另外，它会有效地运用在组织实务中，不论是在新进员工的培训中，还是在团队的培训与互动中，或是在平时的员工对话及组织决策思考中。因为他们知道，对于文化传承，典范事例的分享往往是最好的方式。

在组织中，典范人物不一定是身处高位的领导者，他可以是组织中的任何成员，只要他对组织愿景的达成有贡献，是大家学习的榜样，就可以起到鼓舞员工士气的作用。

资料来源：中国人力资源管理。

案例链接

汇仁集团"仁者爱人"的核心理念

汇仁集团从一个名不见经传的乡镇企业发展成国内知名企业，只用了短短几年时间。

"仁者爱人"是汇仁集团的核心理念，它的主要内涵及外延都体现在"仁"字上。我国的传统文化博大精深，从整个文化长河看，儒家文化无疑是中国文化的主流。世代相传的儒家文化孕育了中华民族善良纯朴的品质，其核心价值就是做人的道理，而"仁"正是儒家文化的核心。"爱人"是仁者的行为，重在"爱"字。企业的爱不是简单的关爱、友爱，它已上升到一个组织和社会的高度。

"仁者爱人"是汇仁企业文化深刻而集中的概括，它传承了儒家的文化思想，体现了时代气息，其真正融入了企业的思想和行动。没有什么语言更能打动消费者的心，他们信赖这个企业，也必然会选择这个企业，因为最终产品优劣取决于企业生产和销售产品时的指导思想。

企业理念不只停留在意识形态上，它在汇仁集团的内部管理和外部行为中都有现实的体现。

以"仁者爱人"为核心的企业文化深刻地影响着每一个汇仁人，企业内的各项健全的规章制度就是让员工自觉或不自觉地接受这个思想。汇仁的使命是振兴和发展民族医药事业。在组织上，汇仁率先在江西民营企业中成立党的基层组织和工会组织；在归属上，汇仁认为自己近期是企业的，远期是国家的；在对待员工上，使员工"既能多赚钱，又能受尊重"，帮助员工实现自我价值；在教育上，倡导重读书、再创业；在文化上，集团内部每月有两期《汇仁人》报，有藏书万册的汇仁图书馆……通过多方面的引导，在汇仁内部形成了仁者的思想，员工形成了共同的价值观、共同的信念，全体员工齐心协力打造企业竞争力，在药业共展仁者风范。

“仁者爱人，汇仁集团”的企业宣言脍炙人口。更重要的是，它用实际行动践行了其仁者理念。为了扩大宣传，汇仁集团举办了“红土地情怀”、“汇仁杯——为了母亲的微笑”等大型社会公益活动。十余年来，先后出资100多万元为地方修路、架桥、兴建社会福利院，投资110万元兴建配有现代化教学设备的双环希望小学，捐款捐物70余万元帮助灾区人民抗洪赈灾，接受下岗待业人员上万名……对社会无私的奉献，正是仁者思想的具体体现。

企业文化能否体现企业的个性、是否适应市场的需要、能否帮助企业发展，是关系企业生死存亡的大事。企业文化能否得到落实是企业文化工作的关键。汇仁不仅提出了继承中国传统文化而又适用于现代企业管理的企业文化，还把这个文化切实地体现在各个方面，展现了汇仁的仁者之风。

资料来源：中国管理传播网，2008-04-21。

第三节　企业行为识别系统策划

一、企业行为识别的含义和目标

企业行为识别是指将企业理念动态地呈现于企业内部的组织、教育、管理、制度等方面，并且扩及企业外部的市场调查、产品开发、服务提供、促销、社会公益事业、赞助活动、公共关系等层面的过程。

企业行为识别的含义包括两方面内容：

(1) 在企业内部，要求在企业理念指导下，各个部门、分公司之间协调动作，全体员工统一步调，统一行动，即实现企业内部的一致性和统一性。它包括员工教育（即工作规范、服务态度、基本礼仪、企业精神与企业文化等的教育）、工作环境（即物理环境，如建筑物外观、色彩、标识、办公作业环境等；人文环境，如人际关系等）、生产技术、工作规范、制度等。对内的行为识别意在通过有形、无形的教育和培训，不断提高员工的素质，积极主动地为客户提供优质产品或服务，从而树立良好的企业形象。

(2) 与其他企业相比，本企业的行为特征和行为结果与众不同，有个性，有独特的精神或价值。它包括市场调查、产品开发和生产经营、公共关系活动、其他公益活动和文化活动等方面。对外活动识别可以突出企业的个性和特色，使公众更好地认知企业，强化对企业的良好印象和信赖感。

企业行为识别是企业形象策划的动态识别形式，它的核心在于企业理念的推行。企业内部组织机构与员工行为是企业理念传播的载体，通过这一载体可传达企业的理念、塑造企业的形象。它的目标在于：

通过企业内部的制度、管理与教育训练，使员工行为规范化。企业在处理对内、对外关系的活动中，体现一定的准则和规范，并以实实在在的行动展现企业的理念精神和经营价值观。通过有利于社会大众和消费者认知、识别企业的有特色的活动，塑造企业的动态形象，并与理念识别、视觉识别相互交融，树立企业良好的整体形象。

案例链接

联想集团电话应答规范

1. 接电话响应时间：电话铃响三声之内必须有人接听。

2. 打电话要领：打电话之前按以下六点理出重点，以免浪费时间，包括：何人（who）、何地（where）、何时（when）、何事（what）、原因（why）、如何（how）。

3. 接听电话要领：接电话时先报特许专卖店名称及自己的姓名，如“您好，这里是联想‘1＋1’”；询问对方，如“请问您有什么事情”。

4. 无法回答顾客询问的事情时应说：“对不起，请稍等”，并请其他熟悉所询问事项的店员接听。

5. 电话是找其他店员时，应询问其姓名，以便转告。当事人不在时则问其“能不能请您留话”及其姓名、联络方法。随时用笔记下重点，关键数字复述核对无误后转交给当事人。

6. 顾客结账时电话铃响起，应先接听电话并请其稍等，如“对不起，请稍等一下”，再为顾客结账。

7. 遇到必须与店长或同事商量后才可回答的问题时，应按下保留键，以免对方听到商量的内容。

资料来源：百度贴吧，http://tieba.baidu.com/f?kz＝501279614。

二、企业行为识别的特点

作为企业形象策划的有机组成部分，企业行为识别具有与企业理念识别和企业视觉识别不同的特点。

（1）行为识别系统有强烈的实践色彩，它与企业的业务活动有着密切的关系。任何行为规范或制度的提出，都离不开对企业行业特征和发展历史的分析研究。换言之，行为识别系统的设计并无统一模式可供套用。行业不同，其行为识别系统可能大相径庭。比如，餐饮、酒店的行为识别系统必然与制造业、建筑业的行为识别系统不同，前者强调细致周到的服务，后者则强调技术和专业性。

（2）视觉识别系统的设计更多地依赖于专业的设计公司，设计人员运用色彩、线条、符号等视觉语言，设计出能够表达企业理念的视觉形象。与此不同的是，行为识别系统的设计更需要企业的深层次参与，甚至在一定程度上需要亲力亲为。因为对于企业自身的人员素质、业绩状况、技术水准、现有的规章制度、发展历史等信息，企业外组织是很难完全了解和掌握的，即仅靠外脑是远远不可能产生极具可操作性的行为规范的。

三、企业行为识别系统的构建

（1）员工教育是将企业理念贯穿于行为的基础。行为识别系统的建设不是员工自发的。如果公司的理念只以文字的形式出现，那么企业的员工就不会把它放在心上，也就无法渗入组织内，成为企业成员共同的价值观而表现在行为中。因此，必须开展多种形式的教育培训，让全体员工知道本企业导入企业形象系统的目的、意义和背景，了解甚至参与企业识别系统的设计，熟悉并认同企业的理念，清楚地认识到企业内每一位员工都是企业形象的塑造者。员工教育主要包括企业理念和企业文化方面的内容。通过教育培训，使员工实现从知识的接受到情感的内化，最终落实到行为的贯彻。

（2）制度和规范是建立行为识别系统的有力工具。企业建立行为识别系统，不能只靠铺天盖地的宣传教育，还需要制定和完善一系列具有可操作性的制度和规范。制度和规范使企业和员工的行为有章可循，它具有一定的强制性。对员工而言，制度和规范是一种约束，但也是其顺利完成工作的保证。制度和规范的设计必须以正确的企业理念为指导，必须有助于员工在一种宽松的环境中准确无误、积极主动地完成自身的工作。制度和规范的内容如果偏离了企业理念，将会造成员工思想与行为的不协调、不统一，直接影响员工积极性和创造性的发挥，给企业管理造成失误和损失。

（3）卓越的管理是行为识别系统顺利实施的保证。行为识别系统的规范化管理是企业形象系统导入过程中的关键环节，同时也是最难把握的一环。理念可以树立，视觉符号可以设计，而人的行为却难以理想化地进行统一。因此，行为识别系统的顺利构建，需要有效的管理手段作为保证。与美国、日本企业雄厚的管理基础和高度现代化的管理手段相比，我国企业的管理基础还十分薄弱，因此，企业必须将企业形象策划的实施建立在整体管理水平提升的基础上。也就是说，企业在开展行为识别系统建设的过程中，要在组织上和制度上进行管理革新；要有计划地开展员工培训工作，重视人才的开发和引进，提高员工的整体素质；要特别注重管理人员的开发和培养，建立一支高素质的现代经理人队伍，从而保证企业整体水平的提高和管理革新战略的有效实施。

案例链接

西门子的员工手册（目录）

1. 序言

编制目的、适用范围、修订原则、欢迎致词、公司概况、公司形象、公司宗旨、质量方针、组织结构、公司文化、行为准则

2. 员工守则

员工证、考勤制度、休假申请、出差、接待亲友、吸烟、电话、资讯保密、公司治安、成本意识、公德及礼貌

3. 聘用

聘用、雇用形式，劳动合同，试用期，人事档案，工作时间，职位变更

4. 培训与个人发展

5. 薪酬与奖励

基本工资、加班与夜班、绩效工资、薪酬调整、奖金、项目特别奖、合理化建议奖

6. 员工福利

住房、工作餐、交通、医疗、工伤保险、养老保险、失业保险、意外保险、生育、年休假、法定假、病假、婚假、产假、丧假、事假、补休、意外、文娱活动

7. 离职

辞职、合同终止、开除、退休、离职手续、离职证明

8. 过失类别

9. 纪律处分

三条主要原则、纪律处分步骤、投诉程序

10. 消防规程

11. 职业安全

12. 附则

资料来源：中华培训网。

第四节　企业视觉识别系统策划

一、企业视觉识别的含义

企业视觉识别是企业所独有的一整套识别标志，它是企业理念外在的、形象化的表现，理念特征是视觉特征的精神内涵。企业视觉识别系统是企业识别系统的具体化、视觉化。它包括企业标志、企业名称、企业商标、企业标准字、企业标准色、象征图形、企业造型等。

企业视觉识别由两大要素组成：一为基础要素，它包括企业名称、企业标志、标准字体、专用印刷字体、企业标准用色、企业造型或企业象征图案，以及各要素相互之间的规范组合。二为应用要素，即上述要素经规范组合后，在企业各个领域中的运用，如用于办公用品、建筑及室内外环境、衣着服饰、广告宣传、产品包装、展示陈列、交通工具等。

基础要素是以企业标志为核心进行的设计整合，是一种系统化的形象归纳和形象的符号化提炼。这种经过设计整合的基础要素，既要用可视的具体符号形象来展示企业的经营理念，又要作为各项设计的先导和基础，保证它在各项应用要素中保持统一。通过基础要素来统一规范各项应用要素，达到企业形象的系统一致。高水平的视觉识别系统是对企业形象的整体优化组合，它不是将基础要素一一搬到应用领域就算了事，而是要考虑到基础要素在办公用品、广告宣传、包装展示等各类应用范围中出现的时候，既要保持统一性，又要避免刻板机械。如果这些基础要素在具体应用中不能给包装、广告、名片等各类设计带来生气与活力，不能带来良好的视觉效果，不能引起人们的赞叹，那么这种统一性就毫无意义，再统一的形象也是失败的。

如果说理念是企业的头脑和灵魂，行为是企业的处世方式，那么企业的视觉识别系统就是企业的着装和仪表。

案例链接

中国知名视觉识别系统——太阳神

视觉识别系统设计包括多方面的内容，具体到每一方面的操作都有其准则和要求，如品牌命名、商标的使用、企业标准字、标准色的配合等，在这方面有许多成功的案例可资借鉴。我们在此以中国最早导入企业形象策划的企业——太阳神为例，说明企业视觉识别系统在企业形象策划中的重要作用。

太阳神集团公司原是一家规模不大的乡镇企业，直到1988年，其产值也仅有520万元，但到1990年产值急增到4 000多万元，1991年骤增到8亿元，1992年竟达到12亿元。而惊人的发展速度正是得益于企业形象策划的神奇作用。

“当太阳升起的时候，我们的爱天长地久……”伴随着这悠扬雄壮、充满激情与活力的歌声，一轮象征着生命、力量和健康的初升朝阳，被一个艺术化了的“人”字托起，由红、黑、白三种色彩构成的“太阳神”标志映入人们的眼帘。这是太阳神的一则广告，整个广告中没有华丽的辞藻，更没有省优、部优、国际金奖的宣传，甚至对太阳神的产品都只字未提，但其巨大的视觉冲击力给每一位消费者留下了深刻的印象。

在视觉识别系统中，公司决定用“太阳神”命名新成立的集团企业，并决定实施“三位一体”的企业形象策划，用公司名称涵盖产品特征，企业名称、商标、品牌都以“太阳神”为名。

太阳神标志以简练、强烈的圆形和三角形为基本元素，圆形象征太阳，代表健康、美味的商品功能与企业经营理念；三角形则具有稳定、向上的含义，代表企业永远充满活力、稳定前行的精神；太阳神的人字造型，则体现了企业团结向上的意境和以“人”为中心的服务与经营理念；红、白、黑形成强烈的色彩反差，体现了企业不甘于现状、奋斗开拓的心态，同时给人以强烈的视觉冲击力。

在应用要素方面，太阳神以基本要素为基础，对产品包装、办公用具、展示陈列以及标志物等进行了统一设计，尤其在广告传播上，始终以全新的太阳神形象展现在社会公众眼前，令人耳目一新。

太阳神的视觉识别系统设计虽然丰富多彩，但始终围绕着企业宗旨和经营理念，强调以人为本，以市场为导向，充分体现视觉识别系统的设计理念。同时在构建视觉识别系统的过程中，还配之以听觉识别和企业文本识别，如太阳神的“企业歌”及其他音乐元素，太阳神的元旦献词和企业学术论文、报告文学等。

太阳神以其出色的视觉识别系统设计给公众留下了深刻的印象，迅速赢得了消费者的认同，成功地叩开了市场大门。

资料来源：骆辉：《太阳神企业 CIS 手册——视觉识别系统》，广州，广东科技出版社，1998。

二、企业视觉识别系统的设计

（一）企业视觉识别系统的设计原则

进行企业视觉识别系统的设计必须把握同一性、差异性、民族性、可实施性等基本原则。

1. 同一性

为了达成企业形象对外传播的一致性与一贯性，应统一设计和统一传播，用完美的视觉一体化设计，将信息与认识个性化、明晰化、有序化，传播同一的企业理念与视觉形象，这样才能强化企业形象，使信息传播更为迅速有效，给社会大众留下深刻的印象与较大的影响力。

对企业的各种识别要素进行标准化处理，采取统一的规范设计，对外传播均采用同一模式，并坚持长期运用，而不轻易进行变动。

同一性原则的运用能使社会大众对特定的企业形象有一个统一完整的认识，避免了因企业形象识别要素的不统一而产生的识别障碍，增强了企业形象的传播力。

2. 差异性

差异性首先表现在不同行业的区别上。因为，在社会大众心目中，不同行业的企业与机构均有其行业的形象特征，如化妆品企业与机械工业企业的企业形象特征是截然不同的。在设计时必须突出行业特点，才能使其与其他行业有不同的形象特征，有利于识别与认同。其次必须突出与同行业其他企业的差别，才能独具风采，脱颖而出。

日本享誉世界的五大名牌电器企业：索尼、松下、东芝、三洋、日立，其企业形象均别具一格，十分个性化，有效地获得了消费大众的认同，在竞争激烈的世界家电市场上独树一帜。

3. 民族性

企业形象的塑造与传播还应考虑民族性问题。美国企业文化研究专家秋尔和肯尼迪指出，强大的文化是美国企业持续发展的驱动力。驰名于世的麦当劳和肯德基独具特色的企业形象，展现的就是美国的快餐文化。

4. 可实施性

可实施性是指企业经策划与设计的视觉识别系统能得以有效地推行与运用，企业视觉识别是要解决问题的，而不是企业的装饰物，因此，可实施性是一个十分重要的问题。

要保证企业视觉识别计划的有效性，一个十分重要的因素是企业主管有良好的现代经营意识，对企业形象策划也有一定的了解，并能尊重专业的企业视觉识别系统设计机构或专家的意见和建议。因为没有相当的投入无法找到具有实力的高水准的机构与个人。而后期的企业视觉识别系统战略推广更要投入巨大的费用，如果企业领导在导入企业视觉识别系统的必要性上没有十分清晰的认识，不能坚持推行，那前期的策划方案就会失去其有效性，变得毫无价值。

（二）企业视觉识别系统设计的基本程序

1. 调查研究阶段

在确认导入视觉识别系统的方针和目的后，有必要对企业进行调查。这是对企业历史的回顾，现状的分析，以为开发设计提供可靠的依据。

企业自身研究包括历史沿革、企业组织机构、经营方针、营运能力、领导层经营理念、广告意识、员工素质、现行市场销售策略与对应措施、企业发展的潜力评估、近期与中长期既定发展目标、企业优势和缺陷的分析与评估。

市场调查包括国内外市场产品的结构、产品的市场分布、产品的市场占有率、销售价格、销售渠道。

竞争者研究包括同业竞争者的数量、地域分布、市场占有量、经营方针、特点、销售渠道的调查。竞争者的广告策略、广告预算、广告种类、广告特点的调查。

消费者调研包括消费者的生活意识、购买动机、购买能力、地区分布、文化层次、年龄层次、审美观念等的研究，以及潜在的市场消费者的调研。

产品自身研究包括产品种类、特点、功能、质量、价格、外观造型、成本调研，调整产品结构的可能性与可行性评估，潜在价值与附加价值的调研。

广告策略研究包括现行广告的战略思想与政策原则的再研究，广告种类与所占比重、媒体的选择、播放频率、广告预算、广告主题、制作水平、大众反应等的研究。

2. 设计开发阶段

当今社会是以“激烈化”、“多样化”、“专精化”三轴为中心而不断发展变化的。由于科学技术的不断发展，商品的品质、生产技术、销售价格均趋向同质化，唯一的差别就在形象好坏。企业为了扩大市场占有率，提高士气，促进员工的向心力，需要利用信息传递活动来保持和加强外界对企业的好感，而运用企业形象策划来塑造企业形象，则可以提高差异化竞争力。

企业视觉识别的目的是与竞争对手产生差别，形成适合本公司活动的环境。企业形象策划的竞争是企业间的个性竞争，因此差异化的企业形象策划概念是有价值的。在企业整个视觉识别系统中，应用最广、出现频率最高的是商标，它是视觉识别系统的核心。商标在消费者心目中是企业、品牌的象征。由此可见，设计一个构思独特、格调清新、简洁明确的商标是企业形象策划的关键。

标志确定后，一般应用在两大类媒体上，一类是各类印刷品等小型应用设计上，通常用精致的墨稿去放大或缩小；另一类是建筑物、招牌等大型应用设计场合，在这种场合，不可能用墨稿去放大，为了避免标志变形，致使社会大众产生误解，影响形象，有必要制定标准制图。

3. 实施管理阶段

企业视觉识别系统的设计与管理，必须从开发设计系统做起，将以上各项基本要素设计定型并制定规范（包括标准范例和禁止使用范例），再将之运用于应用项目中。一般的方法是，先确定具有代表性的应用项目和设计范例，再把它们规格化并制成企业识别手册。这样就可以以手册为标准，实施内部管理。

为了保证设计与管理准确，编制一份严格细致的企业视觉识别系统手册十分重要。企业视觉识别系统手册一般由“基本规定”和“应用规定”两部分组成，可以编成一本手册，也可以分为两册。手册的编排形式可灵活设计，只要便于使用，条理清楚就行。

良好的设计与管理是达成企业视觉识别系统成效的最终条件。严格遵守手册内的规定是必需的，其目的是为了确保作业的水准。对于遵守规定的人来说，手册的规定非但不会阻碍其创造力的发挥，反可助其一臂之力。可见，企业视觉识别系统手册是企业界极为重要的智慧资产。

企业视觉识别系统手册的内容包括以下几个方面：

（1）基本要素：标志与标志的制图法，标准字与标准字的制图法，标准色与标准色的标示法，标志、标准字、标准色的变体设计，企业吉祥物、专用字体、版面编排模式及规定；

（2）基本要素的组合系统：基本要素的组合规定、基本要素组合系统的变体设计、禁止组合的范例；

（3）应用要素：业务用品（名片、信封、信纸、账票……）、广告媒体、包装设计、招牌、标识、专用车辆外观、办公室用品、员工制服。

案例链接

部分著名企业的标识（Logo）

可口可乐

北京紫竹药业

江西铜业集团

奔驰汽车

中国人寿保险公司

本章小结

企业形象系统是指一个企业区别于其他企业的标志或特征，它是企业在社会公众心目中占据特定位置的独特形象。企业形象是指人们通过企业的各种标志（如产品特点、行销策略、人员风格等）而建立起来的对企业的总体印象，是企业的关系者对企业的整体感觉、印象和认知，是企业状况的综合反映。企业形象是企业精神文化的一种外在表现形式，它是社会公众在与企业接触交往的过程中所感受到的总体印象。这种印象是通过人的感官传递获得的。企业形象能否真实反映企业的精神文化，以及能否被社会各界和公众舆论所理解和接受，在很大程度上取决于企业自身的主观努力。

企业理念识别是企业识别系统基本精神所在，也是企业识别系统运作的原动力。其基本内容包括价值观念、经营哲学、企业目标、企业风尚、企业精神、企业道德和规章制度等。

企业行为识别是指将企业理念动态地呈现于企业内部的组织、教育、管理、制度等方面，并且扩及企业外部的市场调查、产品开发、服务提供、促销、社会公益事业、赞助活动、公共关系等层面的过程。

企业视觉识别是企业所独有的一整套识别标志，它是企业理念外在的、形象化的表现，理念特征是视觉特征的精神内涵。企业视觉识别系统是企业识别系统的具体化、视觉化。它包括企业标志、企业名称、企业商标、企业标准字、企业标准色、象征图形、企业造型等。

关键概念

企业形象　　企业理念识别系统　　企业行为识别系统　　企业视觉识别系统

讨论及思考题

1. 分析企业形象中三个子系统之间的关系。
2. 简述企业理念识别的含义和功能。
3. 如何构建企业行为识别系统?
4. 简述企业视觉识别系统的设计原则。

参考文献

［1］祝慧烨．全国企业文化优秀奖案例集：探寻企业文化管理．北京：企业管理出版社，2005.

［2］骆辉．太阳神企业CIS手册——视觉识别系统．广州：广东科技出版社，1998.

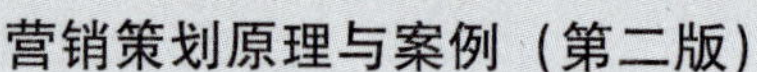

习题

一、判断题

1. 企业视觉识别系统是企业识别系统的具体化、视觉化。它包括企业标志、企业名称、企业商标、企业标准字、企业标准色、象征图形、企业造型等。（　）

2. 企业的经营理念是企业的灵魂，是企业哲学、企业精神的集中表现。同时，也是整个企业识别系统的核心和依据。（　）

3. 在整个企业识别系统的视觉设计中，应用最广、出现频率最高的是包装，它是视觉设计的核心。（　）

4. 企业行为识别系统是由企业组织及组织成员在内部和对外的生产经营管理及非生产经营性活动中表现出来的员工素质、企业制度、行为规范等因素构成的企业形象子系统。（　）

5. 如果将企业形象比作一个人，理念形象好比是他的头脑，行为形象就是其四肢，视觉形象则是其面容和体型。（　）

二、单项选择题

企业识别系统运作的原动力是（　）。

A. 企业制度　B. 企业理念　C. 企业管理　D. 企业标志

三、多项选择题

以下几项中（　）属于企业行为识别系统。

A. 企业招聘　B. 企业理念

C. 企业管理制度　D. 企业标准色

E. 企业公关准则

第九章

企业营销制度策划

本章要点提示

- 了解连锁制、特许制、代理制的发展史。
- 掌握连锁制、特许制、代理制的类型及特征，特许制与连锁制、代理制的区别。
- 理解连锁制创造规模效益的机理、特许制的优劣势、代理制的职能和作用。

引导案例

上海：农得利农资连锁超市挤走农资黑摊点

春耕时节，农资供应进入高峰。沪郊不少有心的农民发现，如今他们购买农资也有了专门超市，那里的化肥、农药、农膜等不仅比小摊点正宗可靠，而且价格也比以前便宜了至少15%，同时还有专业药剂师指导他们如何科学、经济地选购农资。记者从上海市农业生产资料公司获悉，目前郊区已出现100多家农得利农资连锁超市，几年间它们已“挤”走众多无证经营的小摊点，抢占40%左右的农资销售份额。

把农民从黑摊点吸引回来，首先要有价格上的优势。为此，上海市农业生产资料公司打破了原先的农资供应网络，取消了多层级的批发流程，而把零售超市直接开到了农民家门口，这一下子就获得了15%左右的降价空间。同时，农得利超市提前备足货源，有效地平抑了市场零售价。2008年春季，上海市农业生产资料公司就千方百计筹措资金，克服了一部分化肥品种资源偏紧、价格波动较大等不利因素的影响，积极组织尿素、复合肥近6万吨，供应量同比增长20%。看到农得利供应充足，其他零售摊点也就不敢轻易涨价了。

同时，因为农药、化肥等属专业而复杂的领域，而农民缺乏较高的辨识能力，于是超市还免费提供农资购买指导服务，让农民施肥用药更科学、安全。比如，每家超市都配备了一位类似药剂师的专业人员，农民前来购买农资时，他们就会主动提供一对一的指导，教农民选购经济实惠的农药品种等，同时也可防止滥用药、用错药。此外，超市还开通了“张老师热线”，农民在使用农资有疑问时，可以随时打电话咨询。现在“张老师热线”几乎每天都会接到不少农民来电，春耕时节更忙碌。青浦练塘镇的茭白种植区成为国家标准化示范基地后，农得利马上在基地附近设了供应点，提供真正适合茭白这种水生植物生长的无污染农资。

另外，超市还不断引进生态环保新产品，以推动农业走向生态、高效发展之路。最近，工作人员与日本有关方面洽谈，准备引入一种可降解农膜，如此不仅可提高农作物产量，还可降解废弃地膜，不再产生白色污染。同时，农得利还积极筹划在全市构建农资废弃物回收网络，以避免大量废旧农药瓶、外包装、塑料薄膜带来的污染和浪费问题。

此外，上海具有国际贸易方面的优势，农得利在与众多国际供货商谈判时，可以尽可能将农资采购价格压低，所以备受外省市农业部门和农民的欢迎。2007 年，农得利总营业额达 26 亿元，其中 95%来自外省市。

资料来源：中国连锁经营协会网，2008-03-26。

 案例启示

连锁与特许这样的商业营销制度在我国展示了无限的生命力，且日渐成为企业扩张、占领更多市场、赢得竞争的重要方式与手段。目前，便利店、大型综合超市和仓储式超市成为发展最为迅速的连锁经营的业态。专业店、专卖店连锁，餐饮、快餐店连锁，服务业连锁，家电销售连锁，建材连锁，药店连锁等紧紧跟上。生产企业开设的专卖连锁店，从服装、包袋、鞋类向汽车、家用电器等行业发展；批发类商业组织的销售网合作连锁得到长足的发展；服务行业的连锁经营广泛开展，从旅游、餐饮、酒店、洗染、照相彩扩，迅速向服务、速递、运输、租赁、法律、中介服务、社会化家政等领域发展；农村农副产品的销售连锁组织也得到一定程度的发展。但是，在企业的营销实践中，许多企业由于对新兴的连锁制、特许制以及传统的代理制这几种营销制度的理解不够深入，不能把握其实质，只是盲目跟风与效仿，最终导致了经营不善，企业发展陷入了困境。因此，要想为企业选择一个合适的营销制度，并靠这个营销制度使企业得到迅速的发展，就必须把握各种营销制度的内涵与本质，了解各种营销制度在营销实践中的具体类型，深刻理解各种营销制度的优势与劣势以及各种营销制度之间的区别。

本章对目前比较流行的三种营销制度——连锁制、特许制、代理制的概念、发展史、本质、类型、优劣势、职能等进行了详细的阐述，并深入剖析了这三种营销制度的区别，力求使读者对这三种营销制度有一个清晰、全面的认识，以使企业做出正确的营销决策。

第一节　企业营销制度策划概述

一、营销制度策划的内涵及意义

营销制度策划是指为企业的发展选择一个合适的经营制度，并对如何实施该经营制度做出一个整体的策划。这里的营销制度其实是一种企业扩大市场规模、寻求发展的经营制度，主要针对的是企业产品和服务的流通环节，即企业把产品和服务传递给目标客户的分销和传播活动。

企业为什么要进行营销制度策划呢？主要有以下几点原因：

（1）营销的发展要求企业不断创造新的制度。由于环境不断变化，企业营销的方式、手段也在不断地发生变化，再加上竞争日益激烈，使得企业不得不另辟蹊径，对传统的经营方式进行革新，从企业整体的经营制度上去寻找新的发展途径。

（2）有效的制度是提高企业营销能力和效益的保证。随着经济的发展和企业竞争的日益激烈，企业想在保持传统的经营形式下，单纯依靠营销策略组合的变化击败竞争对手，取得长远发展已不再可能。在资金、风险、人力等各方面的资源约束下，企业要想比竞争对手更快地扩展市场，就需要有效的经营制度。这种制度可以使企业不必受资源的约束，就可以大幅度地并且迅速地提高其营销能力和效益。

（3）有效的制度能够推动企业组织的现代化发展。新制度的采用，必然要求企业有现代化的经营理念、经营技术和方法与之相适应，这样才能取得营销能力和效益的迅速提高，这在客观上就成为推动企业组织不断进行现代化改革的一个动力因素。而只有紧随时代发展、不断推进现代化改革的企业组织，才能不被市场所淘汰。

二、营销制度策划的步骤

（1）进行环境研究。在这里，既要对经济、政治、技术、自然等宏观环境进行研究，也要对消费者、竞争者、供应商等微观环境进行研究，还要对企业自身的发展状况、战略目标等具体要素进行研究，从而为确定适合企业发展的经营制度提供依据。

（2）对各种经营制度以及各种制度下的经营形式进行仔细研究，明确各种方式的运作机理、成功的关键因素、给企业带来的收益等相关问题，以为下一步进行可行性分析提供依据。

（3）结合企业自身实际情况进行各种制度的可行性分析研究，重点从企业是否具备实施某种制度的条件、取得成功的可能性、存在的潜在风险、取得成功能给企业带来的收益等方面进行考察。经过对比分析，确定最合适企业的经营制度。

（4）在确定的经营制度下，具体研究应采取何种经营方式，并规划出如何实施。在这一过程中，一定要注意具体实施措施的可操作性。

第二节 连锁制策划

一、连锁制的概念

一般认为，一个商业集团以同样的方式、同样的价格，在多处命名相同（店铺的装修甚至商品的陈列都差不多）的店铺里，出售某一种（或某一类、某一品牌）商品，或提供某种服务，这些同时经营的店铺就被称为连锁店，这种经营制度则被称为连锁制，即通常所说的连锁经营。

连锁经营是社会化大生产的产物。一方面，社会化大生产要求流通领域必须实行规模经营，以大流通来适应大生产；另一方面，大众消费时代又要求流通领域必须实行灵活经营，以方便化的流通来适应个性化的消费。为了解决流通中这种规模与灵活、效率与方便之间的矛盾，连锁经营作为一种新型的现代流通方式应运而生。

二、连锁经营的类型

连锁经营主要有以下三种类型：

（一）直营连锁

直营连锁也称正规连锁，连锁的各门店由连锁经营公司全资或控股开设，在总部的直接控制下，开展统一经营。以同一资本直接采取连锁经营的门店称为直营店，也称连锁店。人们一般所说的连锁经营绝大多数属于直营连锁。

直营连锁能有效地统一调动人力、物力和财力，有利于实行统一开发战略，有利于同生产部门和金融部门打交道，有利于人才培养和新技术、新产品的开发和推广。这种业态的运作需要庞大的自有资本，经营规模越大，越有利于提高管理成效，因此其发展会受到资金的限制。另外，由于各分店自主权小，分店经理不是所有者，因而其主动性会受到一定影响。

（二）自由连锁

自由连锁也称自愿连锁，它由若干个门店或企业自愿组合起来，在不改变各自资产所有权关系的情况下，以共同进货为纽带开展经营。

自由连锁成员店独立性强、自主权大，有利于调动各成员店的积极性；集中管理指导，有利于提高成员店的经营管理水平；统一进货促销，有利于降低销售成本，享受规模效益；总部投资少，布网快。但这种模式由于以合同为纽带，因而连接不紧密，组织不够稳定，其发展规模受地域的局限，竞争力受成员店分权的影响。

（三）合作连锁

合作连锁是一些独立、分散的零售商，通过自愿协商、共同出资开办一个或几个批发企业并通过合同组成连锁组织的企业形态。

合作连锁与自由连锁的主要区别是，不存在已有的核心企业，不仅以合同为纽带而且

以资本为纽带，其成员店是批发公司和总部的股东，它是连锁制与合作制的结合，既有横向合作，又有纵向合作。

三、连锁制的本质特征

连锁经营制度是一种依据社会化大生产原理，结合商业特点并加以运用，通过专业分工的系统化和规模化，以实现规模效益的经营制度。这种制度的本质特征集中表现为以下几个方面：

（一）经营上的分工原则

连锁经营总部集中了经营管理大权。总部是企业法人，实行八个统一，具体如下：

（1）统一经营。总部对各连锁店实行统一管理，全权处理各项工作，对各成员店有绝对的指挥权、控制权。

（2）统一采购。连锁企业实行统购分销，成员店向总部提出要货计划，再由总部的采购中心负责采购。

（3）统一配送。连锁经营实行配送中心制，配送中心承担成员店铺储存、配送货以及包装、加工等物流功能。对所有商品实行统一仓储运输和规范化管理，根据各成员店的销售情况和订货单，及时补货、送货。

（4）统一商品价格。总部集中采购、供应商品，由总部统一定价，成员店铺价格的调整必须通过总部来决定。这样做既有利于提高商店信誉，同时也便于会计核算。

（5）统一核算。采取报账制的方法，各成员店要将货款统一送到总部指定的银行交款，由总部直接与该银行进行结算，各成员店未经总部批准不得以任何理由与银行发生信贷业务。

（6）统一标识。成员店的名称是统一的。各成员店的装饰、装潢、色彩、商品陈列、货架放置、营业员的服饰等都是统一的。

（7）统一营销策略。成员店在营销活动中将采取统一的营销策略。在不同时期、不同季节、对不同商品，在促销宣传、广告等方面将采取同一策略。这样做既能产生较大的影响，又能加深顾客对成员店的认识和信任。

（8）统一服务规范。通过制定《员工工作手册》等形式，规范服务，统一管理，维护连锁经营企业的形象。

（二）管理上的3S原则

3S原则即标准化、专业化、简单化。

（1）标准化。为实现持续经营、稳定发展，必须实现连锁经营的标准化。连锁经营的标准化表现在两个方面：一是作业标准化。总部、分店及配送中心对商品的订货、采购、配送、销售等各司其职，并且制定规范化规章制度，整个程序严格按照总公司所拟定的流程来完成。二是企业整体形象标准化。商店的开发、设计、设备购置、商品陈列、广告设计、技术管理、成员店选址、开办前培训、经营过程中的监督指导和交流等都由总部统一负责，从而保证了各成员店整体形象的一致性。

（2）专业化。连锁经营企业通过专业分工，寻求进一步的发展。这种专业化既表现为总部与各成员店及配送中心的专业分工，也表现为各个环节、岗位、人员的专业分工，使

得采购、销售、送货、仓储、商品陈列、橱窗装潢、财务、促销、公共关系、经营决策等各个领域都有专人负责。

（3）简单化。连锁经营系统是一个庞大而复杂的体系，为维持特定的作业，创造出任何人都能轻松且快速熟悉作业的条件，就要做到简单化。而简单化则要求必须将财务、货源供求、物流、信息管理等各环节简单化，去掉不必要的环节和内容，以提高工作效率。企业要做到这一点，就要制定出简明扼要的操作手册，职工按手册操作，各司其职，各尽其责。

（三）物流上的集中配送

连锁制要求必须建立配送中心。只有建立配送中心，才能降低运输、储存和销售成本，才有可能取得规模效益。配送中心是连锁经营的中心环节。配送中心由3C系统构成，即TC系统、DC系统、PC系统。

（1）TC系统即商品转运中心系统。此系统是粗略分货系统，负责商品分类，对整批整捆的产品加以验收。

（2）DC系统即商品发货中心系统。此系统是细分货系统，负责细分商品。

（3）PC系统即加工配送系统。此系统对生鲜食品进行检验、加工、解冻、分割、包装，然后送至各门店销售。

（四）信息上的网络化

引进现代信息技术，对连锁店进行信息网络管理是现代连锁企业与传统店铺的重要区别。信息网络管理包括商品管理系统、财务管理系统、人事管理系统、店铺开发系统、数据库系统的网络管理。

四、连锁经营的发展史

（一）起源

1859年，美国大西洋和太平洋茶叶公司（A&P）建立的第一家连锁分店被称为世界上最早的直营连锁组织。但也有人认为，连锁商店最早产生于中国，据《美国文献百科全书》和《美国连锁店百年史》称，早在公元前200年，中国商人就创立了拥有许多分店的店铺。

（二）早期成长阶段

19世纪60年代到20世纪50年代是连锁经营模式的早期成长阶段，被称为传统连锁时代。在这一阶段，连锁经营在西方各国得到发展，但由于技术问题的限制，连锁经营规模化、标准化、一体化的竞争优势并未充分体现。当时各国连锁经营占全部社会零售总额的比例还较小。例如，美国的连锁经营企业的年销售额从1929年的107亿美元增至1954年的403亿美元，占社会零售总额的22%～23%。

（三）高速发展阶段

20世纪50年代到70年代，由于交通运输系统的发展及电子技术的广泛应用，使得连锁经营进入高速发展阶段。汽车工业的发展和高速公路的普及，为连锁经营的发展提供了

坚实的保障；而先进的电子技术在销售活动和商业管理上的大量运用，为连锁企业大规模布局、实行统一管理提供了条件。各大连锁商店纷纷使用电子收款机系统（POS），用以检验商品陈列和价格变动的效果，以及解决诸如货架空间分配等问题，通过商品的高速周转，获得较高盈利。到 1977 年，美国 90%左右的零售商店在财务核算方面都使用了电子收款机。70 年代后期，大型计算机的使用，将各分店原本独立的计算机联成网络，实现了统一的信息管理。信息管理系统确保了经营管理的高效运作及信息的及时传递，为连锁经营“统一采购、统一经营、统一核算、统一商品价格、统一配送”等规模化经营提供了技术保障。在这一时期，借助于交通网络和电子信息技术的发展，连锁经营的规模化、标准化、一体化的优势得以充分体现。

（四）现代发展阶段

从 20 世纪 80 年代起，零售业进入现代连锁经营时代。规模化、专业化、标准化、信息化连锁经营的特点充分展示出来，连锁经营开始向业态多元化及国际化方向发展。至 2004 年 10 月，沃尔玛在海外所开店铺达到 1 534 家，占其店铺总数的 29.7%。而世界第二大零售巨头家乐福，2004 年末在海外的分店数达到 5 020 家，占其店铺总数的 76.6%。随着物流水平的提高及信息技术的发展，全世界的连锁企业以惊人的速度发展，它们目前已形成了庞大的经营规模和广泛的商品分销网络，牢牢地控制着终端市场，成为社会再生产的主导者。

（五）我国连锁经营的简要发展史

我国大约从 20 世纪 80 年代中期开始尝试连锁经营。随着我国第一家中外合资连锁超市——深圳百佳超市在深圳蛇口成立，连锁经营模式开始在我国出现。1990 年，广东东莞糖酒公司创办的美佳连锁超市成为国内首家国有连锁超市。1993 年，国家正式提出把连锁经营作为带有方向性的一项流通体制进行改革。经过 20 多年的发展，我国的连锁经营企业已经从无到有，从少到多，逐步壮大起来。

1999 年年底，全国连锁企业有 1 500 家，各种形式的门店达 2.6 万个，销售额达到 1 500 亿元。到 2000 年年底，全国连锁企业已有 2 100 家，店铺数 3.2 万个，销售总额 2 200 亿元，约占全社会消费品零售总额的 6.5%。而到了 2003 年年底，全国连锁经营销售额达到 7 000 亿元，约占社会消费品零售总额的 15%。

2004 年，我国百强连锁企业总计实现销售额 4 968 亿元，比 2003 年增长 33%；门店总数达到 30 416 个，比上年增长 49%。而到了 2007 年，连锁经营百强销售规模达到 8 552 亿元，同比增长 25%，高于社会消费品零售总额 13.7%的增幅；总销售规模占社会消费品零售总额的比重从 2003 年的 6%提高到了 11.2%，比上年增加 0.7%。

在数量、规模不断增长的同时，连锁经营正逐步从以餐饮、零售业为主体的行业，向商业、服务业和制造业等新兴行业延伸。体育健身、体检中心、户外运动用品、经济型旅店、旅游服务机构等企业发展趋势看好，逐渐成为大众消费主流的一部分。

五、连锁制创造规模效益的机理

连锁经营是流通领域中若干同业店铺，以共同进货等方式联系起来，实现服务标准化、经营专业化、管理规范化，共享规模效益的一种现代经营方式和组织方式。它的实质

是把社会化大生产和专业分工的原理应用于流通领域，通过“规模化、标准化、统一化、单纯化”，达到提高经济效益、降低流通成本的目的。连锁经营创造规模效益，这正是其迅速发展的最主要的推动力，是单个商店所无法企及的。具体而言，连锁经营具有以下几方面的优势。

（一）连锁经营具有大批量低价格购买优势

连锁店经营的商品不仅可以大批量低价格购买，而且其固定设备、流动资产由于是统一设置，也可以大批量低价格购买，大批量进货不但使连锁店进货价格低，而且运费也低。此外，连锁店能从生产厂家获得广告费用折扣、优质商品、延期付款、及时送货等多种好处，这都有低价的含义。因此，连锁店大批量一次进货的成本远远低于单个商店小批量多次进货的成本。

（二）连锁经营可以使企业大规模快速发展

连锁经营企业可以不受限制地开设分店，把分散的经营主体组织起来形成群体，统一管理，统一营运，迅速发展企业规模，实行规模经营，增加竞争实力。这种用开办分店使企业规模迅速发展的方法，是单个商店根本无法实现的。例如，美国的彭尼连锁公司仅用了20年就达到了梅西百货商场花了60年才达到的规模；东莞的美佳连锁店现发展至26家，比改造前的老门店销售、税利分别增长了15倍和46倍。

（三）连锁经营可以节省广告费用，扩大广告效益

连锁店的广告费用可由众多的分店分担，总销售额中的广告成本降低了不少，且分店散布在各地，当广告随着媒介传到各分店时，其广告效益也会辐射到各地。例如，麦当劳的连锁分店遍布美国各地，不管走到哪里，都可以见到其显著的标志，如影随形，强烈地影响着顾客的消费心理及行为。

（四）连锁经营可以节约大量流通费用

连锁店利用现代科学技术，完善了专业分工，通过配送中心科学合理地组织商流，把批发和零售有机地融合在了一起，从而使商品在流通过程中基本实现了“最少的环节、最短的距离、最低的费用、最高的效率”，节约了大量的流通费用。

案例链接

国美的连锁模式

国美与沃尔玛的相同之处有三点：其一，都是大量发展连锁店，以量取胜；其二，都是五个统一，即统一品牌和形象标识、统一采购、统一配送、统一管理、统一资金结算；其三，都是以低价取胜。

国美与沃尔玛的区别在于，前者是专业连锁，即只经营家用电器，后者是百货连锁，产品品种数以万计。

国美之所以能取得如此巨大的成功，除了连锁模式和低价策略外，还在于它所选择的经营领域，即家电。

其一，家电在中国是成长性较好的商品之一。十多年来，中国的家庭开支和大件消费

品购置主要集中在家电上。其二，家电是商业附加值比较高的产品。其三，家电又是中国改革开放以来重复建设比较严重，供求矛盾比较严重的产品。厂家的激烈竞争对商家极为有利。谁成了这个行业的龙头老大，谁就拥有了低成本扩张的绝对优势。其四，一般服装、百货、杂货类产品，无论实力大小都可以做，许多产品正规的百货公司竞争不过街头小店，而街头小店又竞争不过摆地摊的。因为后者经营成本更低。家电则不一样，消费者不仅注重产品品牌和生产厂家，也注重商家，只有在实力强、品牌响、连锁店多的大店，才能避免买假货，产品售后服务才更有保障。在这一领域，一般小的个体户店铺不可能有竞争优势。

资料来源：http://info.ceo.hc360.com/2005/04/11081910897-5.shtml。

第三节 特许制策划

一、特许制的概念

特许制经营制度，即通常所说的特许经营，译自英文 franchising，是指特许经营权拥有者以合同的形式，允许被特许经营者有偿使用其名称、标志、专有技术、产品及运作管理经验等从事经营活动的商业经营模式。赋予他人权利的个人或企业，称为特许人，而被赋予这些权利的个人或企业称为受许人。

我国商务部于 2007 年颁布施行的《商业特许经营管理条例》将特许经营定义为：特许经营是指拥有注册商标、企业标志、专利、专有技术等经营资源的企业，以合同形式将其拥有的经营资源许可其他经营者使用，被特许人按照合同约定在统一的经营模式下开展经营，并向特许人支付特许经营费用的经营活动。

在学术界对于特许经营虽然有多种定义，但其对特许经营作为一种商业经营模式的描述还是有一定共识的：

（1）特许经营是特许人和受许人之间的一种契约行为；

（2）特许人拥有商标、产品、专利和专有技术、经营模式等经营资源，并授予受许人使用；

（3）在授权合同中包含一些调整和控制条款，以指导受许人的经营活动；

（4）受许人需向特许人支付一定费用。

二、特许经营的类型

按照不同的标准，可以把特许经营分为不同的类型。

（一）按特许人与受许人的身份分类

特许经营的实质就是将包括专利、商标等各种知识产权在内的无形资产由特许人有偿转让给受许人，因此，按特许人与受许人本身所处行业及身份的不同，可将特许经营区分

为以下四种类型。

1. 制造商和批发商

可口可乐、百事可乐制造商与其装瓶厂建立的特许关系，就属于这种类型。简而言之，制造商授权受许人在指定的地区使用它提供的糖浆装瓶并出售。装瓶人的工作就是将制造商提供的糖浆装瓶，再按照制造商的要求分销最终产品。

2. 制造商和零售商

这种类型是特许经营最传统的一种形式。汽车行业就采用了这种形式，即汽车行业为了解决所面临的经营问题，建立了特许经营网。

3. 批发商与零售商

这种类型主要包括计算机商店、药店、超级市场等。此类型本身与第二种类型没有太大的区别，只不过把制造商换成了批发商。

4. 零售商之间

这种类型就是人们所熟知的业务模式特许经营。此种类型的特许经营在形式上容易与其他商业经营模式相混淆，如代理、特约分销商、许可等。

（二）按特许权授予方式分类

特许经营还可以根据特许权授予方式的不同分为以下四种类型。

1. 一般特许经营

又称单体特许，这是我们最常见的形式，即特许人赋予受许人在一个地点开设一家加盟店的权利，并向受许人授予产品、商标、店名、经营模式等特许权，由该受许人使用这些特许权进行经营，并支付一定费用作代价。

2. 委托特许经营

又称代理特许，特许人把自己的产品、商标、店名等特许权出售给一个代理人，授予该代理人特许权，允许该代理人负责某个地区的特许权授予，代理人可以代表特许人向他所负责地区内的加盟申请者授予特许权。可以说，这个代理人是中间人，他既是特许人特许权的使用者，又是该地区的特许权授予者，但他自己并不直接经营，而是采取再授权的方式开展经营。

3. 发展特许经营

又称区域开发特许经营，是指受许人在向特许人购买了特许经营权的同时，也购买了在一个地区内再建若干家分店的特许权。受许人有了这个权力，一旦事业发展顺利，就可以在该地区内，根据本店经营发展的需要，再建若干家分店，而不必向特许人重新申请了。

4. 复合特许经营

又称二级特许，是指总部将在一定区域内的独占特许权授予受许人，受许人在该地区内可以独自经营，也可以再次授权给下一个受许人经营特许业务。也就是说，该受许人即是受许人身份，同时又是这一区域内的特许人身份。受许人支付给特许人的特许费一般根据区域内的常住人口数量确定，若他再将特许权授予他人，那么，原先这位受许人从他人手中收取的特许费以及年金费需按一定比例上交给特许人。

（三）按特许内容分类

特许经营按照特许内容的不同可分为以下两种类型：

1. 商品商标特许经营

商品商标特许经营已经有很长时间的历史，被称为“第一代特许经营”。在这种形式的特许经营中，特许人通常是一个制造商或者是一个产品部件的生产商，特许人授予受许人对特定产品或商标进行商业开发的权利，而受许人需要定期向特许人支付费用。特许人仍然保留对商标的所有权，而且与该商标相连的商誉的任何增加都主要由特许人完成。这种经营制度较为普遍，操作也较为简单。著名的可口可乐、百事可乐和福特汽车都采用这种经营方式。目前这种模式在国际上的发展放缓，并逐渐向经营模式特许经营演化。

2. 经营模式特许经营

经营模式特许经营被称为“第二代特许经营”，现在人们通常说的特许经营就是这种类型。经营模式特许经营不仅要求加盟店经营总店的主产品和服务，而且要求加盟店的商店标志、店名、商标、经营标准、产品和服务的质量标准、经营方针等，都要按照总店的要求进行，也就是说，加盟店购买的不仅仅是商品的销售权，而是整个模式的经营权。经营模式特许经营范围广泛，尤其在零售行业、快餐业、服务业中最为突出。

经营模式特许经营可分为以下三种类型：

（1）工作型特许经营。工作型特许经营只需受许人投入很少的资金，通常可在受许人的家中开展业务。这种类型的业务通常是只需要一个人手的业务，如家政服务，受许人实际上是为自己买了一份工作，一般不需要营业场所。

（2）业务型特许经营。业务型特许经营需要相对较大的投资，以用于采购商品、设备和购买或租赁营业场所。因其经营规模比工作型特许经营大许多，因此受许人需要雇用一些员工以便进行有效的经营。这种类型的业务范围相对较广，包括冲印照片、会计服务、洗衣店以及快餐外卖等。

（3）投资型特许经营。投资型特许经营需要的资金数额最多。投资型受许人首要关心的是获得投资回报，而不仅仅是为自己找到一份工作。旅店业（如希尔顿酒店）可以视为投资型特许经营的典型，许多快餐店（如麦当劳、肯德基）也被认为是投资型特许经营。

三、特许制的本质特征

在特许经营制度中，特许人的知识产权的总和就是所谓的特许经营权。特许经营是以特许经营权的转让及运作为核心的一种经营方式，其本质可以从以下五个方面来理解。

（1）特许经营是利用自己的专有技术与其他人的资本相结合来扩大经营规模的一种商业发展模式。对特许人来说，是技术和品牌价值的扩张，而不是资本的扩张。

（2）特许经营是以经营管理权控制所有权的一种商业组织方式。受许人拥有加盟店的所有权和管理执行权，但不拥有管理决策权，管理决策权属于特许人。

（3）特许经营是一种双赢的商业模式。只有使特许人获得比直接经营更有效率的发展，使受许人获得比独立经营更多的利益，特许经营才能进行下去。

（4）特许经营是一种特殊交易。特许经营交易的是一种特殊商品，它包括商标、专利和经营模式等，特许人和受许人签订特许经营合同后即意味着双方长期交易的开始，在合同期限内，特许人和受许人要保持紧密持续的相互支持和配合。

（5）特许经营是一种智能型的商业组织形式。特许经营使特许人能够最充分地组合利用自身的优势，并最大限度地吸纳广泛的社会资源，而对受许人来说，则降低了创业风险、时间和资金等创业成本。

四、特许经营的发展史

（一）特许经营在西方的发展简史

现代商业特许经营起源于19世纪的美国。南北战争后，美国国内消费商品数量急剧上升，美国的商业模式随着这种上升发生了巨大的变化。现代特许经营的鼻祖美国胜家缝纫机公司于1865年成立，当时该公司的产品属于美国国内同行业领先的新产品，但由于消费者对该产品的性能及产品本身的认识不足，使胜家公司的销售遇到了很多困难。为打开销路，胜家公司采用特许经营的方式在美国各地建立销售网络，结果销售势头非常好，很快占领了国内市场，胜家获得了巨大的成功。此后，美国餐饮业和汽车行业像胜家公司一样在美国开始尝试建立特许经营网络销售体系。

随着胜家公司特许经营的成功，特许经营在美国进入了一个全面的发展时期，在随后的几十年中，随着福特公司、可口可乐、麦当劳等许多著名公司的高速发展和扩张，特许经营模式受到了全美企业的高度关注。20世纪50年代是特许经营的繁荣期。第二次世界大战后经济的繁荣和州际公路网的飞速发展，刺激了餐馆、加油站及其他行业特许经营的发展。1953—1954年，特许经营被引入地产业和酒店业，并逐渐发展到各种服务行业，如干洗、求职服务以及税务会计。到20世纪50年代末，约有900家公司开展特许经营，加盟零售点约有200 000个。

1959年，美国10多家实行特许经营的企业成立了国际特许经营协会（IFA）。到目前为止，IFA已经成为世界上一个影响非常广泛的国际性商业协会。1972年9月23日，欧洲成立了欧洲特许权联合会。日本则在1963年成立了第一家实行特许经营的“不二家”西式糕点咖啡店，70年代后，吉野家、7—11便利公司等纷纷采取特许经营的模式，都取得了较大的成功。

20世纪六七十年代，是特许经营的爆炸性发展时期。1968年，特许经营业创下1 000亿美元的销售纪录，约占美国国民收入的10%。在这个时期，对特许经营权出现了大量的滥用误用现象，从而促使了特许经营立法的产生。

20世纪70年代至今，特许经营在世界范围内得到了广泛的发展，尤其以美国为代表。许多美国的特许经营公司开始向国际上发展。从欧洲到南亚，再到太平洋沿岸，美国特许经营公司为它们的产品和服务找到了新的市场空间。

（二）特许经营在我国的发展历史

1987年年底，第一家肯德基快餐店进驻中国，这是中国特许经营发展的起点。特许经营在我国出现的时间并不长，但发展速度很快。特别是2000年以来，特许经营在我国进入高速增长期。截至2003年年底，我国的特许经营企业达1 900家左右，加盟店7万多家，涉及的行业超过50个。而到了2005年年底，全国已有2 320个特许经营体系。毋庸置疑，中国将成为世界上最大的特许经营市场。

特许经营在我国的发展历程可以分为如下几个阶段：

(1) 第一阶段：1987—1993 年，外资独占，本土观望，属于启蒙期。

在这段时期，中国特许经营市场基本上是少数几个外资特许经营盟主的天下，中国的企业对特许经营这种模式尚不熟悉，处于一种观望、学习的阶段。介绍特许经营相关知识、技术、概念的报纸、杂志和书籍等几乎没有，人们对特许经营的魅力认识不足。

(2) 第二阶段：1993—1995 年，特许经营魅力初现，属于萌芽期。

在这段时期，由于国外盟主的示范作用，中国本土一些有远见的企业开始勇敢地尝试用特许经营来实现自己的扩张梦，并有一些企业取得了不凡成就，其中 1993 年首先实施特许经营工程的李宁公司成为新兴企业借助特许经营迅速做大的典范，同年实施特许经营的全聚德则成为老字号企业借助特许经营恢复活力的代表。中国最早一批研究特许经营的学者们开始陆续在报纸、杂志上发表关于特许经营的文章，特许经营的概念和基本理论开始普及。

(3) 第三阶段：1995—2000 年，特许经营飞速发展但有些过火，市场上良莠不齐，属于狂热成长期。

在这一阶段，中国本土企业开始以“大跃进”的心态和行动来发展特许经营，特许经营市场骤然升温，特许经营几乎成为中国 20 世纪末财富、机会、成功、投资和老板的代名词。同时，为数不少的投机分子大肆利用特许经营进行欺诈、圈钱活动，加盟市场虚实变幻、真假难辨、良莠不齐，人们对特许经营也是毁誉参半。由于这些现象的出现，中国政府开始关注特许经营，其标志是 1995 年国务院总理李鹏在八届人大三次会议上做的政府工作报告中明确指出要“积极发展商业代理制和连锁经营”。随后，政府对于特许经营的系列政策、规定陆续出台，政府对特许经营促进、约束的态度越来越明朗并且力度不断加大。此外，这个时期大量涌现的关于特许经营的文章，已经越过了基本概念介绍和国外状况介绍的阶段，开始逐步深入到特许经营的实战探索、理论研究和对国内特许经营发展的分析上。

(4) 第四阶段：2000—2004 年，大浪淘沙，优胜劣汰，属于冷静发展期。

在这一阶段，经过前一阶段的淘汰，剩下的一批真正有实力的中国本土特许经营盟主开始崛起，他们开始谨慎地论证进行特许经营的可行性，仔细研究如何选择和鉴别好的项目，特许经营的质量比以往大大提高。与此同时，学者们开始大量引进国外的优秀特许经营图书，特许经营理论研究进入实质性阶段，政府也开始着手制定专门的特许经营法律。在这个时期，外资企业开始在华尝试发展加盟店，其标志是第一家肯德基“不用从零开始经营”的中国地区特许经营加盟店的经营权于 2000 年 8 月在常州溧阳市正式授权转交，它拉开了国际特许经营巨头在华大力开展特许经营的序幕。

(5) 第五阶段：2005 至今，稳定、快速发展的成熟期。

随着 2004 年 12 月 11 日中国彻底放开外资零售企业进入本土的限制，国外特许经营在中国市场获得了极大的发展。这一方面对于中国搞活流通、促进零售业和第三产业发展、发展经济、学习国际先进经验创造了条件；另一方面，不可否认的是，外资的进入对中国本土企业来说也是一个巨大的挑战。同时，F1 特许权花落上海、2008 年的奥运会和 2010 年的上海世博会特许经营，使中国的特许经营掀起了又一轮新的热潮，这次是冷静

和成熟的热潮。

随着中国本土特许经营专门法律的颁布、特许经营优秀系列丛书的出版、特许经营专业在象牙塔的开设、中国特许经营市场和投资人的成熟、专业协会影响面的日益扩大、国际交流的日益频繁等，中国的特许经营将越来越走向科学、合理、健康和持续发展的道路。

五、特许制与其他营销制度的区别

（一）特许制与连锁制

特许制与连锁制的区别有以下几点：

1. 特点不同

特许制的核心是特许权的转让，特许人（总部）是转让方，受许人（分店）是接受方。特许体系是通过特许人与受许人一对一签订特许合同而形成的，各个分店之间没有关系。受许人需要对特许人授予的特许权和提供的服务以某种形式支付报偿。各个分店的人事和财务关系都是独立的，特许人无权进行干涉。

而在一般连锁制中，总部对各分店拥有所有权，对分店经营中的各项具体事务均有决定权。分店需将营业利润按总部要求上缴，分店经理是总部的一名雇员，完全按总部意志行事。

2. 经营范围不同

连锁制经营的范围仅限于流通业和服务业，不涉及制造业；而特许制经营的范围则宽广得多，在制造业中也有大量实例。例如，特许经营鼻祖美国胜家公司就是一家缝纫机制造企业；著名的可口可乐公司也是特许经营的典范。

3. 法律关系不同

在特许经营中，特许人和受许人之间的关系是合同双方当事人的关系，双方的权利和义务在合同条款中有明确的规定。而在一般连锁经营中不涉及这种合同，总部和分店之间的关系由公司内部的管理规则调整。

4. 运作方式不同

特许经营业务开展的基础是一整套经营模式或某项独特的商品、商标。特许人把这些东西以特许权组合的形式转让给受许人，有了它，受许人就可以独立开展业务。而一般连锁经营则不需要这些，一般连锁经营只需足够的资金和合适的业务类型就可以运营。

5. 发展方式不同

特许制通过吸收独立的商人加入而扩大体系。在这一过程中，特许人需开展大量的营销工作吸引潜在的受许人，还需进行选择受许人的工作，并为受许人提供培训等各种服务。而连锁制欲扩大其体系，则只需进行市场调查，选择合适的地点，并筹集到足够的资金就可以了。同时，由于发展方式不同，特许体系的扩展速度要比连锁经营快很多。对总部而言，特许经营由于利用了他人的资金，所需的资金较少。相比之下，一般连锁经营的发展更易受到资金的限制。表 9—1 说明了特许制与连锁制的区别。

表 9—1 特许制与连锁制的区别

区别 \ 营销制度	特许制	连锁制
特点	核心是特许权的转让；总部与分店是合同关系	总部对分店拥有所有权；分店经理只是总部的一名雇员
经营范围	除了流通业和服务业之外，还涉及其他许多行业，在制造业中也有大量实例	一般仅限于流通业和服务业
法律关系	特许人与受许人之间是合同双方当事人的关系	不涉及合同关系，分店属总部所有
运作方式	特许人需要开发一整套经营模式或某项独特的商品、商标，将其转让给受许人	只需足够的资金和合适的业务类型就可以运营
发展方式	需要吸收独立的商人加入特许体系，要进行选择受许人工作	扩大规模只需进行市场调查，筹集足够资金即可

（二）特许制与代理制

商业上的代理制指代理人按照本人的授权，以本人的名义同第三人订立合同或办理有关事宜。在这里，代理人应当从本人的利益出发并且按本人的有关指示行事，由此而产生的权利和义务由本人承担。因此，在代理制中，代理人与本人之间是一种纯粹的委托关系。本人不但要对代理人的代理行为承担法律责任，而且要对代理人由于不当行使代理权而产生的侵权行为承担有关法律责任，并且本人应当支付代理人佣金及相关费用。而在特许制中，受许人不是特许人的代理，他们之间是一种连续不断的买卖关系。因此，受许人在经营相关特许业务时所产生的法律责任与特许人无关（若特许人为制造商，由他的产品而引发的对消费者的伤害除外）。另外，受许人与任何第三方所订立的合同不对特许人产生任何约束力。

由于特许人在受许人的企业经营行为中存在合法的经济利益，因此，特许人对受许人在产品的定价上有提出价格建议的权利，并可以劝告受许人接受。受许人对特许人的依附性很大，所以这样的价格建议往往会对受许人的产品定价起到决定性的作用。在这种情况下，特许人所制定的价格推销战略常常可以得到实现，并且特许人还可以通过其商标、商号等的转让实现对受许人的有效监督、控制，使受许人能够长期、专一地推销特许人的产品，扩大特许人的商誉，并且逐步占领和扩大市场份额。在代理制度中，代理人虽然为获取佣金要按委托人意志来销售产品或开拓市场，但是其经营方式却不受委托人约束，这一点和特许制度很不相同。并且，代理人通常对所代理商品或业务无所有权，可为独家代理，也可为多个委托人代理。受许人则通常对自己的业务拥有所有权，且只能接受一个特许人。

六、特许经营的优劣势分析

（一）特许经营的优势

特许经营之所以在全世界受到欢迎，并迅速发展，是因为它暗合了经济增长的一般

机制。

1. 对特许人的优势

特许人可以不受资金的限制，迅速扩大规模。一般的连锁经营，如果没有强大的资金作后盾，往往实现不了规模效益，特许经营弥补了这一缺陷。另外，特许人无须考虑人事问题。因为受许人是各加盟店的所有者，作为所有者，受许人会尽责做好日常经营工作。受许人会招聘、培训、激励和管理工作人员，会尽其所能地发挥经营能力并最大限度地利用特许人提供给他的机会。为此，对特许人来说，通过特许组织形式，他能够迅速扩大业务而不受资金和人力的约束，使经营规模获得较快的发展。

2. 对受许人的优势

（1）选择特许经营可以避免风险。在当今日趋激烈的竞争环境下，一个资金有限又缺乏经验的投资者要在高度饱和的市场中独立开创一份事业是困难的。但是，加盟一家成熟的特许经营组织，投资者可以获得总部专业技术方面的援助，对缺乏经验的投资者来说是一条创业的捷径。据美国中小企业管理部门统计，在开业第一年就失败的自营店铺比例高达30%～35%，而采用特许经营方式的店铺在开业第一年失败的比例仅为3%～5%。

（2）受许人可以获得系统的管理培训和指导，这可以使受许人在短时间内获得足够的职业经验，能够为市场提供高品质的商品和服务。同时，总部日常的监督和管理也能促使受许人提高经营管理水平。

（3）受许人可以集中进货，降低成本，保证货源。特许经营最大的优势主要体现在集中进货与配送上。总部将众多分散的加盟店集中起来，扩大进货规模，降低了进货成本和库存成本。另外，总部的快速配送服务保证了充足的货源，并提高了加盟店的服务质量。

（4）受许人可借助总部的商标和服务。因为特许人在这一领域已积累了相当好的商誉，受许人可以直接利用这种品牌优势去开展业务，而不必为创出自己的品牌而花费大量的精力。另外，总部统一进行的广告宣传，不仅可使受许人享受广告宣传带来的效果，也为受许人节省了大量的广告费用。

（5）受许人较易获得总部和银行的财政帮助。总部为了发展特许事业，在财政上会给予受许人一定的支援，除了提供一部分资金外，还会联系银行为受许人提供担保，这就大大减轻了受许人筹资的困难。

（二）特许经营的劣势

特许经营虽然在现实中显示出巨大魅力，但是其本身具有的缺陷也限制了它的发展。因此，只有认清这些劣势，才可能扬长避短，更好地发展特许经营事业。

1. 对特许人的劣势

（1）受许人难以控制。主要表现为两种情况：一是加盟店经营状况良好，甚至超过了受许人的预期利润，使受许人认为是自己的功劳而产生独立的想法，企图摆脱总部的控制；二是经营状况不好，受许人无心继续经营下去。对这两种情况，特许人都必须妥善处理。

（2）公司声誉和形象会受个别经营不好的加盟店的影响。总部与加盟店之间是相互依赖、相互影响的。加盟店的经营失败，会影响整个特许经营体系的声誉。例如，加盟店不按总部的规定行事，随意更改总部的标准经营程序，或不倾全力经营，导致经营失败，不仅会使自己的经济受损，更重要的是损害了总部的声誉，使总部和其他加盟店多年树立起来的企业形象遭到破坏。因此，选择合适的受许人对总部来说是十分重要的。

（3）当发现受许人不能胜任工作时而无法更换。总部对受许人的选择是十分慎重的，一般特许企业愿意选择那些没有从业经验的受许人，以便于进行培训和指导，而这些加盟者也会按总部的要求一丝不苟地经营，既维护了总部良好的声誉，又给自己带来了可观的收益。但理想的受许人并不好找，尤其在特许组织发展较快时，要寻找合适的受许人非常困难。一旦选择失误，经营一段时间后，发现受许人不能胜任这项工作而无法更换时，就会严重影响特许经营的发展。

2. 对受许人的劣势

（1）缺乏自主权。一般特许人和受许人签订的合同中都规定受许人必须严格按照特许人的要求来经营特许加盟店。所以，受许人在经营决策上缺乏自主权，无论是商店的布置、商品的陈列、经营的商品品种、经营器材、经营方式，还是营业员的行为、语言、着装都必须跟总部保持一致，分店只有服从总部安排的义务。这样，就使加盟店失去了应变能力，对于市场环境的变化、竞争对手的竞争，只能向总部反映，而不能自主地实施相应措施，这就限制了加盟店的发展。

（2）特许人决策失误，受许人会受到牵连。特许经营也有失败的例子，而这些失败往往是总部决策失误造成的，所以，总部一旦出现问题，就会使受许人受到影响。如果总部在制定革新计划时出现严重失误，可能会危及整个特许经营体系。另外，受许人由于处处服从特许人的指挥，容易产生依赖性，缺乏发展的动力，失去了个人的洞察力，错误地认为特许人有义务事无巨细地关心各个加盟店，担保他拥有大量顾客，提供日常服务，这些想法都是不切实际的，只会阻碍特许事业的发展。

（3）受许人选择特许人存在风险。受许人无法全面评估特许人的素质，对特许事业缺乏了解，有可能会陷入特许经营陷阱。或者受许人选择的行业不适合自身的条件，从而导致经营的失败。

（4）受许人受合同限制，退出或转让困难。受许人与特许人签订合同之后，在合同期限内必须照章办事，如果经营不理想，或因其他原因想终止合同，总部出于自身利益考虑，都不会轻易答应。即使在合同终止后，如果受许人从事类似的商业活动，仍然会受到若干限制。因此，受许人在签订特许合同时一定要慎重考虑。

案例链接

从麦当劳看特许经营制度

麦当劳公司可以说是世界上最成功的特许经营组织之一。麦当劳公司在全球有一万多家分店。大约每隔 15 小时，麦当劳公司就要开一家分店。

（1）分店的建立。每开一家分店，麦当劳总部都会亲自派员选择地址，组织安排店铺的设备安装和内外装潢。

（2）特许费。受许人一旦与公司签订合同，必须先付首期特许费 2.25 万美元。此后，每年交一笔特许权使用费（年金）和房产租金，前者为年销售额的 3%，后者为 8.5%。

(3) 特许合同。特许合同期限由双方约定，一般为3～5年，也可以达10年以上。公司对受许人负有如下责任：在公司的汉堡包大学培训员工，管理咨询，负责广告宣传、公共关系和财务咨询，提供人员培训所需要的各种资料、教具和设备，向特许分店提供供货优惠。

(4) 货物分销。麦当劳公司不直接向特许店提供餐具、食品原料，而是与专业供应商签订合同，再由他们向各个分店直接送货。这是餐饮行业加盟总部的典型做法。

经营策略

麦当劳行销天下并不是靠其快餐食品本身的独特风味，更多的是靠其与众不同的出色经营。

麦当劳采取的是典型的特许经营制，也叫加盟经营，即分店通过有偿方式，获得与特许总部签订的由其转让业务模式经营权的授权协议。与独立经营不同，特许权利“转让人”在卖给受许人特许经营权之后，并不消失，他向受许人提供经营指导，且受许人必须服从他的管理与指挥，受许人独自承担商业经营风险。这种特许经营由三个要素组成：一是“盟主”，即特许总部；二是“盟员”，即各个特许分店；三是“盟约”，即签订包含全套经营方式、管理技巧、无形资产在内的转让协议。

麦当劳的特许经营有其独到之处，它在经营之中所表现出来的是标准化、单纯化、统一化、专业化四个方面，为此麦当劳连锁系统采取统一商号、统一采购、统一配送、统一管理、统一信贷、统一核算、统一经营方针、统一广告宣传、统一销售价格和统一服务规范十条措施，形成了低成本、高利润、顾客群庞大稳定、商业网络广泛畅通、规模经济效益日益提高的良好局面。

(1) 经营标准化。这一措施要求特许分店在店名、店貌、设备、商品、服务等方面，完全符合特许总部制定的规则，达到麦当劳所认证的水准。对于各特许分店店堂的设计，必须严格执行特许规定。

在麦当劳，特许总部从不给予任何加盟人自由经营商品的权利，严格禁止任意更换经营的品种，或是在操作上自行其是。

为了避免分散顾客对麦当劳的关注程度，在所有麦当劳的连锁店内，不能有自动点唱机、自动贩烟机等设施。为了净化麦当劳特许分店的餐厅，窗户上不准张贴海报，报贩也不准进店兜售。

想成为一名麦当劳员工，男雇员必须把头发剪得跟军人一样短，黑皮鞋擦得油光铮亮；女雇员必须身穿深色服装、平跟鞋，戴发网，而且只能淡妆打扮；所有雇员必须保持指甲干净，并一律穿规定的制服。

(2) 经营单纯化。单纯化要求特许经营各个岗位、各个工序、各个环节的运作，尽可能做到简单化、模式化，从而减少人为因素对日常经营的不利影响。

为此，麦当劳费尽心思编写了《麦当劳手册》，并不断改进推广。麦当劳要求，每一家特许店都要严格照手册操作，在保持简捷的前提下，最大限度地追求完美，注意到经营过程中的每一个细节。细节是这本手册的精髓，手册中甚至详细规定了奶昔员应该怎样拿杯子、开机、灌装奶昔直到售出的所有程序。

(3) 经营统一化。统一化是指特许经营店在经营过程中，将广告宣传、信息收集、员

工培训、管理经营方针等整体运作，做到协调一致、整齐划一。

麦当劳的优势在于重视特许总部和特许店相互之间的高度统一化。为了防止加盟特许店独树一帜，各行其是，从而损坏品牌声誉，麦当劳尤其注重经营方针的一致性。至于信息收集、员工培训、管理、广告宣传等经营环节，麦当劳也毫不犹豫地执行高度统一的政策。

（4）经营专业化。专业化是指特许分店在商业运作过程中，将决策、采购、配送、销售等环节细化，不同职能截然分开。

麦当劳的发展战略和重要决策，都由公司总部负责统一制定。

麦当劳的分工十分精细，加盟店采购保证有货、配送方便快捷。麦当劳有一套完整、有效的供应体系，各加盟店所需原材料及半成品，都有专人专车负责配送，加盟人不用操心，更不会产生配送不齐、补给不足之忧。比如，总部将选好的面包、番茄酱、芥末等原料的供应商介绍给加盟店，由双方按麦当劳的进出货标准直接交易。交易过程十分简单，不仅免去了加盟店寻找货源、组织运力等工作，而且还能得到供应商的配合，从而使加盟店经营者能够腾出更多的时间和精力，专心致志地搞好本职的销售工作。

经营体系

可以用下面几个概念来定义麦当劳的经营体系：

麦当劳特许分店统一的经营观念就是以满足顾客为标准，提供“高质量的食品、便捷的服务、舒适的环境和衷心的关怀”；

麦当劳统一的企业标志是金色拱门和麦当劳叔叔的形象；

麦当劳特许分店的商品为汉堡、炸薯条、饮料等，无论顾客到哪一家麦当劳餐馆，都会购买到这些商品。

慎重选择加盟者

要管理一个庞大的特许王国并不是一件容易的事情。对此，麦当劳自有绝招。

（1）麦当劳总部要求申请加盟者必须有能力、有条件满足总部的整体经营规划要求，包括加盟店的位置、市场、经营范围、资金和担保能力等。申请加盟者提出加盟申请后，总部即进行申请者的信誉调查和市场调查，调查合格后再与申请者签订合同。

（2）为了有效管理分散在世界各地的所有快餐特许店，建立了一套有效的中心管制办法，并发展出一套作业程序。总部的训练部向每个加盟者传授这套程序，并要求他们在实际工作中严格执行。另外，总部的管制中心必须谨慎地选择原材料供应商，并且将所有的食品原料的标准制定得清清楚楚，以供对照执行。管制中心会经常进行检查，考核加盟人是否按照这些程序去做，原料供应是否合乎标准。可以说，创业一开始，麦当劳就把精力放到了整体规划和营运上了。

与其他特许体系相比，麦当劳式的特许结构和关系更加复杂，要求更加严格，而操作又十分简单。

在这个体系中，总部与加盟店可以选择建立以下几种不同的权利关系：

（1）总部对加盟店完全控制。总部不仅拥有加盟店的所有权，而且控制着加盟店的经营权、人事权、行政权等。麦当劳发展的早期主要是采取这种结构。

（2）分权。所谓分权关系是指特许体系的总部拥有分店的部分或全部经营权，但是各

分店的所有权相对独立。这种分权体系有利于总部节省资金，加快特许体系扩张速度。总部与分店之间的所有权和经营权适当分离，使分店拥有一定的权力，从而经营更灵活，积极性更高。

在麦当劳的这个特许体系中，总部处于特许权的转让方的位置，加盟店则是特许权的接受方。双方以特许权合同为纽带联系在一起，结合为大型的经营网络。但是，各个加盟店又拥有对自己店的所有权，因此其所有权是分散的，但经营权集中于总部。各个加盟店之间没有横向联系，只与总部保持纵向联系。总部与各个加盟店之间保持着相当紧密的关系。

资料来源：http://www.dztz.com.cn/f0044.htm。

第四节　代理制策划

一、代理制的概念

代理，又称委托，原是一种法律概念，是指代理人在代理权限内，以被代理人的名义实施民事法律行为，由此产生的权利和义务直接对被代理人发挥效力。代理活动早就存在，但完全进入商业领域形成商业代理制是在19世纪的美国。

虽然整个学术界对代理制度的定义的表述不尽相同，但在我国，对它的定义、认识还是比较一致的。代理制是指流通企业通过合同等契约形式与生产企业订立代理协议，取得销售权，从而形成工商之间长期稳定的产销合作关系，来衔接产需、组织商品流通的贸易形式。

二、代理制的类型及特点

（一）代理制的类型

按照不同的划分标准，对代理制的类型的划分也有所不同。

1．按制造商与代理商不同的代理关系区分

商业代理制发展到今天，已成为一种广泛使用的流通制度，从代理关系角度划分，一般来说，有两种基本形式，一是佣金代理，二是销售权代理。

（1）佣金代理是商业代理制最早出现的形式，指代理商充当市场中介人，按照制造商指定的价格推销产品，根据销售额的多少提取佣金或代理费。比如，19世纪初在美国从事棉花交易的代理商，在国际供需不平衡而使棉花价格波动无法控制的形势下，不愿意冒因购入的棉花价格下跌而遭受损失的风险，就采取了这种不为购销差价，而为获得更保险佣金的佣金代理方式。采用佣金代理方式代理的产品在售出以前所有权属于制造商，代理商不需要占用资金进货，因此不承担市场风险，佣金比例则通过工商双方的谈判确定。例如，在美国较早对代理商历史的记载中，19世纪初波士顿制造公司就依靠着获取1%的代

理佣金而迅速发展。因为佣金代理的制造商相对代理商要承担更多的市场风险，一般来说，在下列两种情况下会采用这种代理方式：一是在一个新产品尚未被市场普遍接受，或者是当产品供过于求时，制造商非常依赖代理商开拓市场，于是不得不自己承担更多的市场风险；二是代理商与制造商在产权上有某种直接关系，如代理商是某个集团独资或控股的独立核算的销售公司，则制造商与代理商无论谁承担更多的风险，都是集团整体利益与风险的分配问题。

（2）销售权代理是随着经济环境以及制造商地位的变化而逐渐产生的。销售权代理是指制造商给予代理商某个地区的产品销售权，以每年的代理量来设定任务，代理商分批买断经营，制造商确定产品的出厂价格与市场销售价格的最高限价，代理商承担市场变化产生的价格风险。按照代理权限不同，销售权代理又可分为三种代理形式：一是特许销售权代理。代理协议规定代理商只能销售其代理的制造商的产品，而制造商在同一地区可以有若干代理商。目前较为盛行的特许经营权专卖店就是这类代理。二是允许代理商同时代理销售两个以上的制造商的同类产品的一般代理，如汽车销量占香港40%的香港英之杰太平洋公司，代理了包括丰田、马自达、标致等十余种汽车品牌，而这些品牌汽车在香港也有其他代理商经营。一般代理是一种不具备排他性销售权的代理。三是在指定地区某代理商为某一制造商的唯一代理，称为独家代理。

相比佣金代理仅具有销售产品的单项功能，销售权代理往往在承担销售职能之外，还兼具市场调研、促销、开拓市场等一系列功能。因此，这类代理资格的取得，需要代理商具备一定的条件，即需要代理商在销售地区的市场、资金、公司设施、技术人员等方面要具备一定的优势，往往制造商会为代理商设定诸如初期投资额、首批进货量等硬性门槛。不过代理协议通常是长期的，代理关系一旦确立，双方都不能随意变更，这就保证了制造商与代理商关系的长期稳定性，避免了生产、经营的盲目性。

2. 按代理商代理的对象不同划分

按照代理商所代理的对象不同，又可以分为四类：

（1）销售代理。根据合同销售某一制造商的所有产品，销售代理商发挥着企业销售部门的作用，且销售代理只能代理一家制造商的所有产品，因此对销售产品的价格及交易条件等有一定影响。

（2）生产代理。专门经营某一种产品或互补产品的代理商，一般代表两个或若干个生产企业进行销售活动，如咖啡商、电动玩具商等。

（3）采购代理。与委托人有长期联系，代其进行采购，往往为其负责收货、验质、储运等，在很大程度上发挥着厂商供应部门的作用，对购买价格和交易条件等有影响力。

（4）售后服务代理。专门代理某一类产品，如家电、汽车、数码产品等的售后服务业务。

3. 按代理商销售或采购的商品和程度不同划分

根据代理商销售或采购的商品和程度不同可分为两类：

（1）批发代理。指为购销双方充当商品批发交易中介的代理商。批发代理商一般作为总代理，多存在于大批量的通用性的市场环境中。

（2）零售代理。指以从事商品零售为主的代理商。零售代理商一般都是小公司或专业性很强的公司，大多为一般代理。

综上所述，代理制的类型划分如表9—2所示。

表9—2 代理制的类型划分

<table>
<tr><th>划分标准</th><th colspan="2">具体类型</th><th colspan="2">特点</th></tr>
<tr><td rowspan="4">按制造商与代理商不同的代理关系划分</td><td colspan="2">佣金代理</td><td colspan="2">代理商按销售额提取佣金</td></tr>
<tr><td rowspan="3">销售权代理</td><td>特许销售权代理</td><td rowspan="3">代理商以每年代理任务量获取产品销售权</td><td>代理商只能销售其代理的一家制造商的产品，而制造商在同一地区可以有若干代理商</td></tr>
<tr><td>一般代理</td><td>允许代理商同时代理销售两个以上的制造商的同类产品</td></tr>
<tr><td>独家代理</td><td>在指定地区某代理商为某一制造商的唯一代理</td></tr>
<tr><td rowspan="4">按代理商代理的对象不同划分</td><td colspan="2">销售代理</td><td colspan="2">代理一个制造商的所有产品</td></tr>
<tr><td colspan="2">生产代理</td><td colspan="2">代理若干制造商的同种或互补产品</td></tr>
<tr><td colspan="2">采购代理</td><td colspan="2">代理采购业务</td></tr>
<tr><td colspan="2">售后服务代理</td><td colspan="2">代理售后服务业务</td></tr>
<tr><td rowspan="2">按代理商销售或采购的商品和程度划分</td><td colspan="2">批发代理</td><td colspan="2">代理商为批发中介</td></tr>
<tr><td colspan="2">零售代理</td><td colspan="2">代理商以零售为主</td></tr>
</table>

（二）代理制的特点

从上面的叙述可以看出，代理制的形式是多种多样的，每个具体的形式又各有特点，但概括起来都具有下列特征：

（1）代理商具有法人地位，是独立经营的商业组织。代理商与制造商是平等互惠的贸易伙伴关系，这一特点使代理商与制造商的关系有别于总公司与分公司的自销关系。同时，代理商作为一个中间组织，也有别于企业内部的委托代理关系。代理商与制造商之间依靠具有法律效力的代理契约相联结，说明了代理关系是一种市场关系，而非企业内部管理关系。

（2）代理商与制造商具有长期固定的商业关系。代理契约一般具有长期有效性，代理商与制造商保持长期稳定的商业关系是代理制存在的意义所在。这一特点使得代理制区别于“一般贸易”中单一购进买断的贸易关系，因而使交易双方都能较一般贸易支付更少的交易费用。

（3）代理关系具有一定程度的独占性或排他性合作与制约性质。相比于交易对象完全开放的市场一般贸易关系，代理关系在交易对象、交易区域以及交易产品方面都有不同程度的制约，如代理商要执行制造商对商品的定价，不能销售对代理产品产生竞争性的产品，独家代理只能在指定区域销售等限制。同时，代理权又是具有一定排他性的专属权，能使代理商获得较一般贸易更多的利润，即代理关系通过专属权的赋予，使排他性制约取得相应的回报，以使代理关系获得稳定。因此，商业代理关系具有既非一般市场关系，也非组织关系的性质。

（4）代理关系对信用的依赖度高于一般市场交易关系。代理关系的实质是制造商与代理商之间互相提供信用。离开了信用，代理关系将不能存在。

需要注意的是，在佣金代理中，代理商按销售或采购额的固定比例提取佣金，对其代理销售或采购的商品通常不拥有所有权。目前国内文献大多把这一条作为商业代理制的特点，但通过对代理制具体形式的说明，可以看出这一特点仅在佣金代理中体现。随着经济形势的发展，代理商与制造商之间的关系更为密切，代理商也通过承担更多的市场风险而获取更多的利益，销售权代理在越来越多的领域正逐渐取代佣金代理，成为商业代理制的主要形式。因此，这一特点不能构成商业代理制的特点，而只是佣金代理形式的主要特点。

三、代理制的职能和作用

（一）代理制的职能

代理制具有如下职能：

（1）实现委托人权益的职能。这是委托代理关系的核心目的，也是代理商以委托人名义进行商务活动的依据。

（2）媒介和促进商品流通的职能。这是实现委托人权益的途径，是通过代购、代销、代储、代运等具体经营活动实现的。

（3）信息传递的职能。委托代理关系集中在专业化的商品上，代理商掌握的信息比较全面，因而可以有效实现生产者与消费者之间的信息沟通。

（二）代理制的作用

与上述职能紧密联系，代理制对商品流通的作用主要有以下几个方面：

（1）密切工商关系、农商关系及商商关系，稳定商品流通渠道。代理制使工商或农商之间结成了利益共同体，使他们之间的过度竞争转化为通力合作，并且为了更好地取得代理的效果，商商之间也产生了加强合作、建立高效网络的动力。

（2）提高流通效率，降低流通费用。通过发挥专业分工与合作的优势，代理制能够收到分工效应和规模效应，降低销售费用。就美国独立批发商、厂家直销批发和销售代理这三种主要批发形式的实际情况来看，美国商务部调查统计局的资料显示，批发营销费用率，即营销费用占销售收入的比率，独立批发商为13.9%，厂家直销批发为7.2%，销售代理为4.2%。从职工人均年销售额来看，独立批发商为117 088美元，厂家直销批发为322 140美元，销售代理为413 354美元。这就说明，采用销售代理的费用最低，而人均销售额最高。

（3）站在生产企业或者委托者的角度来看，代理制的最大优势不在即期，而在远期现货代理。代理商把通过代理网络所了解的市场信息和变化趋势在产前告知生产企业，可以使供方能按订单安排生产，防止盲目生产及形成产品积压与资金呆滞。借助于代理商的合作，生产企业可以更好地调整产品结构、提高产品质量，更快更有效地开拓市场。

（4）站在代理方即商业企业的角度来看，代理制可使其取得稳定的货源，增强其经营实力和市场影响力，可使商业企业节省经营资金，提高资金的使用效率。

（5）站在消费者的角度来看，代理制有利于提高对用户的服务质量。在对用户的销售

服务能力上，生产企业自销机构要优于代理商，而代埋商又优于买断下的流通企业。在生产企业自销不经济时，代理制就成为提高对用户服务质量的最佳选择。

四、代理制的发展历史

（一）国际上代理制的产生

国际上代理制实践较早，最为风行于美国。18 世纪末，法国大革命的爆发和英国的产业革命，使美国逐渐成为原料的主要供应地和接纳机器制造的纺织品的主要市场。到 19 世纪初，提供一揽子服务的一般商人已无力开拓市场，棉花的交易逐渐由专业公司来经营。另外，由于国际性供需不平衡，棉花价格波动剧烈，买断经营的风险很大，专业化的棉花商人宁可收取更保险的佣金，也不愿意买进货品。这些为佣金而从事棉花交易的新兴商人，就形成了代理商。

随着美国经济的进一步发展，代理商代理的商品逐步由棉花扩展到其他商品，产生了大量的贸易代理人，同时也逐渐形成了完善的代理制。1840 年，在商业发达的路易斯安那州，登记从事国际贸易的公司中，代理公司有 381 家，而商业公司只有 24 家；在纽约，代理公司有 1 044 家，而商业公司只有 469 家。

经过 100 多年的发展，商业代理逐渐成熟，并形成代理制，成为商品流通的一个重要组织形式和国际贸易中一种比较通用的贸易方式。国外一些市场经济比较发达的国家，代理制很活跃。例如，在美国，其全社会商品批发额的 80%是通过经纪商进行的；日本九大商社 1994 年代理销售的钢材占当年日本钢材总产量的 70%以上；韩国八大商社的出口额占韩国出口总量的 50%以上。欧洲国家也大致如此。

代理商制度在法律上的确立源于德国的《新商法》。19 世纪在德国《新商法》的中以专章形式保留了有关商业代理的法律条文，其中明确了代理的概念，并对代理商和代理制做了比较详细的规定，从而使代理成为一项独立的、堪称完善的商事法律制度，并为大陆法系其他国家树立了典范。后来，各国都相继确立了代理制度。20 世纪以来，随着社会经济发展以及代理制的不断实践，有关代理制的立法日臻完善，并呈现出专门化的趋势。大陆法系国家在民商法典中补充完善了有关代理制的法律规范，即使在奉行判例法的英美国家，关于代理的制定法也越来越多，且一般以单行法规的形式出现。

（二）代理制在我国的兴起与发展

在我国近代商品经济社会中，曾经出现过为外商收集信息、招揽业务、代购代销商品，并收取外商的薪金或佣金，作为外商居间人或代理人的买办商人，但这仅仅是简单的商业代理行为，而商业代理作为一种流通制度并没有形成。商业代理制在我国萌芽于改革开放之初，此时经济体制开始由计划经济向市场经济转变，即 1978—1989 年。这段时间也是我国学习国外经验和尝试代理业务的探索期。

1978 年党的十一届三中全会之后，中国经济体制开始了以市场为取向的改革，商品随市场供求自然流动的机制也逐渐开始形成。商品经济社会的不断发展，为商业代理制的萌芽提供了适宜的土壤。但是，由于这一时期的生产资料市场和生活资料市场基本上都处于卖方市场，因此，尽管流通领域出现了新的购销方式——代批代销，即生产者委托商业者代理批发和零售，但是代批代销的商品一般仅限于少数长线产品或工业自销

困难的商品，其发展并不景气。不过，这个时期也有一些短线产品实行代理制，如1987年以后，进出口的粮食在内外部门之间逐步由拨交制改为代理制。而且，我国外贸企业为了适应国际市场竞争的需要，依照国际惯例逐渐建立、形成了外贸代理制体系。在这段时期，商业代理制这一新型流通制度的功能还没有引起理论界和有关主管部门的重视。

进入20世纪90年代后，一方面，随着我国社会主义市场经济的不断发展，商业代理制的应用成为一种必然趋势；另一方面，我国经济出现了几次大的波动，如1989年和1993年的经济起伏，都不同程度地出现了相对供大于求的现象，经济陷入持续疲软和停滞状态，各行业的生产企业和商业企业都面临着巨大的经营困境，生产企业产品压库，商业企业也难以周转，生产和流通均处于两难的境地。这使生产企业和流通企业都认识到，传统的以一次性交易为基础的不稳定工商关系，既影响双方的长远利益，又不利于生产、流通市场的健康发展。因此，这一局面迫使企业开始寻找更为有效的交易方式来摆脱经营困境，而商业代理制具有的在生产企业与商业企业之间形成长期、稳定、良好合作关系的优势，为这一难题提供了解决途径。为此，国务院有关领导、各经济管理部门组织进行了国外调研、考察和可行性分析，最终形成一致意见，即借鉴国外经验，推行代理制。总之，这一时期全国上下对推行代理制基本上取得了共识，并对代理制寄予厚望。因此在整个90年代，商业代理制在我国进入了迅速发展的黄金时期。首先，商业代理市场初步形成，代理机构日渐增多，至1993年年底，全国大约有70%的国有商业批发企业都有总代理业务，有的甚至占该企业批发总额的60%。其次，代理组织结构初步形成，市场上出现了专职代理商。至此，世界各国出现的三种主要类型代理机构，即专职代理商、兼营代理业的大型商场、商业批发（公司）企业，在我国均已设置。这三类代理机构互相竞争、互相补充，使商业代理组织结构逐步趋向合理。最后，代理业务的范围不断扩大，从生产资料到生活资料，种类繁多，如钢材、汽车、水泥、洗衣机、冰箱、彩电、饮料、洗涤剂等。而且，代理经营经济效益显著。从流通领域来看，流动资金周转额显著降低，资金利润率稳步上升。从生产企业来看，库存产品大幅度下降，资金回收加速，提高了企业的生产效率。

20世纪末至今，随着我国市场经济改革的不断深化，不论是市场环境还是市场主体，都为商业代理制的进一步发展提供了条件。而且，随着中国加入WTO，国外企业蜂拥进入中国市场的同时，亦将各种各样的流通制度带入了中国市场。在这一阶段，商业代理制在中国已经不再是件新鲜事了，代理业务的范围几乎遍及各行各业。同时，随着市场环境的不断变化，加之我国市场体系不够完善，代理制在实践发展中遇到了不少问题，有的甚至阻碍了企业的进一步发展。例如，2002年，乐华彩电为解决亏损问题，决定将全国30个分公司和办事处撤销，全面实行代理制。但代理制并没有给乐华带来预期的效果，在随后的八九月份，乐华彩电市场地位一路下滑，并引发一连串诸如撤柜、用户投诉、资金链断裂等危机事件，被媒体称为“乐华代理之痛”。又如，2005年，奇瑞汽车公司因货款纠纷，对曾经患难与共并曾经取得全国销量第一的代理商痛下杀手——通过法院查封了四川捷顺公司的资产，继而爆发了捷顺员工砸车等一系列风波。

案例链接

中国企业在国际化过程中如何利用商业代理制

1. 海尔借势代理商，打造国际知名品牌

1984 年的海尔还只是个亏损 147 万元、濒临破产的集体所有制冰箱制造厂，而今天的海尔集团已经是世界第四大白色家电制造商，在全球 30 多个国家建立了本土化的设计中心、制造基地和贸易公司，全球员工总数超过五万人。海尔已跻身世界级品牌行列，其影响力正随着全球市场的扩张而快速上升。2005 年 8 月 30 日，海尔被英国《金融时报》评为“中国十大世界级品牌”之首；2006 年 5 月 17 日，在世界品牌实验室（World Brand Lab）独家编制的 2006 年度《世界品牌 500 强》排行榜中，海尔品牌位居第 86 位，是唯一连续三届进入前一百强的中国本土品牌。

20 世纪 90 年代，国内家电市场开始趋于饱和，国外公司和品牌越来越多地进入中国市场，竞争越来越激烈，而中国加入 WTO 也迫在眉睫。在这种背景之下，海尔开始了它的国际化战略，准备扬帆出海，进行国际化布局。与中国较早走国际之路的一些公司如格兰仕等所采取的 OEM 方式不同，海尔一开始就确定了将海尔品牌做成世界名牌的国际化战略。因此，纵观海尔走向世界的道路，可以用“走出去、站住脚、争第一”来概述。

海尔集团海外扩张的第一步：按照“‘创牌’而不是‘创汇’”的方针布局，出口产品，开拓海外市场，打知名度，选择了投资和风险都相对较小的代理制。

20 世纪 90 年代初，通过海尔严格的质量保证体系和当地市场的质量认证，在德国就有 25 名代理销售商首批进口 2 万台冰箱。紧接着，在美国、欧盟等国家和地区，海尔采取了合资合作的方式，利用海外本土代理商原有的营销网络来销售海尔产品，进入当地市场。海尔在美国的成功很大程度上是因为成功地选择了一家恰当的合作代理商——麦克瑞邦，这家美国传统家电分销家族企业，出资 2 500 万美元成为美国海尔的股东，引领海尔的美国市场运作。又如，作为海尔全球代理商之一的亚默瑞，就曾经担任过飞利浦和梅洛尼的销售总负责人，具有 40 多年的家电销售经验。2001 年海尔欧洲贸易公司成立后，亚默瑞荣任总裁。在谈到开拓市场的经历时，他说：“一开始确实不太容易让人相信中国产品，但是我们首先必须要让分销商和零售商们相信和接受海尔的产品。由于我已经在欧洲市场上做了很多年，所以他们都很相信我。我在提供某个新产品的时候，他们也就相信其质量和信誉是可靠的，产品一旦进入市场就好办了。”2001 年，由亚默瑞领导的海尔欧洲贸易公司完成了 1.5 亿美元的销售额。全球 3 000 名代理经销商完成了 7.3 亿美元的销售额。海尔用了 4 年多的时间，通过海外代理商，建立起了本土化的营销网络和服务网络，共有 4 万多个营销网点和 300 多名代理经理人，产品可以任意销往 160 多个国家和地区。这些经理人每年都举行年会，从青岛到意大利，再到纽约，海尔全球经理人年会已经成了每年代理商交流和总结营销经验的聚会。

2. 长虹被代理商诈骗，大伤企业元气

与海尔同为中国家电业的领头羊，曾号称“中国彩电大王”的长虹电器，却在国际化

的道路中饱尝艰辛。

与海尔相比，长虹进入国际市场起步较晚，1998 年开始进军海外市场，当年完成 121 万美元。

长虹从开始进军国际市场，就肩负创汇重任。长虹是四川的出口大户，2002 年长虹出口 7.4 亿美元，直接拉动四川外贸增长 40.4%，使当年四川外贸出口额跃居中西部之首。这同时也意味着长虹的出口一旦遭遇不利，四川的整体出口形势就会受到影响。因此，作为国企的长虹，承受着不小的来自政府方面的“创汇”压力。2001 年年初，倪润峰复出，为了扭转严重下滑的公司业绩，长虹开始实施“大市场大外贸”战略。

长虹与美国代理商 APEX 的合作始于 2001 年，APEX 与长虹的合作协议约定，长虹负责彩电的生产，并从国内出口到美国，在美国以 APEX 的品牌通过以沃尔玛为代表的美国大型连锁超市销售。销售货款通过沃尔玛转到 CIST（保理公司）账上，再在长虹和 APEX 之间分配。随后，第一列长虹专列直发美国。当年在长虹的 1 100 万台彩电销量中，即有 400 万台来自出口。2002 年，长虹的出口额达 7.4 亿美元，其中 APEX 就占了近 7 亿美元；2003 年，长虹的出口额达 8 亿美元左右，APEX 占 6 亿美元。但是，令人奇怪的是，一车车的彩电运出去，却没能为长虹换回大把的美元。APEX 公司总是以质量或货未收到为借口，拒付或拖欠货款。终于，从 2002 的 APEX 欠款 38.3 亿元，最后增至 2004 年年底公告时的 40.1 亿元。

APEX 公司 1997 年才创立，是一家代理中国家电产品出口的公司。而在与长虹合作时，APEX 公司已经因为其在经营过程中多次拖欠国内各电子厂商的货款而声名狼藉，其中“有案可查”的劣迹就包括拖欠新科集团 DVD 的货款，拖欠宏图高科的货款，拖欠天大天财的 DVD 货款，甚至还与中国五矿对簿公堂。APEX 的惯用伎俩就是“通过小额交易建立信誉，然后采用赊账的方式进行大额交易”。厦华公司也曾打算与 APEX 合作，于是委托中国出口信用保险公司调查 AEPX 公司的信用额度，“报告的结论是 AEPX 公司的信用额度为零”。

而在长虹公司与 AEPX 的代理合作关系中，由于选择的是延期付款的交易方式，市场上的销售风险实质上全部由长虹承担，但长虹公司又只负责彩电生产和发货，连品牌都是 AEPX 的，即长虹公司在彩电的市场销售价格、销售渠道建设、销售推广和产品的设计开发、消费者的需求响应等方面没有任何程度的介入，因此，对于所承担的市场风险没有任何控制能力，终于导致了被代理商诈骗的结局，以致使自己成为中国企业盲目国际化的反面教材。

资料来源：http://www.haier.com.cn；郎咸平：《郎咸平：剖析长虹》，载《西部大开发》，2005 (10)；王晓玲、张娅：《长虹贸易迷城》，载《商务周刊》，2005 (20)。

本章小结

营销活动的发展要求不断创造适宜的营销制度。所谓营销制度，其实是一种企业扩大市场规模、寻求发展的经营制度。连锁制、特许制、代理制是当前营销活动最常见的几种

制度。

本章对以上三种制度的概念、特征、类型、运作机理、作用、发展史等进行了较为详细的介绍，并就每种制度给出了一个实际案例，供学习者进行深入研究和讨论。

关键概念

连锁制　特许制　代理制　直营连锁　自由连锁　商品商标特许经营　经营模式特许经营　佣金代理　销售权代理

讨论及思考题

1. 连锁制、特许制的本质特征是什么？
2. 简述连锁制、特许制、代理制的类型。
3. 简述代理制的职能和作用。
4. 连锁制如何创造规模效益？
5. 简述特许制与连锁制、代理制的区别。
6. 特许经营会给特许人和受许人带来哪些优势和劣势？

参考文献

［1］赵涛．连锁店经营管理——理论、案例、制度、实务．北京：北京工业大学出版社，2002.

［2］周勇．连锁店经营管理基础．上海：立信会计出版社，2004.

［3］吕一林．美国现代商品零售业——历史、现状与未来．北京：清华大学出版社，2001.

［4］向欣，孟扬．国外连锁业概览．北京：当代中国出版社，1994.

［5］叶万春．企业营销策划．北京：中国人民大学出版社，2004.

［6］朱明侠．特许经营．北京：对外经济贸易大学出版社，2001.

［7］贾治邦．连锁经营与代理制．北京：人民日报出版社，1996.

［8］郑自文．国际代理法研究．北京：法律出版社，1998.

［9］宋理斌．代理商．北京：中国时代经济出版社，2004.

［10］周殿昆等．连锁公司快速成长奥秘．北京：中国人民大学出版社，2006.

［11］［美］约翰·A·卡斯林．建立全球分销网络的成功之道．北京：经济管理出版社，2005.

［12］郎咸平．剖析长虹．西部大开发，2005（10）.

［13］王晓玲，张娅．长虹贸易迷城．商务周刊，2005（20）.

［14］http://www.wal-martchina.com/news/stat.htm.

［15］http://www.carrefour.com/english/groupecarrefour/ouverturesMagasins.jsp，Num-

ber of Stores.

[16] http://www.haier.com.cn.

习题

一、判断题

1. 自由连锁是一些独立、分散的零售商，通过自愿协商、共同出资开办一个或几个批发企业并通过合同组成连续组织的企业形态。（　　）

2. 特许制经营制度是指特许经营权拥有者以合同的形式，允许被特许经营者有偿使用其名称、标志、专有技术、产品及运作管理经验等从事经营活动的商业经营模式。（　　）

3. 佣金代理是商业代理制最早出现的形式，指代理商充当市场中介人，按照制造商指定的价格推销产品，根据销售额的多少提取佣金或代理费。（　　）

4. 销售权代理是商业代理制最早出现的形式，指代理商充当市场中介人，按照制造商指定的价格推销产品，根据销售额的多少提取佣金或代理费。（　　）

5. 在佣金代理中，代理商按销售或采购额的固定比例提取佣金，对其代理销售或采购的商品通常不拥有所有权。（　　）

6. 在佣金代理中，代理商按销售或采购额的固定比例提取佣金，对其代理销售或采购的商品拥有所有权。（　　）

7. 连锁制经营的范围仅限于流通业和服务业，不涉及制造业；而特许制经营的范围则宽广得多，在制造业中也有大量实例。（　　）

二、单项选择题

1. 连锁制管理的原则为标准化、专业化、简单化，简称（　　）。

A. 3C　　B. 3S　　C. 3X　　D. 3T

2. 连锁的各门店由连锁经营公司全资或控股开设，在总部的直接控制下，开展统一经营。这种连锁经营的类型是（　　）。

A. 合作连锁　　B. 自由连锁　　C. 直营连锁　　D. 统一连锁

3. 受许人通常对自己的业务拥有所有权，并且接受（　　）特许人。

A. 一个　　B. 两三个　　C. 十几个　　D. 许多

4. 特许经营在我国的发展历程可分为（　　）个阶段。

A. 2　　B. 3　　C. 4　　D. 5

5. 一家代理公司同时代理了五种汽车品牌，这家代理公司属于（　　）。

A. 特许经营权代理　　B. 自由代理　　C. 一般代理　　D. 独家代理

三、多项选择题

1. 根据代理商代理的对象不同，可以把代理分为（　　）。

A. 销售代理　　B. 生产代理

C. 采购代理　　D. 售后服务代理

E. 佣金代理

2. 按照特许权授予方式的不同，可以把特许经营分为（　　）。

A. 商标特许经营　　B. 一般特许经营

C. 委托特许经营　　D. 发展特许经营

E. 复合特许经营

3. 特许经营对受许人的优势是（　　）。

A. 选择特许经营可以避免风险

B. 受许人可以获得系统的管理培训和指导

C. 受许人可以集中进货，降低成本，保证货源

D. 受许人可借助总部的商标和服务

E. 受许人较易获得总部和银行的财政帮助

4. 特许经营对受许人的劣势是（　　）。

A. 缺乏自主权

B. 特许人决策失误会牵连受许人

C. 受许人选择特许人存在风险

D. 受许人受合同限制，退出或转让困难

E. 公司声誉和形象会受个别经营不好的加盟店的影响

5. 特许经营对特许人的劣势是（　　）。

A. 受许人难以控制

B. 公司声誉和形象会受个别经营不好的加盟店的影响

C. 当发现受许人不能胜任工作而无法更换

D. 受许人选择特许人存在风险

E. 受许人受合同限制，退出或转让困难

第十章

营销业态策划

本章要点提示

● 了解各业态的基本特点、我国零售业态发展趋势、百货店和超级市场的产生与发展。

● 掌握业态的定义及类型、百货店的定义、专业店的定义及特征、超级市场的定义及特征、无店铺销售的特征及类型。

● 理解相似零售业态类型辨析、百货店的定位策略、超级市场的促销策略。

引导案例

家电业态嬗变：挤走百货，连锁肉搏

据《福州日报》报道，一年的时光倏忽而过，对于榕城家电业企业而言，这一年给它们带来了太多的悲与欢，苦与乐。从百货店的一枝独秀到家电连锁企业抢占半壁江山，再到家电连锁企业榕城决战，榕城家电市场格局发生了质的变化，而整个过程就发生在一年间。低价、低价、再低价，扩张、扩张、再扩张，这些就是国美、永乐、三联等新型家电连锁卖场给人们最直观的印象。人们从认识这种新的销售模式到接受它们甚至形成逛家电卖场的习惯，仅仅花了不到一年的时间。新型家电连锁卖场也从斗门、福新路走向东街口、中亭街，再走向五里亭、国货路。

家电连锁企业不仅从传统的百货店手中抢走了绝大部分的家电市场份额，更重要的是在福州家电零售市场建立了一种新的“卖”法，家电销售从单纯地卖商品，过渡到了“卖服务”、“卖品牌”、“卖文化”。

大型家电卖场的崛起，或许可以追溯到 2002 年年底的九阳开业，但是从专业化、连

锁化程度看，福州首家专业家电连锁卖场当属三联。经过半年多的考察，2003 年 5 月，福州三联（现更名为福建三联）在福新中路正式开张，由于赶在夏季前开业，加上榕城遭遇百年一遇的酷暑，三联在空调销售中大获成功。事后，三联常务副总裁郭善根表示，或许是三联的过分火爆，让国美、永乐等家电巨头提前半年来到了福州。

但是，三联对于榕城家电市场而言，仅仅是带来了一种新气象，要想改变多年沿袭而成的家电销售格局，撼动三大百货的地位还欠火候。

2003 年 9 月，在短短的 20 天内，国美、永乐相继开业，永乐甚至同时开张黎明、南公园两家分店。至此，榕城东西南北各有一家大型家电卖场，大有四面夹击东街口之意，专业与非专业的对抗顿时明朗化。

国美、永乐等家电连锁卖场挟多年拼杀家电市场的经验，在宣传上大造声势，拿出“低价”这个撒手锏逐鹿榕城。福州国美老总王鸿德当时就表示：“百货店退出家电销售是必然的事情，家电销售必然在竞争中整合。”

很快，在组织了几次无力的反攻后，传统百货店败下阵来，一步一步地缩减经营范围，家电销售区域也在百货店内一层一层向上挪。与此形成对比的是，国美、永乐的门店一家一家地开张，甚至直接在东街口安营扎寨。至此，三大百货店集体退出福州家电市场。

资料来源：中国经济网，2004-09-24。

案例启示

业态竞争是同业竞争加剧的市场现象。业态竞争是流通企业利用业态的变化争夺市场和消费者的行为。业态之所以是流通企业特别是零售企业展开竞争的工具，就在于业态的变化能起到适应市场需要，吸引购买行为，扩大销售额度的作用。

业态竞争是流通组织形式革新的产物。由单一业态向多种业态转换是发达的市场经济国家均经历的过程。业态多样化是对零售企业以百货店为主体的综合型组织形式的革新，使市场形成百货店与其他形态的专业化零售店百态纷呈、各种形态互补的格局。这样的格局有利于综合型的百货店和各种形态的专业店分别在各自的范围内发挥作用，避免因组织形式的趋同而削弱百货店的综合型和规模化的优势。

业态竞争是工商争夺市场主导权的关键。零售是流通的最终环节，也是商品价值实现、企业货款回归并获取利润的关键，是各类企业控制市场、掌握市场主导权的闸门。零售不仅是外商垂涎的领域，也是国内制造业与流通业（或称作工商企业）争夺主动权的关键。本章所研究的业态，主要是指零售业的业态。

第一节　营销业态策划概述

一、业态的定义及类型

（一）业态的定义

业态是企业形态的简称，它是企业以其经营方式和经营特点在市场上表现出来的存在

形态。

业态有别于业种。业种是以经营商品的种类来区分企业所属的概念。一般来说，业种指卖什么，业态指怎么卖。业种是行业形成的基础，业态则与经营方式密切相关。

业态与业种的区别见表10—1。

表10—1 业态与业种的区别

区别	业种	业态
兴起背景	物资缺乏的时代	物资充足的时代
核心理念	以贩售商品为出发点	以满足顾客需求为出发点
经营目的	追求销售业绩的达成，以出清商品为目的	贩卖畅销品、淘汰滞销品，以满足顾客需求为目的
商家角色	以替制造商贩售商品的角色自居	以替顾客采购商品的角色自居
经营者所擅长的知识	商品相关知识丰富	顾客相关知识丰富

一个新型业态的产生其实是市场竞争的产物，是商品流通的组织形式、组织方式适应生产力发展水平和市场需求变化的必然结果。新型业态产生于市场需求，形成于市场供给，是供给满足差异性需求的市场行为。

随着企业间市场竞争的深化，业态也由单一化向多样化发展，而业态也成为企业间竞争的新焦点。

(二) 业态的类型

商务部根据近年来我国零售业发展趋势，借鉴发达国家对零售业态的划分方式，组织有关单位对《零售业态分类》(GB/T18106—2000) 进行了修订。国家质量监督检验检疫总局、国家标准化管理委员会已联合发布最新《零售业态分类》(GB/T18106—2004)，该标准为推荐标准。

新标准按照零售店铺的结构特点，根据其经营方式、商品结构、服务功能，以及选址、商圈、规模、店堂设施、目标顾客和有无固定经营场所等因素，将零售业划分为17种业态。

从总体上可以分为有店铺零售业态和无店铺零售业态两类。有店铺零售业态包括食杂店、便利店、折扣店、超市、大型超市、仓储会员店、百货店、专业店、专卖店、家居建材商店、购物中心、厂家直销中心12种。无店铺零售业态包括电视购物、邮购、网上商店、自动售货亭、电话购物5种。

二、各业态的基本特点

(一) 有店铺零售业态

1. 食杂店

选址：一般位于居民区内或传统商业区内。

商圈与目标顾客：辐射半径0.3公里，目标顾客以相对固定的居民为主。

营业面积：一般在100平方米以内。

商品（经营）结构：以香烟、饮料、酒、休闲食品为主。

商品售卖方式：柜台式和自选式相结合。

服务功能：营业时间 12 小时以上。

管理信息系统：初级或不设立。

2. 便利店

选址：商业中心区、居住区、交通要道以及车站、医院、学校、娱乐场所、办公楼、加油站等公共活动区。

商圈与目标顾客：商圈范围小，顾客步行 5 分钟到达，目标顾客主要为单身者、年轻人。顾客多为有目的的购买。

营业面积：100 平方米左右，使用率高。

商品（经营）结构：以即时食品、日用小百货为主，有即时消费性、小容量、应急性等特点，商品品种在 3 000 种左右，售价高于市场平均水平。

商品售卖方式：以开架自选为主，结算在收银处统一进行。

服务功能：营业时间 16 小时以上，提供即时性食品的辅助设施，开设多项商品性服务项目。

管理信息系统：程度较高。

3. 折扣店

选址：居民区、交通要道等租金相对便宜的地区。

商圈与目标顾客：辐射半径 2 公里左右，目标顾客主要为商圈内的居民。

营业面积：300～500 平方米。

商品（经营）结构：商品价格一般低于市场平均水平，自有品牌占较大的比例。

商品售卖方式：开架自选，统一结算。

服务功能：用工精简，为顾客提供有限的服务。

管理信息系统：一般。

4. 超市

选址：市、区商业中心、居住区。

商圈与目标顾客：辐射半径 2 公里左右，目标顾客以居民为主。

营业面积：营业面积 6 000 平方米以下。

商品（经营）结构：经营包装食品和日用品。食品超市与综合超市商品结构不同。

商品售卖方式：自选销售，出入口分设，在收银台统一结算。

服务功能：营业时间 12 小时以上。

管理信息系统：程度较高。

5. 大型超市

选址：市、区商业中心、城郊结合部、交通要道及大型居住区附近。

商圈与目标顾客：辐射半径 2 公里以上，目标顾客以居民、流动顾客为主。

营业面积：营业面积 6 000 平方米以上。

商品（经营）结构：大众化衣、食、用品齐全，一次性购齐，注重自有品牌开发。

商品售卖方式：自选销售，出入口分设，在收银台统一结算。

服务功能：设不低于营业面积 40%的停车场。

管理信息系统：程度较高。

6. 仓储会员店

选址：城乡结合部的交通要道。

商圈与目标顾客：辐射半径5公里以上，目标顾客以中小零售店、餐饮店、集团购买和流动顾客为主。

营业面积：营业面积6 000平方米以上。

商品（经营）结构：以大众化衣、食、用品为主，自有品牌占相当部分，商品品种在4 000种左右，实行低价、批量销售。

商品售卖方式：自选销售，出入口分设，在收银台统一结算。

服务功能：设相当于营业面积的停车场。

管理信息系统：程度较高并对顾客实行会员制管理。

7. 百货店

选址：市、区级商业中心、历史形成的商业集聚地。

商圈与目标顾客：目标顾客以追求时尚和品味的流动顾客为主。

营业面积：营业面积6 000～20 000平方米。

商品（经营）结构：综合性，门类齐全，以服饰、鞋类、箱包、化妆品、礼品、家庭用品、家用电器为主。

商品售卖方式：采取柜台销售和开架面售相结合的方式。

服务功能：注重服务，设餐饮、娱乐场所等服务项目和设施，功能齐全。

管理信息系统：程度较高。

8. 专业店

选址：市、区级商业中心以及百货店、购物中心内。

商圈与目标顾客：目标顾客以有目的选购某类商品的流动顾客为主。

营业面积：根据商品特点而定。

商品（经营）结构：以销售某类商品为主，体现专业性、深度性，品种丰富，选择余地大。

商品售卖方式：采取柜台销售或开架面售的方式。

服务功能：从业人员具有丰富的专业知识。

管理信息系统：程度较高。

9. 专卖店

选址：市、区级商业中心、专业街以及百货店、购物中心内。

商圈与目标顾客：目标顾客以中高档消费者和追求时尚的年轻人为主。

营业面积：根据商品特点而定。

商品（经营）结构：以销售某一品牌系列为主，销售量少、质优、高毛利。

商品售卖方式：采取柜台销售或开架面售的方式，商店陈列、照明、包装、广告讲究。

服务功能：注重品牌声誉，从业人员具备丰富的专业知识，提供专业性服务。

管理信息系统：一般。

10. 家居建材商店

选址：城乡结合部、交通要道或消费者自有房产比较高的地区。

商圈与目标顾客：目标顾客以拥有自有房产的顾客为主。

营业面积：营业面积 6 000 平方米以上。

商品（经营）结构：商品以改善、建设家庭居住环境有关的装饰、装修等用品、日用杂品、技术及服务为主。

商品售卖方式：采取开架自选方式。

服务功能：提供一站式购足和一条龙服务，停车位 300 个以上。

管理信息系统：较高。

11. 购物中心

分社区型购物中心、市区购物中心、城郊购物中心三种。

（1）社区型购物中心。

选址：市、区级商业中心。

商圈与目标顾客：商圈半径 5～10 公里。

营业面积：建筑面积 5 万平方米以内。

商品（经营）结构：20～40 个租赁店，包括大型超市、专业店、专卖店、饮食店及其他店。

商品售卖方式：各个租赁店独立开展经营活动。

服务功能：停车位 300～500 个。

管理信息系统：各个租赁店使用各自的信息系统。

（2）市区购物中心。

选址：市级商业中心。

商圈与目标顾客：商圈半径 10～20 公里。

营业面积：建筑面积 10 万平方米以内。

商品（经营）结构：40～100 个租赁店，包括百货店、大型超市、各种专业店、专卖店、饮食店、杂品店，以及娱乐服务设施等。

商品售卖方式：各个租赁店独立开展经营活动。

服务功能：停车位 500 个以上。

管理信息系统：各个租赁店使用各自的信息系统。

（3）城郊购物中心。

选址：城乡结合部的交通要道。

商圈与目标顾客：商圈半径 30～50 公里。

营业面积：建筑面积 10 万平方米以上。

商品（经营）结构：200 个租赁店以上，包括百货店、大型超市、各种专业店、专卖店、饮食店、杂品店，以及娱乐服务设施等。

商品售卖方式：各个租赁店独立开展经营活动。

服务功能：停车位 1 000 个以上。

管理信息系统：各个租赁店使用各自的信息系统。

12. 厂家直销中心

选址：一般远离市区。

商圈与目标顾客：目标顾客多为重视品牌的有目的的购买者。

营业面积：建筑面积 100～200 平方米。

商品（经营）结构：为品牌商品生产商直接设立，商品均为本企业的品牌。

商品售卖方式：采用自选式售货方式。

服务功能：多家店共有 500 个以上停车位。

管理信息系统：各个租赁店使用各自的信息系统。

（二）无店铺零售业态

无店铺零售业态共有以下五种：

1. 电视购物

目标顾客：以电视观众为主。

商品（经营）结构：商品具有某种特点，与市场上同类商品相比，同质性不强。

商品售卖方式：以电视作为向消费者进行商品宣传展示的渠道。

服务功能：送货到指定地点或自提。

2. 邮购

目标顾客：以地理上相隔较远的消费者为主。

商品（经营）结构：商品包装具有规则性，适宜储存和运输。

商品售卖方式：以邮寄商品目录为主向消费者进行商品宣传展示并取得订单。

服务功能：送货到指定地点。

3. 网上商店

目标顾客：有上网能力、追求快捷性的消费者。

商品（经营）结构：与市场上同类商品相比，同质性强。

商品售卖方式：通过互联网进行买卖活动。

服务功能：送货到指定地点。

4. 自动售货亭

目标顾客：以流动顾客为主。

商品（经营）结构：以香烟和碳酸饮料为主，商品品种在 30 种以上。

商品售卖方式：由自动售货机完成售卖活动。

服务功能：没有服务。

5. 电话购物

目标顾客：根据不同的产品特点，目标顾客不同。

商品（经营）结构：商品单一，以某类品种为主。

商品售卖方式：主要通过电话完成销售或购买活动。

服务功能：送货到指定地点或自提。

三、相似零售业态类型辨析

零售业态的一两个组合要素发生变化，就有可能产生新的业态。因此，不同业态之间存在着诸多的相似性，有时甚至很难分辨。找出相似业态的不同组合要素，是区别它们的最好方法。

（一）百货店≠购物中心

严格说来，购物中心不是一种零售业态，它是汇集多种零售业态的场所，其所有者主要从事物业管理、入租店铺管理，一般不从事商品销售事务。百货店有时是购物中心的主题商店，并且直接从事商品销售活动。同时，购物中心满足人们吃喝玩乐购的综合需求，百货店一般仅满足人们购物的需求。购物中心与所谓的“销品茂”（Shopping Mall）并没有本质的区别，因此，最好都译为购物中心。

（二）特级市场≠仓储会员店

特级市场即大型超级市场，它与仓储会员店有诸多相似之处，即二者都具有较大的规模，设在城乡交界处，采取自我服务方式等。但是二者也有很大的不同，主要表现在大型超级市场比仓储会员店的商品更丰富，装修也好些，价格略高。定位不同，大型超级市场的目标顾客为家庭主妇，仓储会员店的目标顾客为中小型商人和团体。销售方式不同，大型超级市场拆零销售，仓储会员店成打或整箱销售。

（三）小型超市≠便利店

小型超市与便利店几乎是同等规模，但是差别很大，主要是目标顾客不同。超市无论大小，目标顾客都是家庭主妇，而便利店的目标顾客则是男士和青年女士。小型超市主要提供家庭生活日用品，便利店主要提供随机需要的便利品，满足便利的需求。小型超市出入口分开，便利店出入口合一并且为敞开式。中国早期的便民店，既不是典型的小型超市，也不是典型的便利店，其形式是便利店，其功能是小型市场。

（四）自选商品市场≠超级市场

自选商品市场不是一种零售业态，只是一种售卖方式——顾客自我选择购物，超级市场、折扣店、仓储会员店、便利店等都可采取这种形式，从这个意义上说，它们都是自选商品市场。但是，以经营食品为主，生鲜品占一定比重的自选商品市场有可能成为超级市场。

（五）专业店≠专卖店

专业店是指专门经营某一类商品的商店，它常常汇集许多品牌和款式，满足顾客多种品牌和款式的选择需要。专卖店是指专门经营某一品牌商品的商店，它常常汇集同一品牌的一类或几类商品，满足顾客对这个品牌的需求偏好。例如，李宁体育用品专卖店是由我国著名的体操运动员、全球最伟大的50位运动员之一的李宁创办的专卖店，拥有帽、衣、裤、袜、鞋一系列李宁品牌的产品。

四、我国零售业态的发展趋势

（一）梯次化发展的趋势

中国是一个地域辽阔、人口众多、城市多样、经济发展不平衡、消费习惯差异很大的国家，零售业态的发展呈现出明显的区域性特点。如经济发展水平不同的东、中、西部和以大城市为核心形成的各个经济带（如珠江三角洲、长江流域经济带等）的商业业态发展模式就各具自身特点。

零售业态不仅在地域分布上形成出梯次化发展的态势，而且在时间序列上也存在着梯次化发展的情况。由于现代零售业态的生命周期只有5～10年时间，那么，可以预计，各种零售业态在大、中、小城市，沿海、内陆、西部地区，发达、欠发达和贫困地区都会有

5～10 年的滞后期，在大城市处于衰落的某种业态，在中小城市可能还处于创新和发展期。因此，认识和把握这一趋势能使零售业经营者少走弯路，避免不必要的经济损失。

（二）多元化发展的趋势

在以前，我国是“一种百货打天下”，即无论商店的面积有多大，无论在什么地理位置，都是经营百货，而且以传统的柜台交易为主。现在，零售业态呈现出了多元化趋势，原来意义上的百货店逐渐引退，新型的百货店开始出现，而且超级市场、专业店、专卖店、便利店等多种零售业态得到了迅速发展，零售业态种类逐渐丰富。随着我国市场经济的进一步发展，以及新的科学技术的出现和普及，还将有新的零售业态出现，而且由于我国经济发展跨度较大，零售业态多元化的趋势还将长期存在。

（三）均衡化发展的趋势

百货店曾独霸我国的零售市场，其他零售业态根本无法与之抗衡。现在，百货店的地位开始发生了变化，它在社会零售消费总额中所占的比重逐渐减小，而其他零售业态所占的比重逐渐增加，并且地位逐渐上升。随着经济的发展，将来零售业态中的“超级大国”将不再存在，购买力将出现分流，各种零售业态将拥有自己相对稳定的消费群体，它们之间将表现出一种相对的均衡。

（四）融合化发展的趋势

从企业的角度而言，企业不再采用单一零售业态，而是根据自身发展以及社会现实环境的需要，将多种零售业态集中于一身。零售业态融合化趋势有两种表现形式：一是内涵型融合；二是外延型融合。内涵型融合是指当某个零售店面积足够大时，它把多种零售业态集中在一个店内，使之相互融合、相互促进，增加企业效益。例如，现在在大型商场中开超市已不是一件新鲜事，而且专业店、专卖店也都走进了大型商场。外延型融合是指企业对外进行资本扩张，在其他地方开设不同于自身业态的新店，从而分散企业风险，促进企业发展。外延型融合的表现形式很多，既可以企业自己投资，也可以与其他企业合资。外延型融合有利于整个行业资本结构的合理化，从而提高整个行业的资本运行效率，促进社会经济的发展。

案例链接

大商集团的业态组合

起家于大连青泥洼的大商集团，是中国最大零售业集团之一，在 2007 中国 500 强企业排名列第 104 位，被多家媒体和分析报告称为“中国零售业最具发展实力的无敌军团”。

百货店、大型综合购物中心（新玛特）、大型综合超市及以电器、家居为代表的专业店是大商集团的四大主力业态。

百货店是大商集团的主力军。目前大商集团旗下的大商百货集团拥有百货店 50 余家，营业面积一般在 2 万～6 万平方米。大商百货集团突破了传统百货单一化经营的模式，形成了以“东北第一店”——大连商场为代表的综合百货店、以“中国最优秀的高档百货店”麦凯乐大连总店为代表的品牌店、以“东北第一家女士用品专业店”秋林女店和“中

国第一家男士用品专门店”大商男店为代表的特色店等多种业态争奇斗艳的局面，并实现了百货店的连锁化经营、专业化管理、多样化发展。2005 年 12 月，大商集团收购济南人民商场儒商百货有限公司和山东儒商服饰有限公司全部股权，打响了进军晋冀鲁豫地区的第一枪。2006 年 1 月，大商集团组建千盛百货连锁集团，定位于流行时尚百货店，现已开设 9 家千盛百货店。2006 年 4 月底，大商集团挺进中原，河南省最大的购物中心——郑州金博大荣归旗下。2007 年 3 月，大商集团签约西安新玛特，入驻古都西安，打响了挺进大西北的第一枪，开始编织陕西店网。2007 年 7 月，新乡新玛特成立，并确立了以新乡为中心，向周边的焦作、漯河、安阳、鹤壁、菏泽等 9 个城市铺设店网，由此启动“晋冀鲁豫边区店网”的建设。2007 年 12 月，成都千盛购物中心开幕，大商集团以成都市两店、自贡市两店与内江市一店的五大项目为契机，拉开了“西部店网”建设的序幕。

麦凯乐是大商集团的新商号，创建于日本，发展于大连，成功于大商，定位于高档精品流行百货。自 2004 年组建麦凯乐连锁集团以来，旗下已拥有麦凯乐大连总店、麦凯乐西安路店、麦凯乐开发区店、麦凯乐青岛总店和麦凯乐哈尔滨总店 5 家店。

大商集团购物中心主要是新玛特模式。新玛特是英文“NEW-MART”的汉译，是大商集团的新店、新标识，是当今零售业最新业态、最新技术、最新手段和最高境界集成之后的再造，具有浓厚的购物中心色彩，面积一般在 10 万平方米以上，业态丰富、功能齐全，为消费者提供一站式购物休闲服务。目前，大商集团已开设了大连、沈阳、大庆等 29 家新玛特店。

超市是大商集团的新军。大商集团自 1998 年发展超市这一新兴业态，短短几年来，通过自主投资建设和收购等方式，超市总数现已近百家，分布于大连、沈阳、抚顺、锦州、本溪、大庆、牡丹江等东北城市以及北京、石家庄、澳门等地，其中在沈大高速公路上建有 12 家连锁店。

大商集团专业店目前主要有电器连锁店和家居专业店两种。大商电器是中国家电销售领域著名品牌，是大商集团商品经营强项之一。大商电器总部设在大连，立足东北，辐射全国，目前拥有百家专业电器连锁店，年销售额突破 100 亿元，是家电类商品在东北地区销售的“主渠道”和“宽带网”，是东北家电市场的龙头霸主。大商家居广场则是以经营家居、建材、家装为主的一站购齐式大型专业店，首开国际家居情景式销售先河，引进当今世界知名品牌，精心打造近 400 个样板间，欧式古典浪漫之美与中式沉稳平和之雅尽显其中，处处洋溢家的温馨。

资料来源：http://www.dsjt.com。

第二节　百货店的策划

传统意义上的百货店一般面积平均在 7 000 平方米左右，商品至少包括流行服饰、化

妆品、家居用品和其他更宽泛的品类，一般是不同的商品部分布在不同的楼层。这种零售业态始于19世纪中叶，现已遍布全球。

一、百货店的定义

百货店是大规模的零售终端，一般是多层分布，商品覆盖许多产品种类。设有多个商品部，至少覆盖5大类产品，至少雇用25人。由于各国商业发展的历史状况不同，其对百货店的定义也不同。

（1）美国的定义。根据美国政府《零售贸易普查》中的规定，百货店至少要有25个雇员，是提供各种服装和纺织品、家用纺织品和布类产品、家具和装饰品及器皿等商品的商店。

美国市场营销专家菲利普·科特勒认为：百货店一般要销售几条产品线的产品，尤其是服装、家具和家庭用品等。每一条产品线都作为一个独立的部门由专门的采购员和营业员管理。

（2）日本的定义。10%～70%的销售依靠食品、服装等与家庭相关的商品。此外，这些商店至少有50位职员，开架自助服务方式小于50%。日本通产省对百货商店的规定是：从业人员超过50人，销售面积至少为1 500平方米（大城市要超过3 000平方米）。

（3）德国的定义。百货店是供应大量产品的零售商店，主要产品是服装、纺织品、家庭用品、食品和娱乐品，销售方式有人员导购（如纺织品部）和自我服务（如食品部），销售面积超过3 000平方米。

（4）法国的定义。百货店是零售商业企业，拥有较大的销售面积，自由进入，在一个建筑物中提供几乎所有的消费品。一般实行柜台开架售货，提供附加服务，每一个商品部都可以成为一个专业店。销售面积至少为2 500平方米，至少有10个商品部。

（5）荷兰的定义。销售面积至少有25 000平方米，最少应有175名员工，年营业额超过1 000万法国法郎，至少要有5个商品部，其中应有女装部。

（6）中国的定义。国家质量监督检验检疫总局、国家标准化管理委员会联合颁布的《零售业态分类》（GB/T18106—2004）将百货店定义为“在一个建筑物内，经营若干大类商品，实行统一管理，分区销售，满足顾客对时尚商品多样化选择需求的零售业态”。

二、百货店的产生与发展

（一）百货店的产生

西方学者对百货店的产生有着不同看法。美国管理学家彼得·德鲁克认为，百货店最早于1650年左右产生于日本，但大多数西方学者则认为百货店最早在1852年产生于法国。有一位叫A.布西哥的人在法国巴黎开办了一家邦·马尔谢商店，这是世界上第一个实行新经营方法的百货店。中国第一家百货店是1900年俄国资本家在哈尔滨开设的秋林公司。

百货店的出现，是零售商业对以机械化为基础的大量生产体制，即工业化大生产和城市化进程加快，尤其是大城市快速发展的直接反应。

百货店的产生被称作第一次零售业革命。百货店的首创性体现在：实行顾客自由进出商店的原则，从而极大地增加了顾客流量；采取定价制度，实行商品明码标价，提高了交易的透明度；经营的商品门类齐全，品种繁多，存货充足，且讲究商品陈列；实行柜台销售，并由销售人员向顾客提供各种服务；实行退货制度，最大限度地保证了顾客的利益；实行“薄利多销”的原则，加速了商品周转；在组织管理上实行商品部制度，提高了商店的管理效率。

（二）百货店的发展

百货店的发展大约经历了三个阶段：

（1）1880—1914 年是百货店的发展期。营业额迅速增加，坚持薄利多销策略，毛利率限定在 14%～20%。经营的商品以大量日常用品为主，并开始注重店堂布置和商品展示。

（2）1914—1950 年是百货店的成熟期。许多新的零售商业形式如连锁店、杂货店等开始出现。百货店面临威胁，但仍保持着优势地位。其主要经营措施是：增加向顾客提供服务，实行集中购买，开办各种分店和特许经营点。

（3）1950 年以后为百货店的衰落期。在这期间，百货店之间竞争激烈，其他销售形式也蚕食着百货店的地盘，廉价商店、专业店、超级市场发展势如破竹，使百货店面临困境。

百货店的发展阶段主要以美国零售市场为参照，具体到每个国家其发展阶段的时间则是不同的。

三、百货店的定位策略

百货店是综合性零售业态，应当从服务人群的细分化体现其个性定位。根据现代都市生活方式的要求，百货店结合自身条件，可选择以下几种定位：

（一）奢华型定位

即以高端人群为目标的定位。虽然我国高端人群人数有限，但购买力可观，同时有众多向往高端生活的人群，这些人愿意购买超过其经济能力的商品。

定位奢华型百货店需具备下述条件。

1. 有组合高端品牌的能力

高端品牌的入驻是奢华型百货店成功的基础，但高端品牌入驻往往有严格的筛选程序，要考察当地的消费能力、百货店在当地市场的地位、硬件设施条件等多项因素，不是所有企业都能被高端品牌所接受。

2. 有提供高端服务的能力

高端人群数量少，但品牌忠诚度高，对服务的要求也较高，需要提供个性化、贵宾式服务，这不仅要求企业应建立完善的客户关系和客户价值管理信息系统，而且要求企业能够开发高水平的增值服务项目，并有高素质的服务人员。

3. 有高标准的硬件设施

高端人群购物重视环境的宽松与舒适，同时建筑的标准与风格也是品质与品位的体现。高标准的硬件设施还包括便捷、充足的停车设施。

4. 所处地域有一定规模的高收入阶层

评价一个地区高收入阶层的规模，除了要考虑 GDP 水平，还要考察基尼系数，基尼

系数高的地区，高收入人群的规模也相应较大。同时，流动人群的规模也应当考虑在内。

5. 竞争条件宽松

如果当地已有成功的奢华型零售设施，而高端购买力规模有限，需慎重选择是否进入。

（二）时尚型定位

即以引领潮流和时尚为诉求点的定位。现代人，尤其是青年人，追求自我的释放，关注流行时尚，渴望走在潮流的前端。

定位时尚型百货店需重点做好以下几点：

1. 引进时尚品牌

引进一线时尚品牌吸引消费者认同，引进个性品牌形成特色，引进畅销品牌形成销售热点，创造自有品牌使利润倍增。

2. 营造卖场氛围

时尚购物往往感性重于理性，因此应当通过灯光、动线的设计，背景音乐的烘托，营造繁华、时尚的氛围，使消费者获得体验时尚生活方式的乐趣。

3. 促销组合创新

时尚消费者往往把购物作为一种生活方式，可充分运用多种促销组合策略，并不断推陈出新，使消费者发现需求，唤起消费者的购物欲望。

（三）生活型定位

即以满足主流生活需求为定位的百货店。这种定位是面向最广大的主流消费群体，这类消费群体一般收入水平中等，消费精打细算，比较理性，不易被花样繁多的促销所诱导，对所信任的零售商忠诚度高。

定位生活型百货店应重点做好以下几点：

1. 目标家庭化

生活型百货店的目标消费者通常为全家购物或承担为全家购物任务的人，因此希望在百货店中找到各年龄层、各种身份消费者所需的商品，尤其是各种体型的服装服饰，这一点与以年轻人为主体的时尚型百货店截然不同。

2. 商品实用化

这类消费者重视商品质量、实用价值，这一点既不同于奢华型百货店消费者重视档次、身份象征，也不同于时尚型百货店消费者重视设计和潮流的特点。

3. 品牌主流化

正是由于这类消费者重视商品质量、实用价值，因此在选择商品品牌时，他们往往优先考虑其质量、口碑，通常会选择口碑较好或曾经购买过的品牌。因此一些大众主流化的品牌较受欢迎。另外，推出一些质量可靠的自有品牌商品，以百货店自身的品牌信誉为其提供担保，也是一种选择。

4. 价格平实化

由于目标消费者不喜欢被花哨的促销所诱导，希望货真价实和明码实价，因此在价格策略上应当走平实化的路线，以取得消费者的信任。

总之，传统的大而全、小而全的综合百货店将越来越少，而且受其规模的限制，将不再经营包罗万象的百货商品，而是从少数大类商品中发掘更丰富的品种，走特色百货、主

题百货和专业百货的道路。

案例链接

广州：主题百货兴起　冲击传统格局

主题公园您也许去得多了，主题百货公司您逛过没有？孕婴童主题、时尚女性主题、青春主题、白领主题、家庭消费主题……这些以小而精为特色的主题式百货公司，已开始蚕食传统百货大而全模式下无法满足的个性化消费市场份额。

新兴百货店冲击传统格局

据了解，从2007年开始，包括正佳百货、中华百货、新光百货、丽特百货、丽丽百货、BHG百货在内的新兴百货店，杀入广州百货业市场。这些新兴百货店以独特的定位与传统百货店形成较大差异，尤其在商品选择与定位上各有侧重，不再大而全，转而寻求小而精。

其中，正佳百货以孕婴童产品为主题，中华百货以正价男装为主题，新光百货以时尚女性百货为主题，丽特百货则走青春主题路线，丽丽百货瞄准了白领女性，BHG百货则以中档家庭消费群为目标客户。此外，已于2008年5月开业的乐润百货则首度进驻社区，满足社区就近购物需求；于同年年底开业的美东百货，则定位为精品百货。

“这一批新兴百货店应运而生，可望对目前羊城百货格局形成一定的冲击，带来些许新气象。”广东省连锁经营协会会长助理、第一商业网总裁黄华军近日在一个论坛上指出。

“新百货浪潮”卷土重来？

素以强势业态著称的广州百货业，一直让外来商家望而却步，也有不少前行者在此折戟沉沙。据悉，2002—2003年，也有一批新兴百货店在广州崛起，曾创下一日新开张四家百货店的“奇观”；但在经过市场洗礼之后，当年的新兴百货店如今仅剩下摩登百货一家。

“然而，今时不同往日，目前广州市消费品市场的巨大需求已与当年不可同日而语。”黄华军表示。随着新移民的大量进入、新生代的涌现，特别是社会新兴阶层的扩大化，广州人“重吃不重穿”的观念已转变，这也给新兴百货店卷土重来、扎根成长提供了机遇。

资料来源：南方日报，2008-04-01。

第三节　专业店的策划

一、专业店的定义及特征

（一）专业店的定义

专业店（Specialty Store）是以经营某一大类商品为主，并且拥有丰富专业知识的销售人员和提供适当售后服务的零售业态。一般选址多样化，多数店设在繁华商业区、商店

街或百货店、购物中心内；营业面积根据主营商品特点而定；体现专业性、深度性，品种丰富，选择余地大，主营商品占经营商品的90%；经营的商品、品牌具有自己的特色；采取定价销售和开架面售；从业人员需具备丰富的专业知识。专业店一般包括办公用品专业店（Office Supply）、玩具专业店（Toy Stores）、家电专业店（Home Appliance）、药品专业店（Drug Store）、服饰店（Apparel Shop）等形式。

适合专业店经营的商品种类及品种主要有：

(1) 花色品种繁多、需求变化快，挑选性及时间性较强的服装、纺织品、鞋帽等商品。

(2) 商品构造复杂、经营技术要求高或需提供售前或售后服务的钟表、照相器材、通信器材、家用电器、药品等商品。

(3) 鲜活商品以及由于采购加工、保管条件需要专营的蔬菜、水果、鱼肉、糕点、茶叶、肉制品、风味食品等商品。

(4) 需要具有某些专业知识及经营技术的金银制品、文物、工艺美术品等。

(二) 专业店的特征

相比零售业的其他业态，专业店的特征及优势主要体现在以下几个方面：

1. 商品组合窄而深

专业店以经营某一大类商品为主，商品组合窄而深。专业店最重要的特征就是“专”。它专门经营特定的商品或满足特定消费者需求的商品，产品组合较为狭窄。但是，对于其经营的商品，它能提供齐全的品牌、花色、品种、规格、型号等。能更好地满足消费者对某类商品的选择需求，这对于有明确购物目的的消费者来说，减少了购物的时间和精力的浪费。

同时，在专业店所经营的大类商品系列中，按商品功能、特性等又可分为不同的小类，商品结构具有十分突出的专业性和深度性，且商品品种丰富，选择余地大，经营的商品、品牌具有自己的特色，深受消费者的青睐。

2. 服务保持专业水平

专业店从业人员具备丰富的专业知识。专业店的销售人员和售后服务人员都具备丰富的专业知识，对商品功能、特性具有较深程度的了解，能更好地为消费者提供相应商品的专业信息，解决消费者在购买、安装及使用过程中出现的问题，相比其他业态，其服务更具针对性和专业性。

3. 价格具有竞争优势

专业店以经营一类商品为主，在其所经营的大类商品上，销售量和进货量比其他业态更大，这使专业店能够在进货价格上获得更多的优势。特别是专业连锁店，通过统购分销的方式降低成本，具有规模化的价格优势，因而竞争力更强。其在国外有“价格杀手”之称，是零售业业态的发展趋势。

在我国，国美、苏宁、三联可以一次购进上万台电器，甚至可以按照自己的需要直接向生产商订制商品，这正是它们能吃掉众多小家电经营商并向传统业态发起挑战的秘密所在。

二、专业店的产生和演变

专业店已有漫长的历史，早期的店铺都具有专业店的特征，它们常常经营一类或几类

商品，是封建社会的主导零售形式。专业店的演变可分为三个阶段。

（一）独立化阶段

最早开设店铺的是手工工匠，后来随着生产力的发展和交换规模的日益扩大，出现了专门从事店铺经营而不从事商品生产的商人，独立化的专业店便产生了。

专业店独立化是行商发展为坐商的结果。在古代中国，沿着丝绸之路，出现了行商。西欧的商人大多也以长途贩运为主，统称为行商。之后随着城市的兴起，一些行商开始定居于城市并加入城市行会。早在路易十三时代，就有一些行商告别浪迹生涯，在城市中开小店铺，与工匠为邻。除了一些杂货店外，还出现了一些专门形式的商店，诸如按斤两出售食品的店铺；按尺寸出售绸布的店铺；按件数出售五金的店铺等。到 17 世纪，店铺蓬勃发展，城中的临街建筑几乎都被改造成了店铺。

（二）专业化阶段

18 世纪时，西方零售业的主要形式是杂货商店，常采取物物交换和赊销的形式，提供日常所需用的商品。19 世纪上半期是西方专业店发展最为迅速的阶段，但大多以小店铺为主。城市的发展，使城市居民产生了对特定产品的选择性需求，各类专业店应运而生。

工业化的发展改变了人们的生活方式，休闲阶层产生，追求享乐和漂亮的女士们掀起了一股消费潮流。这股潮流使专业店发生了分化，一部分成为满足人们日常生活需要的专业店，如肉店、面包店、鞋店、帽店和食品杂货店；另一部分成为满足人们新潮消费需求的精品店，如时装店、珠宝店、首饰店、香水店、化妆品店等，这种专业店常常汇集各种名牌产品，质量优良，价格也较昂贵。这两类专业店发展的结果，形成了西方城市中的两种商业区，前者为穷人区，后者为富人区。

（三）成熟化阶段

第二次世界大战后，专业店向高档化方向发展。提起专业店，在人们脑海中已不是肉铺、菜店和粮店，而是时装店、香水店、电器店等，甚至有的专家将满足人们日常需要的商店排斥在专业店之外。

专业店的高档化的确使其风光一时，但是 20 世纪 70 年代以后，大型百货店为了与各类自选市场竞争，放弃了过去价廉货全的特色，开始突出专业化，并提高商品档次，重点经营女用饰品和装饰用品，每个商品部都成为了一个独立的专业店。这使大型百货店走出了困境，却给专业店带来了挑战，特别是一些世界级名牌时装专业店，品牌单一、顾客有限，只好靠开拓其他高利产品维持经营。因此，专业店并不一定要高档与豪华，其根本特征在于专，高档常常是专而精的陪衬。

三、专业店的发展趋势

专业店的发展呈现出以下趋势：

（1）专而大。美国现代的专业店都有一定的规模，一般都在 300～500 平方米，少数专业大卖场面积达几千平方米。美国大型专业超市的兴起，标志着专业店的发展进入了新的历史时期，它把专业店与超市的功能有机结合，采取连锁经营形式，具有较强的竞争力和发展前景。

（2）专而全。现代专业店由于规模大、信息灵通、进货渠道多样，可以做到同类商品款式、花色、规格、品牌最多、最全。

（3）专而细。专业店品种划分越来越细，形成细分化、系列化、延伸化。如派对用品专业店，不仅提供各种节日、生日、聚会的各种礼品、贺卡，还提供举办派对的各种用品、装饰品，甚至可以提供印有各位来宾姓氏的茶杯和酒杯，以示对客人的尊重和区别。

（4）专而新。随着生活水平的提高，为适应消闲生活的发展需要，美国出现了许多新型的专业店，如圣诞用品专业店、美甲专业店、护肤用品专业店、宠物专业店、贺卡专业店、NBA 专业店、CNN 专业店、野外生活用品专业店和家庭用品专业店。

案例链接

专业店连锁　经营优势凸显

商务部公布，家电专业连锁店的发展成为 2004 年上半年商业的亮点。在 2004 年上半年排名前 30 的商业连锁企业中，专业店的销售额占总销售额的 29.6%。销售额的增长幅度和店铺数的增长幅度都较大。其中，家电专业连锁店的发展更为迅速，前 30 家连锁企业中 6 家家电专业连锁企业销售额增长 31.1%～102.2%，店铺数增长 20.7%～94.7%。这表明家电类商品目前仍是我国城镇居民的消费热点。

商务部公布的 2004 年上半年全国前 30 名商业连锁企业中家电专业连锁店前三名分别为北京国美电器有限公司、苏宁电器集团、上海永乐家用电器有限公司。

国美电器的首家门店面积不足一百平方米，在经营过程中，市场的消费需求被逐步发掘，于是销售家电的专业门店越来越多，品种更加齐全，面积也随之扩大。家电专业店在抢占市场份额的同时，也在不断完善自身的专业化水平，从购物环境、销售品类以及零售服务等方面进行改进以满足消费者的需要。一些专门销售数码 3C 的门店的产生让我们看到专业店中的部分品类依然有进一步细分、进一步专业化的可能，例如精品小家电、音响设备等。

资料来源：马伟伟、潘田：《家电城遭遇专业店之围　连锁经营优势凸现》，载《新闻晨报》，2004-08-06。

第四节　超级市场的策划

一、超级市场的定义及特征

著名的营销专家菲利普·科特勒认为，超级市场是规模相当大、成本低、毛利低、销售量大的自我服务的经营机构，其目的是满足顾客对食品和家庭日用品的全部需要。

在我国，超级市场是指采取自选方式，以销售食品、生鲜食品、副食品和生活用品为主，满足人们日常生活需要的零售业态。

与其他业态相比，超级市场的特征主要表现在：

（1）商品构成以食品、衣服、日用杂货等常用必用品为主；

（2）实行自我服务和一次集中结算的售货方式；

（3）薄利多销，商品周转速度比较快；

（4）商品新鲜、洁净，明码标价，并在包装上注明商品的质量和重量；

（5）实行商品经营管理制度，按部门陈列商品；

（6）设有停车场。

超级市场的相对优势在于：由于低价销售，对于消费者具有吸引力，有利于促进批量购买；经营的商品种类多，备货充足，为消费者提供了充分的挑选机会；由于大批量采购，并且直接从工厂进货，降低了采购成本；采用自我服务的方式，可节省人员费用，加上无送货制度，可节省送货费用；商品大量陈列，发挥了商品实体的诱惑力，有助于刺激顾客购买的冲动。

不利之处：由于没有人员服务，因而缺乏对顾客的亲切感；服务不充分，对于希望电话订货、电话送货的顾客不方便；结算时排队会使顾客感到不耐烦；商品整理的工作量较大。

二、超级市场的产生与发展

超级市场产生于1930年的美国纽约，被称为零售业的第二次革命。

1930年8月美国人迈克尔·库仑在美国纽约州开设了第一家超级市场——金库仑联合商店。

当时，美国正处在经济大危机时期，迈克尔·库仑根据他几十年的食品经营经验精确设计了低价策略。他的超级市场平均毛利率只有9%，这和当时美国一般商店25%～40%的毛利率相比是令人吃惊的。

为了保证售价的低廉，必须做到进货价格的低廉，只有大量进货才能压低进价。迈克尔·库仑以连锁的方式开设分号，建立起了保证大量进货的销售系统。他首创了自助式销售方式，采取一次性集中结算。

20世纪30年代中期以后，超级市场这种零售组织形式由美国逐渐传到了日本和欧洲。在我国，超级市场于1978年被引入，当时称作自选商场。到90年代中期，超级市场开始得到快速发展，成为我国目前发展最快的零售业态之一。

世界超级市场发展的历史表明，超级市场生存的条件是：年人均国民收入1 000美元以上；电冰箱普及率在50%以上；千人拥有小汽车100辆以上；生产和包装要达到标准化；电脑技术、信息技术得到一定范围的应用。

三、超级市场的促销策略

（一）会员制促销

实行会员制的主要目的是保住老顾客。较大型的超级市场及仓储商店往往采用会员制

促销策略。当消费者向商店交纳一定数额的会费或年费后，便成为该商店的会员，在购买商品时能够享受一定的价格优惠或折扣。具体形式包括以下几种：

1. 公司会员制

消费者不以个人名义而以公司名义入会，商店向入会公司收取一定数额的年费。这种会员卡适宜于入会公司内部雇员使用。在美国，日常支付普遍采用支票，很少用现金结算，故时常发生透支现象，所以实际上，公司会员制是入会公司对持卡人购物的一种信用担保。公司会员制的会员在购物时可享受10%～20%的购物优惠和一些免费服务项目。非会员购物时不能以个人支票支付，只能用现金结算。

2. 终身会员制

消费者一次性向商店交纳一定数额的会费，成为该店的终身会员，可长期享受一定的购物优惠，并且可以长年得到店方提供的精美商品广告，还可以享受一些免费服务，如电话订货和免费送货等。

3. 普通会员制

消费者无须向店方交纳会费或年费，只需在商店一次性购买足额商品便可申请到会员卡，此后便可享受5%～10%的购物优惠和一些免费服务项目。

4. 内部信用卡会员制

适合于大型高档商店。消费者申请某店信用卡后，购物时只需出示信用卡，便可享受分期支付贷款或购物后15～30天内现金免息付款的优惠，有的还可以进一步享受一定的价款折扣。

（二）折扣促销

折扣促销的主要目的是吸引新顾客。商店在经营时，往往对顾客实行一定程度的价格优惠或贷款折扣来招徕生意，主要包括以下几种：

1. 供应商折扣

供应商在一些指定的零售商店或超级市场出售的商品包装上贴上特殊优惠或折扣标志，顾客在购物时只需将其取下并寄送至指定地点，一段时间后便会收到供应商寄来的可兑现一定折扣额的支票。

2. 优惠券

零售商在商店入口处放置或在报刊上刊登购物优惠券，顾客只需持券前往购物，就可享受一定的价格优惠。有的零售商为了扩大销售，甚至将优惠券送到顾客家门口或投入其信箱内。

3. 附赠商品

常见于食品超级市场。商店根据顾客当天购物的金额，分送不同等级的礼品。这种附赠品一般价格都较低，但很实用，如茶杯、碗碟、衣架、卫生纸、盒装鸡蛋等。对一些购买贵重商品或购买金额较大的顾客，零售商便相应赠送一些价值较高的商品。

4. 购物印花票

顾客每次购物都会得到一张打印成印花票形式的付款凭证，顾客如果把这种印花票积攒到一定数量或一定金额，便可以得到商店一定的折扣或回赠礼品，这种形式主要用来吸引长期回头客。

5. 联合折扣

零售商与其他行业，如餐旅业、娱乐业、洗车业等联合开展的一种促销活动。顾客购物时，会得到商店赠送的小票，凭小票就可以在该零售商与其他行业结成的联合体内享受购物折扣或接受优惠服务。

（三）节日促销

节日促销与一般的促销意义不同，节日的影响较大，所以需要注意节日的各种风俗、礼仪、习惯等特点。

每当节日到来之前，超级市场的促销活动便进入高潮，各种促销办法也应运而生。

1. 精心布置卖场

节日是动感的日子、欢乐的日子，要捕捉人们的节日消费心理，寓动于乐，寓乐于销，制造热点，最终实现节日营销。针对不同节日，塑造不同活动主题，把更多顾客吸引到自己的柜台前，营造现场气氛，实现节日销售目的。如某超市的端午节促销：在卖场把超市的堆头设计成龙舟的形状，龙舟上既可摆放粽子，又可摆放宣传端午的物料，在现场营造出了浓厚的端午节气氛。而赠送香包，开展端午文化大赛的民俗表演更增强了节日热闹的氛围，激发了众多消费者主动参与活动的意识。

布置卖场常规的做法是尽量做到醒目、有节日氛围，可以使用多种科技手段来刺激消费者的眼球，如声、光、电等包装的增加，可对消费者产生极大的吸引力。而从延伸的角度来看，需要有外围的引导，比如门口、导购台、咨询台、引导员等。

此外，还有许多激发顾客对货品购买欲的招法。比如，有的将最能吸引顾客的特价商品置于远离入口处或收款处的地方，以延长顾客在市场逗留的时间，待顾客找到特价商品时，可能已“顺道”购买了很多并非特价的商品。又如，将一些利润较高的商品放在与消费者视线平行高度的货架上，借以引起消费者的注意。有的甚至在收款机前摆放零食，以刺激消费者购买。

2. 特价招揽顾客

步入卖场，店铺内贴满不同颜色的告示，显示某种货品以特价销售，极大地刺激了消费者的购买欲。即使你本来并不想购买某种物品，但基于人皆有之的“贪便宜”心态，也会认为是天赐良机，于是便可能大量购买。同时，超级市场货品价格每每采用二、七、八、九等所谓“神奇数字”，使消费者对货品的售价产生一种错觉。此外，店铺还可推出特惠包装、散装食品，以迎合消费者预期物价上涨的心理。奉送赠品、代用品或抽奖等，虽是常有的陈年招式，但效果依然良好。

3. 找回特价补偿

由于超级市场的货品一般都是直接从供应商那里进货的，在大量进货时已经有折扣，因此，超级市场的货品可比一般零售店便宜5%～10%。这一差价，可供超级市场作为特价优惠。

特价货大部分是无利可图的，但由于供应商必须给市场支付一笔钱作为特价货的广告费和市场内的陈列费（特价货“曝光率”越高，收费越高），同时，供应商还会给超级市场提供其他商店无法得到的折扣，所以超级市场所谓的“亏本大甩卖”，其实是不会亏的。

案例链接

居安思危的联华超市

联华超市初创于1991年5月。迄今为止，经历了三个发展阶段：1991—1995的初创阶段；1996—1997的调整阶段；1998年至今的重组扩张阶段。联华超市在1997年拥有30家连锁店、24亿元销售额，到2000年11月底已拥有950家网点和100亿元的销售额。公司以低成本运行和目标管理为核心，在资本运作、市场拓展、技术进步等方面取得了领先优势，成为全国连锁超市的领头羊。

联华超市在最初的发展过程中十分注重对资本运作模式的选择，其最初门店的建立就是靠银行贷款及政府贴息发展起来的，走的是一条负债经营的发展道路。1996年联华超市进入发展的第二个阶段，通过资本投资，建立控股合资子公司，在原来直营店的基础上不断向其他空间扩张。继将上海陕北超市、新新超市、宏良便利、百家便利等门店纳入旗下后，又并购了排名位于前20位的永昌超市。1997年，联华超市实行改制，正式组建了联华超市有限公司，并引进境外资本8 000多万元人民币，吸引了诸如日本三菱商事株式会社等国际著名跨国公司的参股。同年，与法国顶级连锁超市家乐福合资组建了联家超市，在上海率先开设了超市大卖场，并在扬州、南京、杭州以及上海市区和郊区成功组建了数个联华控股有限公司，使其规模迅速扩大。在此基础上，1999年年底联华超市又与南京的长江超市实施资产重组，一举纳入其拥有的十家超市。同期还接收了为民超市的48家门店和天天配送公司。联华的规模呈几何级数般迅猛膨胀。

在规模效应日益明显的同时，联华超市还积极探索超市业态的多元化发展。在全力巩固和发展800～1 000平方米标准食品型超市的同时，联华超市在部分中心城区和郊县开设了2 000～3 000平方米的综合型食品加强超市，配备商品15 000余种，形成了食品超市与百货商店的混合体，并在部分城乡结合部开设了10 000～30 000平方米的超市大卖场，极大地满足了双休日大众消费的需要。此外，联华超市有限公司还将联华便利店的发展视为其主力业态延伸的新兴业态，形成了多元业态的经营网络。

"顾客第一，唯一的第一"是联华超市的经营理念。注重个性化的经营特色是联华超市得以快速发展的关键。1995年12月，联华超市抓住市政府建设"菜篮子工程"的契机，在上海的连锁超市行业率先引进了生鲜食品的经营。1996年3月，联华超市建立了生鲜食品加工配送中心。1997年，联华超市又有意识地将生鲜食品的经营与市政府的厨房工程贴近，在山东、浙江、河南、河北、江苏等地开发生鲜食品基地，初步建成了全国采购网，先后建立了肉食品、鸡蛋、副食品等生产供应基地。从联华近年来的实践看，其个性化的经营模式成功地实现了三个转变：一是建立并依托生产基地，实现了由原来多个环节向产销对接的转变；二是突破了传统的商业经营体制，实现了由单一零售向生产、加工、销售一体化的转变；三是冲破了商业无科技含量的旧观念，实现了由低层次商品供应向有科技含量商品供应的转变。

此外，联华超市在品牌经营过程中，也注重以贴近日常消费的生活日用品为切入点，以同样的品质，不一样的价格为核心，通过工商联手、定牌监制的方式，开发了一批联华

品牌的日用纸制品系列和日用小商品系列。开发品牌、提炼品牌、形成品牌，联华的品牌战略推动了联华的规模经营，又扩大了联华的无形资产，形成了联华超市规模经营的整体优势。

资料来源：http://www.manaren.com，2007-07-23。

第五节　无店铺销售策划

无店铺零售的兴起，是商业经济发展到一定阶段的产物，也是顺应新的消费需求和技术进步的必然结果。

随着电子商务的普及、全民文化素质的不断提高、社会生产节奏的不断加快，专家认为，无店铺销售形式将会更加普及。

对企业而言，无店铺零售中间环节少，成本相对较低，资金回笼快，风险系数小，适销产品广，经营简单易行，营销不受时空限制，已成为众多中小企业开拓市场和品牌的新型武器。

对消费者来说，无店铺销售省时省力，并有价格、服务的优势，产品的推介相对于传统销售模式而言更详细、更个性化。

一、无店铺销售的特征及发展背景

无店铺销售是与店铺销售相对应的一个概念，它是指企业借助自动售货机、网上购物系统、电视直销、邮寄等不通过零售店直接与消费者进行双向信息沟通，在店铺外达成交易的一种售卖方式。它包括电视购物、邮购、自动售货亭、网上商店、电话购物等。

（一）无店铺销售的特征

与店铺销售相比，无店铺销售具有以下主要特征：

（1）交易行为在店铺外进行，流通环节少，交易费用低，消费者可获得较多的实惠。新产品上市，如果采用店铺售卖形式，广告费、场地租赁费、进场费等费用高，投资时间长，回报系数不稳定。而无店铺销售的优势就十分明显：厂家直销、现款交易，资金回笼快、费用省，风险系数低，属于稳健型经营，消费者也可获得多方面的好处。

（2）销售通过媒体促成，有利于扩大商品销售途径。无店铺销售借助走街串巷、行走叫卖、上门推销等人力媒体，以及报纸、邮寄、电话、电视、互联网等现代媒体，主动将商品推荐给消费者，扩大了销售产品的途径和方式。

（3）能够突破顾客购物的时空限制，便于消费者购买。消费者可以通过信息媒体与售卖方频繁沟通，利用电话、传真、互联网以及信函等方式进行订货，签订购物合约。售卖

方通过各种通信、运输手段将产品送到远距离的消费者手中，可以实现跨城乡、跨地区、跨国界购物。

(4) 有利于提高企业和客户的沟通效果，更好地满足消费者的个性化需求。店铺销售通过促销手段单向传递信息，吸引消费者进店，再通过营业员面对面洽谈成交。无店铺销售在交易发生前，售卖者先将售卖信息输出，消费者再把购买具体商品的信息反馈给售卖者，双方协商成交，满足客户的个性化需求。

(二) 无店铺销售的发展背景

现代意义上的无店铺售卖最早产生于美国，20 世纪 70 年代得到较快发展，随后传播到日本及欧洲各国。无店铺销售比重最高的是美国、英国和德国，分别是 15%、8.5%和 6.3%。无店铺销售方式兴起和发展的因素主要有以下三个方面：

1. 科学技术的进步

无店铺销售的发展与科学技术、生产力的发展相适应。新一代自动售货机科技含量高，能分辨各种钱币，具有找零功能，克服了自动销售商品的价格必须与硬币单位相配伍的难题，自动销售的商品范围得以扩大。快速发展的电子、通信工具不断进入家庭，促进了目录销售、电话购物、电视销售、网上购物等高层次购物的发展，消费者可以在家里采购到各种商品和享受到各种服务。此外，高效的互联网为企业的商务行为提供了快捷、廉价的销售手段——Web 销售手段。

2. 买方市场中竞争的加剧

在买方市场条件下，售卖者竞争由原有的价格竞争向质量、包装、品牌、服务、分销等非价格竞争方向发展。在传统分销渠道中，商品经过批发、店铺零售等多个环节才能最终传递到消费者手中，渠道各方关系复杂，协调成本高，交易费用大。通过无店铺销售方式，制造商可以不经过中间商和零售店铺，将产品直接销售给消费者，消费者可以更加高效、方便地购买，获得明显的顾客让渡价值。

3. 购买行为的变化

现代社会人们的生活节奏不断加快，越来越珍惜闲暇时间，希望能在闲暇时间从事一些有益身心的活动，他们期望足不出户就能购物。消费者借助无店铺销售既能获得产品的效用，又能获得其他方面的满意和价值。随着就业率的提高，职业妇女可支配的货币收入不断增多，而可支配的时间却不断减少，她们注重购物的便利性，希望减少上街购物的时间。老年人大多行动不便，逛街和购物有障碍，也欢迎上门推销。年轻人喜欢上网，容易接受新事物，网上购物成为新时尚。同时，随着受教育程度的提高、消费创新意识的增强，消费者将普遍接受无店铺销售方式购物。

二、无店铺销售的类型

目前全球通行的无店铺销售方式主要有展示销售、通信销售、访问销售、聚会销售、电话销售、自动化销售、复合式销售和新媒体销售等。在我国，无店铺销售主要有以下几种类型：

(一) 电视购物

电视购物是以电视作为渠道向消费者推介展示商品，并取得订单的零售业态。电视购

物一般采取两种方法：一种方法是直销公司购买 30～60 秒的电视节目广告时间介绍产品，顾客通过免费电话订购广告宣传的产品；另一种方法是通过闭路电视或地方电视台播出一套完整的节目，专门销售各具特色的套装产品。

在美国、日本、韩国等国家，电视购物是消费者购买商品的重要渠道。仅美国有线电视网电视购物一年的销售额就达上百亿美元。其中，电视购物公司 QVC 在 1987 年的营业收入仅有 1 亿多美元，到 2006 年已增长到 80 亿美元。而据中国广告协会电视委员会提供的数据，在 2005 年我国社会消费品零售总额的 6 700 多万亿元中，电视购物所占份额仅为 0.1%。

在国内，电视购物长期面临着叫好不叫座的尴尬。在相当长一段时间里，美容、瘦身、丰胸、增高、药品等电视直销产品充斥电视购物频道，其中许多存在着虚假宣传、虚假承诺、售后无保障等情况，导致国家有关部门 2006 年 8 月发布禁令，对丰胸、减肥、增高、药品、医疗器械等“黑五类”电视购物节目不予播出。电视购物在国内不是没有市场，而是缺少规范的操作。国内电视购物发展要克服发展的“瓶颈”，一是要解决消费者的信任问题，二是要有一大批优秀企业参与进来，还电视购物以本来面目。

案例链接

快乐购——把电视购物拽出泥潭

成立不到两年，销售总额超过 14 亿元，顾客满意率达到 99%以上……湖南广电集团继推出知名品牌湖南卫视之后，旗下悄然浮现出一家以经营电视购物为主的零售业巨头——快乐购物有限责任公司。一度红火的电视购物产业，因虚假宣传和服务低劣已经陷入泥潭，快乐购营销模式，能否使之浴火重生，引起业界关注。

传统电视购物模式的拐点

快乐购物有限责任公司名中的“快乐”两字，透露出与湖南卫视“快乐中国”的血脉联系。作为现代传媒业向现代零售业进军的产物，快乐购由湖南广电集团和湖南卫视全资控股，2006 年开播运营。

“我们卖的不只是商品，更是服务；不只是服务，更是体验；不只是体验，更是一种全新的消费和生活方式。”快乐购董事长陈刚向记者阐释完企业的经营理念后，又补充了一句，“快乐购与传统电视购物坚决划清界限。”

传统电视购物模式一般是事先录制好电视购物节目，然后以广告价格购买电视频道的“垃圾时段”播出，主要销售瘦身、美白、丰胸、增高、健身等具有特殊功效的“新奇特”的暴利产品。

快乐购则通过电视直播介绍产品的性能和质量，购物专家的演示是实时的，没有后期剪辑加工，而且快乐购销售的产品在市场上都有对比商品，而且价格相对优惠。

陈刚告诉记者，快乐购与厂家的合作条款极为严格，总合同书多至 30 页，别说产品本身的质量，即使供货商提供的产品包装箱出现细小瑕疵，也会被拒收。

经济学家、湖南大学副校长陈收教授认为，快乐购以“媒体零售、电视百货”为基本形态，通过电视直播节目中购物专家的体验式消费，真实呈现商品，颠覆了传统电视购物售卖“新奇特”产品牟取暴利的模式。由于有强力的质量保证体系支撑，诚信经营令快乐购迅速修正了被传统电视直销节目毁损的电视购物形象。

体现“杂交”优势

目前，国内电视行业内部竞争加剧，广告市场面临增长天花板和新兴媒体分流双重挤压。以快乐购为代表的新一代家庭电视购物模式的适时出现，无疑为文化产业尤其是传媒业寻求新的市场盈利空间和产业发展方向，带来了创新意义的尝试。

湖南广电集团总经理、湖南电视台台长欧阳常林对旗下这家新兴电视购物企业的快速发展有着独特的认识。他表示，快乐购的出现，突破了电视媒体长期以来形成的单一广告盈利模式，实现了现代传媒业与现代流通业的结合和文化产业的“跨界”发展，开辟出了一片“蓝海”。

开播运营两年来，快乐购通过电视信号覆盖了湖南和广西两个省级市场，南京、扬州、广州、宁波、绍兴、泉州、太原等16个城市区域市场，配送商品总件数达到193万件，形成资产规模2.5亿元，会员人数超过90万人，与之进行长期合作的供应商目前已经超过1 000多家，销售的商品达到2 000多个品种。

带动电视购物良性发展

2008年是中国的奥运年。快乐购继实物销售后，又推出境外旅游产品销售，开创了电视购物销售旅游产品的先河。营销专业人士认为，电视购物介入旅游市场是电视购物的一个新拐点，随着市场竞争的加剧，电视购物的种类将越来越丰富。陈刚透露，这只是快乐购销售虚拟产品的第一步，此后，还将售卖保险等更多非实体化的产品。

在美国，电视购物业已发展到成熟阶段，销售额占到全国零售总额的8%。美国最大的电视购物公司QVC已覆盖全美96%的有线电视用户，2004年销售额达57亿美元。

据统计，仅2004年，中国社会消费品零售总额已达到5.4万亿元，而且每年以13%左右的速度递增。按照前述5%～8%的比例计算，我国电视购物的市场规模可达2 700亿～4 320亿元，而目前还不到300亿元，市场空间巨大。

资料来源：明星：《“快乐购”：把电视购物拽出泥潭》，载《经济参考报》，2008-02-15。

（二）邮购

邮购是指通过向消费者寄送商品目录或商品广告宣传资料，供顾客邮信订购或电话订购，经营者待收到订单后再提供商品的销售业态。

1. 邮购的经营方式

邮购经营方式分为以下四种：

（1）工商企业定期向顾客免费寄送商品目录；

（2）工商企业借助报纸、杂志、广播、电视等新闻媒体登广告，顾客看了广告后写信或打电话订购；

（3）邮购推销，即由零售商向邮购经纪行购买邮寄名单，按名单选择买主，直接向他们寄发推销信、销售单，然后再根据顾客订单邮寄商品；

（4）电话推销，即用电话来推销商品。

2. 适用于邮购的商品的特征

适用于邮购的商品一般有以下特征：

（1）稀缺。邮寄的商品大多是一般商店所没有的商品。

（2）价格低。邮售节省了营业场地和销售人员，因而可以降低售价。

（3）新潮。邮寄的面很广，可以使消费者迅速获得全国乃至世界新潮消费商品信息，所以，邮寄的商品如果是时尚商品，会很受欢迎。

（4）购买隐蔽。邮售的优势之一是具有隐蔽性，企业可通过邮寄销售那些顾客不好意思在大庭广众之下通过店铺购买的商品。

由于邮购以平面媒体为主要沟通渠道，因此，商品必须能在印刷媒体上表现出说服力与吸引力（良好的印刷效果是必备的要件），使顾客能一目了然，充分了解商品的特性，并感到安心。因此，商品目录的内容不但要讲求色彩、式样以及编排，最好还能在媒体上提供新的生活资讯，以刺激消费者的需求与购买欲。为了促使消费者采取购买行动，提供适当的诱因也是相当有帮助的，如提供赠品、特价或限量供应等，使消费者觉得现在不买会遗憾。

听起来邮购似乎蛮简单的，其实不然，它有相当多的专业技巧，从名单收集整理、DM设计印刷、接受订货、商品配送、货款回收，到事后追踪监控（包括售后服务的提供），是一个相当独特的循环。

3. 如何做好邮购业务

在国外（如日本），邮购商品大多采取送货到家（宅配）的方式，因此，就必须竭尽心力地培训送货的末端机构如何配送、使用商品，以及碰到客户对商品不满时，应如何处理等。国内邮购业务虽然没有宅配的问题（大多采取邮局寄送），但也因为缺乏健全完整的宅配系统，而使得邮购业务无法蓬勃发展。做好邮购业务应从以下几方面着手：

（1）建立完整的顾客名单与相关资料，了解其需求，并定期（或不定期）寄发邮购宣传订单，以维持良好关系；

（2）邮购媒介印刷必须精美，说明务必清楚，除了让潜在顾客一目了然外，还必须具有吸引力与说服力并诱使他采取购买行动；

（3）提供适当的诱因（如优惠的价格或赠品），以促使顾客采取行动；

（4）顾客订购后应立即处理，并通过内部作业管理，使其能在最短的时间内收到货品；

（5）加强与顾客之间的接触与沟通（如在顾客生日时寄张生日卡，逢年过节寄张贺卡），以强化彼此间的关系；

（6）加强售后服务，妥善处理顾客抱怨与异议，与顾客建立起长期的往来关系。

（三）自动售货亭

自动售货亭是通过售货机进行售卖活动的零售业态。该业态使用投币式自动化机器售货，采用先进的计算机技术，有商品目录显示系统、电子识别货币系统、自动出货及找零系统。只要顾客投入符合商品标价要求的硬币或纸币，就可将商品取出。

出售的商品主要有香烟、软饮料、糖果、饼干、熟食、报纸、袜子、化妆品、唱片

等。一般而言，自动售货亭出售的商品具有以下特点：

（1）体积、容积一致，便于码放并计件销售的小型商品；

（2）销价没有尾数，便于顾客购买的商品；

（3）容易激发顾客即兴购买的商品；

（4）售价偏低的商品；

（5）在短时间不会变质的商品。

自动售货亭全天候营业，灵活方便，多设在车站、机场大厅、地铁出入口处、码头、影院、运动场、医院、学校、机关、邮局、市场及交通要道处，容易受到破坏。

（四）网上商店

网上商店是通过互联网络进行买卖活动的零售业态。网上商店又称网络营销，即通过互联网进行商品经营活动的一种商店形式。通常所见的网上书城、网上花店、网上订票点等网络商店，以及部分网上拍卖店，均属于网络商店模式。零售商在互联网上开设虚拟商店、建立营销网站，上网的消费者可以根据网址进入网站访问，浏览商店的商品目录等各种信息，找到合意的商品可以向零售商订货，并通过电子转账系统来付款。零售商则通过邮寄或快递公司把商品送给购物者。

网上商店可容纳成千上万种商品，不会像传统商店那样受营业面积的限制，不用像传统渠道那样看重地理位置，也无须支付昂贵的租金或进行大量的固定资产投资。网上购物具有独特的优势，它把购物过程中的时间和距离压缩为网上的一小段时间，消费者可在短时间内访问所有商店，并将各家商品进行比较选择，大大节省了购物的时间和费用。

目前，不少传统商业企业也开始涉足电子商务，在网上开设网上商店。因为传统零售商店具有信誉优势、物流配送优势、管理优势和顾客优势，比纯粹的网上商店更容易找到盈利的机会，更容易突破现有条件的局限性在网上开展经营活动。同时，传统的零售商店存在诸多缺陷，例如营业时间有限制，商店的商圈有一定范围，店铺陈列的商品品种受限等，而网上商店则可以克服这些缺陷，可以 24 小时不停地营业，服务范围可以拓宽到全球任何一个可以上网的地方，网络上陈列的商品也可以几十上百倍地增加。因此，传统商店完全可以利用网络扩展自己的业务。目前，国内已经有许多商家在这方面做了尝试，相信不久的将来，传统的店铺零售商将借助这一工具实现业务的跨越式发展。

（五）电话购物

电话购物是主要通过电话完成销售或购买活动的一种零售业态。电话购物可分为两种类型：一为专门提供“接听”（Inbound）服务，透过电话专线接受顾客的订货、咨询，或抱怨。这种沟通热线的电话费用由公司负担，经由这种专线服务，商家不但可以与消费者建立起更亲密的关系，也可以产生某些销售效果，如美国 24 小时服务的 WATS（Widearea Telephone Service）、国内的部分电器专业店等的电话购物服务。另一种则是主动出击，以“外拨电话”（Outbound）的方式与消费者接触，以关心与诚恳的口气，循序渐进地促销商品，而不是采取强迫式的高压手法。美国一些大型企业都设有专门的部门负责这项业务，如运通银行等。事实上，电话购物的成果可分为两种，有些在电话中就可以直接成交，有些则先在电话中确定面谈的机会与时间，再前往拜访洽谈。根据经验，有会晤的机会就表示成交机会大增。此外，替客户节省时间，提供其他便捷的交易方式让客户选择，

通常也能打动顾客的心，从而达成销售的目的。

国内目前虽然无专业的电话购物公司，但通过电话约见、推销、解难的企业风行程度也不弱于欧美，且在激烈的竞争下，已有愈来愈多的企业对这项销售工具表示重视，甚至与DM攻势搭配出击，以收相辅相成之效，如摄影、补习班、保险业、办公机器、汽车销售人员等。愈来愈多的业务单位已逐渐体会到电话购物的低成本、高效率的好处而纷纷使用。

例如，对于订期快要届满的订户，某杂志社通常会寄出续订通知，以提醒读者，但成效似乎并不理想。于是，该杂志社便通过电话做追踪、调查的工作，结果发现：许多读者不是不愿续订，而是工作太忙，以至于无暇做汇款续订的工作，或忘了还有这么一件事。经由电话追踪，不但保留了许多原来的订户，甚至还发掘了一些潜在的客户。

由此可见，电话购物所发挥的功用，有时比寄一堆DM杂志还有用，因为其中带有人与人之间的交流与关心。

从事电话购物，首先必须做好顾客资料的整理工作，包括顾客的住址、电话、姓名以及购买或来往纪录等，如此才能针对特定对象进行接触，而不是瞎子摸象；其次，电话营销人员的训练相当重要，其中包括基本电话礼仪、如何使用电话营销技巧、时机的配合、客户类别分析、推销技巧、商谈要领以及商品知识等，以帮助营销人员在短短的电话交谈时间里，破解客户的防卫心理，取得对方的信任，进而完成交易。

鼓励双向沟通尤其重要。电话购物是一种高效率的双向沟通管道，营销人员不能一味地在电话里推销，而应有让客户发表意见的机会。或许在对方的言语里，我们可以发现值得改善的缺点，或值得发扬的卖点，唯有双向沟通，客户才会有被尊重的感觉，而电话购物所担负的使命才有可能顺利完成。

案例链接

晋江品牌初试“无店铺”

晋江是中国鞋服产业的重要生产基地，由于历史的原因，晋江企业靠出口加工起家。随着国际贸易形势日趋严峻，晋江企业纷纷转战国内市场。

进军国内市场，销售渠道是摆在晋江企业面前的一道坎。目前国内优质的商业店铺资源已被各大品牌瓜分一空，况且居高不下的开店成本也非一般企业可以承受。在这种现状下，销售模式的创新成为晋江企业必须面对的现实。

运动品牌霸克是牵手《购物街》的一家晋江企业。据了解，霸克靠出口起家，3年前开创自主品牌进军国内市场。面对国内企业对终端资源的激烈争夺，霸克选择了电视购物尝试在国内进行销售。

“电视购物其实已经是一种成熟的营销模式，作为渠道上的创新，它完成了从媒体到媒体平台到电子商务平台的转变，由于直观、受众面广等特点，能引起多人关注，商机自然应运而生。”曾在安踏担任品牌总监的知名营销策划人胡众辉说。

她认为，对于一些发展中的中小企业来说，已经错失了百年老店“先入为主”铺设渠道的先占时机，面对高成本的渠道拓展费用，“火拼”不如改变一些营销模式。而电视购物等所代表的虚拟销售模式也许不失为一种“突围”之路。

不过，很多人认为虚拟销售模式似乎更适合标准件的产品，即不存在太大的个性化差异，例如电子产品、首饰、香水，甚至太阳城的雨伞等产品。

在胡众辉看来，如果服装企业打算参与电视购物这样的营销模式，首先要解决个性化差异的问题，另外还必须加快产品标准件的组合。“电视购物的成本同样较高，对产品要求门槛也相对较高，只有快销品中的精品，也就是品牌绝对值和附加值高的产品才比较适合做电视购物。”胡众辉说。

对于电视购物营销模式，乔丹品牌经理周迎莉则认为，“电视购物既可以直接促成产品销售，同时还可以很好地进行品牌宣传，对于成长中的品牌来说可谓一举两得。”

其实霸克等晋江服装企业对电视购物的尝试，很容易让人联想起业内如火如荼的网络直销。

在国内服装市场上开网络直销和电话呼叫业务先河的PPG，利用创新的经营思维一度为中国服装行业创造了最热门的销售模式。其没有自营工厂的经营负担，并通过互联网和电话呼叫中心省去了对门店实体渠道的投资。这个创立时间并不长的企业曾自称，“目前每天销售衬衫1万件”。自从其在国内服装市场横空出世以来，其所倡导的网络虚拟销售模式和薄利多销的销售效果，被很多新兴企业所推崇。

而据了解，耐克、阿迪达斯等国际品牌已经开通了网上购物平台。值得一提的是，通过耐克的网上购物平台，消费者可以根据自己的个性要求订购产品，深受年轻消费者欢迎。

事实上，从现状来看，国内服装、体育用品的销售主要还是依靠商场、专卖店等传统的渠道。电视购物、网络购物等新型销售模式所占的份额可谓极少。比如，网络平台对晋江体育用品领军品牌安踏来说就仅限于品牌宣传，公司目前还没有直接或授权任何机构构建网上购物平台，七匹狼等闽派领军企业对于新型销售模式的应用也处于一片空白的状态。

其实安踏、七匹狼等本身就具有非常优质的终端资源，不过对于一些初入国内市场的企业来说，关注创新性的销售模式并挖掘其后面的市场潜力，也许是一种很好的尝试。

资料来源：丁志民：《晋江品牌初试“无店铺”》，载《服装界》，2008（7）。

本章小结

本章主要介绍了零售商业的基本业态形式，即百货店、专业店、超级市场，以及几种无店铺零售业态等。阐述了各种业态的定义与特征，描述了各业态产生与发展的过程；介绍了主要业态的定位策略及发展趋势。

业态竞争是同业竞争加剧的市场现象、是流通组织形式革新的产物、是工商争夺市场主导权的关键。有店铺零售业态共有12种：食杂店、便利店、折扣店、超市、大型超市、仓储会员店、百货店、专业店、专卖店、家居建材商店、购物中心、厂家直销中心；无店铺零售业态共有5种：电视购物、邮购、网上商店、自动售货亭、电话购物。

百货店的产生被称作第一次零售业革命。百货店应根据现代都市生活方式的要求，结合自身条件，确定好自身的定位策略。

专业店的特征主要体现在：商品组合窄而深；服务保持专业水平；价格具有竞争优势。专业店的发展呈现出专而大、专而全、专而细、专而新的发展趋势。

超级市场的产生被称作第二次零售业革命，特征主要表现在：(1) 商品构成以食品、衣服、日用杂货等常用必用品为主；(2) 实行自我服务和一次集中结算的售货方式；(3) 薄利多销，商品周转速度比较快；(4) 商品新鲜、洁净，明码标价，并在包装上注明商品的质量和重量；(5) 实行商品经营管理制度，按部门陈列商品；(6) 设有停车场。促销策略主要包括：会员制促销、折扣促销和节日促销。

无店铺销售是指企业借助自动售货机、网上购物系统、电视直销、邮寄等不通过零售店直接与消费者进行双向信息沟通，在店铺外达成交易的一种售卖方式。它包括电视购物、邮购、自动售货亭、网上商店、电话购物等。

关键概念

业态　百货店　专业店　超级市场　无店铺销售　电视购物　邮购　自动售货亭　网上商店　电话购物

讨论及思考题

1. 业态与业种有何区别？
2. 简述有店铺零售业态的主要种类。
3. 简述无店铺零售业态的主要种类。
4. 专业店与专卖店的区别有哪些？
5. 为什么百货店的产生被称作第一次零售业革命？
6. 超级市场的主要特征有哪些？
7. 超级市场的主要促销策略有哪些？
8. 简述无店铺销售的主要特征。

参考文献

[1] http://www.chinavalue.net/Article/Archive/2008/8/9/129837.html.

[2] www.fangce.net/Article/yingxiao/shangye/200801/1593.html.

[3] http://blog.soufun.com.

[4] http://china.qx100.com/2004-12-17.

[5] http://www.dsjt.com/.

[6] 马伟伟，潘田. 家电城遭遇专业店之围　连锁经营优势凸现. 新闻晨报，2004-08-06.

[7] http://www.manaren.com，2007-07-23.
[8] http://www.foodmate.net，2006-07-18.
[9] 丁志民. 晋江牌初试“无店铺”. 服装界，2008 (7).
[10] http://www.hehu.com/lcgz/htfg/one1-79.htm.

习题

一、判断题

1. 业态有别于业种。业种是以经营商品的种类来区分企业所属的概念。一般来说，业种指卖什么，业态指怎么卖。（　　）

2. 随着企业间市场竞争的深化，业态也由单一化向多样化发展，业态成为企业间竞争的新焦点。（　　）

3. 连锁店的产生被称为第一次零售业的革命。（　　）

4. 超级市场的产生被称为第二次零售业的革命。（　　）

5. 无店铺零售业态中包括自动售货亭。（　　）

二、单项选择题

1. （　　）的产生被称为第一次零售业的革命。

A. 专业店　　B. 百货店　　C. 连锁店　　D. 超级市场

2. 以下（　　）属于无店铺经营。

A. 专卖店　　B. 厂家直销中心
C. 网上商店　　D. 专业店

三、多项选择题

1. 我国零售业态发展趋势是（　　）。

A. 梯次化发展的趋势　　B. 多元化发展的趋势
C. 均衡化发展的趋势　　D. 融合化发展的趋势
E. 全球化发展的趋势

2. 无店铺零售业态的主要类型有（　　）。

A. 电视购物　　B. 邮购
C. 自动售货亭　　D. 网上商店
E. 电话购物

第十一章

网络营销策划

本章要点提示

- 了解网络营销的含义及作用；企业博客营销的适用范围；企业建立博客的方法。
- 掌握网络营销组合策划。
- 理解网络营销策划的含义、分类以及内容。

引导案例

为什么戴尔公司的网络营销如此成功

作为国际个人电脑销售名列前茅的戴尔公司，除了门店直接销售个人电脑外，其他最主要的营销方式就是网络营销。据戴尔内部消息，戴尔公司年营业额的40％～50％来源于戴尔公司的网站。为什么戴尔公司的网络营销如此成功？

戴尔公司作为一家国际性公司，为更好地满足不同市场的需求，对其网络营销进行了精心的策划——针对不同区域市场执行特定的网络营销策略，同时提供专门针对不同国家市场客户的直销服务。戴尔公司为适应不同国家客户的习惯，提供多种语言系统，并且允许电话联系订货，改变了传统营销的手段和方式，而且在互联网上开展网络营销具有价格竞争优势。这些网络营销策划活动开创了一个划时代的营销新纪元。

资料来源：http://cio.ctocio.com.cn/eeb/471/8105971.shtml。

案例启示

以上案例表明，面对激烈的市场竞争，企业的上网热情日益高涨，网络营销已经成为

许多企业的重要营销策略。很多企业通过精心策划，运用低成本的网络销售方式，在日益激烈的市场竞争中取得了一席之地。戴尔就是其中的佼佼者。

作为全新的营销理念和手段，网络营销将改善企业的产品策略、定价策略、渠道策略和促销策略。面对网络时代的目标市场、顾客需求、竞争方式的新特点和新变化，现代企业该如何适应并不断巩固自己的市场，在竞争中成长壮大，便成为每个企业所要解决的重要问题。本章就网络营销的作用、网络营销策划的内容、网络营销组合策划和博客营销等有关问题进行了阐述。

第一节　网络营销策划概述

一、网络营销的含义和作用

随着网络技术的高速发展，上网用户的迅速增加，网络市场越来越引发企业的关注。企业利用网络营销可以减少成本，降低行业进入门槛，优化市场供应链，并使企业参与全球市场竞争、增加商业机会、改善客户服务质量，进而提高企业的竞争力。处于电子商务激烈竞争、环境迅速变化的时代，企业要长盛不衰，就必须快速地掌握消费者动态，实时推出各种新的营销对策，以适应环境的变化。网络营销也因此成为企业角逐市场的必备手段。

（一）网络营销的含义

网络营销（On-line Marketing or E-Marketing）就是以国际互联网为基础，利用数字化的信息和网络媒体的交互性来辅助营销目标实现的一种新型的市场营销方式。

1. 广义的网络营销

网络营销概念的同义词包括网上营销、互联网营销、在线营销、网络行销等。这些词汇说的都是同一个意思，笼统地说，网络营销就是以互联网为主要手段开展的营销活动。

2. 狭义的网络营销

狭义的网络营销是指组织或个人基于开放便捷的互联网络，对产品、服务所做的一系列经营活动，从而达到满足组织或个人需求的全过程。网络营销是一种新型的商业营销模式。

（二）网络营销的作用

作为一种新的营销方式，网络营销是传统营销学原理与互联网特性相结合的产物，其目的是实现传统市场与网上市场、传统营销手段与网络化营销手段的有机整合，以更好地满足客户需求和实现企业的经营目标。因此，网络营销具有极大的价值。

1. 信息发布

网络营销可以通过多种信息发布工具，将信息传播到世界上任何一个地点，既可以增加信息覆盖面，又可以形成地毯式的信息发布链；既可以创造信息的轰动效应，又可以发布隐含信息。信息的扩散范围、停留时间、表现形式、延伸效果、公关能力、穿透能力都

是最佳的，并且信息在网上发布以后，可以能动地进行跟踪，获得回复后，还可以进行回复后的再交流和再沟通。因此，信息发布的效果明显。

2. 网络调研

在激烈的市场竞争中，主动地了解商业信息、发展趋势、分析顾客心理等是确定企业战略的基础和前提。网络营销可以利用在线调查和电子邮件等方式，进行网络调研，相对于传统的调研方式，网络调研具有高效率、低成本的优势。

3. 维护客户关系

利用网络营销可以更好地进行客户关系管理。相对于传统的客户关系管理，网络营销可以跟踪订单，监控订单的执行过程，规范销售行为，了解新老客户的需要，提高客户资源的整体价值。同时还可以收集、整理并分析客户的反馈信息，为企业决策服务，综合地提高企业的竞争力。

4. 开拓销售渠道

网络营销避免了传统营销方式下的经济壁垒、地区封锁、人为屏障、交通阻隔、资金限制、语言障碍、信息封闭等不利因素带来的影响，可快速打通封闭的“坚冰”，疏通各种渠道，实现和完成开拓市场的使命。

5. 建立企业的网络品牌

企业可以以电子商务为基础建立企业网络品牌，进而扩大企业的社会影响力，以为企业获得持续发展提供支持。

6. 实现经济效益增值

网络营销可以提高营销者的获利能力，使营销主体提高或获得增值效益。这种增值效益的获得，不仅在于营销效率的提高、营销成本的下降、商业机会的增多，更是由于在网络营销中，新的信息量的累加会使原有的信息价值实现增值。

案例链接

亚马逊公司网络营销的策略

亚马逊公司（www. amazon. com）是全球电子商务最成功的企业之一，也是当代网络新经济的代表和龙头企业。纵观整个网站，亚马逊在营销策略上，充分利用了网络技术、数据库技术和智能分类技术的特点，采用了针对个体消费者兴趣、爱好的微营销策略（一对一的营销策略）和互动式营销模式，拉近了与客户的距离，聚拢了大量的人气，取得了比较理想的效果。其具体营销模式可从以下四个方面来说明：

1. 针对个体消费者兴趣、爱好的营销策略

亚马逊网站每出售一本书，系统就会自动保存客户的邮箱地址、所购书的类型等记录。根据对客户基本资料的统计，亚马逊针对顾客的爱好、收入等的不同，采取了不同的营销策略。和传统的图书推销方式相比，亚马逊的网络营销更具有针对性。

2. 客户化、个性化的网站界面

亚马逊有近千万个客户，这一巨大的客户群中的每一个人只要访问亚马逊，都会出现

一个专门的针对其个人的网站页面以及向其专门推荐的、其可能感兴趣的商品分类项目。这样做的结果：一是使客户倍感亲切，二是免去了客户在数百万种商品中寻找自己喜欢的商品的麻烦。

3. 互动式营销

传统的营销方式是单向式的，或称为推动式的，即企业制定好了一套营销方案向市场和社会推出，而社会或市场无论喜欢或不喜欢只能被动地接受。企业和客户之间无法实现真正的沟通和互动。然而，亚马逊充分利用了网络双向、互动的特点，展开了既推又拉的互动式网络营销。经常采用的互动营销方法有：开辟读者讨论区；创建互动式小说平台，请公众参与共同创作。

4. 营销技术特色

目前从事电子商务的企业，在营销技术方面的特色大致相同，主要有以下几个方面：

(1) 以网站后台数据库为支撑，保留所有与之打过交道的客户记录。

(2) 给客户更多的商品选择，实施更灵活的经营方式，以最快速度使新品出现在网站上。

(3) 网络时空下全方位的服务方式使客户在任何时间、任何地点都可以通过网络来购物。

(4) 通过数据库的智能分类技术和电子邮件的群发技术来推销商品。

不能简单地认为网络营销就是把网络及电子技术应用到传统的营销当中，而应该看到只有将网络及电子技术与营销业务进行有机结合，才能带来效益，单单考虑任何一项技术都不可能直接给企业带来经济效益。

资料来源：http://www.robust.net.cn/Knowledge_Tool/wangluoyingxiao/anli/20070531/182106.html。

二、网络营销策划的含义和分类

案例链接

美国《革命》杂志总编辑曾指出：“在互联网变化的风暴中，起决定作用的是市场营销人员，而不是金融家。企业将目光转向市场营销人员，询问他们如何将钱花在刀刃上。企业如何对自己的网上在线业务给予定位，然后又怎样传播出去？如何在留住客户的同时又赢得客户？建立网络品牌的最佳途径是什么？这些问题不仅对传统企业而且对新型的虚拟网络公司都有意义。”

案例链接中所谈到的如何以消费者为中心，如何利用数字化的传播手段（如互联网、互动电视、触摸屏手机及移动电话网等），如何对网络企业及其产品和业务进行有效的市场营销推广，都属于网络营销策划的范畴。

（一）网络营销策划的含义

和其他营销方式一样，在网络上进行营销必须进行一系列的策划，只有经过精心的策划才能取得良好的效果。

网络营销策划是遵循营销策划的一般原理、法则和技巧，再结合现代营销新环境、新理论、新规划、新策略，抓住围绕消费者行为变化而出现的新特点所进行的符合网络经济特点的营销策划。

网络营销策划是对网络营销活动的全面运筹和规划，它从属于企业市场营销战略计划和企业总体战略计划。

（二）网络营销策划的分类

由于网络营销的具体内容不同，可把网络营销策划分为以下两种类型：

1. 单一网络营销策划

单一网络营销策划是指单独针对企业网络营销行为的一个或几个方面内容进行策划，如网站营销策划、网络广告策划、市场调查策划等。

案例链接

强生公司网站营销策划

强生是生产婴儿护理、医疗用品、家庭保健产品、皮肤护理用品和隐形眼镜等系列产品的世界知名企业。其著名的邦迪牌创可贴更是人们居家外出的必备品。

策划企业网站时，强生公司吸取书法中“小字贵开阔，大字贵密集”的要诀，遵循以聚敛收缩为要的方针。

面对旗下众多的产品和品牌，强生网站如果不厌其烦地一味穷举，就可能做成“医疗保健品大全”。这在素以“万类霜天竞自由”自称的互联网天地中定会显得乏味无趣。

所以，强生以“有所为，有所不为”为建站原则，以企业“受欢迎的文化”为设计宗旨，明确主线，找准切入点后便深入贯彻，将主题做深做透，从而取得了极大的成功。

站点主题及创意策划

管理学者素来对强生公司的“受欢迎的文化”推崇备至。强生的百年成功历史，就源于其执着地践行了这些信条。

所以，企业网站的成功必须与其所遵循的“受欢迎”和“文化”联系起来。明确这些条件后，强生便选择其婴儿护理品为其网站的形象产品，选择“您的宝宝”为站点主题，整个站点成了年轻网民的一部“宝宝成长日记”，所有的营销流程自然地随着这本日记悄然展开。

在这里，强生就像位呵前护后、絮絮叨叨的老保姆，不时提醒着年轻父母们该关注宝宝的睡眠、他的饮食、他的哭闹、他的体温、如何为他洗澡……年轻父母们会突然发现，在这奔波劳顿、纷乱繁杂的世道中，身边倒确实需要一个这类角色的不断指点。

育儿宝典会告诉您这些用品正是孩子现在所必需的，同时网站又成了科学与权威的代言人！所以人们不会觉得它比街头推销员更讨厌。

内容与功能策划

进入强生网站，左上角的公司名下是显眼的“您的宝宝”站名。每页可见的是各种肤色婴儿们的盈盈笑脸和其乐融融的年轻父母，这种亲情是拉近人们对商业站点距离的利器。

整个网站页面色调清新淡雅，明亮简洁。设有“宝宝的书”、“宝宝与您及小儿科研究院”、“强生婴儿用品”、“咨询与帮助中心”、“母亲交流圈”、“本站导航”、“意见反馈”等栏目。

网站还为年轻父母提供了心理指导，这对于某些婴儿的父母来说具有特别重要的意义。如“我的宝宝学得有多快?”栏目就开导人们，不要将自己的孩子与别人的孩子作比较。

促进人们的交流是互联网的主导功能，强生参与运作了一个“全美国母亲中心协会”的虚拟社区。人们在这里通过交流展示其为人之母的价值，切磋在育儿方面的经验，获取相关科研动态与信息以解决在生活中遇到的育儿问题。

强生网站提供服务时，客户输入的数据也进入了其网站服务器。这是一笔巨大的资产，对企业经营起着不可估量的作用。愿意提供“婴儿皮肤类型”、“是否患尿布疹”、“如何喂养”（母乳、牛乳、混合、固体食品）者，可获得皮肤保健、治疗尿布疹和喂养方面的专项信息服务。当然，对于顾客主动从反馈栏发来的求助与问询，网站的在线服务自会给予相应解答。上述这些客户登记及回答信息到了公司营销专家、心理学家、市场分析家等手中，不久就会形成一份份产品促销专案，这对企业与顾客保持联系起着相当重要的作用。由于这些方案具有极强的家庭服务需求针对性，故促销成功率应当不低。

网站策划评价

借助于互联网，强生开辟了丰富多彩的婴儿服务项目；借助于婴儿服务项目，强生建立了与网民家庭的长期联系；借助于这种联系，强生巩固了与这一代消费者间的关系，同时又培养出了新一代的消费者。

强生这个名字，必然成为最先占据新生幼儿脑海的第一品牌，该品牌可能将从其记事起，伴随其度过一生。

资料来源：http://www.manaren.com/news/10303682691。

2. 整体网络营销策划

整体网络营销策划是相对单一网络营销策划而言的，是指系统、大规模地对企业网络营销行为进行统一规划。

整体网络营销策划的基准点是满足企业的业务需要，符合企业长期的发展目标，并深入到企业的经营管理内部，寻找网络化营销的正确途径和方法。整体网络营销策划使企业从原有单一的传统营销，过渡为传统营销和网络营销兼顾，挖掘企业市场竞争的决胜点，充分利用互联网的商业优势，整合现有的营销经营体系，进而真正提高企业的市场竞争力。它包括企业现状及市场环境的分析、企业网络营销目标的确定、网站策略、网络广告、渠道、公共关系等网络营销策略及战术的策划等。

案例链接

整体网络营销成就全球首位“网络总统”

在2008年的美国总统大选中，民主党候选人巴拉克·奥巴马最终成功当选美国总统，成为美国历史上第一位黑人总统。除此之外，奥巴马还有一个头衔就是“网络总统”，这是因为网络营销策划在他的总统选举过程中扮演了重要的“角色”。

整个大选过程中，奥巴马充分利用了网络工具——视频、播客、博客、网页广告等进行整体网络营销策划，最大力度地争取到了网民的支持，最终赢得了竞选。可以说，奥巴马的成功，很大程度应归功于他所选择的品牌推广营销平台——互联网。

在竞选中，奥巴马筹集到了超过6亿美元的竞选经费，其中87%是通过网络募来的，是历史上筹集竞选资金最多的总统的数倍之多，这在美国深受金融危机影响的背景下可以说是一个奇迹。

“美国总统大选，实际上就是一场顶级网络营销大战，此次奥巴马的当选，预示着一个网络营销时代的到来。”

在这场堪称绝妙的整体网络营销案例中，奥巴马成功地运用了搜索引擎营销、网络视频炒作、网络博客营销、网友互动营销等营销方式进行全面推广，巧妙地借助网络的力量进行了整合营销。

资料来源：http://mba.zj.com/zssz/2008-11-24/132002.html。

企业利用互联网进行整体营销是未来企业发展的一大趋势。目前很少有互联网公司能为企业提供这种一站式平台。而对无所不达的互联网进行有效开发与利用，对于企业尤其是众多的中小企业而言，无疑是值得尝试的。广大中小企业面临着如何在知名度不高、竞争激烈、预算经费有限的情况下，最大限度地将产品覆盖到目标客户群的挑战，而借助互联网进行整体营销策划，无疑是一个很好的选择。

三、网络营销策划的内容

网络营销策划的内容是策划要做的具体工作，要解决的具体问题。一般而言，网络营销策划应该包括以下工作内容：

（一）目标策划

目标是指组织或个人通过一定的活动要得到的结果。目标策划则是指在制定目标时，结合市场营销的多方面因素，对活动能够达成的目标进行规定和策划。目标策划有三方面的要求。

（1）时间要求。有目的、有计划的活动如果没有时间限定势必是空洞和不切实际的。

（2）多重性要求。企业营销应有远期目标、近期目标、即时目标等，即目标是多重的，不止一个。

（3）量度要求。目标无论是心理目标还是经济目标，都要求以数量化的形态表现出来，力求精确。越精确越会给人以信心。

网络营销策划在目标的制定上与一般策划完全一样。只是网络营销策划的目标的实现，更需要其他手段的配合协作。单靠网络也许无法实现什么目标，因为就目前情况看，网络营销策划尚未成为最重要的一种策划方式。因此，网络营销的目标策划应纳入企业整体目标的策划中。

（二）对象策划

营销对象即企业在市场营销战略中确立的目标市场，也就是产品的潜在顾客，它是细分市场的结果。企业要找到属于自己的策划对象，就要认真研究市场。经过市场细分，基本确定了对象之后，就要深入调查和分析这些消费者的相关情况，如性别、年龄、职业、爱好、收入、家庭环境、生活方式、思想方式、购买习惯、消费心理、平时接触媒体的习惯等，然后将所得的结果用文字明确表达出来。

在对象策划中常犯的毛病是对象不明确、不具体，这样易造成大而无当和无的放矢。因为关心你商品的只可能是一部分人，在茫茫人海中找出这部分人绝非易事，但只有找到他们，有的放矢地开展相关活动，才会收到好的效果。

策划中另一个常见病是对营销对象的了解不够深入，缺少细致的、详细的调查。抓不到对象的关注焦点，就挠不到痒处，无法与之交流，引发共识，也就无法实现策划目的。

随着网络技术的进步，通过技术手段了解和细分对象已具有现实的可操作性。而且随着网络的普及，我国的网民数已超过6亿，要做好网络营销，就得更重视对象策划，以准确找到顾客群，拓展企业市场，提高竞争能力。

案例链接

雪花啤酒针对年轻人的网络营销策划

雪花啤酒与网络媒体通过沟通合作，突破啤酒行业网络应用的桎梏，结合啤酒的消费特征，针对25～35岁的青年一族开展网络营销。而这恰恰是目前网络媒体的最大受众，这种自然形成的针对性就构成了品牌与网络媒体的结合点。

雪花啤酒用于网络广告的投入已经超过了几百万元，从数额上已略具规模。虽然这在其整体广告投入中所占的比例还不足10%，但投入产出比要优于电视广告，所达到的效果要远超过10%。根据监测数据，雪花网络广告高峰时期的点击率达到了100多万人次。

雪花啤酒在网络营销上的投入和实践比较成功，总结一下，成功的关键在于以下三个方面的针对25～35岁青年一族的精心策划：

（1）要找到适合自己的网络媒体。为配合公司推出的“勇闯天涯”活动，扩大活动影响力，雪花将目光投向了网络传播。由于网易年轻、时尚的形象，与雪花的目标消费者很匹配，于是它成为了本次活动的合作伙伴。

（2）要选择最佳的网络广告形式，同时不断创新。即网络广告与企业产品、活动等相

结合的广告形式。

(3) 要增加互动性。网络媒体最大的优势就在于互动，因此不能只是简单地进行告知性广告传播，还要尽可能多地让消费者参与进来。

总之，网络已成为营销中的重要工具，网络营销策划也必然占据越来越重要的地位。

资料来源：http://www.360seo.cn/seonews/Snowflake-Beer-Network-Marketing-Case-Study-integration-of-Internet-marketing-experts.html。

（三）地区策划

所谓地区策划，是指企业准备在哪些地区面向顾客进行营销活动，或者说营销活动要覆盖哪些地区。地区策划与营销市场是密切相关的，两者之间最好是一一对应的关系。在进行地区策划时，必须对下列内容进行研究分析：

(1) 同类产品在该地区的知名度。

(2) 同类产品在该地区的普及度或市场占有率。

(3) 购买者层次、使用者层次及其对产品的关心程度、购买动机、购买情况等。

(4) 本公司产品在该地区的市场占有率。

(5) 对本公司产品的反应，对竞争性产品的评价。

(6) 该地区竞争产品推广的可能性以及本公司产品日均销售量。

(7) 销售的阻碍有哪些。

(8) 把重点放在什么地区，其比重如何分布。

(9) 占有率较低的地区在何处，为何低，解决的可能性如何。

上述条件因地区不同，可能会有很大差距，操作中应细致分析、认真研究。网络的特点就是全球化。因此，在所有媒体中，网络是涉及地域最为宽泛的一个。这既是它的优点，也是它的缺点。在经济全球化的今天，网络的优势日渐显现。然而其缺点是地域范围太过宽泛，地区策划难以进行。好在网络对象策划十分强劲，一对一的网络宣传模式威力无比，地区策划的弱势也就可望得以弥补。

（四）时间策划

时间策划包括四个方面的内容：

(1) 时段策划，即从什么时间开始，到什么时候为止；是集中时间迅速造成声势，还是细水长流、着眼长远；是抓住销售旺季以季节为主，还是利用节假日，这些都属于时段策划范畴。

(2) 时序策划，即营销活动是安排在商品进入市场之前、进入市场之后，还是尽量保持进退同步；是先安排提示性广告，还是先安排详情广告；是先上电视，还是先上专业杂志，等等，这些都属于时序策划范畴。

(3) 时点策划，即开始的具体时间。

(4) 频率策划，即在一定时限内要进行的次数。如在某电视连续剧中插播广告的次数。

网络营销突破时间和地域的局限

业内专家称：网络营销突破了时间和地域的局限，集合了从区域市场到全国市场乃至全球市场的资源，降低了企业获取商机和交易的成本，商机的获得不再像从前那样艰难了。搜索竞价、电子商务、网络实名等诸多互联网推广形式，为现代企业提供了更为便捷快速的营销模式，让商机的获得有了更多畅通的渠道。特别是电子商务和搜索，它们一个因为其同时拥有的供需双方的海量信息，另一个因为其极高的点击量，成为企业主通过网络推广获取商机的重要来源和途径。

资料来源：http://www.cnki.com.cn/Article/CJFDTotal-TXWL200714040.htm。

网络营销的最大特点在于以消费者需要为主导。消费者不受地域限制，通过进入感兴趣的企业网址或虚拟商店（Virtual Store），可以获取丰富的产品信息，使购物更显个性。消费者甚至有权决定是否接收广告信息或接收哪些类型的信息。

网络提供 24 小时服务，不存在节假日或营业时间限制。消费者可随时查询所需资料或购物。查询和购物过程需时极短，程序简便快捷。

（五）战略策划

营销战略不研究营销活动的每一环节和每一步骤怎么办，它是对活动的全局性指导思想的谋划。因此应充分注意营销的战略策划。

网络营销的战略策划的主要任务是配合整体营销，为企业提供高屋建瓴的战略指导思想。根据目标市场情况运用的战略有：市场开发战略、市场渗透战略和集中优势战略；根据产品分析运用的战略有：优势产品战略、产品生命周期战略和产品系列化战略；根据实际情况运用的战略有：全方位战略、多媒体战略和集中战略。

案例链接

索尼网络营销战略策划

索尼公司是传统家用电器的制造企业，但自出井伸之 1995 年出任公司总裁及 1998 年兼任 CEO 以来，他开始把重点放在家庭网络上。

继亚马逊公司网上营销火爆之后，越来越多的公司先后开展了网上营销。在这种情况下，索尼公司日益感到有必要早日采用网上营销这一新兴营销方式。为此，索尼公司建立了专门负责网上销售和服务的部门，并准备加大其在公司业务中所占的比重。现在索尼已经在网上直销其娱乐产品，广播电台、有线电视台、唱片销售店以及影音制品售卖点等一系列中间环节均被一一取代。这种直销方式使索尼电影和音乐的主要发布者甚感满意。索尼甚至还想将自己的财务服务公司变成一家在线银行。

企业在互联网上的竞争优势源于上网前的战略策划，企业上网如作战，“多算胜，少算不胜，而况无算乎！”“算”即企业上网前的营销战略策划。索尼的网络营销战略是：一手硬（产品设备）、一手软（影视娱乐），两手密切配合，软硬兼施。精良的设备能将新奇的游艺引入胜境，影视娱乐又为视听产品销售铺垫旺途，两者在营销关系上互补，达阴阳调和至善之境。

企业上网前的“妙算”是指，将其经营模式和方针在网络环境中重新规划整合，使企业营销体系与互联网的各种功能有机结合，形成新的网络营销体系。该体系包括寻找新的商机，抑制竞争对手，发现、吸引并留住顾客，通过不断增加的产品和服务为自己的品牌增值，等等。

索尼制定了旨在“将公司网站建设成全球在线娱乐场”的网络战略宏旨，声称：“我们的目标是要创造一个能为顾客提供新型娱乐场所的公司……索尼公司将努力实现数字时代的梦想。”数字化、娱乐化和寻求梦幻境界的技术、软件及产品，成为索尼网站的定位。

索尼以创造人们的需求为荣，上网后更致力于为客户提供增值服务，这一切形成了其独特的竞争力。尽管该网站取得了成功，但索尼从未停止脚步，其站点仍在不断自我更新，目的是抢在模仿者和追随者之前，增加新内容，发展新技术，创造一个永远值得用户访问的环境。

资料来源：http://www.1mkt.net/html/netanli/131327284_2.htm。

（六）战术策划

和战略策划相比，战术策划是一个十分具体的话题。实战中具体采用哪一种或哪几种战术需要纳入整体策划的范畴中来考虑，经过充分论证之后，择善而用。所有战术都可为网络营销策划所用，但不一定都是合适的。因此，每个企业要创造性地使用已有战术，以创造出更加适合网络营销的属于自己的独有战术，只有这样，才能在激烈的竞争中立于不败之地。

案例链接

百事可乐公司的网上广告针对性强

2007年6月北美百事可乐公司希望将旗下新产品 Aquafina Alive 在网络上推销出去时，饮料公司并没有遵循老套路，仅仅是在网络上随意散布相关饮料广告，而是将广告做到了那些对于健康生活方式充满浓厚兴趣的人经常关注的网页上。

通过市场分析专家分析饮料顾客的上网行为习惯，找出了那些对于健康饮料感兴趣的人群经常前往浏览的网页，然后百事可乐公司便将最新饮料广告发布在该网页上。这种借助网络分析顾客行为的营销手法既节省了广告开销，又很好地达到了网络营销目的，可谓一举两得。

资料来源：http://column.iresearch.cn/u/iwo2008/archives/2007/3949.shtml。

（七）主题策划

主题策划是指通过分析产品及市场，为企业的活动确定一个重点，该重点就是主题，通常也叫卖点。主题策划不能离开产品，不能离开企业抽象地谈论主题，否则不利于主题确立的科学化和创造性。因为主题应该是具体的、切实的，是建立在广泛调查和科学研究基础之上的。

主题不能求多求全、面面俱到。内容越多，越不能给人以深刻印象。最好的办法是只强调一个方面，这样既容易表现，又容易识记。

主题还要尽可能明确清晰：在内涵把握上要深入准确；在表述形式上要明快清晰。主题还应该是统一的，这有两重含义：一是指主题要和产品定位、市场定位吻合，要无悖于企业营销的统一战略思想；二是指在同一产品或同一企业需保持主题上的一致性或系列性。

最重要的是，主题应贴近潜在顾客的消费心理，能引起他们的充分注意，并促成他们的购买行为，从而实现目标。曾有人说，主题策划就是为消费者寻求购买理由，因此充分重视消费心理的研究，就显得十分重要。策划者应从引起注意、刺激欲望、加深记忆、坚定信心等方面多加考虑，所有这些都是心理问题。

总之，主题是灵魂，这就要求主题策划要建立在科学基础之上。网络营销策划同样有确定主题、进行主题策划等问题。在这一点上，它和一般的营销完全一样，而且因为网络具有大信息量的特点，更易流于繁杂，所以更应突出主题策划。

案例链接

可口可乐：奥运火炬在线传递

在营销 2.0 时代的今天，品牌营销传播活动的核心就是构建一个基于品牌价值和品牌营销传播目标的互动参与的互联网平台，通过受众的互动参与，可实现品牌营销传播活动的顺利开展。

在可口可乐的一系列奥运火炬营销活动中，可口可乐奥运火炬在线传递通过 QQ 软件这一独特的载体，使在线火炬传递活动以“野火燎原”之势在神州大地蔓延。在“圣火也来我家”活动中，以境内奥运圣火传递路线为基础，以北京奥运会赞助商搜狐网络为平台，实现了受众与品牌的网络互动。

资料来源：http://sports.sohu.com/20081201/n260956130.shtml。

（八）媒体策划

对于网络来说，网络本身就是媒介，所谓的媒体策划除了针对网络还包括与其他媒介的配合。一般而言，目前还没有谁会不考虑与其他媒体组合运用，这是因为网络毕竟发展时间短，还不能代替电视、报纸或电台等所已拥有的影响，也不能代替各种传统媒体的优势，而只有与它们配合起来效果才会最佳，因此，网络在现阶段只能作为其他大众传媒的

补充手段来加以考虑。

如果就网络来谈论媒体策划的话，那就应该考虑，不同网络媒体的类型如何选用以及如何搭配的问题。如简明的分类广告、多文字的详情广告或带画面的提示广告应该怎样选择、怎样搭配、怎样在不同的站点综合运用等，这些都是很细致的工作。要想做好必须认真分析研究。

网络媒体策划在选用不同网站以及不同广告形式时应考虑点击率、应时性、保存性、易受性、效益性等内容。

（九）预算

预算是提前计划为策划活动支付的费用。它是策划的重要组成部分，其重要性不言而喻。实际操作中有两种情况：一是根据预算来制定计划；另一个是根据计划来制定预算。从效果方面说，后一种情况较好，但从企业实际情况来看，特别是在企业资金受限的情况下，前一种方法更为常见。

（十）效果测评策划

在策划阶段，应该预先就营销策划的效果如何测评的问题向企业做出交代，这就是效果测评策划。如果策划的结果是无结果或亏损，一般的企业是不会将资金投入到这样的策划活动中去的。

案例链接

伊利集团的成功策划

2007年，伊利集团与众多新媒体进行深度合作，展开了一场新媒体营销革命。2007年11月10日，由伊利集团与央视网共同发起的“有我中国强——寻找我的奥运坐标”大型网络公益签名活动通过央视网正式上线。通过架设虚拟网络空间的“中国版图”，网民只要登录活动网页，就可以在版图的任意地区标注自己的名字，并上传自己的手写签名和奥运祝福。此活动创新的互动设计和充分的情感诉求迅速聚集了大量人气。

与传统推广方式不同的是，此次活动从架设虚拟空间到充满Web2.0特色的互动签名，再到与MSN、Skype、大旗网、酷6网等新锐媒体的密切合作，囊括了所有热点媒体，同时辅以MSN动漫传情、腾讯QQ秀等病毒营销工具，伊利集团的网络奥运营销成为一次新媒体的集中展示。

由于新媒体精准度强、性价比高、互动性强，伊利集团对于新媒体的率先应用所取得效果，让竞争者为之震撼。2008年6月2日，世界权威品牌价值评估机构——世界品牌实验室公布了“2008年中国500最具价值品牌”评选结果：伊利集团的品牌价值由2007年的167.29亿飙升至201.35亿，大涨34.06亿，以绝对优势第四次蝉联乳品行业首位。

资料来源：http://sports.sohu.com/20081201/n260956130.shtml。

第二节　网络营销组合策划

随着计算机和网络通信技术的迅速发展和广泛应用，网络正以革命性的力量改变着企业的经营模式和人们的生活方式。网络营销正是以互联网络为媒介，以新的方式和理念实施营销活动，从而更有效地促成个人和组织交易活动实现的一种新的营销模式。在网络营销条件下，为促使个人和组织交易活动顺利实现，公司整合了一系列可控的、策略性的营销工具，即通过网络营销组合来实现它的营销目的。

一、网络营销组合策划的必要性

经济全球化、信息网络化为企业提供了更广阔的市场，但同时也带来了更多的威胁和挑战；行业间的竞争更加激烈，产品在外观、性能、结构、功能等方面越来越同质化；消费者更加理性，需求呈现多样化、个性化的特点，环境的变化促使各行各业开始逐渐采用网络营销。

网络营销的目的不仅是为了促进网上销售，还有“营造网上环境”的作用——对内建立完善的网站，对外与顾客、供应商、销售商、网络服务商、合作伙伴、相关行业的网络环境等建立良好的关系。很多情况下，网络营销不一定能实现网上直接销售的目的，但可以提升品牌价值，加强与客户之间的沟通，拓展对外信息发布的渠道，改善顾客服务质量，增强顾客忠诚度，获取持续、长远的利益。此外，商业的基本流程、企业同顾客和分销商的关系、组织获得数据的渠道和方法都发生了很大变化。这些导致企业的市场营销策略组合（即产品策略、定价策略、促销策略和营销策略）也随之发生了根本性的变化。

二、网络营销组合策划的内容

（一）产品策略策划

产品策略策划原则：以研究消费者的需求为中心，关注每个顾客的终身价值，努力培育顾客的忠诚度。

网络时代的消费者需求越来越个性化，只有企业的产品和服务能较好地满足消费者的个性需求，消费者才会满意，才会重复购买企业的产品，才会逐渐建立忠诚购买的信念，才会使企业和顾客间的关系牢不可破。而互联网技术为企业与顾客之间的交流提供了互动平台，使他们之间的交流变得更直接、更生动，使二者的关系更加密切。所以企业在制定产品策略时，应充分利用互联网了解不同的消费者对产品的看法和特殊要求，根据这些不同的要求为顾客单独设计，量身定做，真正使顾客满意。

这方面做得非常好的戴尔公司，就是凭借直销和大规模定制的模式，赢得了巨大的市场。一方面，消费者可向戴尔公司说明他们从其网址上选定的声卡、显像卡、显示器、喇叭以及内存容量；另一方面，公司同每一个顾客进行一对一的对话，确切了解他们的爱好并做出反应。这样既能充分利用最先进的技术，又能最大限度地满足顾客的要求，真正实现了个性化服务。

产品策略策划的具体措施有：建立消费数据库，充分了解顾客的消费需求和消费心理；从顾客角度设计业务流程；利用 CRM 软件有效管理顾客关系等。

（二）定价策略策划

定价策略策划原则：遵循定价模式，即消费者需求—产品功能—生产与商业成本—市场可以接受的性能价格比，即研究消费者为满足其需求所愿付出的成本，以提供合适的性能价格比给顾客。

比如，戴尔公司的直销模式真正实现了“零库存、高周转”，即把电脑直接销售给消费者，节省下零售商的利润，回报给消费者，从而“日益接近供应商和顾客”，使戴尔能以极具竞争力的价格推出最新的相关技术，真正发挥了生产力的优势，使企业和顾客皆大欢喜。

网络时代的消费者对价格的敏感性进一步加强。所以企业在制定价格时，甚至在产品制造之前首先就要通过互联网，向顾客提供有关产品定价的资料，如产品的生产成本、销售成本等，充分考虑顾客为购买产品愿意付出的成本，以顾客支付的成本为出发点，确定相应的生产成本和商业成本，增加消费者的认同感；其次要建立价格解释体系，为产品定价提供理由，并答复消费者的询问，使消费者认同产品价格。此外，互联网营造的全球市场环境，使得企业还要考虑国际化因素，针对国际市场的需求状况和产品价格情况，确定本企业的价格对策。

（三）促销策略策划

促销策略策划原则：重视与消费者的沟通与交流，使消费者在售前、售中、售后环节加强对企业的认同感。

随着生产力的提高和竞争的加剧，企业发现消费者变得越来越挑剔，竞争也从产品延伸至服务。无论是售前服务还是售后服务，都变得日益重要。能否为顾客提供满意的支持服务往往成为企业胜负的关键，具体可从以下三个方面着手：

（1）帮助消费者认知、识别产品和服务信息。在网络时代，用户突然获得了以前从未掌握的大量信息，研究、审视和处理这些信息需要新的能力、新的知识。企业可适时在商业网站上向消费者提供丰富生动的产品信息及相关资料（质量认可、专家评述等），而且界面清晰，易于操作。这样就能帮助消费者提高辨析能力，产生先入为主的效应。例如，某个实行目录销售的时装公司可以在其 Web 网站上播放一段简短的录像，向消费者讲述如何正确量尺寸。这不仅可以大大减少退货量，同时也会赢得消费者的好感。

（2）消费者亲自参与到运作流程中。例如，企业在网络营销中可使用市场细分、超市场细分，甚至一对一营销，在网上建一个制造平台，借助网络把顾客信息、竞争信息和内部报告信息等与产品的设计、制造技术紧密结合起来，利用网络的便捷性和互动性，鼓励顾客参与，以更好地接触和了解顾客；同时借助企业界内外的脑力，深入分析和研究顾客

的心理和需求，设计和创造出顾客满意的新产品，提高顾客总价值。

（3）及时跟踪顾客购后的评价和意见，调整和改进企业行为，以维系老顾客、吸引新顾客。例如，通过网站服务器在每次交易时自动完成顾客购买记录的累计工作，开展常客奖励活动，以奖励顾客累计购买的方式增加销售量，并建立忠诚度，重复购买次数越多的忠诚顾客获得的奖励越多，避免忠诚顾客被竞争者的促销活动所吸引。再如，开展会员制营销也是一种非常成功的培养忠诚顾客的方式，其要旨是：通过赋予会员额外利益（如折扣、礼品、活动等）将一群具有共同兴趣和消费经历的人组织起来，不仅能加强他们与企业的联系，而且还能与其他会员交流消费体验。在互联网条件下，方便快捷的沟通方式可使会员制营销获得更大的支持，尤其是虚拟社区的兴起为企业开展会员制营销奠定了基础。

（四）营销策略策划

营销策略策划原则：营销策略的制定充分体现直销的优势。

网络营销是以互联网替代报纸、邮件、电话、电视等中介媒体的市场营销，其实质是利用互联网对产品的售前、售中、售后等环节进行跟踪服务，该营销贯穿于企业经营活动全过程。

互联网本身就是营销媒体，所以不存在选择的问题。营销人员要注意的是 Web 网站的建设，包括寻找客户、服务客户，利用互联网的技术和功能，最大限度地满足客户需求，以达到开拓市场、服务客户、增加盈利的目的。在互联网上，有上亿个 Web 网站。对你的 Web 而言，有些访问者可能只会访问一次，而更多的访问者可能根本就不会来，只有 Web 足够吸引人，才会有大量的访问者，营销人员也才有可能把这些潜在的顾客转变为真正的顾客。所以，在网络营销中，要主动与每个进入网站的访问者进行交流和联系，努力营造轻松随意的氛围以增进亲切感，注意语言文字的多样化，利用多种方式（如连载小说、三维模拟等）吸引访问者，在措辞、字体、背景颜色、文字、图片等的运用上力求体现与众不同的效果，借此引起更多新老客户的关注。

可见，互联网提供了企业与顾客双向交流的通道，使企业得以发展规模化的交互式的市场营销方式。这种交互式的市场营销方式一方面可让企业更直接、更迅速地了解顾客的需求；另一方面可使企业有更多的空间为用户提供更具价值的售前服务和售后服务。

案例链接

戴尔公司的网络营销组合案例

戴尔公司作为全球名列前茅的 PC 供应商，看到了互联网的优势，并在业界同行意识到这一点以前，就开始研究如何利用互联网进行网络营销。根据中国目标市场的特点，戴尔公司运用网络营销组合因素，策划并制定了一套适应中国市场环境的网络营销战略。

1. 产品策略策划

戴尔公司的客户能够通过公司的站点直接个性化配置和订购计算机。比如，戴尔公司为中国小型企业提供定制服务，客户只需要点击网站中的图表就可以购买自己想要的

产品，同时还可以直接在网站上获得技术支持与服务。为方便客户在网上购买，戴尔公司将客户分成大型企业（1 500 人以上）、中型企业（500～1 499 人）和小型企业（499 人以下），以及一般的消费者。公司专门针对小型企业提供客户服务主页，客户可以根据自己的需要选择戴尔公司提供的各种台式机、笔记本电脑、工作站和服务器，戴尔公司提供的这些产品是专门针对小企业进行设计和定做的。客户购买时，可以查看网站中对各种型号电脑的详细介绍和提供的有关技术资料，不出门就可以对电脑的性能进行深入了解。

2. 定价策略策划

戴尔公司凭借这种创新的根据订单进行生产并直销的营销模式，消除了传统渠道中常见的代理商和零售商的高额价格差，同时戴尔公司的库存成本大大降低，与依靠传统方式进行销售的主要竞争对手相比，戴尔公司的计算机占有 10%～15%的价格优势。

3. 促销策略策划

戴尔公司的网上直销站点还提供技术支持与订购信息，也包括直接从站点下载软件。该站点每周回答 12 万个技术问题。戴尔公司 90%的销售收入来自企业，10%来自普通客户。但在线销售则是 90%的销售收入来自中小企业和普通个人用户，戴尔公司的大客户则主要通过站点查询产品信息、订单情况和获取技术帮助，并不直接从网上订购。为吸引大客户进行网上订购和选择网上服务，戴尔公司设置了专门的客户首页，提供针对大客户的个性化服务，客户可在客户首页直接进行折扣采购。这些客户通过网上直接采购可降低采购费用，如戴尔公司的大客户 MCI 公司通过与戴尔公司合作进行统一采购，采购成本降低了 15%左右，而且公司的采购周期由 4～6 周缩短到 24 小时以内。

4. 营销策略策划

戴尔公司在网上开展直销时专门针对不同区域市场推行特定网上直销方式，如针对中国市场客户提供直销服务时，网站设计用的是中文，而且考虑到中国人的消费习惯，还提供了电话联系订货服务。

总之，网络作为新的信息沟通渠道和媒体，改变了传统营销的手段和方式。

第三节　博客营销策划

一、博客营销概述

（一）博客的含义

博客就是网络日记，英文单词为 Blog。博客这种网络日记的内容通常是公开的，自己可以发表自己的网络日记，也可以阅读别人的网络日记，因此可以理解为个人思想、观点、知识等在互联网上的共享。

（二）博客营销的含义

博客营销是利用博客这种网络应用形式开展的网络营销，它是一种基于个人知识资源的网络信息传递形式，它关注如何将个人知识、思想与企业营销目标和策略相结合的问题。开展博客营销的基础问题是对某个领域知识的掌握、学习和有效利用，并通过对知识的传播达到营销信息传递的目的。

（三）博客营销的基本形式

博客营销主要有以下三种基本表现形式：

（1）借用他方博客，即利用第三方博客平台的发布功能开展网络营销活动。

（2）企业自建博客，即鼓励公司内部有写作能力的人员发布博客文章以吸引更多的用户。

（3）博客网站，即有能力运营、维护独立博客网站的个人，通过个人博客网站及其推广达到博客营销的目的。

（四）博客营销的本质

博客营销本质并不是全新的事物，它只是一种借助了博客这一传播形式的营销方式。博客更为轻松，更容易给受众带来理想化的体验。它以个人言论形式出现，塑造了一种个人英雄主义。其实这种个人偶像性的营销，在互联网时代一直存在，比如BBS、论坛。但博客显得比以前的方式更加正式，也更商业化，所以才会被用到企业营销上。

二、博客营销的适用范围

博客经济无论在国外还是在国内，其发展势头都十分迅猛，但企业在选择将博客应用于企业网络营销时还要做很多策划工作。博客营销策划是指通过博客这种网络媒介形式，在一定时间内，对企业营销活动的行为方针、目标、战略以及实施方案与具体措施等进行设计和计划的活动。

对于企业而言，由于博客营销受众范围的限制，目前所侧重的主要是消费者沟通、品牌打造、概念预热、市场前期调查、新产品测试、媒介关系处理、公关辅助等方面。博客营销作为一种新的方式，起到了很好的配合作用。它与传统沟通手段并不对立，可和其他沟通手段相结合，形成互补、融合、相辅相成的关系，共同为企业的战略目标服务。

显然，博客营销只有与合适的企业及其营销行为结合起来，才能达到如虎添翼的效果。这样，在什么情况下采用博客营销便成为企业关注的话题。与一般的互联网用户相比，博客读者更年轻、更富裕，其浏览网页的数量差不多是一般用户的两倍，同时在线购物的机会也更多。所以，瞄准上述目标人群，或者是希望借助上述人群博客影响其受众的企业，适合尝试利用博客媒介进行营销。同时还要搞清楚哪些或哪类博客已经具备了营销价值，并且这些博客正在影响或能够影响到哪些受众？

有公司曾独立做过一项统计，其结果显示，中文网上的博客用户有着明显的职业特征。其中，较为清晰的职业包括传媒工作者、律师、教师、程序员、公务员、导游、作

家、设计师、公关广告人、证券分析师、医生、建筑师、学生等。这些用户的“同行交流圈”密切串联，彼此之间除“友情链接”外，还存在同一话题的讨论、文章互为引用等行为，知识信息共享程度高。可见，博客传播更多影响的是同事、同行、趣味相投的朋友等，并且在以小圈子为核心的分众传播基础上实现意见领袖的营销价值。

三、博客营销策划管理

（一）建立企业博客

企业要进行博客营销首先就要选择合适的空间，利用适当的方法建立本企业的博客，具体来说有三种建立方式。

（1）企业利用第三方博客网站专门提供的虚拟空间和服务开设博客，无须注册域名、租用空间和编制网页；

（2）企业网站自建博客频道，有自己的域名、空间和页面风格；

（3）附属博客，企业将博客作为某一网站的一个栏目或一个频道。

（二）选择合适的人管理博客

博客就像企业网站一样需要有合适的人管理，而博客本身的特点也要求企业在建立自己的博客平台后及时地撰写文章并进行相关维护等。

（1）写博客的人。企业博客一般情况下可以由企业指派人来写、企业员工自由撰写或CEO自己写。在这里更希望CEO自己写，因为CEO不需要找人审批，对公司的发展方向也了解，写的文章内容也比较专业和深刻，容易引起用户的兴趣，并有一定的说服力。

（2）管理博客平台的人。这里主要依靠企业网站信息发布人员，他们主要承担博客页面风格的设计和维护工作。

（三）通过企业博客与社会沟通，从而达到营销目的

企业利用博客强大的传播平台，与社会建立沟通渠道，用宣传、互动等手法让社会认识并了解企业的文化、产品等各方面的信息，从而达到营销的目的。

（1）企业理念的宣传。企业博客本身就是一个天然的细分市场，关注就是因为感兴趣。企业可以利用读者的关注，对企业文化等方面进行宣传，从而扩大品牌效应，树立企业形象。

例如，耐克准备了十几篇文章，在一个叫做Gawker-Media的博客网站（运营关于文化方面的内容）上做了个专题，主题是“速度的艺术”。目的是树立企业的品牌形象——自己是追求速度艺术的专家。

（2）企业与社会的互动。企业存在于社会当中，企业博客不仅要架起企业和用户之间沟通的桥梁，还要通过这个企业平台，让整个社会看到企业真正的发展情况、经营理念、立场观点等。

1）企业、用户间的沟通。通过企业博客，增进企业与用户以及用户之间的接触和沟通。通过交流为用户提供一体化、系统化的服务，建立有机联系，形成互相需求、利益共享的关系，以实现共同发展。

例如，为鼓励用户为网站创作内容，全球最大的网上零售网站亚马逊为所有的书籍作者开通博客，将作者最新发布的博客文章醒目地放在作者介绍页面或书籍的介绍页面上，同时有一个链接指向该作者的个人博客页面。

2）企业与社会的沟通。当社会中出现企业负面报道和言论时，企业可以在第一时间通过博客平台发表企业立场与观点，对社会公众进行告知，通过合理的共同讨论来化解危机。

例如，2005 年年初，通用汽车副总裁鲍勃·卢茨（Bob Lutz）主笔的 Fast Lane 博客，主要将话题集中于汽车设计、新产品、企业战略等方面，其中诚实而且深入、直接涉及社会公众对通用汽车正负面评论的文章大受欢迎。

（3）企业博客的广告效应。

1）采用附属博客的形式，在知名网站中植入企业博客广告。

例如，在网易等知名网站首页上有很多浮动的企业博客广告。

2）将产品广告放置在企业博客中。

例如，将广告歌曲直接作为企业博客的背景音乐。一般企业可以选择娱乐名人作为企业广告代言人，利用其知名度来吸引潜在用户。

四、企业要认识并积极应对博客危机

企业如果要将博客营销作为一种网络营销的手段，那就必须认识博客的一切，包括联结力量更强，追溯时间更长；传播的速度更快，范围更广；病毒式快速自我繁殖与复制的博客危机。企业应对博客危机可以采取以下方法：

（1）成立专门的监察部门。企业必须在监察平面报道、门户网站的同时，使用搜索关键字等方法，对博客进行定期监察，一旦发现危机的蛛丝马迹，就应立即采取行动。

（2）用新焦点转移危机事件话题。当博客危机出现时，企业可以迅速制造某些更新奇、更具戏剧性但不损害企业名声的事件，将大众对企业危机事件的关注点引向新话题。

（3）法律手段。当企业被人刻意诬陷，产生错误的危机报道，使企业受到负面影响时，可以考虑通过法律手段去控制舆论的继续漫延。

案例链接

五粮液国邑干红的博客营销

中国酒业大王五粮液集团全资子公司——五粮液葡萄酒有限责任公司，与国内最大的跨平台博客传播网络 BOLAA 网携手合作，通过互联网新媒体对其红酒新产品进行大规模市场推广，这是传统名牌酒类企业利用互联网渠道进行的一次重要的营销突破。

五粮液国邑干红尝试通过互联网传播企业品牌及产品特性，希望通过博客体验的方式找到网络营销的突破口。五粮液国邑干红注意到了隐藏在博客中的巨大营销商机，其不再拘泥于长期沿袭的传统广告，而是开始把新产品信息直接定向投放到终端消费者。博客的使用群体与红酒产品的受众定位非常吻合，因此五粮液国邑干红利用 BOLAA 网跨平台的博客渠道优势，对博客中的红酒爱好者组织了一次新产品体验活动，即由部分消费者实际

品尝五粮液国邑干红后，以博客的方式描述自己的切身感受并提出中肯意见，或围绕红酒文化开展系列讨论，进一步在同类属性的博友中大范围传播，逐步吸引红酒爱好者们加入五粮液红酒博友联盟圈，以达到宣传产品和培养忠实客户的效果。

博客营销的探索是五粮液集团与 BOLAA 网的合作在市场营销中的一次全新尝试。关于博客体验，大家在实际品尝五粮液国邑干红后真实感受的表达，对五粮液国邑干红进一步改善产品质量具有积极的意义。

资料来源：http://www.boyan.cn/News/20082/boyan_N_559.html。

本章小结

网络营销策划是遵循营销策划的一般原理、法则和技巧，再结合现代营销新环境、新理论、新规划、新策略，抓住围绕消费者行为变化而出现的新特点所进行的符合网络经济特点的营销策划。

网络营销策划是对网络营销活动的全面运筹和规划，它从属于企业市场营销战略计划和企业总体战略计划。具体内容一般包括目标策划、对象策划、地区策划、时间策划、战略策划、战术策划、主题策划、媒体策划、预算和效果测评策划。

网络营销的目的不仅是为了促进网上销售，还有“营造网上环境”的作用；同时对提升品牌价值，加强与客户之间的沟通，拓展对外信息发布的渠道，改善顾客服务质量，增加顾客忠诚度，改善企业同顾客和分销商的关系等方面有很大的帮助。这些必然导致企业的市场营销策略组合（即产品策略、定价策略、促销策略和营销策略）也随之发生根本性的变化。

博客营销策划是指通过博客这种网络媒介形式，在一定时间内，对企业营销活动的行为方针、目标、战略以及实施方案与具体措施等进行设计和计划的活动。企业通过博客进行营销策划时要选定适合的范围和合适的形式。

关键概念

网络营销　　网络营销策划　　网络营销组合策划　　博客营销　　博客营销策划

讨论及思考题

1. 简述网络营销的作用。
2. 简述网络营销策划的主要内容。
3. 如何理解网络营销组合策划？
4. 企业如何进行博客营销？
5. 简述博客营销的适用范围。

6. 网络营销策划与传统营销策划有什么区别？

参考文献

[1] [美] 朱迪·施特劳斯等. 网络营销（第3版）. 北京：中国人民大学出版社，2005.
[2] 吕英斌等. 网络营销案例评析. 北京：清华大学出版社，2006.
[3] 冯英健. 网络营销与实践. 北京：清华大学出版社，2003.
[4] 刘希平，刘安平. 网络营销实战：用互联网把您的产品销往世界。北京：电子工业出版社，2004.
[5] 方美琪，胡翼亮. 网络营销. 北京：清华大学出版社，2003.
[6] 吴敬. 浅析网络营销组合策略. 商场现代化，2006（3）.
[7] 孙韩高，张鹏. 网络营销新工具——博客营销. 工会论坛，2006（12）.
[8] 艾凤义，王明哲. 博客营销——一种新的网络营销. 商场现代化，2007（2）.
[9] 张荣霞，徐佳. 网络营销中博客的应用研究. 生产力研究，2006（7）.
[10] 苏梅. 网络营销. 北京：北京大学出版社，2006.

习题

一、判断题

1. 网络营销是传统营销学原理与互联网特性相结合的产物，其目的是实现传统市场与网上市场、传统营销手段与网络化营销手段的有机整合，以更好地满足客户需求和实现企业的经营目标。（　　）

2. 博客营销是利用博客这种网络应用形式开展的网络营销，它是一种基于个人知识资源的网络信息传递形式，它关注如何将个人知识、思想与企业营销目标和策略相结合的问题。（　　）

二、单项选择题

以下不属于博客营销主要的表现形式的是（　　）。

A. 借用他方博客　　B. 企业自建博客
C. 博客网站　　D. 企业网站

三、多项选择题

网络营销组合策划的内容包括（　　）。

A. 产品策略策划　　B. 定价策略策划
C. 渠道策略策划　　D. 促销策略策划
E. 营销策略策划

图书在版编目（CIP）数据

营销策划原理与案例/张海主编．—2版．—北京：中国人民大学出版社，2016.1
21世纪高等开放教育系列教材
ISBN 978-7-300-19962-7

Ⅰ.①营… Ⅱ.①张… Ⅲ.①营销策划-高等学校-教材 Ⅳ.①F713.50

中国版本图书馆 CIP 数据核字（2014）第 222328 号

21世纪高等开放教育系列教材
营销策划原理与案例（第二版）
主　编　张　海
副主编　张爱玲
Yingxiao Cehua Yuanli yu Anli

出版发行	中国人民大学出版社			
社　　址	北京中关村大街31号	**邮政编码**	100080	
电　　话	010－62511242（总编室）	010－62511770（质管部）		
	010－82501766（邮购部）	010－62514148（门市部）		
	010－62515195（发行公司）	010－62515275（盗版举报）		
网　　址	http://www.crup.com.cn			
	http://www.ttrnet.com(人大教研网)			
经　　销	新华书店			
印　　刷	北京易丰印捷科技股份有限公司	**版　　次**	2009年7月第1版	
规　　格	185 mm×260 mm　16开本		2016年1月第2版	
印　　张	17.75	**印　　次**	2016年1月第1次印刷	
字　　数	408 000	**定　　价**	39.00元